尼山文库

NISHAN SERIES

教化之道与儒学精神

李景林 著

山东教育出版社·济南

图书在版编目（CIP）数据

教化之道与儒学精神 / 李景林著 . —济南：山东教育出版
社，2024.6
（尼山文库 . 第二辑）
ISBN 978-7-5701-2770-2

Ⅰ. ①教… Ⅱ. ①李… Ⅲ. ①儒学 – 研究 Ⅳ. ①B222.05

中国国家版本馆CIP数据核字（2023）第 221680 号

责任编辑：李晓琛 代长义
责任校对：任军芳
封面设计：姜海涛
版式设计：吴江楠

JIAOHUA ZHI DAO YU RUXUE JINGSHEN

教化之道与儒学精神　　　　　　　　　　　李景林　著

主管单位：山东出版传媒股份有限公司
出版发行：山东教育出版社
　　　　　地址：济南市市中区二环南路2066号4区1号　　邮编：250003
　　　　　电话：（0531）82092660　　　网址：www.sjs.com.cn
印　　刷：山东新华印务有限公司
版　　次：2024年6月第1版
印　　次：2024年6月第1次印刷
开　　本：710毫米×1000毫米　1/16
印　　张：31.75
字　　数：409千
定　　价：120.00元

（如印装质量有问题，请与印刷厂联系调换）印厂电话：0534-2671218

作者简介

　　李景林，四川大学文科讲席教授、北京师范大学哲学学院教授、博士生导师，兼任中国哲学史学会副会长、中华孔子学会副会长、国际儒学联合会学术委员会委员等。主要研究领域包括儒学、道家哲学、中国文化。主要著作有《教养的本原》《教化的哲学》《教化视域中的儒学》《教化儒学论》《孔孟大义今诠》《教化儒学续说》《孟子通释》，以及 *Edification in the Chinese Philosophy of Confucianism* 等，在海内外学术刊物上发表学术论文二百余篇。曾获北京市高等学校教学名师奖、吉林省哲学社会科学优秀成果一等奖、北京市哲学社会科学优秀成果一等奖、中国高校人文社会科学研究优秀成果三等奖等多种教学科研奖励。主持国家社科基金重大项目、教育部人文社会科学重点研究基地重大项目等多项学术研究项目。

总序

　　为深入贯彻党的二十大精神，贯彻落实习近平总书记关于传承发展中华优秀传统文化系列重要讲话精神，落实《尼山世界儒学中心儒学传承发展"十四五"规划》有关部署要求，尼山世界儒学中心依托中心学术委员会，以学术顾问和学术委员为主体，组织编写出版了《尼山文库》。

　　一个民族的复兴，总是以文化的兴盛为强大支撑；一个时代的进步，总是以文化的繁荣为鲜明标志。以习近平同志为核心的党中央高度重视中华优秀传统文化的传承发展，始终从中华民族最深沉的精神追求看待优秀传统文化，从国家战略资源和文化软实力的高度继承优秀传统文化，从推动中华民族现代化进程的角度创新发展优秀传统文化，使中华优秀传统文化成为新时代新征程党和国家事业发展、实现第二个百年奋斗目标的重要力量。党的二十大报告提出"推进文化自信自强，铸就社会主义文化新辉煌"，就建设社会主义文化强国作出战略部署。深入学习贯彻党的二十大精神，坚持中国特色社会主义文化发展道路，增强文化自信，承担起举旗帜、聚民心、育新人、兴文化、展形象的使命任务，踔厉奋发，笃行不怠，推出更多增强人民精神力量的优秀作品，是《尼山文库》的使命担当。

　　文库汇编的作品展现了学术界近年来在中华优秀传统文化研

究方面的新理念、新观点、新贡献，着重阐释儒学在弘扬践行社会主义核心价值观中的重要价值，概括儒学在国际交流、传播以及对话中的积极作用，解读儒学在公益慈善文化中的智慧启示。选编内容包括专家们在学术会议上的发言、出版论著的序言、近期发表的学术论文，或论文论著精华摘要、核心观点摘编等，各自组成体系完备、结构完整的学术著作。我们力争在"十四五"期间，陆续推出40部学术著作。

　　《尼山文库》的出版是建设世界儒学研究高地，打造文化"两创"新标杆的需要。2013年11月，习近平总书记在山东考察工作时提出，要加强对中华优秀传统文化的挖掘和阐发，努力实现中华优秀传统文化的创造性转化、创新性发展。十年来，山东立足丰厚的文化资源，以高度的文化自觉扛牢中华优秀传统文化"两创"担当，不断激发文化创新创造活力。设立尼山世界儒学中心（中国孔子基金会秘书处）就是为了深入贯彻落实习近平总书记重要指示要求，努力打造世界儒学研究高地、儒学人才集聚和培养高地、儒学普及推广高地、儒学国际交流传播高地。山东省第十二次党代会明确提出"打造文化'两创'新标杆""深入推进尼山世界儒学中心建设"。在全国上下深入学习贯彻党的二十大精神，全面建设具有强大凝聚力和引领力的社会主义意识形态的时代背景下，编写出版这套丛书，有助于我们全面深入学习贯彻习近平总书记关于大力弘扬中华优秀传统文化的重要论述，坚守中华文化立场，做好为国家立心、为民族立魂的工作，传承和弘扬好以儒家思想为代表的中华优秀传统文化。

　　《尼山文库》的出版是以文化人、守正创新，推动中华优秀传统文化与社会主义社会相适应的需要。习近平总书记强调，中华优秀传统文化是中华文明的智慧结晶和精华所在，是中华民族的根和魂，是我们在世界文化激荡中站稳脚跟的根基。出版这套丛书的宗旨在于立根铸魂，研究阐释中华文明讲仁爱、重民本、守诚信、崇正义、尚和合、求大同的精神特质和发展形态，阐明中国道路的深厚文化底蕴，展现中国人的宇宙观、天下观、社会观、道德观，展现中华文明的悠久历史和人文底蕴，承继中华优秀传统文化"观乎人文，以化成天下"的教化之道，更好构筑中国精神、中国价值、中国力量，坚定文化自信，增强中华文明的传播力、影响力，促进文化"两创"成果落在社会上、落在群众中、落在生活里。

《尼山文库》的出版是推动世界不同文明交流互鉴，构建人类命运共同体的需要。海纳百川，有容乃大，编写出版《尼山文库》，继承中华优秀传统文化，弘扬时代精神，构建中国价值，绝不是拒斥外来文明，而是坚持不忘本来、吸收外来、面向未来，坚持"二为"方向、"双百"方针，坚持创造性转化、创新性发展。丛书倡导求实、严谨、活泼的文风，突出学术性、思想性、可读性，弘扬平等、互鉴、对话、包容的文明观，弘扬中华文明蕴含的全人类共同价值。

为天地立心，为生民立命，为往圣继绝学，为万世开太平，这是中国古代儒家知识分子的抱负，也是《尼山文库》的理想和期待。推进"两创"和"两个结合"需要久久为功、持续用力，希望更多的专家学者参与《尼山文库》的编写，为建成社会主义文化强国共同努力奋斗！

是为序。

《尼山文库》编委会

2022年11月16日

代序

探寻自己的一贯之道

一、从学的历程

我的老家在河南南阳卧龙岗西边的双石碑村。父亲十几岁就到距家七十余里外的镇平县（南阳属县）当相公（即学徒），新中国成立后，即经由公私合营的途径参加工作，成为镇平县百货公司的一名干部。母亲本来也在镇平县皮件厂工作，20世纪60年代国家动员家属回乡，母亲就带着我们兄弟姐妹回到双石碑村生活。

当时在河南农村，生活异常艰苦。我1960年入十二里河小学读书（双石碑所属生产大队队办小学）。当时还处在三年困难时期，幼年心灵中最切身的记忆，就是一个"饿"字。小同学们面呈菜色，课间时无力游戏打闹，一溜儿蹲在墙根下晒太阳。也会看到一些"胖"脸的小伙伴，却是营养不良造成的浮肿。父亲作为公司的采购员，常年出差外地，一两个月才能回家一次。那时父亲工资很低，出差时会用一根扁担，一头挑行李，一头挑一只煤油炉和一些干面条之类的食品，在驻地自己做饭，以节省一些养家的费用。母亲带着我们兄弟姐妹六人在双石碑乡下过活，我作为长子，自然从小就协助母亲挑起了生活的担子。我慢慢长大，除了和母亲在生产队干活挣些工分，在家还要养一两只猪、羊，一些鸡、鸭、鹅来贴补家用。那时是自然经济，日常用品多要自己来做，铺床的箔、薰荐、架子车上的粪栅子、盛物用的箩头（一种藤条编成的大筐）以及凳子、椅子等物品，都由我自己动手制作。当时燃料与食品一样匮乏，我夏秋割草，冬季搂柴，垛成柴垛，或捡来牛粪晒干储存，以备做饭烧火和取暖之用。那时居住的条件也很差。记得我们刚回乡时，住在一间废弃的磨坊里，房子四处漏风，冬天雪都飘落到床上。在严寒的冬夜，母亲总会先用自己的身子把被窝暖热，安顿孩子们睡下后，再起来做针线活。幼时生活的种种艰辛，不能备述。人当然都不愿意吃苦，但事后回望，那艰苦生存状况的磨砺，又何尝不是天所赐予吾人的一份珍贵生命财富。古人所谓"贫贱忧戚，玉汝于成"，说的就是这个道理。

我1966年小学毕业，属于在"文革"中长大的一代人。1966年"文革"开始，各级升学考试全部停止，所以严格来说，我只能算受过小学教育。我后来上的是一种所谓的"戴帽中学"。在"文革"前，像我所就读的那种农村大队队办小学的学生，想考上中学是一件很难的事（全公社只有一所中学）。"文革"时期要求普及中学教育，很多农村的小学要办中学，也就是在小学的基础上再戴一个中学的"帽子"，被称作"戴帽中学"，初、高中各两年。当时，十二里河小学只办了"戴帽初中"。我1966年小学毕业，就遇到"停课闹革命"。1968年"复课闹革命"后，我进入初中学习。在"文革"期间，河南农村学校实行开门办学。当时上面号召备战备荒，"深挖洞，广积粮"，学校经常组织学生开展诸如挖防空洞、行军拉练、学工学农、自办小烘炉等各种课外活动，课堂教学无法保障。课程体系也按"革命"的要求进行了改造，如政治、语文课合并成一门"毛泽东思想"课，物理、化学课等改成了"工业基础知识""农业基础知识"课，数学最后也只学到一元二次方程。我1970年底初中毕业，便回到双石碑的生产队务农。我所受的初等学校教育，大致如此。

这样的教育基础，一般来说，是没办法考取大学的。不过，一个人的成长过程，往往包含很多偶然性的因素，包括家庭、社会、时代、人际关系等各方面的因素。它对个体的学习态度、意志品质、人格指向以及价值观念的形成，都会产生不同程度的影响。

我家位居南阳西郊，南邓公路在村中经过，交通比较方便，民智也较为通达。教育的水准虽比不上城里，却比闭塞的远乡要好很多。我所就读的十二里河学校，在我们整个卧龙公社（"文革"时期改名为"红旗公社"）也属上游水平。我的母亲出身于镇平晁陂镇一个有颇高地望的家族①，幼承庭训，毕业于南阳女子中学，故虽身处艰难的生活环境，却非常重视孩子的学业。当时村里孩子多因生活困难而辍学，我家兄弟姐妹却都很向学，这与母亲的家教及影响有很大关系。另外，1968年《人民日报》刊登"侯王建议"，其中有一条是建议教师回原籍工作。这个事件，对我也有很大的影响。十二里河学校离市区近，交通便利，因此当时南阳回原籍的老师，都愿意到这里来任教。值得一提的是，当时知识分子被称作"臭老九"，很多农村的学校都不愿意接收，十二里河大队的书记许纯科先生却很开明，借此机会请来

① 河南南阳镇平县晁陂镇"公和成"王家，是公和成、公和升、公和协三大家之一。据家谱记载，其初族为元顺帝四子贴木花儿，北元北撤时南下，留居此地，因皇族而改姓王。

一批大学毕业的老师来校任教，形成了一个该校所少有的鼎盛时期。我也正在此时进入初中学习阶段，我所在初中一班的各科老师都是大学毕业生，这在当时的农村学校是很少有的现象。在我们这班农村孩子的心目中，这些受过高等教育的老师见多识广、举止优雅，自然成了大家崇拜和模仿的对象。那时的课堂教学，常被各种"革命"活动打断，无法正常进行，但老师们常于日用言谈之间，带给我们很多课堂上学不到的东西。我因学习好颇得初一、初二时的两位语文老师（兼班主任）青眼，自己也受到他们很大的影响。除了课堂学习，他们还经常跟学生聊南阳的历史、人物。从他们那里，我知道了南阳的历史名人百里奚、范蠡、张衡、张仲景、诸葛亮，知道了南阳出身的当代哲学泰斗冯友兰、建筑大师杨廷宝。从老师们那里，我借到《中华活页文选》《中国通史》（范文澜著）等课外书籍来阅读。他们还常把为学校出墙报、黑板报，为每年清明节祭扫烈士陵园起草祭文等事情交给我来做。我的自学和读书的习惯，就是从那时逐渐养成的。现在回想起来，"文革"中那个"侯王建议"，本身当然有很大的问题，但这个偶然的事件，让我们这茬学生受益良多。

我1970年底初中毕业回乡务农，1973年春期开始，被选到十二里河学校任民办教师，1976年秋期转到南阳独山五七中学①做代课教师。这段时间，我所教的课程主要是初、高中的语文和政治课，文史基础得到了加强。其间我还买到一套《青年自学丛书·数学》，自修了初、高中的数学课程。20世纪70年代初开始，南阳地委书记把十二里河大队选为"农业学大寨"的"点"，并派工作组常年驻队"蹲点"。地区、市、公社经常向十二里河大队要各种典

①一所部队的子弟学校。

型材料，那几年，我被工作组和大队选为主要的写手，因此在地方小有名气，并入选南阳市委（当时南阳是县级市）宣传部的工农兵通讯员学习班接受培训。这段经历，不仅锤炼提高了我的文字能力，同时，也使我有机会借阅了不少时人难得见到的书籍，拓展和丰富了自己的文史知识。凭借这些积累，1978年高考，我居然考了很高的分数。当时我们农村的孩子，最大的愿望是从农村出来，所以填报志愿，优先考虑的是能上大学，而不是上哪所大学。当时自己孤陋寡闻，对各个大学也并不了解。印象中的吉林大学是在一个边远寒冷的地方，估计报考的人不会太多，作为一个保险，我第三志愿填报了吉林大学。然而在该年南阳市第一批电话通知重点大学录取的八个考生中，我就名列其中。第三志愿却在第一时间被录取，似乎也算是事出偶然。

我之所以选择读哲学专业，也与自己所处的环境有关。当时在农村，可供选择的书籍不多，往往是拿到什么就读什么。我当时读到的第一本哲学方面的书，就是艾思奇的《辩证唯物主义 历史唯物主义》，黄色的封面，已经很破旧的一本书。"文革"期间经常要写大批判文章，我就试着用书中那一套生产力和生产关系、经济基础和上层建筑的理论来分析问题。记得当时还从一名造反派那里得到一本侯外庐的《中国思想通史》第一卷，也硬着头皮去看。通过当时的政治理论学习，我也读过不少马列和毛主席的哲学著作。事情都有两面。"文革"十年，礼废书阙，但倡导人人都学哲学。这样的境遇，使我萌生了一种对理论的渴望。因此，我高考所报的重点大学三个志愿，第一专业都是哲学。

我现在的专业是中国哲学，但在本科阶段，我的主要兴趣是在西方哲学。吉林大学哲学系的邹化政先生，是一位"高而不名"的大家，对德国古典哲学有很深湛的研究。在哲学系77、78

两个年级的西方哲学史课上，邹化政先生讲授德国古典哲学。听邹先生的课，需要提前占座，课堂上座无虚席，连走廊里都站满了人，真可谓盛况空前。我对西方哲学的兴趣，也与听邹先生的课有关。邹先生1957年被错划为右派，在长期的劳动改造和艰难的生活条件下，他并未放弃哲学研究和思考。下乡劳动改造期间不允许看书，邹先生就把黑格尔的书一页一页撕下来，在田间休息的时候偷偷地阅读。在二十余年的劳动改造中，先生就是以这样令人难以想象的毅力，克服重重困难，饱览中西哲学原典，在学术上打通中西，形成了自己独特的学术和思想系统，在德国古典哲学、儒家哲学、形上学、认识论、价值论诸哲学领域都有自己独到的建树。"文革"以后，邹先生得到平反昭雪，重登杏坛，长期被压抑的学术激情得以迸发释放。邹先生第一次登台授课，讲到激愤忘情之处，举拳捶击玻璃黑板，黑板破裂，割破手臂，一时鲜血直流，乃以手绢包扎伤口，继续讲授不辍。邹先生深湛的思想和学术的激情，令在场师生无不感奋和动容，一时间，在我们77、78和79这几届学生中，掀起了一股"邹化政热"。课堂上，有学生给邹先生献上鲜花，邹先生的茶杯里，也有学生给加上白糖（在那个物资匮乏的年代，这代表着一种很高的崇敬）。邹先生当时为本科生和研究生开设了多门哲学和经典研究的课程，如《德国古典哲学》《西方辩证法史》《人学原理》《洛克人类理解论研究》，康德的《纯粹理性批判》《实践理性批判》《判断力批判》，黑格尔的《小逻辑》《大逻辑》《精神现象学》等。邹先生的人格精神和思想智慧，对于我们这一代学子思想和人格的养成有深巨的影响，对吉林大学哲学学术传统和西方哲学理论体系的建立，亦具有开创和奠基之功。我有幸亲炙于先生，几乎听过他讲授的所有课程，由是而得略窥哲学之门墙，真是受益无穷。

我的兴趣后来转向中国哲学，事出"人言可畏"这个偶然的因素。同学们从全国各地考来吉林大学，当年全国考生六七百万，只录取二三十万人，能考上来的，皆各擅胜场，自有其过人之处。我们78级同学最大年龄差达到13岁，年长同学往往引导舆情，他们的"月旦评"，既能给同学以激励，也无形中对个体的发展起到"画地为牢"的轨范作用。比如我同寝室的范学德，当过县党校教员，熟读普列汉诺夫，人称"范马列"。"范马列"这个称谓，真的促使范学德往马列专家的方向发展。杨德军能熟背唐诗宋词，大家说他文学好，文学方面的问题都请教他。这促使他博览中外文学名著，真成了一位哲学系里的文学家，还因此娶到了一位学文学并出身文学世家的太太。这既可以说是"人言可畏"，也可以解释为"缘分"。我出身农村，见闻不广，又没有什么特点。不过，我上大学前当过中学语文老师，大学期间下乡劳动锻炼，又瞎凑了几句古体诗登在抒写劳动体会的墙报上，因此以古文基础好为同学所知，中国哲学方面的问题大家就要来问我，这倒逼着我开始阅读中国哲学方面的经典。吉林大学图书馆的古籍部也很好，有很多的线装书，当时的线装古籍还可以外借，我就整函地借出来看。虽然当时也不是很懂，但由此引发了自己对中国哲学尤其是儒学的兴趣。1982年本科毕业，正好吉林大学哲学系当年招收中国哲学专业的硕士研究生，我报考并有幸被录取，师从乌恩溥老师研读先秦哲学。后来读的书多了，慢慢地有了自己的体会，也就喜欢上了中国哲学。

读研究生时，有一件事对我刺激很大。我本科时对西方哲学下过一点功夫，进入研究生阶段，亦习于用西方哲学的概念来分析中国的哲学思想。我曾写过一篇有关《周易》的课程论文，颇有自得之意。乌恩溥老师平时对学生特别客气，师母也会经常请我们吃饭，每次去乌老师家，告辞时老师都要送我们到大门外，但老师这次给我的评语特别不客气。乌老师的评语只有六个字：给古人穿西装。这真是一记当头棒喝。冷静下来反思，觉得乌老师的话正点到了我当时学术思考方式的要害之处，因此下决心对中国传统思想学术做内在的、同情融贯性的了解，而非停留于外在皮相的解释。当然，这要经历一个艰苦的"蜕毛"的过程。

我本科时选修过金景芳先生的"先秦诸子"课，由金老和吕绍纲老师合上。读硕士期间，又听了金老的"周易讲座"课。金老因此对我有些印象，我也由此与吕绍刚老师相熟。硕士毕业时，金老有意让我去做他的助手，不过出于多方面的考虑，我还是选择了留在哲学系任教，但金老仍然没有忘记我。1990年的某一天，吕绍刚老师告诉我，说金老看到我发在《社会科学战线》上的文章，觉得不错，希望我能去考他的博士生。像我这样籍籍无名的小辈，能够得到金老这样的史学大家的垂青，真令我感激莫名；同时，师从金老，也正是解决自己"给古人穿西装"这一问题的一个绝佳途径。因此，我下决心复习考试，并于次年考取了金老的博士生。

金老是史家，其治学是"由经入史"。先生对六经有深湛的研究，而对《易》与《春秋》用力尤勤，并据此来理解孔子儒家。金老1940～1941年在复性书院就学于马一浮先生期间，主要是研究《春秋》三传，作《春秋释要》，得到马先生的高度赞赏。在复性书院期间，金老还将其1939年寒假所作《易通》一书誊清，经金毓黻、高亨推荐获得国民政府教育部"著作发明及美术奖励"三等奖。《易通》的扉页上还留有谢无量先生的题词：

"易道广大，无所不包，善读者能观其通耳。此编综孔老之绪言，并合以当世新学之变，可谓得易之时义者。由是进而不已，易道不难大明于今日也。"金老这个为学的路子，虽然与今人研究孔子的方式不同，却合乎孔子与儒家的实际。孔子于六经，亦特别重视《易》与《春秋》。《春秋》是史，《易》则是周人日常生活之道与生活智慧的表达。孔子之重视《易》《春秋》，乃因其坚信价值的理想不能徒托空言，必见诸史事与行事，方可深切著明。金老治史，又特别重视理论，治思想史亦特别强调《周易》哲学的意义。这一点，似亦受到马一浮先生经学理学相融合的学术精神的影响。但是，金老讲理论，不是以论带史，而是强调从史实中见出常道或规律。金老曾对学生大量引用西方史学理论，以之套用中国古史史料的研究和著述方式，专门写信提出严肃的批评。金老这种治学的路径，使我逐渐对中国思想学术之"史"的精神，获得了较为深切的体会。此外，金老治学，特别体现了一种"唯真理是从"的精神。金老从不轻易改变自己的学术主张，其在学术上的自信，有时甚至会给人以固执己见的印象。不过，先生会认真听取不同的意见，一旦认为对方意见是对的，就会毫不犹豫地放弃自己的看法，并不顾忌自己的面子。先生这种从善如流、闻是而止的为学态度和治学精神，对后学和师门良好学风的形成，都有很大的影响。

人生的经历常常伴随着种种的偶然，它构成了某种我们可以称之为"命运"的东西，这"命运"的驱使与个人在一些关键节点上的选择与持守，就规定了我们的人生方向和生命的轨迹。

二、一贯之道的追寻

我是一个笨人，做事习惯于沿着一条道走到底。为学的路子，虽不能说是"思而不学"，却是"思"过于"学"。一篇文章，不彻底想好就下不了笔。这或许是秉性使然，或许是因当年农村书籍缺乏、信息闭塞，遇事须冥思苦想、独自求解所养成的习惯。后来进入吉林大学哲学系读书，最先接受的就是邹化政先生注重理论思考的路数，这一点对我的习学方式具有一种奠基性的作用。我平生服膺孔夫子"吾道一以贯之"的精神，较侧重于思考和思想的一贯性。一些学界朋友和学生说我几十年来的所思所述，前后连贯，少有改变，洵为知我之言。当然，这既是我的长处，也是我的短板所在。

从哲学和思想史的发展来看，一种或一个时代思想学术的转变和系统的建构，常有赖于一些核心观念或诠释原则的提出。这些观念的产生，乃因应社会现实和时代的变化而由经典和传统转出，因而具有思想的原创力、理论的解释力和学术的建构力。譬如大程子讲"天理二字却是自家体贴出来"，张载乃提出"气质"之说以论性论学。在宋明儒学中，天理、理气、心性等名相，既构成了一个相互关联的核心观念群，又同时具有对经典和传统思想的意义激活作用，而成为一种新的诠释原则。围绕这群核心的观念，宋儒建立了一套新的话语体系和思想系统，其思想和理论的创造，引领中国思想和精神生活达数百年之久，在东亚社会也产生了广泛的影响。西方思想的发展也可作如是观。如胡塞尔提出"本质直观""范畴直观"的观念，以解决西方传统哲学主客、感性理性二分的问题。这个"直观"的观念，在哲学及人文学科的诸多领域，引生出一个现象学运动，对西方现代哲学的观念转变，产生了重要的推动作用和深刻的思想影响。当然，一套合宜的具有原创性和建构力的核心观念和诠释原则，需要经过学界和社会长期的共同努力，才能逐渐形成。

20世纪初以来，中国思想学术经历了一个由传统向现代的转型过程。在西方学术和文化占据话语霸权地位的现代，中国思想学术研究的现代转型，基本上是按照西方现代的学科模式和学术规范对中国传统思想学术做一种重组性的分科化研究，"中国哲学"就是在这个转型过程中产生的一个学科。这种"转型"，既为中国思想学术参与当代世界学术交流对话提供了前提和可能性，又带来了一些严重的问题。这些问题，一言以蔽之，就是诠释原则的外在化所造成的当代中国思想文化原创性和主体性的缺位，这也成为我长期以来在学术研究上不断思考的一个问题。近年来，一些学者颇质疑"哲学"这一范式对中国思想学术研究的有效性。不过，在我看来，哲学是一种个性化的学问；哲学的普遍性，是在不同层级的个性化中表现出来的一种互相的可理解性。从这个角度看，"哲学"这一范式，并不必然与包括儒学在内的中国思想学术相排斥。其实，中国思想以求道、达道为最高的目标，表明其本身就是一种形上学或哲学。问题的关键在于，我们如何在"哲学"这一范式下，凸显儒学及中国思想学术的精神特质。

美国当代哲学家理查·罗蒂在《哲学和自然之镜》一书中，提出"系统的哲学"和"教化的哲学"两个概念。受罗蒂的启发，我于1989年写出《论儒家哲学精神的实质与文化使命》一文①，开始使用"教化的哲学"这一观念来提挈概括儒家哲学的精神特质，并对儒家与宗教"教化"的内涵作出初步的区分，以显示儒家哲学独特的文化意义。我对儒家哲学的思考，包括

---

① 李景林：《论儒家哲学精神的实质与文化使命》，载《齐鲁学刊》1990年第5期。

陆续出版的《教养的本原》（1998年）、《教化的哲学》（2006年）、《教化视域中的儒学》（2013年）、《教化儒学论》（2014年）、《教化儒学续说》（2020年）等书，其内容主要是沿此思路对儒家和中国哲学精神的诠释和理论思考。

我借用理查·罗蒂"教化的哲学"这一术语，并非概念的直接"拿来"，而是赋予了它新的意义。罗蒂所谓的"教化的哲学"，意在通过可持续的对话引发人的精神生活的转变，这一转变或转化的观念，与儒家的思想有相通之处。只是罗蒂作为"后哲学文化"的倡导者，在哲学上否定本质、基础和客观真理，他所谓的"教化"，具有一种非基础主义和相对主义的特征。儒家的"教化"，则是要通过人的存在的内在转化，以达德化天下、参赞位育天地万物的天人合一，为人的存在寻求真实，实现和建立超越性的基础。这是一种地道的形上学，它与罗蒂的"教化"观念，有着本质的区别。

教化作为儒家哲学的一个核心观念，标识了一条与西方哲学不同的思想进路。在《教化的哲学》一书的"绪言"和后续的一些相关讨论中，我把它概括表述为一个"存在实现论"的理论视域和思想进路。

西方哲学以认知为进路，认知要设定主客，思维与存在、主体与客体、人与周围世界的关系，首先是一种对象化的认识关系。西方哲学主张"认识你自己"，其思想的进路，重在对对象、事物（包括人自己）"是什么"的追问，而引生对存在之实质、所是、本质、第一原因等问题的关注。由此所建立的形上学，只是一种知识理论形态的形上学，其实体、本体的概念，终为一种对象性的理论假设而无法亲临在场，当代哲学之走向形而上学的否定，应是这种思想进路的题中应有之义。在这个意义上，海德格尔认为西方的形而上学耽搁了存在的问题。

儒家哲学论心物，其出发点则是人的情态生活，在这里，认知并非首出的原则。儒家从"能—知"一体的结构整体性上理解人的存在。"能"关涉实存，表现为人的存在之动力机制，人的气质形色、肉身实存、情感生活、意志决断等，皆属于"能"；"知"乃因"能"而发用，依存于"能"并为其所本有的一种觉性和灵明，并非一个独立的首出的应物原则。由此，"以情应物"，乃被理解为人心关联于周围世界的最原初方式。《礼记·中庸》首章的"中和"说，据喜怒哀乐未发、已发之情以应物的方式，来裁成辅相天地万物之位育化成，成为儒家哲学心物关系论的一种经典论述。这种以情应物的心物关系论，专注于物、我各在其自性实现前提下的一体相通，人与周围世界的关系被理解为一种由成己而成人、成物意义上的存在或价值①实现的关系，而非一种单纯认知的关系。套用西方哲学"认识你自己"的说法，儒家的为学进路乃重在"实现你自己"。人对真理与本体的知识，亦被理解为一种经由人的情感、实存、精神之内在转变的历程，为人心所自觉和真实拥有，并非一种单纯理论性的认知。儒家为学以达道为目标，而此"道"或本体，须通过至诚践形、睟面盎背、变化气质等一系列的工夫历程来证显，而非某种现成摆在某处供人认知的对象。黄宗羲"心无本体，工夫所至，即其本体"一语，最能表现此义。儒家思想既不同于西方的哲学与宗教，又兼具两者之功能，能够关涉世道人心，成为数千年来中华文化和社会生活之教化的本原和超越性价值基础，其原因正在于此。

---

① 儒家所理解的"价值"，是"是"与"应当"本原一体意义上的价值，而非西方哲学在二者分立意义上的狭义的"价值"。

一般而言，"存在的实现"可以说是整个中国哲学的思想进路。如道家谓"有真人而后有真知"，以成道、成就真人为目标；佛家讲究止观双修、定慧一体、转识成智，而以解脱、成佛为旨归，都可以说是一种存在实现的路数。不过，儒家的教化，乃循"旁通而上达"的途径，由尽己之性以尽人之性，尽人之性以尽物之性，而参赞天地之化育，表现了一种成就人伦而达致超越的精神，具有最全面、普泛的精神和社会意义。道、佛哲学虽亦注重"存在的实现"，然其"教化"，乃偏重于个体的逍遥与解脱，于世事人伦则有所轻忽，宋儒之批评佛老"自私"者以此。这也是我独以"教化儒学"或"教化的哲学"来提揭儒学精神的缘由所在。

2008年5月13日晚，我在中国政法大学国际儒学院做了一场题为《教化观念与儒学的未来发展》的演讲。这个时间点，正是在汶川大地震发生的第二天。面临这样一场举国震动、创痛的大灾难，当时胸中一腔沉郁悲壮的情绪，使这篇演讲的内容充溢了一种现实和文化关切的色调，较多注重于儒学作为"教化的哲学"的文化意义、实践性格及其社会教化层面的阐发。演讲从21世纪初以来中国社会文化意识的反思入手讨论儒家教化观念的内涵。我不同意海外一些学者关于儒学在现代已成为"游魂"或"博物馆陈列品"的判断，认为传统儒学的现实载体虽与制度有关，但其真正的根基却在民间。教化的实行，使儒学在中国社会和人的精神生活中具有深厚的基础，近年来中国人文化意识的觉醒和民间儒学的兴起，就表明了这一点。演讲借鉴黑格尔、理查·罗蒂、伽达默尔的教化思想，通过"普遍化""转化（或转变）""实有（或保持）"三个关键词，在诚中形外，本体内在于并转化实存，达成情文俱尽、文质合一的角度展开儒家"教化"观念的内涵，从经典传习、礼文仪轨、家族传统、以身体道群体的养成诸方面，对儒家落实其教化于社会生活的方式，做了初步的讨论。同时主张立足于"文脉"（思想学术）与"血脉"（文化生命和社会生活）之融汇与连续来重建儒学的当代形态。这篇演讲后来作为代绪论收入《教化视域中的儒学》一书，引生出了我有关儒学思考所侧重的另外一个层面。

关注儒学的社会教化层面，需要对儒学的宗教性问题作出深入思考。儒家是否宗教、儒学有否宗教性，这是学界长期以来争论不休的一个问题。儒家与一般所谓宗教有显著的区别，但如果只是简单地讲儒学是哲学而非宗教，那么，对儒学在中国社会所具有的超越性价值基础与普泛的教化作用这一历史事实，就不易给出令人信服的说明。这也是我研究"教化儒学"所长期思考的一个问题。《教养的本原》一书虽曾对此有所讨论，但我仍觉于心未安。2001年7月，我从吉林大学调来北京师范大学哲学系任教。初来北京，半年无课，交游亦希，遂集中精力重新研读二戴《礼记》《仪礼》等相关文献，从中寻绎出一条从儒家义理系统与传统社会的信仰系统的关系入手，来理解和揭示儒家宗教性意义的思想理路，写出《儒家的丧祭理论与终极关怀》一文，以丧祭礼仪为中心，对儒家终极关怀的思想内涵，及实现和落实其终极关怀于社会生活的基本方式，做了深入探讨。该文发表于《中国社会科学》2004年第2期，《中国社会科学》杂志社还专就此文的思想理路，组织召开了一场题为"传统礼仪礼俗与当代中国社会生活"的学术研讨会①，对礼学的研究和提高礼仪礼俗作为

---

① 参见田智忠、吴树勤：《"传统礼仪礼俗与当代中国社会生活"学术研讨会深入探讨："阐旧"与"开新"》，载《光明日报》2004年6月15日。

社会生活样式的文化关注度，起到了推动作用。2015年3月末，中华孔子学会与香港孔教学院在北京金隅凤山温泉度假村举行题为"儒家的意义与当代中国的信仰、宗教问题"的学术论坛，我以"儒家的宗教性"为题做了主题发言①。之后又就此一主题做过数次演讲，并发表多篇论文。我这一时期的相关思考，集中体现在《义理的体系与信仰的系统——考察儒家宗教性问题的一个必要视点》②这篇长文中。

学界有关儒家宗教性的讨论，观点纷歧，莫衷一是。在我看来，要准确理解儒家的宗教性问题，既不能局限于儒家的义理系统，仅仅在宗教定义这一点上兜圈子，也不能简单地把本来属于整个社会的信仰系统归诸儒家，而是要厘清儒家义理体系与传统社会信仰系统的区别与联系，循此来理解儒家独特的教化方式。

前孔子时代的中国社会，早已形成了一套自身完整的神灵及与之相应的祭祀礼仪和信仰系统。这套宗教信仰的系统，并非儒家所创造，亦非儒家所专有。儒家"以神道设教"，就是因任于传统社会所固有的一套信仰系统以行其教化于社会生活。

宗教信仰的对象包含神格与神道两面。中国古代宗教关注的重点在"神道"而非"神格"。商周文明以连续性和整体性为特征，其宗教的观念，以神性内在并贯通于人及人伦世界，它的现实表现，就是一个礼乐的系统。从理论上讲，这种神性内在的精神，本可引申出人性本具神性或"善"性的观念。不过，在周代的信仰系统中，这种神性内在的涵义，主要表现为

---

① 参见皮迷迷：《"儒家的意义与当代中国的信仰、宗教问题"论坛纪要》，载《中国儒学（第十辑）》，中国社会科学出版社，2017，第344-409页。

② 李景林：《义理的体系与信仰的系统——考察儒家宗教性问题的一个必要视点》，载《北京师范大学学报》2016年第3期。

一种"民彝物则"本原于天的观念，尚未在"德"的层面上达到自觉。按照康德对宗教的分类，殷周时代的信仰系统，尚未能建立起道德自律的根据，仍属于一种"追求神恩的宗教"而非"道德的宗教"。儒家的"哲学突破"，使前孔子时代神性内在于人的精神在人的存在层面上获得了自觉。孔子通过对"义""命"的内在区分，发现人之唯一可自作主宰、自由决断的本己可能性，在于行仁由义，从而转变周人对人的功利性理解，把"善"的原则转变为人之本有的规定。儒家由此建立起了人性本善的观念，在此基础上，提出了一种新的神灵观念和对待天命的态度，"敬鬼神而远之"，从内在的道德要求出发，重新确立起天命神灵之神圣性的意义，并因任传统社会的礼仪系统，对其作出了一种理性人文的解释。经由此"哲学的突破"的奠基，传统的信仰系统达到了自身真理性的自觉，实现了其作为"道德的宗教"之本质性的转变。

帛书《易传·要》所记孔子"吾与史巫同涂而殊归者也"一语，既指出了儒家义理体系与社会信仰系统之相关性与异质性的统一关系，亦揭示了儒家之基本的教化方式。孔子并不否定和排斥代表当时社会那套宗教信仰系统的史巫祝卜之道，他自称"百占而七十当"，可见他对此亦习之如常，在这一方面，他与祝卜史巫之道，可以说是"同涂"。但另一方面，孔子的价值目标和意义追求，又与祝卜史巫之道有根本不同。孔子之占筮，目的要在"求其德""观其德义"。这个"德"或"德义"，指《周易》所包含的哲理内涵与道德的指向。在这个意义上说，孔子与祝卜史巫之道，又可以说是"殊归"。二者"殊归"的一面，赋予了儒学作为一种哲学义理体系的独立性特质。按照田立克①对哲学

---

① 美国神学家保罗·田立克，也译作保罗·蒂利希。

与信仰的区分，儒家的思想体系，是哲学而非宗教。二者之"同涂"的一面，则使儒家的哲理能够紧密切合于社会生活，对社会生活起到一种意义转化、思想升华和精神引领的作用，因而可大可久，构成几千年中国社会之超越性价值与信仰的基础。儒家哲学据古代社会既有的信仰系统以引领社会生活，故其教化之所行，最具普遍性的意义与广泛的包容性，并赋予其信仰生活以理性的特质。这是儒学之异于西方宗教与哲学之独具的特点。

就我个人来说，据"教化"来理解儒家哲学的精神本质，并借由儒学义理系统的展开来揭示和反思教化观念的思想内涵，构成自己相关思考的一体之两面。"教化"这一观念，也在这种有点"解释学循环"意味的习学过程中逐渐明晰起来，对自己具有越来越"称手"的诠释方法的作用。

三、心性论的思考

人性心性论问题是我的儒学思考的一项重要内容。哲学是人对自身及周围世界的形上思考。一种哲学的个性，与其对人自身的反思和理解有着密切的关系。儒家哲学"存在实现论"的教化进路，即以其人性心性的学说为形上学的根据。我对儒学心性论的思考，主要的动机还是想要找到中国哲学之异于西方哲学的独特之处。

2022年年初，我受聘来四川大学哲学系任教。我在川大的第一篇学术演讲，题目就叫作《有'我'的人性论——理解孟子性本善论的一个思想视角》。把儒家的人性论概括为一种"有'我'的人性论"，虽是我最近的一个提法，但可以看作是对自己前此有关儒家人性心性论思考的一种总结。

这个"有我"，是针对"无我"来说的。西方哲学论人性，从形式和要素分析的角度讲，把人当作一种现成的对象来加以分析，讲人有各种属性：生物性、社会性、道德性，等等，人被理解为各种属性和共相的集合。受西方哲学的影响，我们通常也会采取以属加种差的形式来表述对人的理解。比如说"人是理性的动物"，这样一个属加种差的形式表述，不仅把人理解为一些抽象要素的集合，还把人降低到动物的层面，来规定人性的内容和本质。这样，就使我们对人的理解失去了其存在的"体"性和整体性的内涵。今人论儒家的人性论，讲儒家认为人与动物有相同的生物本性，而人与动物的本质区别却在于其道德性。这个说法意味着，人的道德性是由乎"外铄"而非其所本有。这种看法，正与儒家人性论的精神相悖谬。儒家从类性的整体性上理解人，认为人的形色实存与动物亦有类性上的本质区别，当然不能承认人与动物有相同的生物本性。这种要素分析的人性论，采取认知的进路。认知首先要设定主客，主体与客体，思维与存在，表现为一种对象性的认识关系。按照这种思想进路，不仅与"我"相对的"物"被把握为现成的分析对象，"我"也被对象化了。人的意识，是一种"我意识到某物"意义上的自我意识。在原初的意义上，我意识到某物，"我"亦当当场历时性地临在于此"意识到某物"的境域，但在认知性主客二分的框架下，主体作为"我"，亦成为一个反思的对象，被分解为谓词性的种种属性、相状、片段。"我"由此则退居幕后，隐而不见。这样的对象化活动导致一种无穷后退，"我"由是而永不亲临在场，丧失了其体性的充实贯通及内在整体性的意义。这样，作为体性或实体的"我"，就成为一种不能为认识所把握的抽象实体，理所当然地成为"奥卡姆剃刀"所要剔除的冗余之物。所以，我把它称作一种"无我"的人性论。这个"无我"的人性论，其实也是一种

"无体"的人性论。

与此种认知分析的方式不同，儒家论人性，是落实到心性的论域中来讲，性乃即心而显诸情。在这里，"性"是体，但这形上之体，不是抽象的认知对象，它通体显现于人的情感实存。因此，儒家言"性"的方式，不是把它推出去作为一个现成的对象来分析，而是从生成的历程来动态地展显其整体性的内涵。《周易·系辞上》言："成性存存，道义之门。"存者在也，"存存"即"在在"。连续性的在在亦即生生，"我"生生而在在，道体、性体，永不逸出这生存之历程之外而恒亲临在场。因此，我把儒家的人性论，称作一种"我"之在场或"有我"的人性论。"有我"的人性论，亦即是"有体"的人性论。这种"有我"或"有体"的人性论，构成了儒家作为"教化的哲学"的形上学根据。

因此，我思考儒家的人性论，特别注重其整体性的意义。我对儒家人性心性论的探索思考，始于20世纪80年代中期。1990年，我写过一篇题为《儒学心性论述义》[①]的文章。本文认为，儒学的心性论是一种心性合一论，其理解人或人性的方式乃在于通过人的精神、生命的动态展开、生成、创造历程，显现人性和人的存在的整体性与本原统一性，而非对一个处于经验界彼岸的形式化本质做预成性的抽象分析。西方哲学虽然也讨论人性问题，但与儒家心性论有着本质的区别。西方哲学讨论人性，往往采用一种单纯概念化、理智化的分析方法，从人作为一种存在物的"要素"或"功能"出发，对其进行"本质"性的分析。受这种思维方式影响，现代学者讨论心性，往往也习惯性地

---

① 李景林：《儒学心性论述义》，载《吉林大学社会科学学报》1991年第3期。

追问"心""性"的定义，进而将"心"视为一种具有思维、知觉、主宰的精神功能和作用的器官，将"性"视为人之所以为人之"本质"。这样一种抽象的分析进路，实际上窒息了心、性的现实性和生命整体性的意义。从"存在实现论"的进路出发，儒家所论人性并非预先设定的、可供静态分析的现成对象，而是在其现实的生命、情感展开过程中的动态的、整体的呈现。我们研究儒家的人性论，必须把人性的问题落到心性的论域中，落实在心、性、情、气、才这些关涉人之实存的观念序列中，才能揭示其不同于西方人性论的方法进路与思想内涵。我之所以要提及此文，是因为它作为对儒家心性论的一篇概论性文字，重在从心性一体的角度来阐发儒学人性论的内涵，开启了我此后有关儒家人性心性论思考的一个整体的思路。

我的博士论文选题是"孔孟心性思想研究"，后来在此基础上修订为《教养的本原——哲学突破期的儒家心性论》一书。从世界文化史来看，文明初创期之思想成果所呈现的心性品格与价值取向，规定了各系文明独特的发展方向，因而成为不同阶段历史文化发展所不断回溯的创造源泉与思想动力，这就是今人所谓的"轴心时期"。作为中华文明对自身存在之"哲学突破"意义的原初自觉，儒家心性论因而成为中华文化创造发展的源头活水。取名为《教养的本原》，也表现了我对先秦儒学心性论之特质及其思想内涵的一种独有的理解。

《教养的本原》一书对孔孟心性思想的诠释和系统的建构，循着相互关联、相互印证的两个方面来展开。一方面是思想逻辑的，我把它称作一种思想的内转趋势；一方面是学术脉络的，就是梳理清楚先秦儒学尤其是"孔孟之间"的学术发展。本书写作时，郭店楚简尚未公布，其依据的出土文献，主要是帛书《易传》和帛书《五行》。1998年《郭店楚墓竹简》出版以后，我又结合郭店楚简和陆续公布的上博简文献，对相关问题做了进一步的讨论，研究的成果收在《教化的哲学》和《教化视域中的儒学》两书中。让我感到欣慰的是，自己在《教养的本原》中所述的一些看法，如孔子后学的贵心、重情、心物关系上的以情应物说等，颇与之后发布的郭店楚简文献一致并为后者所印证。郭齐勇、龚建平教授在相关的评论中已指出了这一点①。

过去我们研究先秦儒学，基本是以孔子、孟子、荀子为对象，觉得孟子是继承了孔子"仁"的一面，而荀子则继承了其"礼"的一面。这三者似乎是一个平列的关系。近几十年来相关简帛文献的出土和研究，使我们有机会对孔孟之间这个儒学发展的历程及其思想内容作出一种新的论述。我所谓"思想的内转趋势"包括两个要点。一是指孔子所开启的由"神性"向"人性"的内转方向。殷周的天帝信仰系统，以神性内在于人和人伦世界为特征，突出地表现了张光直教授所谓"连续性"的精神。孔子通过义、命的内在区分，发现人之最本己的可能性，在于居仁由义，躬行人道，由之而对天或天命作出人文的理解，把善的原则转变为人之本有的规定。孔子开启的这一"内转"的趋向，既确立了儒家思想发展的基本方向，也蕴含了一种进一步丰富和完善的理论需要。二是指孔子之后儒家思想所具有的一种明显的"内转"趋势，它展示了一种对心灵本己能力与可能性的内在省思，由此旁涉性、气、情、才、意、志等多重论域，而贵心与重情则是其主要特征。简帛《五行》揭示了"圣"德与听觉意识及

---

① 参见郭齐勇、龚建平：《儒学新解——读〈教养的本原：哲学突破期的儒家心性论〉》，载《社会科学战线》1999年第2期。

"乐"之间的深刻关联，其"慎独"之说，从"心贵"意义上凸显了"独"的本体意义。《五行》强调"舍其体而独其心"。舍体之"体"，指礼的仪文形式方面。"舍其体而独其心"，就是要消解礼的外在形式意义而归于心灵的内在与独特性，把"形善于外"的德化作用统归于内心道德自由创造转化其存在的敞开性。这种"独"的本体义的揭示，深刻地说明了人之内外、知情、身心本原的一体性，突出了人的内心自由和"心""情"对于人格养成的中心地位。而重情，尤其是亲亲之情，在郭店楚简中也有突出的表现。《六德》和《唐虞之道》从不同的角度揭示了亲亲之情在伦理和政治生活中的重要地位。《性自命出》即情言性，在心与物相接的感应之几上言教化，并以"反善复始"的"复性"义规定此教化成德之本质内涵。这些文献通过对心、性、情以及气等具体论题的探讨，丰富了对人之最本己的能力和可能性及其实践道路的理解，深化了孔子所开启的"内转"的精神方向，为孟子性本善哲学的系统建构做了学术和思想的准备。

《教养的本原》对孟子心性系统的诠释主要从两个角度展开，一是其逻辑的依据，一是其心性的内容。

孔子通过对义、命做内在的区分，从人的道德抉择的角度发现，行仁由义是人心唯一凭自力而非外力所可欲求者，因而以"仁者人也"来规定人的存在之本质内涵。孟子循此思理，进而以"求在我"和"求在外"为据来区分性、命。人得自于天的所有内容，包括口、目、耳、鼻、四肢之欲与"仁义礼智圣"的道德规定，皆可谓之"性"、亦可谓之"命"，是为"广义的性命"。孟子就此"广义的性命"之中，又作出内在的区分，以"仁义礼智圣"诸道德规定为"性"，而以口、目、耳、鼻、四肢之欲望要求为"命"，是为"狭义的性命"。仁义礼智诸德之行，乃反求诸己而自得，由乎自因，不假外求，是"求在我者也"，故谓之"性"。口、目、耳、鼻、四肢之欲以及由此而起的利欲要求之满足，受制于种种外因与他力，非由人所能直接得求者，故谓之"命"。由此，孟子谓仁义礼智诸道德规定为人所固有而非由"外铄"。此孟子性本善论之逻辑性的根据。

孟子所谓人性善，不仅是一种理论的可能性和逻辑的必然性，而且具有存在性的先天内容。孟子论人性，乃落实于心性的论域来揭示"性"的内涵。在《教养的本原》中，我把孟子这种人性论的特点，概括为"即情显性"。更具体一点说，孟子的人性论，是即"心"而言"性"，即"情"而言"心"，其论"性"，乃以性即心而显诸情，即在情志的活动中动态地展开人性的整体内涵。这是从内容而非在形式上论"性"。

孟子基于情感实存之内容以言"性"，因此，如何理解这个"情"就成了一个重要的问题。学者论儒家的情感说，常常区分道德情感与自然情感。在西方哲学知情或情理二分的观念影响下，论者亦往往把儒家所言"情"，如喜怒哀乐或喜怒哀惧爱恶欲等情欲表现，理解为一种无任何内容规定的所谓"自然情感"。而将孝悌辞逊等具有道德规定性的情感，理解为一种经践行积习而成的结果。学界所流行的道德来源的"内化""积淀"说，表现为一种无本体的"情本体"论。这当然无法说明人性之善。亦有将儒家"良心""四端"诸说理解为一种天赋道德情感，或道德本能，对之做固化和现成性的理解，也多不能得其要领。

康德确立其道德原则，不从实质或内容讲，是因为他把情感仅仅理解为感性（自然情感），又把这种感性理解为一种表现为自私和自负的利己主义。因此，对道德法则的敬重作为道德情感，乃是理智对情感贬损的结果。纯粹实践理性的动力只来源于道德法则，而非出于情感，并且拒斥一切禀好、本能和冲动。认为出于禀好的行为只能产生利己主义。道德法则瓦解自私，平伏自负，由此产生对道德法则的敬重，这种道德的情感，是我们完全先天地认识的唯一情感，而"在主体之中并非先行就有或与道德性相称的情感。这是不可能的，因为一切情感都是感性的"①。从这个角度说，一般性地从自然情感或道德情感的分别出发，无法准确地诠释孟子的性善论。"道德本能"，则是西方生命哲学所秉持的一种观念。本能对于人来说，既是现成的，亦是在逐步减弱的一种存在形式。亦不足据以说明孟子的性善论。

针对这些问题，我在相关的后续研究，尤其是《孟子通释》一书中，进一步提出了一种叫作"先天结构性缘境呈显"的诠释路径②，以期对孟子的性本善论作出更为适切的系统诠释和重构。

孟子所言道德情感，既非仅由理性贬抑"自然情感"的践行积习而成，亦非如西方非理性派哲学所理解的那种"本能"一类的现成的道德要素，而是心性的先天结构缘境而发的当下情态表现。

在孟子看来，人先天本具"良心"或"仁义之心"，良心内含"良知""良能"为一体，就其反身性之自觉言之谓之"知"，就其存在性之情态言之谓之"能"。孟子所言"良心"，乃以良知依止于良能而统合于"良心"。《孟子·告子上》第六、七、八章，我称之为孟子"论才三章"。其所言"才"，是在"与人相近"的"好恶"之情上呈现人的"良心"（或曰"仁义之

025

---

① ［德］康德：《实践理性批判》，商务印书馆，1999，第82页。
② 参见李景林：《孟子通释》，上海古籍出版社，2021。

心"）。良心以"好恶"迎拒事物，必缘境有当下性的种种情态表现，是即思孟所谓的善"端"。孟子举"四端"为例说明此"端"的逻辑内涵，认为人心本具一种"能－知"一体的逻辑结构。"端"，则是人心作为"能－知"共属一体的原初存在方式，在其具体境域中的一种当场性和缘构性的必然情态表现。

因其当场性与境域性，此"端"必呈现各各差异而不可重复之种种样态，绝非可为某种或几种现成性的道德情感所范限。孟子虽举"四端"为例以言性善，而人心之善"端"却具有普泛的意义，并不局限于"四"。简帛《五行》已有善"端"推扩以达"仁覆四海，义襄天下"的说法，然其所举善端，却不在孟子"四端"之内，而是相同于孟子所举其他情感样态。细绎思孟文献可见，如不忍、不为、恻隐、羞恶、辞让、恭敬、是非、孝悌、亲亲、敬长、耻、忸怩、无欲害人、无穿逾、无受尔汝、弗受嘑尔、不屑蹴尔之食等，皆可为此"端"之不同样态，并由之推扩而成德。

因其"能－知"本原一体之结构，则此"端"之作为"能"之情态表现，又本具"智"的内在规定，而必然具有道德的指向与决断。这个本然的指向，缘其"好恶"又必包含肯定与否定两个向度。其"好"，由"智"之规定与"是"相应，而构成人类之善的存在性与动力性基础（如不忍、恻隐、恭敬、亲亲等）；其"恶"亦由"智"之规定与"非"相应，而构成人性排拒非善的一种自我捍卫机制（如羞恶、不为、耻、忸怩、无受尔汝等）。

由此可见，在思孟一系的心性论中，既不存在现成性天赋道德情感的观念，亦不存在无本然道德指向的所谓"自然情感"的观念。据此，儒家人性本善的观念乃能得以证成。

我把孟子的性本善论看作是孔子性命思想在先秦发展的成熟形态和儒家哲学的形上学根据。因此，我对儒家心性思想的思考，虽涉及不少方面和领域，然相对而言，还是在思孟尤其是孟子上用力较勤，做了比较系统的诠释工作。我有关教化儒学的一些想法，也在对思孟思想的诠释过程中得到了阐发。高海波教授把我所讲教化儒学称作一种"新孟子学"①，是有道理的。

四、文化的关怀

儒家作为一种教化的哲学，不仅是一个知识的系统，更是一种生命的学问，与人的精神生活和社会生活密切相关。因此，儒学的研究自身亦必包含一种文化的维度和关切。我关于文化的思考，主要包括对中西文化的关系、传统与现代的关系、儒学关联于社会生活的方式、儒学与中国文化的当代重构等问题的探讨。

中西文化的关系和传统与现代的关系，是相互交织而不可分的两个问题。我在20世纪80年代末写过两篇文章，试图对这两个方面的问题提出自己的看法②。这两篇文字的要点，是反思"五四"以来占主流地位的反传统文化思潮，对文化的普适性与民族性、文化发展的历史连续性与创造性的关系，作出理论的说明。这也是我此后一系列相关论述所集中研究的问题。

现代中国的文化理论，常以中西问题代替古今（或"传统

① 高海波：《当代儒学中的"新孟子学"》，载《当代中国价值观研究》2021年第3期。

② 李景林：《中国传统文化与外来文化之关系略论》，载《传统文化与时代》，内蒙古社会科学院杂志社，1988年10月，第123—132页；李景林：《传统文化及其超越》，载《社会科学战线》1990年第1期。

与现代"）问题，把作为具体生命展开的文化问题化约为共时性的、可以加以对象性分析和拼合的抽象概念。现代中国的文化策略，亦常常强调对传统进行"批判继承"，对外来文化进行"批判吸收""拿来"，弃其"糟粕"而取其"精华"。这里存在着一个理论的误区，即把文化的建构，仅仅理解为各种抽象要素和观念碎片的外在组合，而忽视了文化发展中主体性的确立和文化认同这一核心问题。文化价值的观念具有生命的整体性，在其中，所谓"糟粕"同时即与其"精华"一体相连。譬如，中西方文化中都有普遍的人类之"爱"的观念。儒家的"仁爱"观念，包含"亲亲而仁民，仁民而爱物"的自然等差性，与基督教那种无等差的"爱"不同，表现出两种不同的价值实现方式。儒家"仁爱"的这种等差性曾经与中国古代社会等级性的政治秩序相关联，造成一种人性的异化。如果我们把儒家"仁爱"这种等差性简单地看作"封建性的糟粕"予以抛弃，这"仁爱"的观念和价值实现的方式亦将不复存在。因此，文化的创造和创新，是基于文化自我认同的生命整体性的转出。缺失文化自我认同和主体性奠基的文明要素拼接，不能有真正的文化建构。按照海德格尔的说法，一种思想之创生转变的内在动力，存在于其所同源的思想传统中。

在2020年4月北京大学"中国现代思想中的'启蒙反思'论说"会议[①]上，我以《启蒙思想与文化重建》为题，对上述问题做了进一步的讨论。恩斯特·卡西勒认为西方启蒙哲学包含着批判与重建的"双重倾向"或维度。高扬理性、人权、自由、感性的价值，与宗教、信仰方式的现代转化，批判、改革、革命与传统

---

①"中国现代思想中的'启蒙反思'论说"会议，2010年4月3日于北京召开，由北京大学高等人文研究院、武汉大学中国传统文化研究中心主办。

的连续和重建并行不悖，构成了卡西勒所谓的启蒙运动的"双重倾向"。我们一般较多地关注西方启蒙思想的前一方面，而就中国当代社会与文化的现实而言，这后一个层面更应当引起我们的重视。中国现代的启蒙思想，缺乏后一重维度，由此所引发的文化激进主义思潮，对当代中国文化的原创性和社会价值系统的建构有相当程度的负面影响。康德的启蒙定义，强调个体要能够并勇于对公共事务作出不依赖于他者的独立的理性判断。中国启蒙时期的一批先进思想家，其独立的人格、坚韧的意志品质和思想学术及文化上的原创力，既得益于对西方新思想的吸纳，更本原于中国传统经典的奠基与文化的教养。社会和文化价值系统的建立不是仅写在纸面上的东西，它既要通过每一时代学术、理论上的创造以保持其"文脉"的存续，又要落实于社会生活和个体生命的存在以保持其"血脉"的生生不息。我们当前的传统思想学术研究，应从单纯知识性的研究转向面对经典、继承传统、因任现实的思想性创造，并逐渐使之成为当代中国思想文化建构活动的原创性动力源泉。把"文脉"的创造与"血脉"的文化生命教养和连续绾合为一体，才能重建中国当代文化的价值系统。一个有教养的民族，其国民才能真正"摆脱他们加之于其自身的不成熟状态"，具有独立的人格与无所依傍的良知（理性）判断力。从长时段的角度看，立足于历史连续性的文化主体性重建，应是中国当代社会能够真正实现启蒙价值的一个基础性的层面。

我从文明与自然连续性的角度来理解文化和文明的内涵，通过"知止"三方面的涵义来解释文化认同的这一概念①。儒道

---

① 参见李景林、孙栋修：《自然与文明的连续性——先秦儒家的历史意义》，载《社会科学战线》1995年第3期；李景林：《"知止"三义与文化认同》，载《吉林大学社会科学学报》2007年第1期。

"知止"这一观念，强调的是文与质，即文明与自然的内在贯通。知止有三重意义：回归自然、回向历史与成德知本。此三义乃辐辏于第二义而贯通为一体。

我把《老子》所谓"始制有名"，《大戴礼记·礼三本》所谓"礼始于脱"的文明初创，理解为一个"自然与文明的交汇点"，因为它在一种初始的文明形式中，保有着人类自然生命的整体内涵。今人所谓的"轴心时代"，即本原于对此"文明与自然的交汇点"的反思，是一个标志人类进入理性化地了解自身及其周围世界，并规定了各系不同文明发展方向的时代。作为人类对自身存在之"哲学突破"意义的原初自觉，各系文明在此时代所产生的原始经典或"圣经"，亦以一种理性定型化的方式保有着其"自然"的内涵或精神生命的整全性，成为各系文明不断回溯以获得其原创性的"生命原点"。人类不能实质性地"回到"自然，只能回向于那个基于"文明与自然交汇点"之反思而成的"生命的原点"。

人类存在所拥有的作为"文"化（"人文化成"意义上的文化）之前提的自然，乃是某种在文明定向中差异化了的"自然"，而非一种抽象一般性的自然；那被各系文明之原始经典或"圣经"所"文"化并保有着的"自然"，亦因哲学突破所获得的原初自觉与理性指引，而被陶铸为某种文明的特殊禀性。在这文化原初的生命差异性中，各系文明实现并获得了一种向着他者世界的敞开性和价值的普遍性。所谓的"文明与自然的交汇点"和"文化生命的原点"，并非一个现成的时空固定性的概念。儒家的复古或回归经典，亦非"回到"现成摆在那里的六经一类原始的经典，而是对原始经典精神生命之诠释理解性的当下呈现与存在性拥有。一时代的思想文化，见诸器物，形于制度，随时移世变，历久则会滞著僵化。儒家"知止""复古"观念的思想旨趣，即在于通过这"生命的原点"之临在对文明的奠基与解蔽作用，赋予并使之保有生生连续的原创性活力。当代中国社会文化认同和主体性的奠立，亦当以此为基础。

《易》言"天下同归而殊途，一致而百虑"。就文化价值而言，所谓"全球化"，并不是说存在一个既成的、独立的、同质性的文化价值体系。文化的普遍价值，正是在文化差异性内在奠基和异质文化自身认同之"殊途""百虑"前提下的"同归"或"一致"。这个意义上的普遍性，表现为一种以差异实现为前提的"共通性"，而非一种抽象同质化的"共同性"。我把这个差异化与普遍化的关系理解为一种两极"双向回环互动"的动力模式。其中，个性与普遍性两极之间的每一个层面，都包含着向内（个性一极）建立实存基础与向外普遍化的超越这种双向的活动。在这里，普遍性或普适性，应被视为文化生命整体性的一个内在环节。一个特殊的文化系统，总是在此种"双向回环互动"的活动中，经由其独特的自我认同和文化主体性的实现而超越地形成一个世界，并与其他文化的世界相关涉、相切合。"天下同归而殊途，一致而百虑"，亦应成为中国文化的当代重构所遵循的路径。

在2006年中国哲学史学会年会的闭幕式上，我做了一个题为《教化的民间性》的发言。这篇发言，代表了我有关儒家与社会生活关系及中国文化未来发展的基本看法，这里所谓的"教化"，主要指人格的陶成、信仰、价值系统的确立而言。我把近年来中国文化学术的现状概括为以下三个层面的统一：民间的教与学、学院的教与学、官方的教与学。这里所谓的"教与学"，是"教化与学术"的简称。民间性的教与学，其特点是自由的讲学、自由的思考、自由的选择，体现着一种自由的精神。

在中国传统社会中，官方的教化和学术乃自下而上形成。孔子生当春秋季世，删定六经以为教典，开私学以教化于民间，其身份是"师"。孔子开创了这样一个教化的传统，因而被后世尊为"至圣先师""万世师表"。儒家在先秦本为百家中之一家，汉武帝时独尊儒术，乃成为官方的意识形态。宋代理学亦由民间孕育而成。朱子之学，开始被斥为伪学，后乃成为官学，朱子之《四书集注》，被定为官方教本，统治达六百年之久。一种学术成为官学，成为一种具有强制性的意识形态，必会趋于僵化和形式化。不过，这种学术和教化既来源于民间，民间的教化与学术亦与之同时存在，其间有着相通的精神，亦可以对之起到一种消解和校正的作用。

儒家主张"为己之学"，讲"学问之道无他，求其放心而已矣"。为己之学，是发明本心，反求诸己，表现为价值上的自由选择，此教化之所由始也。儒家的教化与社会生活具有密切的关联性。儒家注重礼乐教化，对社会既有的宗教信仰和与之相关的礼仪系统不排斥、不否定，而是因任传统社会的礼乐系统或生活样式，对它加以人文的解释和系统的重建，以切合并引领社会生活。此即儒家所谓的"神道设教"。儒家注重经典的传习，这种经典传习的传统，体现了一种民间教化和官方教化内在统一的精神。中国传统社会政教相济，士人为政一方，教化一方，乃其所自觉担当的社会和文化责任，构成一个"以身体道"的社会群体。古时士人大儒，多讲学于民间，其学术和人格精神如春风化雨，发挥着"德风德草"的教化作用。其与社会生活的息息相关，还表现在如家族传统、乡约自治等很多方面。儒家教化与学术的这种民间性精神，使之能够引领和升华社会精神生活，具有一种普泛的教化作用。其教化的理念，构成了中国社会的超越性的价值基础。

中国传统的教与学，曾有过政教相济的表现形式。现代以来，传统社会的解体，使儒家那种作为哲理而非宗教性的教化方式，失去其制度性的依托；传统思想学术研究依循西方模式的现代转型，社会文化意识的激进和反传统，亦使学院学术退居过去时意义的知识化一端，失去其与社会生活的关联性和教化的作用。改革开放以来中国经济社会迅速发展，民间社会独立空间逐渐扩大，文化自信和文化意识增强，民间性的教化与学术亦迅速兴起并不断孕育发展。民间学术和教化的兴起是社会总体发展的结果，学院学术受其影响和推动，亦逐渐民间化，因而具有了相当程度的教化意义。学院中传统思想学术研究的诠释原则，已经逐步由外在的拿来转向内在的转出、生成，并趋于多元化。这为学者的自由选择提供了条件，使其研究工作可以与自己的志趣乃至其价值的认同达致合一。"学者为己"，无所依傍，自由思考，这种趋势，正与传统的学术精神相切合，使中国学院学术渐具教化之功能，亦具有了切合于一般民众生活的可能性。21世纪以来，中国人的文化意识已经逐渐摆脱了近百年来占据主流地位的文化激进主义思潮，代之而起的，是一种日益增强的文化自信和文化自我的认同意识。官方的教与学坚守其意识形态的本位，并包容和给予社会教化和学术以自由发展的空间，学院的教与学恢复其为己之学和人文教化的精神传统，与民间的教与学合力并功，重建其与社会生活的关联性，循此以进，假以时日，积厚广泽，中国文化的创造性重建和当代复兴，当可期之不远。

五、方法的反思

孔子讲"工欲善其事，必先利其器"，似乎是强调方法和工具的重要性。不过，这话是孔子在回答子贡问"为仁"时说的，故只有譬喻的意义。下文孔子讲"居是邦也，事其大夫之贤者，友其士之仁者"，才关涉"为仁"之要。

哲学的方法与"工"之用"器"，有一点相同之处，就是这工具必须是"称手"的。至于庖丁之运刀解牛，臻于"莫不中音，合于桑林之舞，乃中经首之会"，"官知止而神欲行，依乎天理……因其固然"之化境，是已由技艺而进止于道，其"技"亦经由道的奠基而被充分地"个性化"了。技术是人人可用的东西。"道"则必是"运用之妙，存乎一心"，必是个性化的。艺术家与艺人工匠，哲学家与哲学工作者，其区别就在于此。这里的"道"，即由本体呈现为方法，是即道之"道路"义。它见诸形象，即为艺术；见诸理性的概念系统，即为哲学。因此，科技的方法具有外在的"器"性，是一种现成的适用于所有人并可供重复性操作的方法，但哲学的方法必须是内在于其思想内容的方法。从这个角度说，我有关中国哲学和儒家哲学特性或一贯之道的探讨，本身即是一种方法论的思考。不过，把中国哲学的方法论问题作为一个课题来研究，则是我2001年任教北师大，开始为中国哲学专业的研究生开设"中国哲学史方法论"课程以后的事。恰好在这前后，有关中国哲学"合法性"的问题，也在中国哲学界讨论正酣。这促使我对哲学的方法论问题做了一系列专题性的探讨。

2002年，我写有《西方话语霸权下中国哲学学科合法性之反思》①一文，着重从如何在西方学术的话语霸权下凸显中国思想学术的个性或民族性的角度，来讨论中国哲学的合法性问题。

20世纪初以来，中国传统思想学术经历了一个现代转型的过程。现代中国哲学研究的学术规范和概念框架基本上取自西方哲学，这是西方文化学术处于主导或话语霸权地位的一个必然的表现。在人的这种社会性存在的方式里，话语霸权是不可避免的。在所谓全球化的当代社会，这一点就更加突出。有的学者对用"哲学"范式来描述中国思想学术持怀疑的态度，建议用"思想"或"思想史"来讲中国传统的学问学说。其实，无论讲"哲学史"，还是"思想史"，都未能逃脱西方话语霸权的窠臼。学界有关"中国有没有哲学"的争论，其基本的思想趋向是寻求"差异"。哲学本是一种在其个性化的方式中表达其普遍性理念的学问。哲学有两千多年的历史，却从未形成一个为哲学家所共许的哲学定义或实质性的哲学系统。哲学一定要落实到不同层级的个性层面，如哲学—西方哲学—欧洲哲学—古希腊哲学—苏格拉底哲学；哲学—中国哲学—先秦哲学—儒家哲学—孔子哲学，等等，才能展现出其自身的内容。通过不同层级的个性化方式以表显其普遍性的形上理念，这是哲学作为一门学问的存在形式。既如此，我们当下面临的问题显然在于，在西方哲学的话语霸权下，能否体现出中国传统思想学说的个性或民族性的内涵。

我对这一问题的一系列讨论，可以归结为这样一个命题：将方法收归内容。②

---

① 李景林：《西方话语霸权下中国哲学学科合法性之反思》，载《学习与探索》2003年第2期。

② 参见李景林：《将方法收归内容——中国哲学方法之反思》，载《天津社会科学》2019年第2期。

在我看来，哲学无独立的方法，其方法是内在于自身的本体或内容的。或者说，哲学的方法就是哲学内容展开和显现其自身的方式、次第、程序和历程，而非某种独立于这内容之外的、可供重复性操作的现成的工具和技术。哲学的方法内在于特定的哲学系统，与哲学的内容是密不可分的。当然，我们可以对方法做单独的处理和专题化的研究，这有助于我们的方法论自觉，但方法必须回归于内容，才能真正表现和实现它本有的意义。哲学思想的展开必定表现出个性化的心路历程，因而是一种对天道的"独知"，其本质是不可重复的。方法一旦脱离内容，便易流为抽象的形式，而无实质性的意义，所谓的普遍性的"哲学原理"其实并不存在。现代中国哲学研究所面临的一个重要问题，就是它的方法与内容的疏离；与之相应，解决这一问题的途径，亦在于将这方法收归其自身的内容。

我所谓的"中国哲学方法与内容的疏离"，源于中国思想学术现代转型过程中诠释原则和方法的外在"拿来"性质。西方现代的学术分类，可以追溯到古希腊，从亚里士多德的学说体系中就可以清楚地看到这种学术分类的端倪。它是一种学科性的划分，其旨趣在于知识系统的建立和拓展，由此以进，成就了一种知识性的分科之学。各学科和知识系统之间，有明确的界限，而其整合贯通和人格德性成就的一面，乃归诸宗教而别成一独立的系统。中国传统的学术分类与西方有明显的不同。无论是汉人的"六分"、六朝的"七分"、隋志的"四部"分类，还是清人所谓义理、考据、辞章之学的区分等，都非学科性的划分，其间所体现的，要在一种"通"的精神。中国传统学术并非无知识的向度，特其所重，乃将其知与学，建基于人之德性成就，故其学术不局限于一种知识的形态，而成就一种"通人通儒之学"①。中国文化的超越性价值奠基于此学术的系统，而非另立为一宗教的体系，其原因亦在于此。20世纪初以来中国思想学术研究的现代转型，对于中国当代学术体系的建立具有重要的意义，但也产生了很大的问题。这一转型所运用的方法，非由中国学术体系自身中转出，而基本上是一种从外部现成的"拿来"。当时一些学者认为传统学术仅具"原料"或历史资料的性质，本无科学的方法、系统和学术可言，需要运用西方现代的科学方法和学科模式对之分类整理，以构成具有现代意义的知识系统。由此建立的中国哲学，其概念、结构框架、诠释原则，亦基本上是从西方直接"拿来"。它依照西方哲学的部门划分和范畴框架，把中国古代典籍的资料分门别类，抽绎命题、概念，系属于相应的哲学部门和类别来做新的体系建构。中国思想学术本有它内在"通"性的奠基，表现为一个生命的整体。诠释原则的外在化，乃导致了其精神整体性的分解，流为一种过去时形态的历史知识而非活在当下的思想，既无由切合并引领当下社会生活，亦造成了其自身精神特质或主体性的缺失。

我主张"将方法收归内容"，并不是要实质性地回到传统经典和思想学术的"内容"，也不是说在传统思想学术中有一个现成的方法可以拿来取用，而是强调现代中国哲学的方法须于中国思想学术传统中整体性和创造性地转出，以找到真正属于中国哲学自身的方法。

要做到这一点，中国传统思想学术的立言方式仍值得借鉴。中国思想学术有一个源远流长的诠释传统，其学术和思想创造的

① 钱穆：《现代中国学术论衡》，生活·读书·新知三联书店，2001，第1页。

方式，是通过经典及其意义系统的重建，以面对时代的问题，因应当下的生活，由此形成具有当代意义的思想论域和义理系统。这种立言的方式，注重经典和文化的生命整体性和历史连续性，表现出一种"述而不作"、不立之立的特点。其诠释的原则，由经典与传统本身转出，故能使文化历史的精神传统生生连续，保持生命的活力，切中当下的生活，成为每一时代引领社会精神生活的活的思想和文化传统。这种学术和思想创造的方式始自孔子，以后历代思想的建构，大体包括经典系统与义理系统的建构两个方面。各代思想的不同源于统一的两个方面：一是所依据经典各有所重，二是其诠释的原则乃因时代所面临的问题而存在差异。此经典系统与义理系统两方面的建构，实相为表里，不可或分，就其经典系统言可谓之经学，就义理方面言可谓之哲学（如玄学、理学等）。基于中国思想学术之统一的道术或经典传统的根源性意识，强调思想学术发展的内在连续性和"通"性的精神，这是中国传统思想学术史研究的一个重要特点。

思想学术的发展必然包含连续与创生两个方面的统一。西方哲学较注重其创造性的一面，所以总是着力于推翻一个体系以建立一个新的体系。中国思想则略重在其连续性的一面，所以总据"述而不作"的经典诠释方式以建立新的思想系统。康德论人的想象力，有"再生的想象力"与"生产的想象力"之区分。诠释原则和方法从原典中的转出，正包含了这"再生性"与"生产性"两面的统一。借用康德的说法，这"再生性"，强调经典对于思想创造的根源性与连续性；"生产性"，则表现为一种思想的创造性。由此整体转出而形成之诠释方法和原则，内在于其自身的内容；它对新的义理系统构成之作用，乃表现为一种生命整体性的统合而非外在碎片性的拼合，故能成就其本原于传统的文化主体性和精神特质。

哲学的方法既是一种创造性的转出而非现成性的取用，那么，我所谓的"将方法收归内容"，亦须经过一个长期的、学界共同努力的过程才能实现。这也是我多年来思考和探索"教化的哲学"或"教化儒学"的动因所在。

结语

我自1973年从教至今，已过去五十余年，从小学、初中、高中一直到本科、硕士、博士、博士后、外国留学生，体制内各个层次的学生都教过了，就差幼儿园还没教过，不过也已在含饴弄孙的乐趣中对之有所体验。我的大半生，都在读书和教书中经过。孟子把教育视为君子三乐之一，在这一点上，我与孟夫子"心有戚戚焉"。

在2012年"北京师范大学庆祝第28个教师节暨建校110周年表彰大会"上，我作为获奖教师代表，做了一个题为《守住教师的本分》的发言。何谓"教师的本分"？韩愈讲"师者，所以传道、授业、解惑也"，但这三者并非并列的关系，其中"传道"一条最为重要。韩愈解释说："吾师，道也……是故无贵无贱，无长无少，道之所存，师之所存也。"是言无论贵贱少长，能"闻道"者，即可为吾师。所以，有了一个教师的职位，并不表明我就可以做"人师"。闻道、得道，是"师"之所以为师的标准，它也规定了"教师的本分"之所在。

首先，这个师"道"，是一种对人格的要求。儒家讲学者为己，古来言师"道"，讲为人与为学一体。现代社会虽然职业分途，教师成为职业，但在教师个体身上，做一个好人与做一个好的专家、学者并不矛盾。先儒有关师"道"的教训，仍应有效。

其次，这个师"道"，对学问也有一定要求。《礼记·学记》讲"记问之学不足以为人师"，孔子讲"吾道一以贯之"，就是要求学问要有内在的一贯性和真实性。今天知识爆炸，在学问上有一贯之道，尤其重要。

我2021年从北京师范大学退休，受聘来四川大学哲学系任教。上面两点要求，虽然不一定能做得好，但仍然是我要努力的方向。

目录

后　记

第一章 论教化

哲学的教化与教化的哲学

——论儒学精神的根本特质①

20世纪初以来，儒学被纳入哲学的范畴来进行研究。儒学有其自身的哲理系统，被称作"哲学"，毫无问题。近年来，儒学在中国文化中的教化作用受到关注，学者由此又强调儒学的宗教性意涵。"教化"是儒学的一个核心观念，但儒家教化的形上学基础是理性人文义的"哲理"，而不是单纯信仰义的"教理"。儒学义的教化，可以称作是"哲学的教化"。儒学作为哲学，有其自身的特点。它以"教化"为其旨趣，而不专主于认知性的理论建构，这是它不同于西方哲学之处，可名之为"教化的哲学"。

一、儒学研究的学术转向

在中国历史上，儒学的命运与中国文化的兴衰密切相关。20世纪初以来，儒学在社会文化角色和学术思想的形态上经历了一场根本性的转变。

儒学社会文化角色的转变所带来的后果，就是它与社会生活的疏离。作为汉唐以来传统儒学基本存在形态之一的"制度化儒

---

① 本文原载《天津社会科学》2005年第6期。

学"，辛亥革命以后已退出历史。儒学的思想和文化理念，与现实政治解构，失去了它与现实社会政治制度的依存关系。与此同时，社会生活样式的历史连续性亦发生断裂。传统儒学与作为社会生活样式的礼仪礼俗本来密切相关，并以其对世俗社会礼仪礼俗的思想诠释和提升作用，构成了与社会生活相切互成的关系。这是儒家思想能够成为中国文化的教化之本的原因所在。中国现代以来的文化意识，以激进主义和反传统为主潮；加上西方文化的冲击，中国社会传统的礼仪礼俗遭到严重破坏，不能循历史连续的途径再建完整的、具有文化灵魂和活力的社会生活样式（新的礼仪礼俗）。儒学在现代基本上失去了它与社会生活的关联性。

与此相应，儒学在思想学术上也经历了一个传统向现代的学术转型。20世纪初以来，中国学术研究引入西方学院化的学术规范，儒家思想学术的研究也基本上被纳入"中国哲学"的思想框架。这种研究方式的特点，是把儒学作为一种思想学说从具体的历史过程中抽离出来，以西方哲学的概念模式对之做现代意义的诠释。经过几代学者的努力，儒学作为一种现代哲学思想的学科内容、理论规范、范畴体系已基本建构起来。这种诠释工作，对于建立儒家思想的现代形态，实现传统儒学的现代转型，使儒学达到在现代学术水平上与西方哲学、学术思想和文化的交流与沟通，无疑具有重要的、划时代的意义。与此同时，这种研究也表现了一种抽象化、非历史的倾向，它把儒学的研究带上了一条"学院化"的道路，使之与民众社会生活相脱离而趋于"知识化"的一极，导致了其活的历史文化之精神生命意义的缺失。

要言之，儒学在其现代社会角色转换和学术转型过程中面临的一个重要问题，就是它与社会生活的隔离，这就使之难以构成中国现代文化重建的活的文化生命动力。

　　改革开放二十多年来，儒学的研究逐渐呈现出一种新的发展趋势：儒学学者的民族和文化关怀的意识增强；儒学的研究逐渐由单向度的以西方哲学和思想学术为标准转向对儒学自身学术思想独特性及其历史文化内涵的揭示，儒学哲理系统所蕴含的教化内容及其与社会生活的关联性受到关注；遵循思想发展的历史同源性和文化生命连续性原则，重建儒学切合当代社会生活的新的思想形态，作为一种儒学研究的新的趋势，似乎初露端倪。这种学术转向在以下几个方面有明显的表现：

　　第一，近年来的一些儒学研究著作，已不再局限于概念的抽象领域，强调哲理性诠释的思想史、学术史、经学史（经典诠释史）、文化史、社会史背景及其相互间的联系，成为近年儒学研究的一个新的特点。第二，儒学与宗教的关系（或儒学是否宗教）的讨论，是20世纪80年代以来儒学研究中的一个热点问题。对这个问题的理解存在复杂的情况，讨论的过程亦存在历时性的差异。尽管最初提出问题带有鲜明的意识形态印记，但随着学术思考的深入，问题逐渐聚焦并透显出一个基本的共识——儒学不仅是西方那种理论形态的"哲学"，它的核心乃是一种"教化"。第三，近年来有关中国哲学合法性问题的讨论，亦与儒学研究方式的转变大有关系。学界对这一讨论的意义有不同的看法，对"合法性"一词也容易产生误解。不过，只要略做同情的观察，我们就可以看到，这一讨论的取向，并非质疑包括儒学在内的中国传统思想作为"哲学"的合法性，而是旨在摆脱西方话语霸权束缚，以凸显儒学和中国思想学术固有的特质和文化内涵。第四，儒学与传统礼仪的关系受到关注，传统礼学和礼文化的研究成为学界重视的一个重要研究领域，民间儒学的讲学，青少年诵读经典等现象悄然兴起，这些都与学者对儒学教化意义的关注密切相关。第五，近十几年间，海外华人学者所倡导的儒学与各大文明和宗教间的对话频繁进行，不仅推进了儒学与异质文明和宗教间的相互了解，亦使学者对儒学作为一种文化价值理念在当代世界的普适性价值有了更清醒的自觉。第六，近年来，源自西方的所谓"后殖民主义"话语，在中国文化研究中渐次显出强势的影响力，它表现出对西方中心主义的不满，而强调文化发展之民族差异性和多元互动性的意义。这也对儒学研究的文化根源性和主体性的自觉具有积极的影响。

上述儒学研究的学术转向，一言以蔽之，就是逐渐聚焦于"教化"这一文化特性来重新理解儒学的独特内涵。

二、哲学义的教化

儒学是一种"哲学"，但是它在中国文化和社会生活中的地位与西方的哲学有着根本的区别。余英时教授指出，在中国文化中，精英层面的大传统与民间生活的小传统之间有着密切的交流互动，这使儒学得以大行其移风易俗的教化作用。[1]西方的哲学是一种单纯理论形态的东西，它与社会生活没有直接的关系，因而不具有直接的教化作用。儒学作为"哲学"，与社会生活有着密切的关联性，这使它能够成为中国文化的价值基础和教化之本。

儒家以六艺为教，但很显然，它的着重点不在理论和知识。孔子讲："志于道，据于德，依于仁，游于艺。"（《论语·述而》）又说："入其国，其教可知也。其为人也，温柔、敦厚，

---

① 参见余英时：《汉代循吏与文化传播》，载《士与中国文化》，上海人民出版社，2003，第117–192页。

《诗》教也；疏通、知远，《书》教也；广博、易良，《乐》教也；絜静、精微，《易》教也；恭俭、庄敬，《礼》教也；属辞、比事，《春秋》教也。"（《礼记·经解》）按照孔子的看法，为学虽要涵泳于知识技艺，但却必须以道德仁义之成就为其本。儒学六艺，亦包含知识技艺之内容，然其趣归，则在于其德性教养和敦民化俗之功。

经典的传习，重在教养教化，而教养教化，更与生活的样式密不可分。凡一文化的教化理念，必落实于某种特定的生活习俗、仪式、礼仪系统方能见其功。宗教之所以能够影响信众的精神生活，亦不仅因其教义，更因其显诸实践性的仪轨系统而能与信众的生活相密合。同样，儒学与生活的密切关联，亦表现在它对作为社会生活样式的"礼"或"礼乐"的关切。儒家特别强调礼乐的教化意义。《礼记·经解》载："礼之教化也微，其止邪也于未形，使人日徙善远罪而不自知也。是以先王隆之也。"《礼记·乐记》载："乐也者，圣人之所乐也，而可以善民心，其感人深，其移风易俗，故先王著其教焉。"盖礼乐之设，乃本于人内在的情感生活；礼乐之义，要在其"因人之情而为之节文"，故能作为与人伦日用密合无间之生活样式，而化民于无迹。

儒家重视礼乐之教化作用，但这个礼乐的系统是由历史传统之延续而形成的一种普泛的社会生活形式，并非儒家自身所专有的仪式系统，这使儒家的"教化"与宗教的教化大异其趣。这一点，应予以特别的注意。

一般的宗教礼仪和仪轨系统，既为特定的宗教乃至派别所专有，具有固定和排他的性质，其在信众群体上亦有相当的局限性。在这一点上，儒学所特别关切的礼乐制度和礼仪礼俗与宗教的仪式仪轨有根本性的区别。孔子极推重"郁郁乎文哉"

的周代文明。宗周社会的"郁郁乎文",即表现为一种"礼乐文明"。[1]"经礼三百,曲礼三千"(《礼记·礼器》),在孔子之前,这一礼乐文明对于现实人生实已周流充满,构成一种社会生活的普泛形式。

孔子的思想,体现了一种注重历史连续性的文化意识。生当"礼坏乐崩"、诗书礼乐废阙的时代,孔子以其承当中国古初文明延续开新的历史使命感,一方面修旧起废,积极进行礼制仪文的重建;另一方面,着力于对传统的礼乐文明加以人文的诠释,为之建立一个形上的超越性基础。《礼记·中庸》说:"君子之道费而隐。夫妇之愚,可以与知焉,及其至也,虽圣人亦有所不知焉;夫妇之不肖,可以能行焉,及其至也,虽圣人亦有所不能焉。……君子之道,造端乎夫妇;及其至也,察乎天地。"《易·序卦传》说:"有天地然后有万物,有万物然后有男女,有男女然后有夫妇,有夫妇然后有父子,有父子然后有君臣,有君臣然后有上下,有上下然后礼义有所错。"比较这两段话可以显见,在儒家的视野中,那"察乎天地"的超越性的"道",与作为生活样式的"礼义",有着内在的意义关联和发生学上的一致性。

因此,由孔子所确立的儒学传统,其思想的重心始终专注在生活的世界,而非认知性抽象理论体系的构建。儒学关注礼仪、礼乐的历史连续和重建,因为精神、情感、社会生活世界的丰富内涵总是展开为生生流行的历程;同时,儒学正是通过对这社会生活样式的人文诠释,建立起自己的一套形上学的思想系统。"三王不袭礼,五帝不沿乐",在中国文化的历史长河

---

① 参见杨向奎:《宗周社会与礼乐文明》,人民出版社,1997。

中，社会生活样式与时俱新，儒学理论诠释亦因之不断更新，二者总保持一种有活力的互动张力关系。这使儒学能够持续地保有文化的灵魂和内在的生命活力，以因应总处于流行变化中的生活现实。

这里我们可以清楚地看到，儒学施其教化于社会生活的方式是很巧妙的。教化之行，必须切合和影响人的社会和精神生活之样式。儒学于此，并不另起炉灶，独创一套礼仪、仪轨系统。它所据以建立和安顿其教化理念的礼仪、仪式系统，为中国古代社会所固有。一方面，这种社会生活所固有的礼仪和礼乐系统，作为一种普泛的生活样式，与一般民众之人伦日用水乳交融，因而儒学所行教化对于中国古代社会最具普遍性的意义。在这一点上，任何宗教形式的教化都无法与之相侪匹。另一方面，那不断经由儒学形上学诠释、点化、提升的礼仪和礼乐系统，亦具有一种因革连续的历史变动性和对其他宗教生活样式的开放性和包容性，这与一般宗教仪式、仪轨系统所具有的固定性和排他性亦有根本的区别。一些学者以中国礼乐、礼仪传统中有鬼神、天帝祭祀的内容为据来论证儒学是宗教，这是一种误解，而产生这一误解的一个重要原因，就是混淆宗教仪轨与儒家教化所依托之礼乐、礼仪系统的性质。儒家的教化是哲学义的教化，它与宗教义的教化实不可同日而语。

三、教化义的哲学

儒学具有教化的功能或作用，这使它在中国文化中的地位不同于西方的哲学。同时，我们须注意，儒学的"教化"具有其天道性命之学的基础，不能仅从社会功能和作用层面来理解它。

小程子尝用"体用一源，显微无间"一语论《易》道精神①。借用程子此语，可以说，天道性命的形上学之"体"与其"教化"之"用"本相须相入、相即互成；儒学的义理系统（体）与其"教化"的社会和文化功能（用）不可剖分为二。质言之，儒学的"教化"功用既建基于其天道性命之学的形上学系统，又贯通于其义理的系统而构成它内在的"本性"。

儒学的"教化"异于宗教义的教化，其根源在于它的天道性命的形上学是理性人文义的"哲理"，而非单纯信仰性的"教理"。儒家对这一点亦有清醒的认识。宋儒自称其学为"实学"，认为熙宁变法的失败，从学术根源上讲，是由于王安石之学"祖虚无而害实用"，把圣学的"外王"事业错置于释老的"性命之理"之上所致。宋儒的"心性义理之学"，就是要为其"外王"之用建立起一个合理的形上学基础（体）。②这个事例，是儒家形上学与其教化作用性之"体用一源"的一个很好的佐证。对于儒学这个"教化"境域中的哲理系统，我们实无以名之，姑且强为之名曰"教化的哲学"。我以为，"教化的哲学"这个名称，可以较好地标示出儒学兼具西方哲学与宗教之功能而又迥异于两者的独特之处。

本文所用"教化的哲学"这个名称，取自美国当代哲学家理查·罗蒂《哲学和自然之镜》③一书。20世纪90年代初，笔者曾发表过一篇题为《论儒家哲学精神的实质与文化使命》的文章，

---

① ［宋］程颢、程颐：《二程集》，中华书局，1981，第689页。

② 参见余英时：《朱熹的历史世界（下）》，生活·读书·新知三联书店，2004，第400-423页。

③ ［美］理查·罗蒂：《哲学和自然之镜》，李幼蒸译，生活·读书·新知三联书店，1987。

即尝试用"教化的哲学"这个概念来揭示儒家的哲学精神。不过，儒学作为"教化的哲学"与罗蒂所谓"教化的哲学"之命意，既有相通之处，也存在根本的区别，需要对其涵义做一些说明。

罗蒂把西方占主流地位的哲学称作"系统的哲学"。他认为"系统的哲学"的特征，就是意图通过认识论的论证方式提供一种"普遍的公度性"，以认知所建立的典范和普遍性模式来规约和改造文化的其他领域。与之相对，罗蒂倡导"教化的哲学"。他所谓"教化"，注重其可引发人的精神生活变化的意义。这种"教化的哲学"旨在以不断更新的描述和可持续的谈话引发人的自我或精神生活的改变，而避免将某种描述制度化、固化为普遍公度性的标准。①

显而易见，这个引发人的自我和精神生活之变化、转移的"教化"义，与儒家哲学的精神颇相契合，但罗蒂所谓的"教化"又是一个"非基础主义""相对主义"的哲学观念。罗蒂说："教化哲学的目的是维持谈话继续进行，而不是发现客观真理。"②他的"教化"概念，旨在摧毁任何寻求真理、真实、本质、超越性或普遍性"基础"的企图和信念，这一点又与儒家的哲学精神大相径庭。

儒学的文化意义是"教化"，其在哲学思想上亦特别注重一个"化"字。这个"化"的哲学意义，就是要在人的实存之内，在转变、变化的前提下实现存在的"真实"，由此达到德

① 参见［美］理查·罗蒂：《哲学和自然之镜》，李幼蒸译，生活·读书·新知三联书店，1987，第313–346页。

② ［美］理查·罗蒂：《哲学和自然之镜》，李幼蒸译，生活·读书·新知三联书店，1987，第328页。

化天下，以至参赞天地之"化"育的天人合一。可以看出，儒家哲学的目的，是要为人的存在寻求真实，实现和建立超越性的基础。这是一种地道的形上学。很显然，这与罗蒂那种非基础主义和相对主义的"教化"观念有着根本不同的哲学意义。同时，此形上的超越基础，乃经由"化"，亦即个体实存一系列自我转化的历程展开和实现，所以它又与罗蒂所拒斥的"系统的哲学"那种抽象实体性的形上学观念，存在着根本性的区别。

四、作为"存在性事实"的"自由"

儒家由"化"来建立本体（或存在的形上基础），不是认知性的设定和逻辑上的建构，而是存在"实现"意义上的创生和转出。更具体地说，儒学的形上学是由价值的完成实现存在的真实。牟宗三先生把儒家的哲学系统称作"道德的形上学"，指出"道德的形上学"不是只讲道德，而且必然地关涉存在。[1]在儒家的思想视野中，实践和存在、自由与自然、应当与事实乃本原一体之事，并非分属漠不相关的两个领域。由道德的完成转出存在的真实，这是儒家建立其形上学的基本理路。

按照康德的理解，道德领域的核心概念是"自由"。康德甚至把自由形象地比喻为实践理性的形上学系统之整个结构的拱顶石[2]，他对这一点的理解和儒学完全一致，但是二者对于自由的内涵及其在形上学系统中的作用的理解有很大的差别。在康德的系统中，自由作为理性的概念（理念），仅仅是一种理论必要性

---

① 参见牟宗三：《中国哲学十九讲》，上海古籍出版社，1997，第66-82页。

② ［德］康德：《实践理性批判》，韩水法译，商务印书馆，1999，第2页。

的"公设"①，并没有实在性的意义。②而在儒学的系统中，自由的概念被发现是一种事实。这事实，不是认识上的事实，而是为人的实存所本具者，可称之为一种"存在性的事实"。③它构成了儒学整个形上学系统的内在基石和创生性本原。这一点，正显示了儒学作为一种"教化的哲学"区别于西方哲学的根本特质。

在孔子之前，周人的文化价值观是宗教性的。在周人的观念中，至善的本原在天帝，人则被理解为一种功利性的存在。《左传·僖公五年》引《古文尚书·周书》说："皇天无亲，惟德是辅。"《尚书·召诰》说："王其德之用，祈天永命。"这两条材

① ［德］康德：《实践理性批判》，韩水法译，商务印书馆，1999，第144页。康德对"公设"的定义是："所谓公设，我理解的是一种理论的，但在其本身不可证明的命题，它不可分离地附属于无条件有效的先天实践法则。"

② 康德说："自由诚然是道德法则的存在理由，道德法则却是自由的认识理由。因为如果道德法则不是预先在我们的理性中被明白地思想到，那么我们就决不会认为我们有正当理由去认定某种像自由一样的东西（尽管这并不矛盾）。但是，假使没有自由，那么道德法则就不会在我们内心找到。"（同上书，第2页注①）按照康德的理解，人只能对道德法则有直接的意识，由此对自由有间接的肯定，所以可以说道德法则"是自由的认识理由"；而人对自由本身不能有任何直接的意识、经验和直观，但如不以自由的存在为前提，则人对道德法则的意识就是不可理解的。所以，康德所谓自由是道德法则的"存在理由"，只是一种理论必要性的假设（"公设"），不具有实在性的意义，康德亦仅把这种"公设"视作赋予道德法则之"可理解性"需求的一种"理性的信仰"（同上书，第138页）而已。

③ 李明辉教授注意到康德曾经把人对道德法则的意识称作"理性的事实"，并从"智的直觉"的角度，讨论了人对道德法则的意识与自由意识的关系（李明辉：《当代儒学的自我转化》，中国社会科学出版社，2001，第38—41页），颇有启发意义。不过，康德以人对道德法则的意识为"自由的认识理由"，而认为人对"自由"不能有直接的经验和直观，显然是从认识着眼。儒家则从存在入手来看待自由抉择的问题，借用康德"事实"一词，可把儒家所揭橥之自由理解为一"存在性事实"。

料便很好地说明了这一点。在这种宗教性的视域中，人的行为动机是功利性的（"祈天永命"）。按康德的话说，人的行为乃受自然因果律的制约，而不能有自由。

孔子在周人传统的"天命"观念的内部，做了"义""命"的区分，孟子更进一步，对此"天命"做了"性""命"的区分，由此发现自由和德性为人之"存在性的事实"，奠定了人的超越性价值实现的内在本原的基础。

《孟子·万章上》孟子驳正有关"孔子于卫主痈疽，于齐主侍人瘠环"的流言，记述并评论孔子的行事原则云："孔子进以礼，退以义，得之不得曰'有命'。而主痈疽与侍人瘠环，是无义无命也。"此言"义""命"讲的就是道德抉择的问题。这里孔子对"义""命"的态度，正表现了他对人的意志自由之本质性的理解。

《论语·颜渊》言："为仁由己，而由人乎哉？"《论语·述而》谓："我欲仁，斯仁至矣。"又言："求仁而得仁，又何怨？"《论语·里仁》："有能一日用其力于仁矣乎？我未见力不足者。"此引孔子数语为人所熟知，但人们很少注意，在孔子这些简单的话语里，包含了一个石破天惊的、决定了中国文化两千余年发展方向的发现：行仁、行义，为人所唯一可凭其意志的抉择和自力，而不依凭外力所能决定之事，或借用今天哲学家的话说，这是人最本己的可能性。相反，那作为周人行为动机的功利性的"命"，其获得则要受到种种外在条件的限制，而非人所直接可求。用康德哲学术语来说，这个发源于人自身的决断和能力，就是意志对自己的决定，它打破了自然的因果律，乃是一种自由的决定。由此，德性之善被理解为人之天职，或人之所以为人的先天的规定。人的行为之超越性价值，亦因此转由人自身来

决定和赋予。今人所谓中国文化人文的、内在超越的方向，即由
孔子这个发现所引领和决定。

孟子进一步把"义""命"的关系表述为"性""命"的关系。
《孟子·尽心下》说："孟子曰：口之于味也，目之于色也，耳
之于声也，鼻之于臭也，四肢之于安佚也，性也。有命焉，君子
不谓性也。仁之于父子也，义之于君臣也，礼之于宾主也，知之
于贤者也，圣人之于天道也，命也。有性焉，君子不谓命也。"
那出于肉身实存性的欲求，与"仁义礼智圣"的道德规定，本
皆可称为"性"，亦皆可称为"命"，但孟子又在二者间做了
"性""命"的区别。这个区别的根据，正源于孔子上述有关人
的意志"自由"的发现。

我们来看孟子对此的说明。《孟子·尽心上》："求则得之，
舍则失之，是求有益于得也，求在我者也。求之有道，得之有
命，是求无益于得也，求在外者也。"《孟子·告子上》："仁义
礼智，非由外铄我也，我固有之也，弗思耳矣。故曰：'求则得
之，舍则失之。'"人对其肉身性实存和功利性要求的满足，不
具有直接的决定之权，故称之为"命"。与此相反，遵从人道、
躬行仁义完全可以凭任人心内在的自由抉择，是自己来决定自
己，所主在"我"而不假外求。此为人之存在所"固有"，故称
之为"性"。

我们要特别强调，孔子、孟子所发现和诠释的"自由"，对
人心而言，是"存在性的事实"，而非理论必要性的假设；唯其
如此，其所建立的"性善"，亦不仅仅是一种理论上的可能性，
而是具有先天内容的"本善"。这个发现非常重要，它决定了整
个儒家乃至中国文化的精神方向。儒学整个"教化的哲学"的形
上学，即建基于此。

五、"圣"与"神"之间

康德的"自由"概念为什么会是一个理论上的假设？因为他把认知的原则推而贯彻于实践的领域。牟宗三先生很敏锐地指出，康德论自由的必然性问题的思路有一个"滑转"，即把自由的问题"滑转"为经验知识的界限问题。[①]这个"滑转"，实质上就是把认知的原则推而运用于实践的领域。康德在用理论理性的尺度为实践理性划界，认为人不能对自由、对本体界有任何直观、经验和知识，同时进一步推论出了一个全知、全能的"上帝"——只有他才拥有对本体界的理智直观。[②]本体的世界在其内容的实在性上是一个属于"神"的世界。康德的这个思想，体现了西方哲学与宗教精神互证、互补的关系。

"学以至圣人之道"[③]是儒学的目标。这"圣"是"自由"的实现，它要求的是存在实现义的"通"，而不是"全知"。

《荀子·解蔽》说："以可以知人之性，求可以知物之理，而无所疑止之，则没世穷年不能遍也。其所以贯理焉虽亿万，已不足以浃万事之变，与愚者若一。……故学也者，固学止之也。恶乎止之？曰：止诸至足。曷谓至足？曰：圣也。"王阳明则说："（圣人）心学纯明，而有以全其万物一体之仁，故其精神流贯，志气通达，而无有乎人己之分，物我之间……圣人之学所以至易至简，易知易从，学易能而才易成者，正以大端

---

① 参见牟宗三：《心体与性体（上）》，上海古籍出版社，1999，第144页。

② 参见［德］康德：《实践理性批判》，韩水法译，商务印书馆，1999，第144–155页。

③ ［宋］程颢、程颐：《二程集》，中华书局，1981，第577页。

惟在复心体之同然，而知识技能非所与论也。"^①又言："圣人无所不知，只是知个天理，无所不能，只是能个天理。圣人本体明白，故事事知个天理所在，便去尽个天理。不是本体明后，却于天下事物都便知得，便做得来也。"^②从这几段论述可以显见，儒学对知识的有限性有明确的意识，但它既不以认知作为尺度为人的实践理性设限，亦不由之推而对"圣"做"全知"的要求。在儒家看来，"圣"的超越性另有本原，"而知识技能非所与论"，与认知完全属于不同的领域，二者不可混淆。

"心体之同然"，典出《孟子·告子上》，即指由人的自由抉择所确立的先天道德规定。此为"圣"的超越性之内在本原。"圣"的实现与认知的达成，二者不仅本原不同，方式途径亦复有异。人在认知的意义上不能周遍于万物，但可以当下因应事物之时、宜而与物无不通。这是存在实现意义上的"通"，而非认知意义上的"全知"。阳明所谓圣人之"全其万物一体之仁"，"精神流贯，志气通达，而无有乎人己之分，物我之间"，皆指此而言。

《礼记·中庸》说："诚者自成也，而道自道也。诚者物之终始，不诚无物。是故君子诚之为贵。诚者，非自诚己而已也，所以成物也。成己，仁也；成物，知也。性之德也，合外内之道也，故时措之宜也。"《孟子·尽心上》说："孟子曰：万物皆备于我矣，反身而诚，乐莫大焉。强恕而行，求仁莫近焉。"这两段为人所熟知的话，表现了儒学达到超越的方式。"万物皆备于我"在过去被批评为"主观唯心论"，这是从认知角度看待

---

① ［明］王守仁：《传习录中》，见《王阳明全集（上）》，上海古籍出版社，1992，第55页。

② 同上书，第97页。

儒学所产生的误解。若从认知的意义讲"万物皆备于我",何啻"主观唯心论",更是康德道德哲学意义上之"神"的"全知全能"。但很显然,儒家所理解的超越性,并非从此一角度立言。实质上,由"诚"所达致"万物皆备于我"与"合外内之道",方式和途径就是忠恕行仁之方。"反身而诚"是"忠","强恕而行"是"恕"。成己以成物,亦是忠恕,其义乃由存在的实现达于人己、物我的沟通。而"万物皆备于我"和"合外内之道"的超越亦不神秘,无非于行事应物处能够仁心流行,"时措之宜"而已。随处因任事物、"时措之宜",乃能与物无不通。古书恒训"圣"为"通"①,皆着眼于此。

可见,儒学讲达致超越的"圣",要求的不是"全知",而是存在实现义的"通",这与康德道德哲学所设定的"全知"的神有根本不同。在这个"圣"与"神"之间,亦体现了儒学与西方哲学不同的哲学进路。

六、"教化哲学"的实现论视域

引发人的内在精神生活和情感生活的转变,是"教化"概念的一个根本特征。如前所述,罗蒂所言"教化"仅是一个功能和作用性的观念,因此,其所谓人的精神生活和情感生活的转化,亦完全是一种相对性和偶然性的东西。所以,这"教化"与任何基础、实体、本质、真理,与任何"普遍公度性"都是无关的。罗蒂对这种"普遍公度性"追求的批评,首先是针对笛卡儿-康德的哲学传统的②。但吊诡的是,罗蒂对人的实存内容的看法

---

① 如《说文解字》言"圣,通也",《白虎通·圣人》言"圣者,通也"。
② [美]理查·罗蒂:《哲学和自然之镜》,李幼蒸译,生活·读书·新知三联书店,1987,第277-312页。

与康德殊途同归，根本一致。康德把道德法则规定为一个形式的普遍性原则，而把包括道德感在内的实质的或涉及情感内容的原则统统看作主观、偶然性的东西，完全排拒在外①。二者的哲学观念完全相反，是两个极端，但二者对形式与实质关系的看法又一脉相通，都表现了一种对人的内在情感生活的相对性和偶然性的理解。这一点，与西方文化的宗教观念有着内在的关联性②，它对于我们理解儒家哲学的观念颇具典型性的意义。

儒学的"教化"观念，则取形式与实质、内在与超越一体的理路，有其自身的特点。在儒家看来，自己决定自己的"自由"是一种"存在性的事实"，它必然在人的实存的内容上，亦即人的精神生活和情感生活的内容上呈显。这个呈显，更确切地说，是以转化了人的实存内容的方式为人心所"实有"（实有诸己）。

因此，儒学的教化，首先要使人的精神气质发生转变，而达到这种转变，必经由"工夫"。儒家讲工夫，涉及方法、技术，但其根本点不是方法和技术，而是一贯通和呈显道或本体的实践历程。黄宗羲"工夫所至，即其本体"③一语，最能表现此义。儒学所言本体，由工夫来实现，这是儒家教化哲学的

---

① 参见［德］康德：《实践理性批判》，韩水法译，商务印书馆，1999，第34-44页。

②《新约圣经·罗马书》里讲："法律是属神的，但我是属血肉的……善不在我内，即不在我的肉性内。"这是说，人的实存性（肉身）是不自足的，其现实存在不具有善的根源性。因此，人的行为不能有自身肯定性的道德价值，其至善的超越性价值只能由人的认罪和对基督的信靠达致，而不能由人自身的道德实践达致。康德和理查·罗蒂对人的肉身实存性的看法，与基督教在精神上是一致的。

③［清］黄宗羲：《明儒学案》，沈芝盈点校，中华书局，1985，第8页。

一个重要特色。

前引《孟子·尽心下》"口之于味"章讲"性""命"的区分，并非把"性""命"对峙起来。恰恰相反，儒家言"性"皆从心上说；言心，则从情上说；言情，则必落实于气。性、心、情、气、才，统而为一。儒家讲"性""命"的区分，把人的肉身实存性的实现归为"命"的范畴，是要强调性、心、情、气、才非并列的关系。"性"作为"体"，必在转化了人的肉身实存性的创造历程中动态地实现并呈显。

《易·说卦传》："穷理尽性以至于命。"程颢则说："穷理尽性以至于命，三事一时并了，元无次序，不可将穷理作知之事。若穷得理，即性命亦可了。"[①]《孟子·尽心上》："尽其心者，知其性也。知其性，则知天矣。存其心，养其性，所以事天也。夭寿不贰，修身以俟之，所以立命也。"又："莫非命也，顺受其正。是故知命者不立乎岩墙之下。尽其道而死者，正命也；桎梏死者，非正命也。"此引数语，皆从存在实现的角度言"性""命"之动态合一。

从广义上说，仁义礼智等道德规定和人的肉身实存性皆本自于天，皆为"性"，亦皆为"命"。但从人的自由决定而言，我们必须说，仁义礼智诸德为人心内在本具的先天内容，而人的肉身实存性的实现，则受外在境遇的种种制约。"穷理尽性以至于命"，即言经由工夫的转化历程来实现天人、性命的合一。"穷理"是自觉，但非认知意义上的觉知，穷理实亦"尽性"历程中的自觉。大程子说"穷理"非"知之事"，是对的。故穷理、尽性、至命，实是两事而非"三事"。由尽性而至命，亦即孟子所

---

① ［宋］程颢、程颐：《二程集》，中华书局，1981，第15页。

言存心养性以事天或修身以立命。

这里所论"性""命"之统合，包含两个方面的意义。

第一，转化肉身实存性以实现其本有的性体意义。

孟子论性之实现，提出"践形"之说，宋儒言学，强调"变化气质"。形色、气质即人的肉身实存性，"践形"和"变化气质"，都是指人的实存内在的转化。广义的"性"和"命"，皆包含仁义礼智的德性内容和人的肉身实存两个方面的整体。从狭义而言，"性"仅指前者，而"命"则专指人的肉身实存一面。关于这点，张载《正蒙·诚明》篇说得很好："性通乎气之外，命行乎气之内……尽其性然后能至于命。"[①]这样说来，实现性命或天人的合一，须经由一个形色、气质转化的过程。

关于"践形"，《孟子·尽心上》说："形色，天性也。惟圣人然后可以践形。"又："君子所性，仁义礼智根于心，其生色也，睟然见于面，盎于背，施于四体，四体不言而喻。""形色天性"，是就人的实存言性，但"形色"作为"性"的本真意义，并非现成的给予，而是要经过一种创造性的转变才能实现。"践"，其义为显现、实现。"惟圣人然后可以践形"，即只有在"圣人"的人格完成形态中，"形色"作为人性的本真意义才能得到完全的实现和显现。"君子所性"与圣人"践形"的意义相通，"君子所性"即在君子人格中所体现的"性"。"君子所性"之仁义礼智，并非某种抽象的在认知意义上给定的概念，它要在人的实存的"形色"内容上展现，其"生色"，乃是经由转化人的实存（气质）至于精纯之存在性的实现，而非一种认知义的给予性。这个"践形"，也就是"性""命"的动态合一。

---

① [宋] 张载：《张载集》，中华书局，1978，第21页。

应注意，在儒学的系统中，这转化个体实存的性命合一与实现，并不局限于个体之存在。毋宁说，这"践形"的实存转化乃表现为一个诚中形外的敞开性。《大学》所谓"诚于中，形于外"，《中庸》所谓"诚则形，形则著，著则明，明则动，动则变，变则化，唯天下至诚为能化"，《孟子·尽心下》所谓"可欲之谓善，有诸己之谓信，充实之谓美，充实而有光辉之谓大，大而化之之谓圣，圣而不可知之之谓神"，讲的都是这个道理。这敞开性，即我们前文所说的"圣"所达之"通"的境界。

第二，性体的创造与赋值作用。

这性、命的统合，不仅是转化实存的一个创造性历程，亦是一个对存在完成赋予价值的活动。

孔子讲"义""命"关系，孟子讲"立命"，又讲"正命"。"正命"，指人的行为和存在完成了他正面的或肯定性的道德价值，而"立命"则是指出这个肯定性的道德价值，正是由人存心养性、修身的行为和工夫自身所赋予。进一步说，人经由工夫而"立命"，乃本原于其自由的道德抉择，"立命"的根据在内而不在外。在这个意义上，"义"与"命"实构成一种因果关系，孟子讲，人如不从"义"的原则而行，则其行为便"无义无命"，讲的就是这个道理。

由此可见，"穷理尽性以至于命"，由"尽性"而"至命"所经历的是一个存在转化和实现的过程。"穷理"之"知"，亦转而成为一种依止于此存在实现的生命智慧。这尽性、至命，既是个体"性""命"的合一，亦是物我、天人的合一。它是存在实现论意义上的"合一"，而非认知意义上的"统一"。唯其如此，"尽性至命"便既是一个创生、创造的活动，亦是一个"赋值"

的活动。儒学所谓"性与天道"的形上本体，乃是在实存之实现完成历程中所呈现之"通"或"共通性"，而非认知意义上的"共同性"。因此，这"通"性，非抽象的实体，而是一种把当下实存引向超越，创造和转化了实存并赋予其存在价值的创生性的本原。儒家论天道，率言"生生""不已""於穆不已"，论人性，则每以"成性存存""成之者性""纯亦不已"言之，都表现了形上学的精神。这创生赋值的活动，乃本原于作为人的"存在性事实"的"自由"。中国文化内在超越的精神方向，即奠基于此。

诚中形外：儒学工夫论的思想架构

儒学以生命存在的实现而非认知为思想的进路，由工夫而证显本体，以建立其形上学的系统。儒学各派言工夫，虽各有所重，然要不外身心外内之一体互成。《大学》讲"诚于中，形于外"①，《中庸》讲"诚则形"②，我们可以用"诚中形外"的观念来提挈概括儒学工夫论的思想架构。

一、本体与工夫

儒家哲学以达道为最高的目标。其所言达道，是一种身心上的体证和实践上的拥有，而非单纯的理论认知，儒家哲学由此而有工夫与工夫论之说。

《明儒学案》序中载："心无本体，工夫所至，即其本体。"③此言本体或"道"要经由人的德性工夫来具体呈显，而非现成摆在某处供人认知的对象。黄宗羲此语，恰切地指出了儒家由工夫证显本体的为学精神。

① ［宋］朱熹：《四书章句集注》，中华书局，1983，第7页。
② 同上书，第33页。
③ ［清］黄宗羲：《明儒学案》，沈芝盈点校，中华书局，1985，第8页。

儒家追求达道，亦常言"知道"。达道当然必须"知道"，然此"知道"，则须以"体道"为前提。《荀子·解蔽》对此义有很好的说明："知道：察，知道；行，体道者也。虚壹而静，谓之大清明。万物莫形而不见，莫见而不论，莫论而失位。"①此言"知道"，包括知、行两个方面的内容。"察"是狭义的知道，"行"即体道，此两面共属一体而不可分。"体道"，是一种身体力行义的证会，要经由道德的践履工夫来达成。"虚壹而静"，为修养工夫所达之本然的心灵境界；"大清明"，则是由此心灵境界所成就的生命智慧。因此，知行之一体，乃以"行"为其根据，"察"或知，并非一个独立的原则。

子思论诚明亦曰："自诚明，谓之性；自明诚，谓之教。诚则明矣，明则诚矣。"②（《礼记·中庸》）"诚"既是天道，又标明了"性之德"③。自诚而明，是由性之实现而达性之自觉；自明而诚，则是由性之自觉而达性之实现。自诚明，自明诚，表现了两种不同向度的工夫入路。然非成性无以知性明道，同时，无相应之自觉了悟，亦不能说已达人性天道之实现。此诚明互体之义，即由成性之工夫历程而显，"明"，则表现为此成性展开历程中的心明其义，此与前述基于体道的"知道"义是相通的。朱子答弟子问"体道"亦云："体犹体究之体，言以自家己身体那道也。盖圣贤所说，无非道者，只要自家以此身去体他，令此道为我有也。如克己，便是体道工夫。"④此言"以身体道"，是一种

---

① ［清］王先谦：《荀子集解》，中华书局，2012，第384-385页。
② ［宋］朱熹：《四书章句集注》，中华书局，1983，第32页。
③ 同上书，第34页。
④ ［宋］张洪、齐熙编《朱子读书法（卷二）》，浙江人民美术出版社，2017，第55页。

全身心的投入和体证。人须经由"以身体道"的工夫，方能实有或真实拥有道体。儒家所理解的明性、知道，乃是一种对性体、道体之实有诸己意义上的自觉。

这个本体或"道"即工夫而显的思想进路，使儒家所理解的道体更具有黑格尔所言"具体概念"的思想特质。《周易·系辞传下》中讲："苟非其人，道不虚行。"①《周易·系辞传上》中讲："神而明之存乎其人，默而成之，不言而信，存乎德行。"②"神而明之""默而成之"的"之"，皆指"道"而言。人以道德、人格之工夫成就来证会道体，道体亦由之而转出，展开为一种情境性的当下呈显。孔子所谓"人能弘道，非道弘人"③（《论语·卫灵公》），讲的就是这个意思。《周易·系辞上》亦云："一阴一阳之谓道。继之者善也，成之者性也。仁者见之谓之仁，知者见之谓之知，百姓日用而不知，故君子之道鲜矣。"④宇宙万有品类万殊，各有其分位、时、宜之异，"道"恰是即此不同时、宜、分位之物的成就而不同层次地显露出来。就人而言，道体乃内在通贯乎个体实存，依人之自觉、修为程度的不同而有当下情境性的、不同层次的显现。其普遍性乃呈显为一种内在差异性的互"通"，而非抽象同质性的"同"。儒家论君子，必曰"和而不同"⑤（《论语·子路》），论人的行为之合宜，乃云"中正以通"⑥（《周易·节卦·象传》），论道或理，则率言

① ［宋］朱熹：《周易本义》，廖名春点校，中华书局，2009，第256页。
② 同上书，第243页。
③ ［宋］朱熹：《四书章句集注》，中华书局，1983，第167页。
④ ［宋］朱熹：《周易本义》，廖名春点校，中华书局，2009，第228页。
⑤ ［宋］朱熹：《四书章句集注》，中华书局，1983，第147页。
⑥ ［宋］朱熹：《周易本义》，廖名春点校，中华书局，2009，第207页。

"理一分殊"①，都表现了这一点。前引《周易·系辞上》所谓"仁者见之谓之仁，知者见之谓之知，百姓日用而不知"，讲的也是这个道理。

今人讲哲学，常相对于现象而言本体，相对于属性而言实体。儒家论本体或"道"，则对应着"工夫"来讲，即要经过一系列实存转化的历程来证成道体，达成本体的实现。以本体对应现象，以实体对应属性，是一种静态的、认识论的进路。儒家主张通过工夫来实有和证显本体，当然亦不能离开认识的维度，但其着重点在于生命存在的实现。

儒家哲学的工夫论，有着深刻、丰富的内容。孔子之学，以"仁"为核心，仁即其所谓"道"；"忠恕"为行仁之方②，标志着达道之工夫历程。忠恕，是由尽己之忠推扩而成物，以达人己内外一体相通之仁。忠恕之道，包括尽己（或成己）与成物内外两面之统一，规定了儒家工夫论基本的思想架构。

孔子后学曾子、子思一系由此而内转，其工夫论略注重内心和情感的体证。曾子之学，强调"守约"③和切己内省的工夫，有"日三省吾身"④之说。《大学》言絜矩之道⑤，归本于修身、明明德，而此修身、明明德的道德践履，则以格物、致知、诚意、正心为其工夫次第。⑥子思《中庸》所言工夫，乃以

---

① ［宋］黎靖德编《朱子语类》，王星贤点校，中华书局，1986，第2页。

② ［宋］朱熹：《四书章句集注》，中华书局，1983，第72页。

③ ［宋］朱熹：《四书章句集注》，中华书局，1983，第230页。《孟子·公孙丑上》论养气工夫说："孟施舍之守气，又不如曾子之守约也。"此所谓"守约"，即抓住要点，指反省自身行为的道义根据，以统领其气。

④ ［宋］朱熹：《四书章句集注》，中华书局，1983，第48页。

⑤ 絜矩，实即忠恕。更确切地说，絜矩之道，乃是忠恕在政治上的表现。

⑥ ［宋］朱熹：《四书章句集注》，中华书局，1983，第3页。

"诚"为核心而著力于"诚之"之功，通过"成己""成物"的途径，来达成道合外内的人性实现。[①]子思学派的《五行》篇，在心性工夫论上标举"心贵"之义，提出"舍其体而独其心"的"慎独"说。[②]孟子论修养工夫，偏重于反躬内求，主张"求放心"[③]"先立乎其大者"[④]，循尽心知性以知天、存心养性以事天立命的进路，来实现人的先天本善之性，并提倡一种"养浩然之气"[⑤]的方法，以建立道德的存在性基础。与思孟一系相对，荀子的修养工夫论，乃注重礼的外范作用，主张"化性起伪"[⑥]（《荀子·性恶》），既将人的实现理解为一种"长迁而不反其初"（《荀子·不苟》），向着未来和社会活动的开放性历程，同时又致力于"虚壹而静"的"治心之道"[⑦]，以达"大清明"的自由境界。

宋明儒学突出心性与教育，尤其注重个体的德性养成和工夫论意义。理学一系所言工夫，略偏重格物穷理和事上的磨炼，

---

① 《中庸》既说"诚者天之道也，诚之者人之道也"，又说"诚者非自成己而已也，所以成物也。成己，仁也；成物，知也。性之德也，合外内之道也，故时措之宜也"。"诚"标志"性之德"，即性的本质；"诚之"，则是实现"性"的工夫。在工夫论的意义上，"诚"就是成己成物，这是忠恕的另一种表达方式，它更重视"忠"，即反身内求一面的意义。

② 参见李景林：《帛书〈五行〉慎独说小议》，载《教化的哲学——儒家思想的一种新诠释》，黑龙江人民出版社，2006，第224–233页。

③ 《孟子·告子上》："学问之道无他，求其放心而已矣。"见［宋］朱熹：《四书章句集注》，中华书局，1983，第334页。

④ ［宋］朱熹：《四书章句集注》，中华书局，1983，第335页。孟子以心为人之"大体"，耳目之官为人之"小体"。"先立乎其大者"，谓反思人心先天之道德法则，仁义礼智主乎内心，则可不受制于外诱，而达心灵之自由。

⑤ 同上书，第231页。

⑥ ［清］王先谦：《荀子集解》，中华书局，2012，第424页。

⑦ ［清］王先谦：《荀子集解》，中华书局，1988，第404页。

同时强调居敬诚意，涵养本原的工夫。心学一系的工夫论，更为注重"先立乎其大者"①，诚意正心、致良知于事事物物②，简易直截，直指本原，同时强调"体究践履，实地用功"③的次第功夫，而力戒学者"束书不观，游谈无根"④的空疏之弊。

综上所论，儒家的工夫论虽有丰富的内容，然大要言之，实不外孔子忠恕之道所规定的那个统一而不可分的内外两重向度。

儒家言工夫，"成己"与"成物"两重向度本不可分。非成己无以成物，未能成物，亦未可说已能成己。不过，成己与成物两面，又各有侧重。儒家言成己，着重于个体生命整体性之实现；其言成物，则着重于君子德化天下的教化作用。兹分述之。

二、生命之"纯一性"

《礼记·中庸》中载："《诗》云：'维天之命，於穆不已'，盖曰天之所以为天也；'於乎不显，文王之德之纯'，盖曰文王之所以为文也，纯亦不已。"此语引《诗经·周颂·维天之命》以称颂文王之德。文王作为儒家所尊崇的圣王，具有理想人格的典范意义。"文王之德之纯""纯亦不已"，"纯"，言人的生命之纯粹、纯化或存在的纯一性；"不已"，言生命历程之无间断的生生连续性或同一性。纯一、纯粹，乃就其性质一面言；连续同一，乃就其时间、历时性一面言。这两个方面，

---

① ［宋］陆九渊：《陆九渊集（卷一）》，钟哲点校，中华书局，1980，第1页。

② ［明］王阳明：《传习录注疏》，邓艾民注，上海古籍出版社，2015，第100页。原文为："若鄙人所谓'致知、格物'者，致吾心之良知于事事物物也。"

③ 同上书，第93页。

④ ［宋］陆九渊：《陆九渊集（卷三十四）》，钟哲点校，中华书局，1980，第419页。

密切相关而不可分，"纯一性"与"同一性"即注重在个体生命整体性的实现。

兹先言其"纯一性"。所谓"纯一性"，乃相对于杂多性而言。人的实存情态，非杂多之聚合。个体之种种实存表现因其内在本体性的确立和贯通而臻于精纯，由之统合为一体，是之为"纯一性"。

"纯一"或生命的纯粹化，根源于人心对天道或本体的自觉和拥有。"天命之谓性"，"性"本原于天而内在于人。因此，工夫之要，首在反躬内求，自觉本心，实有其性。思孟和心学一系的工夫论，特重此义。儒家所谓"道"，既为形上之体，又有"日新""生生"之德[①]，为一创生或创造性的本体。"道"内在于人的实存而为人之性，亦被理解为一种具有道德创造性的本原。《孟子·尽心上》说："君子所性……仁义礼智根于心。其生色也，睟然见于面，盎于背，施于四体，四体不言而喻。"孟子此语，即很好地表现了这一点。"仁义礼智"本于天命，为人性的先天规定。"生色""睟面""盎背"，发乎"四体"，是言性体贯通、表显于人的内心情感及其肉身实存。人对其本心性体的自觉，并非对象性的认知，而是一种反身内求的体悟。性由心显，"仁义礼智根于心"，这会引发和推动人的情感和肉身实存产生一系列的转变和升华，使之不断地趋于精纯，并称体起用，发乎形色，表现为一种本体（性体）的创造性活动。

儒家常从"德不可掩"、"诚于中"必"形于外"的角度，强调"慎独"的工夫。《礼记·大学》说："所谓诚其意者，毋自

029

---

①《周易·系辞上》载："形而上者谓之道。""一阴一阳之谓道……日新之谓盛德，生生之谓易。"见朱熹：《周易本义》，廖名春点校，中华书局，2009，第242、228、229页。

欺也，如恶恶臭，如好好色，此之谓自谦（慊）①。故君子必慎
其独也……人之视己，如见其肺肝然……此谓诚于中，形于外，
故君子必慎其独也。"《礼记·中庸》亦说："君子戒慎乎其所
不睹，恐惧乎其所不闻。莫见乎隐，莫显乎微，故君子慎其独
也。"从道德修养工夫的角度讲，儒家所言"慎独"，略有二义。
其一，在心之初发的几微处②，人或未知而己独知之，当于此敬
慎其所始，存养其本原。前引《大学》《中庸》两段论"慎独"
的话就表现了这一点。其二，儒家所言"慎独"凸显"心"之不
受外在规范和外物约束的独立自我决断、自作主宰的自由精神。
《礼记·礼器》："礼之以少为贵者，以其内心者也。德产之致
也精微，观天下之物，无可以称其德者，如此，则得不以少为贵
乎？是故君子慎其独也。"③《礼记·孔子闲居》记孔子论"礼
乐之原"，有"无声之乐，无体之礼，无服之丧"的"三无"之
说，孔颖达《正义》："此三者，皆谓行之在心，外无形状，故
称无也。"④思孟一系的《五行》由此更进一步从"舍其体而独其
心"的角度来解释"慎独"的内涵⑤。此"舍其体"之"体"，指
礼的仪文形式和器物一面而言。德性的修养当然要遵从礼仪的规
范，但人的德性成就和礼的真精神（礼乐之原），恰恰是要使人
消解礼的外在形式意义而归于心灵的内在性和独特性，以达个体
无所依傍，其心对越天道的独在和独知。⑥这就是儒家所强调的

030

---

① "谦"在此读"慊"，悦快义。

② 这人心所发之初几，可以理解为现代伦理学所谓的"最原初的动机"。

③《十三经注疏》整理委员会整理：《礼记正义》，北京大学出版社，
1999，第734页。

④ 同上书，第1392–1394页。

⑤ 庞朴：《帛书五行篇研究》，齐鲁书社，1980，第31–34页。

⑥ 参见李景林：《帛书〈五行〉慎独说小议》，载《教化的哲学——儒家
思想的一种新诠释》，黑龙江人民出版社，2006，第224–233页。

"慎独"工夫。"慎独"这一概念，集中表现了儒家反思、涵泳本心性体这一向度的工夫论精神及其思想内涵。

《礼记·中庸》讲"诚则形"，《荀子·不苟》对此有更具体的解说："善之为道者，不诚则不独，不独则不形。"①是言诚则能独，独则能形。何以言独则能形？"诚"即实有诸己而真实无妄，"慎独"则正是诚之实有诸己的内在性之表现。儒家从内外、身心、知情本原一体的整体性意义上理解人的德性，认为人内在的德性及其道德的抉择，必会影响和转化其情感、气质和行为，并通过后者表显于外。所谓诚则形，形则独，讲的就是这个意思。

这个"形"或"形于外"有两个方面的涵义：一是道体、性体根于心而形著于人的情感、形色，孟子所谓"睟面盎背""圣人践形"②，宋儒所谓"变化气质"③，讲的就是此义的"形"；二是指君子之德垂范天下的感化作用。关于"形"的第二重涵义，我们将在本文最后一节做说明。

人心对越天道，存养性体所引发的创造性转化会形著于人的情感及肉身实存，并使其生命存在整体性地不断趋于纯化。《礼记·大学》："知止而后有定，定而后能静，静而后能安，安而后能虑，虑而后能得。物有本末，事有终始。知所先后，则近道矣。"④这里所谓"知止"，就是知"止于至善"⑤，具体言之，即"为人君，止于仁，为人臣，止于敬"⑥等对道德原则之实有诸己的抉择与持守。"定""静""安"则是此善之抉择持守表显

---

① ［清］王先谦：《荀子集解》，中华书局，2012，第47页。
② ［宋］朱熹：《四书章句集注》，中华书局，1983，第360页。
③ 同上书，第32页。
④ 同上书，第3页。
⑤ 同上书，第3页。
⑥ 同上书，第5页。

于情感实存的一种本真的状态。"能虑""能得"是智慧上事，即思虑明睿而能知道、得道。《大戴礼记·文王官人》："诚智必有难尽之色，诚仁必有可尊之色，诚勇必有难慑之色，诚忠必有可亲之色，诚絜必有难污之色，诚静必有可信之色。"①《礼记·祭义》亦说："孝子之有深爱者，必有和气，有和气者，必有愉色，有愉色者，必有婉容。"②子思学派的《五行》篇特别强调，仁、义、礼、智、圣"五行"（即"五德"）必形著于内心之情感实存，才能真正为人心所拥有，而获得自身道德的价值。如其论"仁"所说："仁之思也精，精则察，察则安，安则温，温则悦，悦则戚，戚则亲，亲则爱，爱则玉色，玉色则形，形则仁。"③人之慎独、知止、精思、明察的本体和德性自觉，引生并显发为定、静、安、温、悦、戚、亲、爱等一系列情感之善，展显为睟面、盎背、体胖、和气、愉色、婉容、玉色等仪容形色之美，这一系列自内至外的创造性转化，使个体实存不断地趋于精纯而不杂，获得一种整体性的完善。《礼记·大学》有"富润屋，德润身，心广体胖"④之说，对这种德性工夫之生命整体性转化的观念，给出了一种形象生动的诠解。《荀子·大略》也说："君子之学如蜕，幡然迁之。故其行效，其立效，其坐效，其置颜色、出辞气效。"⑤荀子举蝉蜕为例，形象地说明，君子为学之形诸实践和颜色、辞气，乃是一种生命存在之整体性的迁化和本质性的升华。儒家言德教，此类论述颇多，其着重点在于根植于人心的本

---

① 方向东：《大戴礼记汇校集解（下册）》，中华书局，2008，第1025页。
②《十三经注疏》整理委员会整理：《礼记正义》，北京大学出版社，1999，第1319页。
③ 李零：《郭店楚简校读记》，北京大学出版社，2002，第78页。
④［宋］朱熹：《四书章句集注》，中华书局，1983，第7页。
⑤［清］王先谦：《荀子集解》，中华书局，2012，第488页。

体和德性自觉为人的存在所带来的整体性的转变和升华作用，而不仅在道德的规范、动机、行为诸要素之间关系的抽象讨论。

这种生命纯粹或纯一化之极致，就是圣人的"德盛仁熟"。《朱子语类》卷三十一："圣人之心，直是表里精粗，无不昭彻……所谓德盛仁熟，'从心所欲，不逾矩'……盖形骸虽是人，其实是一块天理……圣人便是一片赤骨立底天理。"[1]人的实存本是一种具有偶然性的定在，圣人之心，纯乎天理，德盛仁熟，其实存已然脱胎换骨，摆脱了偶然性的限制，成为道体、天理所依之以全幅必然展现的一种当下性的场域。

宋儒特别推重圣贤之气象。如黄庭坚称颂周敦颐"胸中洒落，如光风霁月"[2]，程颐赞明道"纯粹如精金，温润如良玉"[3]，皆是从天理光照、充溢、全体呈现乎个体之形色实存的角度而言圣贤之德。本体根于人心而转化实存，并在获得了本质和纯化了的形色实存上展现出自身，乃是一种充分个性化了的感性显现。《孟子·尽心下》说："可欲之谓善，有诸己之谓信，充实之谓美，充实而有光辉之谓大，大而化之之谓圣，圣而不可知之之谓神。"[4]心之所可欲者为善。此善之实有诸己为信、为真。真善统一，诚于中必形于外，充实而有光辉，则为美。道体个性化为当下的实存和生命的涌动，表现为一种化境之美和精神的自由。

① ［宋］黎靖德编《朱子语类》，王星贤点校，中华书局，1986，第969-970页。

② ［元］脱脱等：《宋史》卷四百二十七，中华书局，1977，第12711页。

③ ［宋］程颢、程颐：《二程集（上册）》，王孝鱼点校，中华书局，2004，第637页。

④ ［宋］朱熹：《四书章句集注》，中华书局，1983，第370页。

三、生命之"同一性"

所谓"同一性",指人的生命历程及其展现于外的德行之生生连续性,个体过去、现在、未来之行为,由此而获得一种可予统一理解的连贯性,使之能够作为区别于他者的"这一个"而被认出并得到肯定。

《礼记·中庸》言"至诚无息",朱子《中庸章句》:"既无虚假,自无间断。"[①]"无息",就是连续、无间断。《论语·雍也》:"子曰:回也,其心三月不违仁,其余则日月至焉而已矣。"[②]一般人之德行,总会有间断而不能连续。贤如颜回,尚且只能"其心三月不违仁",一般人之行仁,则只是"日月至焉",即偶然为之而已。"日月至焉",当然是"间断"。颜子能够"其心三月不违仁",已是难能可贵。其于"三月不违"之内,当可视为连续,然一长时段连续之后,仍有间断。颜子之被称作贤人而非圣人者以此。

人的生命,处于时间的历程中,其所行此一事与彼一事之间必会有间隔。而此一善事与彼一善事之间,虽有时间与空间上的间隔,却不妨其同时可以有一种本质或意义上的连续性。儒家所谓"至诚无息",指的就是这种本质或意义上的连续性,而赋予这种连续性的,就是前述根于人心的本体的创造作用。

《论语·卫灵公》:"子曰:'赐也,女以予为多学而识之者与?'对曰:'然,非与?'曰:'非也,予一以贯之。'"[③]《论语·里仁》:"子曰:'参乎,吾道一以贯之!'"[④]孔子自述

---

① [宋]朱熹:《四书章句集注》,中华书局,1983,第34页。
② 同上书,第86页。
③ 同上书,第161页。
④ 同上书,第72页。

"五十而知天命，六十而耳顺，七十而从心所欲不逾矩"（《论语·为政》）。朱子《集注》释"六十而耳顺"："声入心通，无所违逆，知之之至，不思而得也。"[1]孔子不同意弟子仅将自己看作一个博学多识的人，而强调他内在地拥有了自己的"一贯之道"。其行从心所欲，时措之宜，不勉而中，不思而得，应变曲当，从容中道，表现为一种道德上的自由，行为上的连续无间断。这种圣人人格之行为上的连续无间断性，正是由其对"一贯之道"的内在拥有所决定和赋予的。

儒家论工夫，常据《周易·坤卦·文言传》"敬以直内，义以方外"[2]这一命题来表达教养工夫之内外两方面的关系。"敬以直内"，是言诚敬以守其本体[3]；"义以方外"，是言人心以情应物，发于行事，当以"义"节制规范其行为。儒家很重视事（实践）上磨炼的工夫对人的德性养成的重要意义。然应事接物的践行工夫，并非仅是一种经验的积累和习惯的培养。脱离本体之奠基性的转化与赋义作用，实践上行义的点积性积累便只能有经验性、偶然性的意义。程颐解《周易·坤卦·文言传》说："敬立而内直，义形而外方。义形于外，非在外也。敬义既立，其德盛矣，不期大而大矣，德不孤也，无所用而不周，无所施而不利。"[4]这是从体用一源的角度来解释教化工夫之内与外的关系。

"义以方外"是行为的合义，当然属于外。然此"外"，是"义"

035

---

① ［宋］朱熹：《四书章句集注》，中华书局，1983，第54页。
②《周易·坤卦·文言传》："'直'其正也，'方'其义也。君子敬以直内，义以方外，敬义立而德不孤。"
③ ［宋］朱熹：《周易本义》，廖名春点校，中华书局，2009，第48页。朱子曰："正谓本体，义谓裁制。敬则本体之守也。"
④ ［宋］程颢、程颐：《二程集（下册）》，王孝鱼点校，中华书局，2004，第712页。

根于内而形于外，其根据在内而不在外。人诚敬以守其本体，本体在内心挺立起来，仁义礼智根于心，其应事接物之行义，乃表现为天道性体之形善于外的充周流行，由是而获得其生命连续性的意义。程颐所谓"义形于外，非在外也"，说的就是这个意思。

孟子论"养浩然之气"的工夫，亦表现了这一点。孟子所谓浩然之气，是落实于"气"或人的实存而实现的一种天人合一的精神境界。《孟子·公孙丑上》："其为气也，至大至刚，以直养而无害，则塞于天地之间。其为气也，配义与道；无是，馁也。是集义所生者，非义袭而取之也。行有不慊于心，则馁矣。"[1]养浩然之气，当以操存、挺立内在的道义或仁义原则为其根本，不能偏于"气"或血气形色的长养。"义袭而取"，"袭"是偷袭，"义袭"是行为偶然的合"义"，即把"义"作为一个外在的规则来遵行。这样的行为，是间断而非连续，故亦无道德的价值。"集义所生"与"义袭"相反，其所强调的是仁义的内在于"气"和道德的生生创造。"无是，馁也""行有不慊于心，则馁矣"，"馁"者空虚匮乏义。这种"义袭"的方式，因无"义"的支撑而失其生生之本，"气"亦不能充盈，其表现于行为，当然就缺乏道德的必然性与连续性。与此相反，"集义所生"，则着眼于"道义"内在于实存之本原贯通，由此引生"气"之"纯亦不已"的生生创造。

孔孟常以水为喻来揭示这种道德创造的意义。《孟子·离娄下》："徐子曰：仲尼亟称于水，曰：'水哉！水哉！'何取于水也？孟子曰：原泉混混，不舍昼夜，盈科而后进，放乎四海。有本者如是。是之取尔。苟为无本……其涸也，可立而待也。"[2]

---

[1] [宋] 朱熹：《四书章句集注》，中华书局，1983，第231–232页。
[2] 同上书，第293页。

《孟子·尽心上》："观水有术，必观其澜。日月有明，容光必照焉。流水之为物也，不盈科不行。君子之志于道也，不成章不达。"[①]水之不舍昼夜，生生连续，以其"有本"。人的道德生命亦如是。君子志道，本原挺立，一以贯之，则其形气实存和现实行为亦因之而转化，表现为内在道德生命之生生创造和溥博涌流。

此创造的力量乃由实修、实证而直透生命之本原而成，而非单纯规范性的外求认知所能至。

四、形善于外

"诚则形"，不仅转化并表著于个体生命的形色实存，同时要表显于一种君子之德垂范天下的教化作用。这一层涵义，可以用帛书《五行》"形善于外"一语来概括。

前引《孟子·尽心下》中"可欲之谓善，有诸己之谓信，充实之谓美，充实而有光辉之谓大，大而化之之谓圣，圣而不可知之之谓神"六句话，概括了儒家整个教化思想的系统。第一句论教化的人性论和形上学根据，后面五句讲教化的过程。这个过程，包括内和外两个方面。"有诸己之谓信，充实之谓美，充实而有光辉之谓大"，讲教化的内在性一面，此点已详前文。人的存在的实现，不能局限于一种单纯的内在性。"充实而有光辉之谓大，大而化之之谓圣，圣而不可知之之谓神"，是其外显的一面。《论语·颜渊》中的"君子之德风，小人之德草，草上之风，必偃"[②]，《孟子·尽心上》中的"君子所过者化，所存者神，上下与天地同流"[③]，都是讲这个"化"最终要落实为一种移风易

---

① [宋] 朱熹：《四书章句集注》，中华书局，1983，第356页。
② 同上书，第138页。
③ 同上书，第352页。

俗、德风德草的社会教化。所谓"圣而不可知之之谓神",是言圣王垂范具有一种教化感通并形成良好道德氛围的作用。

在社会教化方面,儒家特别强调为政当以德教为先务。为政者之爱民,不仅要表现于物质方面,尤当"爱人以德""爱民以德"。这一德教论,表现了一种德性主体之双向互成的观念。

一方面,儒家强调,德之诚于中而形于外,才能具有德风德草、化民于无形的社会教化作用。《礼记·中庸》:"……诚则形,形则著,著则明,明则动,动则变,变则化。唯天下至诚为能化。"①《荀子·不苟》:"善之为道者,不诚则不独,不独则不形。不形则虽作于心,见于色,出于言,民犹若未从也,虽从必疑……夫诚者,君子之所守也,而政事之本也,唯所居以其类至。操之则得之,舍之则失之。操而得之则轻,轻则独行,独行而不舍,则济矣。"②在这个"诚中形外"的观念中,君子个体的人格成就与社会教化乃一体而不可分的两个方面。诚则独,是深造于道,实有诸己的"自得",同时亦是一种无所依傍的"独"得。此为教化之内在性的方面。独则形以下,讲的则是君子道德人格之表显于外的教化之效。儒家论为政之道,反对缺失德性根据的严刑苛法和单纯的发号施令,荀子所谓不独、不形"虽作于心,见于色,出于言,民犹若未从也,虽从必疑",说的就是这个意思。《礼记·中庸》引孔子语曰:"声色之于以化民,末也。"③《大戴礼记·礼察》亦说:"导之以德教者,德教行而民康乐;驱之以法令者,法令极而民哀戚。"④是言为政当以德教为

---

① [宋]朱熹:《四书章句集注》,中华书局,1983,第33页。
② [清]王先谦:《荀子集解》,中华书局,2012,第47-48页。
③ [清]朱熹:《四书章句集注》,中华书局,1983,第40页。
④ 方向东:《大戴礼记汇校集解(上册)》,中华书局,2008,第131页。

本，"声色"和法令为末。缺失"德"本而求诸"声色"之末，其政令必不能有王道教化之效。故人君为政，必须以"德教"为首出的原则，其教令、政令乃能获得自身作为"王教"的价值，自然为民众所信从，由是刑赏不用而教化大行。此独则形的"形"，乃是"道"之实有诸己并转化人之实存的当身显现，故能超越"声色"形表，不言而信，无声无臭，如春风化雨，润物无声，具有直接感通人心，德风德草，"笃恭而天下平"①（《礼记·中庸》）之效。

另一方面，这德教之根据，是"道"或"人道"，君子与民，当共由之。故儒家言德教，并非仅着眼于"君子"，或以君子凌驾于"民"之上。郭店楚简《尊德义》篇谓宇宙万物皆有其"道"，人之行事，皆当循道而行。大禹循水之道以治水，造父循马之道以御马，后稷循地之道以耕稼。君子行其教化，亦当尊人道而行。所以，"教非改道也，教之也。学非改伦也，学己也"，教化、为学，亦是人各遵循人道和伦理以成就自己，而非"改道""改伦"。②《礼记·中庸》讲"道不远人""君子以人治人"，朱子《章句》的解释是："君子之治人也，即以其人之道，还治其人之身。"③是言君子教化的精神本质，就是把人先天本有的"道"在人自身中实现，而其实现之途径，就是"德教"，而非外在的政令和灌输。儒家讲"爱人"，非苟且之爱，其本质乃是"爱人以德"④，重在人的德性成就和超越性价值的

---

① ［宋］朱熹：《四书章句集注》，中华书局，1983，第40页。
② 李零：《郭店楚简校读记》，北京大学出版社，2002，第139页。
③ ［宋］朱熹：《四书章句集注》，中华书局，1983，第23页。
④ 《礼记·檀弓上》："君子之爱人也以德，细人之爱人也以姑息。"见《十三经注疏》整理委员会整理《礼记正义》，北京大学出版社，1999，第187页。

实现。这一点亦表现在其为政之道上。《论语·为政》:"子曰:
道之以政,齐之以刑,民免而无耻;道之以德,齐之以礼,有耻
且格。"①《论语·颜渊》:"子曰:听讼,吾犹人也。必也使无
讼乎!"②是言为政之本,要在民众内在道德意识的唤醒与德性
的养成。《大学》总论儒家为政之纲领与途径,言明德亲民以止
于至善、格致诚正、修齐治平,最后亦归结于"自天子以至于庶
人,壹是皆以修身为本"③。"德"的意义,在行道内得于心、自
得于己。君子之德教,要在使人"自得"于道而成其性。在儒家
"诚中形外"这一德教的论域中,君与民、教与学之双方,皆被
视为循"道"之主体,表现为一种本诸自己的价值实现,而非由
乎他力。而王道教化之目标,则不仅是要成就其君为"王者之
君",亦要成就其民为"王者之民"④(《孟子·尽心上》)。

儒家讲"诚中形外",是要通过成己以成物的途径,达成人
己、物我一体相通和平等性的价值实现,此亦儒家落实其教化的
途径。《周易·坤卦·文言传》:"君子黄中通理,正位居体,美
在其中,而畅于四支,发于事业,美之至也。"⑤就是说,君子
内在的美德,不仅要睟面盎背,施于四体,显诸形色,而且要
"发于事业",推扩至于治国平天下的外王成就,君子之美德才
能得到完满的实现。

---

① [宋]朱熹:《四书章句集注》,中华书局,1983,第54页。
② 同上书,第137页。
③ 同上书,第4页。
④ 同上书,第352页。
⑤ [宋]朱熹:《周易本义》,廖名春点校,中华书局,2009,第48页。

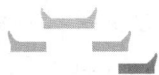

旁通而上达：儒家实现终极关怀的教化途径

一、旁通与上达

儒家讲"诚于中，形于外""诚则形"，并据此一"诚中形外"的观念来展开其教化的工夫历程。"诚中形外"，着重于内外的一体性，用《礼记·中庸》的说法，叫作"合外内"。合外内，关涉内外、人己、物我的关系，这是一种平面或横向的关系。不过，在儒家看来，这人己、物我或内外的一体相通，又必然蕴含着另一重关系，即天人合一的关系，用宋儒的说法，叫作"一天人"。一天人，关乎个体的终极性指向，表现为一种天人之立体纵贯的关系。在儒家看来，这"一天人"须经由"合外内"的途径来实现，同时，"合外内"须建基于"一天人"并以后者为其所趋赴的内在目的才能达成。二者犹一体之两面，不可或分。

《周易·乾卦·文言传》曰："六爻发挥，旁通情也。""旁通情也"，孔颖达《疏》谓即"旁通万物之情也"，可见"旁通"

之义关涉一种横向的维度。"合外内"，就是内外一体而"旁通万物之情"[①]。《论语·宪问》载："子曰：莫我知也夫！子贡曰：何为其莫知子也？子曰：不怨天，不尤人，下学而上达。知我者其天乎！"孔子自言人莫我知，然其心不怨不尤而上契于天、天命、天道，表现了一种乐天知命的精神[②]。"上达"，就是上达于天、天命，它表明了"一天人"之立体纵贯的特点。合此两说，我们可用"旁通而上达"一语，来概括儒家实现其终极关怀的教化途径。

一般宗教义的终极关怀，多强调个体独自对越上帝神明之信仰义。基督教神学凸显个体与个体相遇的信仰方式；佛教主出世，禅宗尤倡立处即真，当下即是而顿悟成佛；道家虽非宗教，然其论道，乃特引独与天地精神往来为高致，对于世事伦常则颇所轻忽。宋儒常因释老遗落人伦而自求逍遥、解脱，而批评其为"自私"，道理即在于此。儒家循"旁通而上达"的途径以实现其终极关怀，这一点与一般宗教的信仰颇有不同。

孔子毕生求道，以"闻道"为人生之最高目标。形而上者谓之道，故求道必上达于天乃能至。孔子自谓"下学而上达，知我者其天乎"，《论语·宪问》中又讲"君子上达，小人下达"，《论语·为政》中称"五十而知天命"。此"上达"于天的闻道境域，乃表现为一立体纵贯的形态。

孔子所谓"闻道"，乃是以心体道或逆证天道。《孟子·尽心上》载："尽其心者，知其性也。知其性，则知天矣。存其心，养

---

①"情"者真实义。此"旁通万物之情也"与《中庸》第二十五章"合外内之道也，故时措之宜也"同义。

②《周易·系辞上》："乐天知命故不忧，安土敦乎仁故能爱。"

其性，所以事天也。夭寿不贰，修身以俟之，所以立命也。"亦表明了这一点。然儒家所言"心"，非仅一孤悬内在的精神实体，此心必显诸情而涉着人伦物则，落实于横向不同范围和层级之实践性的展开。孔子以忠恕为行仁之方，曾子谓"夫子之道，忠恕而已矣"（《论语·里仁》），《礼记·中庸》引孔子语亦曰"忠恕违道不远"，是知孔子之"道"乃以"仁"为其内容。"忠恕"，涉及外与内、人与己、物与我的差异与贯通的关系。孔子论忠恕行仁，曰"己所不欲，勿施于人"（《论语·颜渊》），"己欲立而立人，己欲达而达人"（《论语·雍也》），关涉人与己的关系。《大学》言絜矩①，由修身推及家、国、天下伦理系统之建立。思孟言忠恕，曰"老吾老以及人之老，幼吾幼以及人之幼"（《孟子·梁惠王上》），"亲亲而仁民，仁民而爱物"（《孟子·尽心上》）；曰"成己"以"成物"，以至于道合外内而时措之宜；曰尽己之性以尽人、物之性，以致参赞天地之化育，拓展及人伦以至内外物我的一体相通。儒家之道，必外向开展于人伦物则层面之落实，可谓之"旁通"。

043

人性本自天命而具于人心②，发于喜怒哀乐之情以应物③，自内及外，由是而有道合外内之"旁通"。因此，这"旁通"本即涵蕴纵贯"上达"之一几，其上达天德之成就，又反哺于横向之"旁通"而为之奠基，二者相摄互成，本为一体。"旁通而

---

① "絜矩"，实即忠恕在为政之道上的表现。

② 《礼记·中庸》："天命之谓性。"《孟子·告子上》："心之官则思，思则得之，不思则不得也，此天之所与我者。"

③ 《礼记·中庸》："喜怒哀乐之未发，谓之中；发而皆中节，谓之和。中也者，天下之大本也；和也者，天下之达道也。致中和，天地位焉，万物育焉。"

上达"中的"而"字，标明了"旁通"与"上达"两个维度之间动态互成的内在统一关系。基于此，儒学乃能自别于佛、老、耶，凸显其自身成就人伦而达致超越的价值与形上学特性。

二、旁通与忠恕之道

如前所述，儒家所论"合外内"的"旁通"，是通过忠恕之道来达成的。《中庸》第二十五章："诚者自成也，而道自道也。诚者物之终始，不诚无物。是故君子诚之为贵。诚者，非自成己而已也，所以成物也。成己，仁也；成物，知也。性之德也，合外内之道也，故时措之宜也。"《孟子·尽心上》曰："万物皆备于我矣，反身而诚，乐莫大焉；强恕而行，求仁莫近焉。"孟子以"反身而诚"与"强恕而行"对举，子思据成己以成物以言外内合一之道，讲的都是忠恕之道。不过，孔子言忠恕，主要是讲人己的关系，思孟更把它推扩至物我的关系，使之具有了一种宇宙论的意义。忠恕，讲的是存在和价值实现的问题，而非认识、认知的问题。"诚"者"实有"义，即实有其所是之义。思孟以"诚"为中心，从成己以成物的角度论忠恕达道之方，更凸显了这一实现论的意义。讲人的实现，就不能取消差异。由忠恕所实现的"合外内"，是在个体存在差异实现前提下的一个"通"性，而非在认知意义上的某种同质性或抽象普遍性。从这个角度说，"旁通"一词，更能准确地表达儒家忠恕之道的精神特质。

儒家忠恕原则达成内外相通的方式，是以情应物，由此而达致外内一体之义理的了悟。孔子讲"仁者爱人"，孟子讲"亲亲而仁民，仁民而爱物"（《孟子·尽心上》），即以以情应物的方式来达到与人、与物的一体相通，但这个爱不是"兼爱"之爱，而是"爱有差等"之爱。这爱，本具差异性的内涵。《孟子·滕文公下》载："杨氏为我，是无君也；墨氏兼爱，是无父也。无父无君，是禽兽也。"杨朱的"为我"和墨家的"兼爱"，是现实伦理生活中的两种极端表现。"为我"，是极端的个人主义；"兼爱"，在墨家导致一种禁欲主义。儒家的"仁"，包含"为我"与"兼爱"这两"端"，但它是遵循着忠恕之道，即由己及亲、由亲及人、由人及物之自然的等差，层层拓展及于一种普遍性的"爱"。人生天地间，有自己个体存在的分位，其与周遭世界之关系，自有远近、厚薄、次第之差别，人的情感表现，亦有天然的等差性。保持这份真情实感，就有"忠"、有"诚"，这是人的道德成就乃至人的存在之实现的前提。墨家的"兼爱"要取消这些天然的等差，是不能落实于人的实存性的一种抽象的原则，而人对于个体实存等差性的偏执，则会导致另一极端——"为我"。儒家认为，这两者都将造成人的非伦理（禽兽）状态。儒家以忠恕行仁，既要保持人伦物理关系之自然的分位差异，又要排除对这差异之私己性的偏执。这种"爱"，就是包含着个体分位差异性的"通"，而非抽象同质性的"同"。

思孟讲"诚"，"成己成物"以达"合外内之道"，其另一种说法就是《中庸》所谓至诚尽性，"尽人之性"以"尽物之性"。"成"和"尽"，都是实现的意思。成己成物、尽己之性以尽人、物之性，不是把己性加于人和物，而是要因人、物之本性以成就之，这样才能做到"时措之宜"。时措之宜，就是应事接物皆能因任事物之"宜"、之理、之性，此即《中庸》所谓的"合外内之道"，即在人、物自性差异实现前提下的一种"通"性。

　　孔子以忠恕为行仁之方①，这"方"不仅是方法，更是实现仁的工夫。子思讲成己以成物，更凸显了忠恕之工夫论的意义。何以讲"成己"以"成物"，尽己之性以尽人、物之性？人的存在，有分位之差异；人心之应物，亦有自然的等差性。这一点必须肯定，不能抹杀。但人心有知，能做分别，故其应物便往往对此等差性有所偏执，偏执则有隔阂遮蔽而不能通物。儒家称这偏执为人心之"蔽"，孔子讲"六言六蔽"（《论语·阳货》），孟子讲"耳目之官不思，而蔽于物"（《孟子·告子上》），荀子更说"凡万物异则莫不相为蔽"，认为凡欲恶、始终、远近、博浅、古今之异，皆可为人心之"蔽"，故特提出"解蔽"之说（《荀子·解蔽》）。人往往偏执于己而自贵相贱，以己意加于人、加于物。这偏执，实表现为一种虚妄分别的价值态度。成己以成物，则是把人我、人物之价值实现看作平等互成的两个方面。一方面，从"成己"出发以"成物"，非站在人的立场上去干预"物"，而是说，至诚达于人之德性之完善，方能使人之应接事物自然当理，不再与物有隔。另一方面，德性之完成亦非单纯的主观内在性领域之事，其必在"成物""尽物之性"的客观性活动中才能达到。其结果，乃是人自我中心立场的消解和人、物存在真实之平等实现。因此，"成己"才能"成物"，同时，成己以成物就是一个经由解蔽以达人己、物我、人性物理之平等实现的工夫历程。

　　或有学者主张从"己所不欲，勿施于人"引申出"己之所欲，施之于人"这一对忠恕之道的积极表述。这其实是对儒家忠

---

　　①《论语·雍也》："夫仁者，己欲立而立人，己欲达而达人。能近取譬，可谓仁之方也已。"

恕之道的一种误读。

儒家言忠恕，是由己出发，推己及人。其关键全在一个"己"字。对"己"的要求，就是"诚"或"忠"。由此推己及人，则是一个不断"解蔽"，亦即消解对私己的偏执，从而保证人我、人物各在其自身的限度内有所成就的工夫历程。由此接人处事应物，乃能道合外内，与物通而不隔。

所以，儒家凡言忠恕，都是强调对"己"的限制和要求，而非讲对人的要求。如《论语·宪问》载："子曰：不在其位，不谋其政。曾子曰：君子思不出其位。"《礼记·中庸》载："君子素其位而行，不愿乎其外。"儒家所谓"合外内"的"旁通"，并非要把物我、万物抽象、打并成一个无差别的"同"，恰恰相反，只有当我们能够"素位而行"，知止其所止，恰当地把握自己的分位限制的时候，才能于应事接物处，因应他人、它物之性、之时、之宜而随处成就之。

保持自身的分位限制性而"时措之宜"，因应事物之理，乃能与物无不通。其所体现的，乃是一种要求人性物理皆能得以客观性实现的平等性智慧。

三、超出、超克与超越

儒家所言道，是超越的、形而上的"一"。《周易·系辞上》载："形而上者谓之道。"《周易·系辞下》："天下之动，贞夫一者也。"又帛书《易传·要》："能者由一求之……得一而群毕。"《易》言天道，道是"一"，是超越之体，对人而言，乃展现为一上达于天的形上境域。儒家所谓"合外内"之"旁通"，其最终目标就是要达到并拥有这个超越、形上的"一"或道，是之谓"上达"，是之谓"一天人"。

不过，我们切不可把"旁通"与"上达"理解为一种有时间先后的两截。《周易·系辞下》言："天下何思何虑！天下同归而殊途，一致而百虑。天下何思何虑！"《周易·系辞上》言："易无思也，无为也，寂然不动，感而遂通天下之故。"易道（天道）无思、无为、无虑，是形上之"一"。一方面，这个"一"（"贞夫一"）或"同归""一致"，必须要通过"殊途"与"百虑"即差异互通（旁通）的方式来达成。另一方面，以此超越形上的"一"为先在和内在的基础，并使之连续性地运行于忠恕行仁的整个工夫历程，吾人对于人、物之"时措之宜"的因应，才能得以升华、转化而具有道德的价值和通性的精神光照。

《中庸》二十二章载："唯天下至诚，为能尽其性。能尽其性，则能尽人之性。能尽人之性，则能尽物之性。能尽物之性，则可以赞天地之化育。可以赞天地之化育，则可以与天地参矣。"前引《中庸》二十五章论成己成物，合外内之道，仅讲到"旁通"一面。此章则由至诚尽性，尽己之性以尽人之性、尽人之性以尽物之性，讲到赞天地之化育而与天地参，即由"旁通"而臻"上达"于天道之境域。我们可以借此章来理解"旁通"与"上达"两方面的内在统一关系。

从实存的角度讲，由忠恕推扩所达"合外内之道"的"旁通"，可以看作是一种个体存在之横向范围上的展开和"超出"。"己欲立而立人，己欲达而达人"（《论语·雍也》），"老吾老以及人之老，幼吾幼以及人之幼"（《孟子·梁惠王上》），"亲亲而仁民，仁民而爱物"（《孟子·尽心上》），皆是"旁通"。从实存性而言，一人、一家、一氏、一姓、一宗族，以至一邑、一乡、一邦国，皆为一种实存之定在，有其分位之限定性，而实存的这种不同层级的定在性，同时即内蕴了一种超出自身的存在性结构。譬如"亲亲"，乃使人作为个体实存超出自己，推扩及于父母、他人之父母、他人、它物。每一自身的"超出"，在实存的意义上，皆有其范围和限定。从这个角度看，"旁通"的境域，常带有空间性、平面性和实存的有限性。

忠恕之由己推及于人、物，作为一种实存有限性的向外展开，可视之为人对自身实存范围限定上的"超出"。在现实性上，这种超出，表现为人的生存世界范围的不断扩大。人与人、人与物、物与物，其品类万殊之间，虽有秩序，参差交错而共成一域，然其"通"性之意义往往隐而不显，其"通"性与整体义须经由"上达"一几的奠基和升华作用乃能得以豁然朗现。譬如，儒家特重孝道，其言忠恕，常以亲亲孝道为推扩之始。儒家论孝，乃以能养与爱敬两个方面的统一为其内涵。《论语·为政》记孔子答子游问孝说："今之孝者，是谓能养。至于犬马，皆能有养。不敬，何以别乎？"《礼记·祭义》："曾子曰：孝有三：大孝尊亲，其次弗辱，其下能养。"《论语·为政》："子夏问孝。子曰：'色难。有事，弟子服其劳；有酒食，先生馔，曾是以为孝乎？'"何谓"色难"？《礼记·祭义》："孝子之有深爱者，必有和气。有和气者，必有愉色。有愉色者，必有婉容。"孝子奉养父母，所表现出的和气、愉色、婉容，乃由内心的爱敬之情达于容色，是之谓"色难"。人对父母长者之奉养，当然要表现于衣食住行等物质的层面，但不能停留于此。我们雇用保姆照料父母，他在物质奉养层面可能会做得更好，但这个做法本身并不具有"孝"德之价值和意义。事亲而止于"能养"，其行为便仅具实存有限性的意义，是表象、间断而非连续性的，故不足以尽"孝"之义。孔子之所以反对仅以"能养"来理解孝道，道理就在于此。孝子对待父母长者，其爱敬之情，当然而不容已，诚由中心达于容色，施于行事，赋予其实存的行为以道德连续性和普遍性的意义，其超出自身之"旁通"之通性义，才能得以实现。

因此，这"旁通"每一步的"超出"自身，亦皆内涵并表现出一种当下存有之意义的提升与转变。如"亲亲"之由己"旁通"拓展个体及其与父母亲人而为一体，而显其为"孝"的伦理意义与价值。此孝德之义，已赋予个体与父母亲人之有限实存一种普遍性的意义。由此推之，每一当下的具有时空范围限定之"旁通"，都将以一种转变当下实存的作用升华达一新的层面。此种实存之意义的升华与转变，赋予当下有限实存以普遍性意义，这种赋义的作用，我名之为"超克"。"超克"，有超过和胜过义。前文所言"超出"，表现为一种实存的限制和有限性，此云"超克"，则内涵一种由实存范围之量的扩展到普遍化之质的转变的意义。由此"超克"的作用，吾人与人、物乃可获得一种超过相互界限之"通"性。宋儒论格物工夫，谓由今日格一物，明日格一物之工夫历程，而可获某种豁然贯通之效。格物总有范围限定，吾人不能遍格天下物，却能通过有限之格物，"超克"于人、物之界限而达一种豁然贯通之境域，道理即在于此。

此表现为"超克"性之"通"，其反哺于个体存在之效，可以我们常说的"境界"这一概念来表出之，而此境界，则具有一种立体性及对个体存在之赋义（揭示并赋予意义）的作用。因此，实存上的"旁通"，总内在地具有一种"超越"的意义，这个"超越"，也就是孔子所说的"上达"。这一"上达"境域所呈显者，就是那形上之"一"或天道之"诚"。

"旁通而上达"中的"而"字，标明了"道"必经由个体存有之差异互通的道路和方式而得以实现，此由旁通而上达之天道，又同时翻转来为个体的存在奠基。"旁通"与"上达"两个维度，虽有分判，而又相即互成，共同构成了儒家的价值和形上学系统。这一价值和形上学系统，既凸显了一种伦常日用而达超越的实践品格，亦体现了一种尽性、成己以成物的价值平等精神。

四、"独"的君子人格

儒家教化的目的，是成就完满的君子人格。儒家常用"独"这一概念来概括君子人格的特点，强调为人要能够做到"和而不流""中立而不倚"（《礼记·中庸》），"和而不同"[1]"特立独行"（《礼记·儒行》）。先秦儒讲"慎独"，帛书《五行》中的慎独说更凸显了慎独之"舍其体而独其心"的意义，而君子人格的独立性与独特性，则须奠基于"上达""一天人"的境界才能得以实现。

《周易·乾卦·文言传》记孔子解释初九"潜龙勿用"说："龙，德而隐者也。不易乎世，不成乎名，遁世无闷，不见是而无闷。乐则行之，忧则违之，确乎其不可拔，'潜龙'也。"《周易·大过·象传》也说："泽灭木，大过。君子以独立不惧，遁世无闷。"《易传》以"遁世无闷"喻君子之德，强调的是"君子"不为外物和外在环境所左右，转世而不为世转的人格独立性。"不见是而无闷"，是对"遁世无闷"进一步的解释。达于此君子以致圣人境界者，有内在的原则主乎其中，故其行事，不随物宛转，不媚俗阿世，特立独行，独立不倚；其眼界和所见必异

---

①《论语·子路》："子曰：君子和而不同，小人同而不和。"

于常人，因而亦常常会遭遇"人莫我知"的境况。从这个角度来看，君子、圣人之思想与行事难为常人理解，其实是很正常的事。正因为如此，不为世俗社会所认可，不见知于人而不怨不怒、无忧无惧，是被儒家理解为君子自由人格的一个显性特征。《易传》以"遁世无闷""不见是而无闷"喻龙德和君子之德，孔子亦说"人不知而不愠，不亦君子乎"（《论语·学而》）"君子依乎中庸，遁世不见知而不悔，唯圣者能之"（《礼记·中庸》引孔子语），都表现了这一点。历史上的大哲和圣人常常会成为无所依傍的先知和独行者，其道理亦在于此。

其实，凡世间识见特异超出常人者，常不免会有孤独之感。如我们平素所谓的"天才"，亦常会有"人不我知"之叹。但天才的孤独，则常常很痛苦，更做不到"无闷""不愠"、不怨不怒。究实言之，我们一般所言天才，乃常囿于才性知能之范围。天才之才性知能，或表现于文学艺术，或表现于数学、科学等创造性诸领域，他们气性方面的表现往往偏而不全。同时，气性生命既有充溢发皇之时，亦易于在其高峰过后极速趋于消竭。天才在其所专领域之外的智能，常远低于一般人。某些艺术、文学方面的天才，亦会遭遇"江郎才尽"一类的瓶颈。诗人的发疯，诺贝尔文学奖得主自刎，所在多有，不乏其例。这样的天才，甚至往往缺少正常的个人生活，似乎是上天专门派来实现人类某一方面文明的特使，任务完成便被"召回"。人不能没有才性知能，但才性知能源于自然的恩赐。这自然的才性常偏于一曲，而与人、物有隔，故易陷于人生的痛苦与孤独。君子则要通过"下学而上达"的途径，达至完整的人性实现。人的气性经由此"上达"的历练和升华，转变自身为此德性生命的结构性内容，才能使之摆脱自然因果律的束缚而达到自由。君子虽常遭际"人莫我知"的境遇，却能够"不愠""无闷"、无怨无尤、不忧不惧，正源于这种人格的自由。

前引《论语·宪问》："子曰：'莫我知也夫！'子贡曰：'何为其莫知子也？'子曰：'不怨天，不尤人，下学而上达，知我者，其天乎！'"这里所谓的"不怨天，不尤人"，亦即"遁世无闷""人不知而不愠"。由此可知，前述"遁世无闷""人不知而不愠"之君子人格的独立性，须臻天人合德的形上境域，才能得到实现。《论语·尧曰》："子曰：不知命，无以为君子也。"孔子讲"君子有三畏"，其第一条就是"畏天命"，并把它视为判分君子与小人的首要尺度[①]。孔子晚年亦自述"五十而知天命，六十而耳顺，七十而从心所欲不逾矩"。"知天命"并由之而敬畏天命，标志人的内在超越性至善价值原则的挺立，由此乃能达到人格的完成和道德的自由。

今人习于从个体性与普遍性相对峙的角度来理解人的"自我"的实现。这样的"自我"和个体性，由于失却了其自身普遍性的规定，往往流于情态化和感性的任性。另一方面，价值原则的普遍性亦因此被抽象化，成为一种落在个体差异性之外的单纯有用性或功利性的约定，而失去了其真理性的意义。由此产生了两方面的后果，一是道德和价值相对主义的流行，二是个体存在失去其普遍性和超越性的根据，从而被感性化，易于被现代高度发达的媒体信息所引领的各种流俗时尚左右，而丧失了自身的独立性和独特性。真实的自我和个体性，不可能在这种抽象私己性与共在性相对峙的思想前提下得到真正的理解和实现。

[①]《论语·季氏》："孔子曰：君子有三畏：畏天命，畏大人，畏圣人之言。小人不知天命而不畏也，狎大人，侮圣人之言。"

与此相反，儒家的教化论既强调道德原则的至上普遍性和超越性，又特别注重个体人格独立性和独特性之养成。在儒家看来，君子人格的独立性，绝非一种抽象的私己性。君子之学，必上达于天、天命、天道。故"知命"，然后乃能为君子。人莫我知，"知我者，其天乎"，表明君子之知天命乃是一种个体内在的独知。因此，这样一种基于天道、天命的君子人格的独立性和独特性，决定了人对天、天命、天道的了悟和自觉，必是一种以个体内在的"独知"为前提的敞开性和互通性，而非一种共同性或同质性的认知。王阳明对这种"独知"与"天命"的内在关联性有很好的说明。阳明有诗云："良知即是独知时，此知之外更无知。""无声无臭独知时，此是乾坤万有基。"其弟子王龙谿亦说："良知即是独知，独知即是天理。独知之体，本是无声无臭……独知便是本体，慎独便是功夫。"这个"独知"的观念，很切当地表明了知天命、知天道之"知"的特点。"天理""天道""天命"是普遍超越之体，但它并非现成平铺摆在某处，可供人抽象认取的一种认知对象。它对人心的显现，必是一种经由个体内在的独知所敞开之"通"，而非一种认知意义上的"同"。古人恒训"圣"为"通"①，其道理亦在于此。所以，最高的知或人的真智慧必为独得于心的"独知"。"知我者其天乎"，"独知"乃能达天人相通之境，其心灵对于他者的世界，具有充分而完全的敞开性。这独知之知，既是自觉和了解，亦是一种实有诸己的自得和独得。经由前述诚中形外、旁通而上达的教化历程和超越性的奠基，那作为个体实存的自然秉性才能实现并保有自身的个性内容，具有不受外物、外力左右的独立性和独特性。人

---

①《说文解字》："圣，通也。"《白虎通·圣人》："圣者，通也。"

心对"道"之实有诸己的独知独得,与道在个体生命中的创造性的开显,实为同一过程的两个方面。

这样一种君子的人格成就,虽"独"而不碍其为"通",虽特立独行却不孤独。君子处世,亦必有其时位方所、职责位分之异,然其能以仁心之流行与人、物通而无隔,由是而能常怀"万物皆备于我"(《孟子·尽心上》)、天地万物一体之乐。是以人不知而不愠,不怨不尤,遁世无闷,"唯圣者能之"(《礼记·中庸》),正是教化所达最高境界的表现。

本虚而实

——儒家教化理念的立身之所①

一、虚与实

一种文化精神，"教化"是其核心。这教化之本在西方文化中由宗教来担当，而在中国传统文化中则是由中国的哲学，尤其是占据主流地位的儒家哲学来担当。教化，既要具备一套核心的教化的理念或教化之道，亦要有一种作为教化之道或理念的现实实存性（现实的人格化）的体现。

作为文化精神之核心的教化之道，有两个重要的特点："虚"和"实"。教化的理念或教化之道本质上是一种理想性的存在，它理应与现实的世界尤其是政治的、政权的运作相互保持间距，从这个意义上讲，它必须是"虚"的；同时，这教化的理念不仅仅是一种观念性的存在，且必须要有一个"以身体道"的阶层或群体作为它实存性的人格体现和传承的载体，从这个意义上讲，它又必须是"实"的。教化理念或教化之道的"虚"与"实"两面，"虚"是其本，而"实"是其用，本"虚"才能用"实"，二者乃一体之两

---

① 本文原载《吉林大学社会科学学报》2004年第4期。

面，既相反，又相成。儒家教化理念在中国当代文化建设中立身之所的缺失，正是由于这"虚"与"实"的错位所致。

在历史上，各个文明系统大都存在过某种形式的所谓"政教合一"的阶段。这个政教的合一，就是把教化之道的本"虚"之体，进行了"实"的政治和权力运作。教化之道本体现着一种理想性，这理想当然不能脱离人的现实存在，因此教化之道总在对现实世界起着一种奠基或赋予价值或价值本原的作用。正因如此，人们总是比较容易把二者混淆起来。欧洲中世纪以教会干预世俗政治，由此而有所谓神权与王权的斗争，这是政教混淆的一个很明显的例子。中国历史上也存在过此种情况。儒家内圣外王的理想，原本是以内圣为本，但至汉代儒术独尊之后，这个观念在现实中发生了一种微妙的倒转——君王即是圣者（皇帝被尊称为"圣上"）。这种"虚"与"实"、理想与现实的混淆，造成了很严重的后果。

现实的世界是一个定在，现实中所发生的事情皆具偏执和偶然性的特性。黑格尔把宇宙过程看作一个"恶"的过程。他讲，理性和精神有一种"狡计"，它们自身可以藏于背后，安坐不动，不受影响，而让各种私利动机出场，在它们的相互斗争中去实现自己。黑格尔讲"绝对理念""绝对精神"，这"绝对"两字就表明了理念、精神之理想性的意义，但现实是一个相对的、偶然的，充斥着"恶"的过程。所以，一旦我们把这"实"与"虚"或现实与理想相混同，让实存的权力代表一种理想性的理念来说话，并冒充这种理想性的理念来行使这权力的话，就不仅"污染"了这理念，也造成了人的越界或僭越，从而造成人类历史上种种野蛮的甚至灾难性的后果。这种情形，中西方历史上都出现过。人们批评儒学，认为中国历史上出现过的"以礼杀人"

的现象应该由儒学来承担罪过。但是，我们同样从西方的历史上看到过一个所谓"黑暗的时代"，在那里，也存在过"以神杀人"的情形。其实，这"以礼杀人"并不是"礼"的罪过，"以神杀人"也不是"神"的罪过，而是人们把理念的"本虚"与现实的"用实"，尤其是与政治运作和国家权力混淆的结果。因此，文明的发展必须要将这"实"和"虚"、"政"和"教"分离开来，把教化的理念与现实的政治权力分离开来，使之保持一定间距。从这个角度，我们实可以把西方近代、现代化的过程看作一个文明的教化理念或教化之道与现实政治事务和世俗权力逐步解构，而复归于其"虚"体之位的过程。西方近代以来的所谓宗教改革、文艺复兴、启蒙运动，都可以视作这一分离、解构过程的不同环节。这种分离和解构的结果，使得教化之道由政治的事务逐渐转变为一种社会的事务，一种与人的个体内在生活相关的精神的事务，它作为一种内在于人的精神生活的教养的本原，由此无形无臭地运化于社会生活的方方面面，具有了为人的现实存在赋值和奠基的意义。教化之道之"虚"与"实"的各安其位，使之真正地发挥了其"本虚而实"的作用。

二、"心性儒学"与"世俗化儒家伦理"的良性互动关系

儒学作为中国传统文化的教化之道和教养的本原，在中国现代以来，亦经历了一系列与现实政治事务解构的过程。大体上说，这个解构，在辛亥革命推翻代表中国传统政治制度的最后一个王朝时即已基本完成。但是，西方文化发展过程中教化理念与现实政治事务的解构，是在其内部得到完成的。在中国，这种解构却基本是在一种外部力量作用下发生的，因而儒学与现实政治事务的解构，并未使它顺利地转变为一种社会的和人的内在精神

生活的事务，而是失去了它实存的根基，面临一种无所依归的尴尬境地。

儒家的教化理念和教化之道，当然亦不能只是观念性或者理论性的存在，它必然具有一种实存中的表现。历史上的儒学在中国传统社会中的表现，一般可以分为三个层面，即"心性儒学""制度化的儒家伦理""世俗化的儒家伦理"。^①随着传统社会政治结构的解体，"制度化的儒家伦理"当然早已不复存在。而"心性儒学"和"世俗化的儒家伦理"两个层面的状况则比较复杂，需要略做分析。

撇开"制度化的儒家伦理"不说，传统中国社会"心性儒学"和"世俗化的儒家伦理"本是密切相关、互动相成的两个层面。《礼记·中庸》讲："君子之道费而隐。夫妇之愚，可以与知焉，及其至也，虽圣人亦有所不知焉；夫妇之不肖，可以能行焉，及其至也，虽圣人亦有所不能焉。……君子之道，造端乎夫妇，及其至也，察乎天地。""察"者，著也。此显著于"圣人"智慧与人格者，就是我们今天所说的"心性儒学"，而其见诸愚夫愚妇日用常行者，即所谓"世俗化的儒家伦理"。这两个层面的关系，也就是今人所谓精英文化与民众文化的关系。儒家所理解的"道"，既存诸百姓人伦日用，又超乎这人伦日用。这个"超乎"，即在于精英层面对后者的一种反思、自觉、提升、点化的超越作用。二者在这种相成互动的张力关系中，适构成一种良性的、活生生的文化生命存在。

我们可以作为六经之首的《周易》在中国传统社会中的作

① 参见郑家栋：《断裂中的传统：信念与理性之间》，中国社会科学出版社，2001，第19–21页。

用为例，来说明上述两个层面的关系。《易经》本为卜筮之书，其中亦体现着古人对于宇宙人生的理解。儒家解《易》，有《易大传》之作，乃形成一套形上学的哲理系统。孔子对《易》的态度，在帛书《易传·要篇》中有一段记载说得很清楚："子赣曰：夫子亦信其筮乎？子曰：吾百占而七十当，唯周梁山之占也，亦必从其多者而已矣。子曰：《易》，我后其祝卜矣！我观其德义耳也。幽赞而达乎数，明数而达乎德，又仁〔守〕者而义行之耳。赞而不达于数，则其为之巫；数而不达于德，则其为之史。史巫之筮，向之而未也，好之而非也。……吾求其德而已，吾与史巫同涂而殊归者也。"①孔子对《易》的态度，与史、巫不同，其所关注者，在心性义理和形上之道。帛书《易传·要篇》所谓"观其德义""求其德而已"，与《周易·系辞上》"神而明之存乎其人"，《周易·说卦》"穷理尽性以至于命"的说法完全一致，所言皆属所谓"心性儒学"。但孔子并不否定卜筮对于民众生活的意义。《荀子·天论》说："卜筮然后决大事，非以为得求也，以文之也。故君子以为文，而百姓以为神。"这个"文之"的作用，就是《周易·观卦·象传》所谓的"神道设教"。"君子之文"和"神道设教"，即表现了传统文化中所谓的"心性儒学"与"世俗化的儒家伦理"两个层面的相切互动的关系。在一般社会尤其民众生活中，各种神灵和宗教信仰起着很重要的作用，儒家的教化，乃因任而点化之，而不是简单地排斥它。因任，故以"神道设教"。《周易·观卦·象传》载："圣人以神道设教，而天下服矣。"因任而切合民众生活之信仰，这是教化的前提。但因任不能是放任，没有文化之超越层面或"君子之文"

①廖名春：《帛书〈易传〉初探》，文史哲出版社，1998，第279-280页。
〔〕中文字原缺。

的点化、提升、澄汰和凝炼作用，百姓之"神"或卜筮就会因之而流为巫蛊邪道，堕入一片黑暗，从而不能有"文"化意义的自觉和超越。"明数而达乎德""与史巫同涂而殊归"，既因之以"神道设教"，又导之以"察乎天地"的"君子之文"，"心性儒学"与"世俗化的儒家伦理"良性互动的关系，正是以儒学为核心价值理念的中国传统文化能有两千多年健康发展的主要原因所在。

三、"以身体道"群体的缺失

古来"心性儒学"层面，不仅仅是一种观念和学理的存在，其亦包含有两个方面的内容——"尊德性"和"道问学"。《论语·八佾》："子曰：夏礼，吾能言之，杞不足征也；殷礼，吾能言之，宋不足征也。文献不足故也，足则吾能征之矣。"孔子追迹古代历史传统，曾至杞、宋二国①，必欲得其"文""献"以征之。"献者，贤也"，"献"就是"尊德性"方面的成就，这是文化理念于现实人格之活的体现。在"心性儒学"这一层面，儒学当然在"道问学"上有一套观念和思想的系统，但它更注重在"尊德性"方面的成就。"学问之道无他，求其放心而已矣""学止诸圣""学以致圣人之道"，这种学术思想表明，儒家所倡为学之道乃以"尊德性"为核心。

任一文化的教化理念，都要有一群"以身体道"的阶层作为它的活的肉身性的体现和传承的载体。黑格尔在政治观上崇尚君主立宪，他认为国家的君主、国王是理念的自然化、肉身化的表

---

① 《礼记·礼运》："孔子曰：我欲观夏道，是故之杞，而不足征也，吾得《夏时》焉。我欲观殷道，是故之宋，而不足征也，吾得《坤乾》焉。《坤乾》之义，《夏时》之等，吾以是观之。"

现。他曾经很尊崇拿破仑，认为拿破仑即是骑在马上的"世界精神"。黑格尔这个政治观自有它的时代局限，但他所强调的"以身体道"的精神，却是合理的。在一般社会中，一种文化理念、价值理想，不仅以各种方式体现于社会的生活，亦同时以"以身体道"的人格感召形式实现着其教化之效，教会、寺院及其神职人员、民族英雄、伟大人物的人格精神、贵族的仪表、领袖的风范，也都不同程度地起着这样的作用。儒学以"尊德性"为核心的"尊德性"与"道问学"统一的精神，使之不局限为一种学理系统，而且以一种道义担当的精神，体现于圣贤的"践形"活动，以活生生的人格力量，昭示于现实社会生活，从而体现着一种拟于宗教的教化功能。由此，传统的士人、思想家构成了中国传统哲学、文化理念之"以身体道"的阶层或肉身性的体现。

儒学这种"教化之道"以及哲理系统的一身而二任，与西方宗教和哲学（科学精神）各有分职的特点有很大的不同。西方学术文化注重不同部门之间的区分性。美国当代哲学家理查·罗蒂区分"体系的哲学"和"教化的哲学"，指出西方哲学的主流是"体系的哲学"①。这个说法是很准确的。西方的哲学，本质上是"理论"的，而不是"教化"的，其教化之道及其理念，乃存诸宗教的系统。因此，近现代以来西方社会教化之道与现实政治权力的解构，包括哲学在内的学术的学院化，并未影响其文化理念之"以身体道"群体的存在及其在社会生活中的价值本原的作用。而在中国社会现代化的特殊历史境遇中，前述儒学以教化之道和哲理系统一身而二任的特征，却使它自身面临一种很吊诡的境况。

---

① ［美］理查·罗蒂：《哲学和自然之镜》，生活·读书·新知三联书店，1987，第313—346页。

一方面，儒学作为一种单纯的"学"（与宗教相对而言），在现实性上，除了依附于传统的政治体制，并无像一般宗教那样独立的机制作为安身之所。它对现实政治的独立性仅存诸士人那"独"的人格和"以德抗位"、道义承当的使命感及其自我意识。现代以来，儒学与传统政治制度的解构已历近百年，传统意义上的士人大体已不复存在。古来文化传统"文""献"两端，贤人（"献"）已逝，唯其"文"尚在。另一方面，历史上"虚"与"实"的混淆，仍有强大的惯性力量。从统治政权上层到一般知识分子和民众，从占主导地位的反传统思潮到非主流的文化保守主义思潮，都在有意无意间仍抱有一种信念——文化的理念可由其精神直接转变为一种物质的力量，而"批判的武器"当下就可以成为一种"武器的批判"。因此，不仅民国初期的复辟闹剧要打出儒教的旗帜，且已退居学院化学术地位的新儒学也一再主张儒家的"政统"，期望能由"内圣"开出"新外王"；而在占主导地位的反传统潮流中，儒学则被当作一种仍然能够实质性地干预现实（精神变物质意义上的）的力量一再受到批判。由此，"心性儒学"所首先失落的，就是它的"尊德性"的一面。儒学已失去了它自许的"道统"传承，不再具有它作为精神人格象征的"以身体道"的群体存在。

四、"道问学"层面之学院化和知识化

现在，我们再来看一看儒学的"文"或"道问学"这一面的情况。用今语说，"道问学"就是思想理论方面的研究。中国现代学术规范，基本上取自西方，儒学"道问学"的一面在这种学术规范下，也基本上走入了一种"学院化"的路径。现代以来，心性儒学之"道问学"的一面，大体上是被放入"中国哲学史"的

架构内来研究的。由此，思想理论层面的"心性儒学"亦仅仅成为"哲学史"或"思想史"的研究对象，流为学院化的"历史知识"，这导致了其"道问学"一端思想原创性的衰竭。

在以西方学术为主导的现代学术规范下，把儒学"道问学"这一端放在"哲学"这一概念下加以研究是势所必然。传统儒学有它的心性义理之学和形上之道，称之为"哲学"亦无问题。但值得注意的是，长期以来我们对儒学的研究方式在大多数情况下是"非哲学"的。中国历史上儒学的发展，本取经典诠释的方式。经典诠释，一方面要强调诠释的客观性，另一方面又要通过经典的诠释以开显当下生命存在的形上意义，这后一方面属于古人所说的"道"的范畴。这两个方面其实是一体不可分的。黑格尔讲，哲学就是哲学史。哲学是一种历史性的学问，儒学注重以经典的诠释来表达思想，更突出了哲学思想这种历史性的特点。但儒家所关注的历史，不仅仅是作为知识的历史。《孟子·离娄下》："孟子曰：王者之迹熄而《诗》亡，《诗》亡然后《春秋》作。晋之《乘》，楚之《梼杌》，鲁之《春秋》，一也。其事则齐桓、晋文，其文则史。孔子曰：其义则丘窃取之矣。"历史有"事"，有"文"，有"义"。儒学所关注者在其"义"，这"义"，亦即"道"。儒学不离事以言道。孔子说："我欲载之空言，不如见之于行事之深切著明也。"（《史记·太史公自序》）孟子则说："孔子成《春秋》而乱臣贼子惧。"（《孟子·滕文公下》）可见，在儒家看来，"道"不能徒托空言，必见诸具体的历史实事而后明。所以儒家很少对其形上的关切做单纯逻辑的表述，而总是以历史诠释的方式表出之。正因为如此，这"史"亦不只是知识性的"事"之罗列，而是关涉现实的"道"的开显，从而成为教化和开显当下生命存在之形上意义的方式。由是，这历史性的诠释活动，实成为一种与时俱新之思想创造历程和因时制宜的切合现实之方式。先秦儒之关注"性与天道"，汉儒之究"天人之际"，魏晋思想突出"自然与名教"，宋儒致意于"心性义理之精微"，都体现了这种"道"与"事"统一的历史精神。从这个意义上我们可以说，历史就是思想，哲学就是哲学史。

20世纪初以来，与"制度化的儒家伦理"退出历史相伴随，"心性儒学"亦逐渐退居现代西方学院化的体制之中。作为"中国哲学史"或"中国思想史"之一部分的儒学研究，所关注的亦不再是能够"道与事相统一"意义上的儒学，而是已经渐次退出历史原创性活动、仅具"历史知识"意义的儒学。当然，现代以来亦存在过所谓文化保守主义、传统主义的思潮，但它根本无力与正统的和非正统的西方思想，尤其是意识形态化的西方思想相抗衡。一方面，长期以来只有领袖能够创造思想的风尚，压抑了学者契会民族慧命的思想理论的原创性，而作为唯一的解释、评价标准的"哲学原理"，亦由于无能与文化传统精神切合而流于游谈无根的边缘化状态，缺乏理论诠释的力量。另一方面，研究者不能本着历史生命的连续性创造和选择切合中国传统思想的内在理论原则，这使我们的研究工作往往仅关注儒学之"知识性"一极，而失去文化整体生命内涵的"知识"，亦失去了它的真实性。当我们脱离传统的人文教养，脱离传统学术的历史精神，简单地套用所谓本体论、认识论、价值论、理性主义、非理性主义，甚或唯物论与唯心论、辩证法与形而上学等概念模式来筛选、分析、重构儒家哲学思想时，实质上已将一种作为生命整体的文化、学术精神从其活的历史连续性中抽离出来，打成碎片，再行重组，这样它便很容易失却其文化的内涵，蜕化为一种形式性的、抽象的语词，导致其思想性、哲理性的缺乏，从而失却其真实性和客观性的意义。由此，"心性儒学"之"道问学"的一面，亦失去了它因应、切合、点化、提升民众世俗生活而使之达到自身超越的作用。

五、"世俗化儒家伦理"的继存方式

美国汉学家列文森在其《儒教中国及其现代命运》一书中，对儒学在现代中国的状况提出过两个基本的判断。一是儒学已成为"博物馆"中的存在，这正因为它已退出了历史，不足以影响现实生活，因而才得以被"收藏"。[①]二是西方思想对中国的作用已不是"词汇上的丰富"，而是"语言上的转变"，这种语言上的转变，表明的是一种思想上的根本变化[②]。列文森这种颇具颠覆性的说法，在思想上确有振聋发聩之效。如果我们单从"心性儒学"作为文化精神、人格象征的"以身体道"阶层之缺失和其理论反思的现状看，列文森的论断有着相当的真实性。但是，如果我们把它当作对中国文化和整个社会生活的一种全称判断，那就无疑等于说，我们所说的"中国"已经成为一个斩断了其文化历史性的单纯的地域性概念，而我们所说的"我们"也仅仅是意味着一种黄皮肤的西方人，这显然是不真实的。

列文森"博物馆说"的一个重要理据，是儒学已经成为一具对民众生活不再具有影响力、对社会现实不再构成威胁的"僵尸"，因此它才能被允许作为"没有围墙的博物馆的陈列品"而得到保存和保护。但事实上，儒学和信奉儒学的传统知识分子，在新中国成立以来的一段时期内一直在受批判。《儒教中国及其

① 参见 [美] 列文森：《儒教中国及其现代命运》，郑大华、任菁译，中国社会科学出版社，2000，第310-343、369-384页。
② 同上书，第138-145页。

现代命运》成书于20世纪60年代，在这之后的一段时间里，儒家遭受了更大的冲击。列文森的上述理据恰恰从反面说明，儒学所体现的文化精神在民众社会生活中仍然具有内在的、深刻的影响力。

实质上，现代世界经济的全球化与核心价值观上的多元化和本土化，正是两个相互并生的潮流。一种传统对于外来思想的接受，绝不会只是一种原封不动的照搬。非西方社会在学习西方以实现现代化的过程中，也在通过不断返溯自身历史文化的本原，以达成其文化价值上的自我认同和主体性的身份建构。在中国改革开放、思想相对自由的今天，"世俗化的儒家伦理"这一层面亦有了很活跃的表现。不同形式的民间的孔学、儒学组织、学堂不断出现。由一些民间组织所推动的青少年诵读传统经典的活动在社会上产生了很大的反响。在一些农村地区，教授传统儒学经典的私学、私塾馆悄然兴起，也有农民自发制订乡规、乡约来调节邻里关系。但是，值得我们注意的是，时下"世俗化的儒家伦理"常常以种种愚昧落后的蜕化和负面形式出现。近年来传统民间宗教信仰之风渐盛，但常常流于荒诞迷信和巫蛊小道。传统所注重的宗族亲亲关系，在农村一些地方成为族长专制势力，在经济和政治上则往往表现出一种裙带、私情的惰性力量；对人治和人际关系的注重以及政治原则之道德上的自我期许，在缺乏形上敬畏和权力制约的境况下，则导致种种鄙俗的官场习气，等等。这些现象说明，以儒家为主流的传统文化，虽然在其"心性儒学"或精英层面上受到了严重摧残，但它作为一种思维和生活方式，仍然深植于、并无形地作用于我们的日常生活，它在"世俗化的儒家伦理"层面上仍然存在。而上述传统蜕化和负面形式的表现，亦有着文化机制上的深刻原因，不能简单地以"文化的劣根性"来做解释。

前文已经指出，在传统中国社会，"心性儒学"和"世俗化的儒家伦理"本保有一种相切相成、良性互动的关系。现代以来，随着传统"心性儒学"与"制度化儒家伦理"的解构并退居学院化的存在形式，传统的教化理念"虚"则虚矣，但虚而不能"实"，处于一种"失位"的状态。同时，长期以来暂居"教化"核心位置的主流或非主流的西方思想，又是一种伴随着情绪冲动的意识形态化了的"思想"，它意在直接实质性地干预现实，因而，这种教化方式的特征仍然是"实"而不"虚"。这种"实"而不"虚"的教化方式，自然亦把"心性儒学"当作一种实质性的"反动"力量加以排斥、否弃。应当看到，在一种激情澎湃、激烈变动的革命形态下，这种教化方式确实起到了整合融贯、凝聚提升民众生活的作用，而在意识形态和政治热情逐渐消退了的所谓"后革命"时代，它则由于对传统教化理念的排斥而不能自处于其超越性的"虚体之位"，亦理所当然地被边缘化了。由此，我们可以看到中国现代以来文化重建收效甚微的一个关键症结所在，即由"虚"与"实"的错位所导致的教化理念的失落。"心性儒学"处于虚而不实的失位的状态，致力于"实"的意识形态化的西方思想亦由于缺乏历史文化的内涵而流于"无根游谈"，无法与民众日常生活相切合。这样，作为一种思维和生活方式仍然存活于民众日常生活的"世俗化的儒家伦理"，由于其无法在意识自觉层面获得自我认同和升华，而成为一种社会无意识的潜流。同时，由大众传播媒介和都市生活市场化、商品化而兴起的大众文化，亦因缺乏内在的价值依归而趋于无中心的价值情感主义和相对主义。这使得转型时期的中国社会缺乏内在的、历史文化意义上的自我认同和文化资源整合的有效机制。

六、教化之道之反思与孕育

从上述分析可以看出，中国向现代化的迈进，和西方一样，亦伴随着一个教化之道与政权运作及政治意识形态逐步解构的过程。这应是一种历史的必然趋向，亦是我们重建适合中国现代生活的教化理念或教化之道的一个前提条件。但由于中国现代特殊的历史情况，这教化理念的"虚"，只表现为一种边缘化、真空化，或者更确切地说是表现为一种教化理念的"无"化，而没有内在地建立起它"本虚而实"的体性。

近年思想文化界颇有一种倡导大众文化而否定精英文化的倾向。其实，现代中国文化重建所面临的一个重要问题，正是它的精英层面的缺失。大众文化的兴起适应着一种全球化的趋向，表现了现代（或者如今人所习用的"后现代"）人存在之平面化、感性化、消费性和价值相对性一端的面相，但是人作为文化的存在总有其立体的、深度的、整体性和超越性的层面。这后一层面乃与人的内在精神、情态生活，进而亦与其所内在拥有的历史文化相关。因此，一定社会之超越性价值的赋予、各种精神资源、能量的整合、民众生活的沟通与凝聚、个体人格的教养与塑成，都不同程度、纵向立体性地关涉具有独特性和内在差异性的文化历史传统。《周易·系辞下》讲："天下同归而殊途，一致而百虑"。那"同归"和"一致"的超越性、普遍性价值，总是要在"殊途""百虑"的历史文化差异性实现中奠定其内在生命的基础。换言之，人类普遍性的价值实现，乃表现为异质文化差异性的沟通，而非一种取消差异性的平面和同质化状态。现代中国历史文化的断层主要发生在"心性儒学"的自觉层面，而在"世俗化的儒家伦理"层面仍不绝如缕，并常常在触及我们生命存在的紧要关头（如面对重大自然灾害、流行疫病，涉及国家民族主权问题，社会公正遭到严重破坏时）被唤起，发挥一种世道人心之价值引导、统合、凝聚的力量。同时，它在日常生活中常常有种种畸形化的负面表现，这表明，一方面，历经数千年反思、孕育而内在于人的生命存在的文化传统，不可能人为轻易地从根本上斩断；另一方面，失却与之相切合的教化理念之点化引导的文化传统，一旦完全沉入"百姓日用而不知"的层面，就会流为一种社会无意识的潜流，而蜕化成不能因应时变的种种惰性力量。

教化理念的"本虚而实"，其实质就是脱离它的政治权力运作而转变为社会性的事务和与人的个体精神生活相关的事务。中国现代的文化状况，其病实在于仅有"解构"而缺乏"建构"。各种教化理念与政治和现实生活的"全面解构"，是中国当代文化状况的一个显著特征。我们既要承认这"解构"的合理性并保持住它的既有成果，也应看到教化理念的积极"建构"乃是未来中国文化发展的当务之急。目前学界已普遍意识到，传统的"心性儒学"应是中国文化面向现代的一种必不可少的重要资源。但我们以为，单这样理解还不够，对于中国文化的现代化而言，"心性儒学"不仅是一种"资源"，更应理解为一教化之本或"教养的本原"[①]。现代性的价值不是一种抽象的共同性或同质性，它必然要经历一个历史文化之奠基、转变、吸纳的过程方能具有生命的活力。同时，所谓"心性儒学"亦是一个历史性的概念。从先秦儒学到汉代经学、魏晋玄学以至宋明新儒学，皆表现出一种本乎文化的生命本原性，是转化吸纳其他思想流派乃至

① 参见李景林：《教养的本原——哲学突破期的儒家心性论》，辽宁人民出版社，1998，《自序》第1-5页。

儒家的角色，是礼乐和社会信仰系统的思想诠释者，而非创制者，对此二者之间的关系仍有必要作出适当的分疏。

第三代新儒家继承了前代"内在超越"的思想理路，试图赋予宗教概念以更宽泛的涵义，着重于从儒家学理系统本身来理解其宗教意义。刘述先先生反对把基督教作为宗教的一般模型，以神的观念为中心来定义宗教的思想理路，转而借鉴美国神学家保罗·田立克的观点，以超越的祈向和人的终极关怀来重新定义宗教信仰，用以诠释儒家的宗教性。据此，他认为，孔子之"天"的观念，已全无人格神的特征，但仍具超越性的意义。"仁"是儒家所遵循的"道"，这个"道"，既超越又内在。人自觉地承担起弘道的责任，乃能通过既尊重内在又尊重超越的两行之理的体证，建立其安身立命之所。①刘述先先生通过重新定义宗教概念的方式来揭示儒学的宗教性义涵，这在现代新儒家对儒家的宗教性反思中，颇具代表性意义。

应当说，当代新儒家对儒家"内在超越"观念的理解，准确地把握了儒家思想的精神特质，具有重要的哲学意义和理论解释力。把拥有一种终极关怀、宗教信仰和超越的祈向当作宗教的核心要素，据此来讨论儒家的宗教性，这一点也没有问题②。不过问题在于，刘述先先生认为儒学的天、道观念已不复有古代社会天帝观念的人格神的意义，在此前提下，如果仅仅把儒学的超越性的指向和终极的关怀局限为一种"道"或"理"，尽管我们

---

① 参见郭齐勇：《当代新儒家对儒学宗教性问题的反思》，载《中国哲学史》1999年第1期。

② 应当指出，我们可以把终极关怀或者宗教的信仰作为宗教的一种核心要素，但讨论宗教概念，不能局限于此，它应当还包括教义、经典、仪轨、制度、组织、场所、神物、法器、神职人员与仪式行为等要素所组成的一套系统，即便我们不给宗教下一种确定的定义，这些内容似乎亦不能不予考虑。

可以把这种"道"或"理"理解为一种"生生"之"道"、生命之"理"，但仅就儒学自身而言，它是否可以成为一种"宗教信仰"，仍有必要做进一步的讨论和思考。

其实，田立克不仅用终极关怀来定义宗教信仰，同时对哲学与宗教关涉终极实在的方式亦做了明确的区分。在《信仰的动力》一书中，田立克指出，哲学与信仰虽然都关涉终极实在，但哲学对这终极实在的显示，主要通过概念对存在做基本结构描述的方式来达成，而宗教则是通过象征的方式来寻求终极的意义。宗教的信仰，总是以上帝作为基本的象征，并把我们所可归诸上帝的诸如全能、慈爱、正义等神圣性及一系列神圣事物、事件、仪式、教义等，通过神话的形式汇合为一个象征的系统，由此向我们开启那终极的意义。二者的区别还表现在，哲学对显现终极实在之存在结构的概念描述，是超然的或对象性的，而信仰对于终极意义的关怀，则表现为一种卷入性的参与或全身心的投入。基于宗教信仰的绝对性、无条件性，那些对有限性现实事物的追求和崇拜（譬如对金钱、成功的追求，及国家崇拜、无神论等），则理应被排除在宗教信仰和终极关怀之外。①

田立克对哲学与信仰的区分，对我们理解儒学的宗教性这一问题，具有重要的意义。一般宗教都有自身的一套哲学理论，但其内容乃围绕神话和神灵的象征系统展开，可称之为一套神学意义的哲学。宗教宣讲这套义理意在布道，而非讲学。哲学却不同，它通过理性的概念来展示存在的结构和意义，以一种可理解性和公共性的逻辑、知识形态展示于人。在现代社会，布道须限

---

① Paul Tillich, *Dynamics of Faith*（Harper & Brothers, First Harper Torchbook, 1958）, pp. 90–92, 44–54.

于特殊的场所，而哲学则可进入公民教育等公共的领域，二者的差异于此亦可见一斑。如康德要限制知识，以为道德和信仰留下地盘，但他由实践理性引出意志自由、灵魂不朽、上帝存在三个理念，其实只是一种理论圆满之逻辑必要性的设定。其所谓道德的宗教，意义亦在于为何谓真正的宗教提出一种理论的判准。康德对信仰和宗教的讨论，仍是一种关于信仰与宗教的哲学理论。同样，儒家有一套自己的形上学的理论，其有关天、命、性、道等终极实在的讨论，亦是以概念和反思方式所进行的一种义理的建构，并非用神话的方式对终极意义做一种象征性的开启。在这个意义上，当代新儒家谓儒家的天、天道观念弱化甚至否定了古代社会天帝观念的人格神的意义，是准确的。但这样一来，儒家的形上学学说，则只能说是哲学而非宗教。现代亦有学者根据儒家作为中国文化之主流，来否定中国文化有宗教信仰。^①从这个角度看，单就儒家的学理体系立论，无法对儒家的宗教性作出合理的说明。

田立克虽以终极关怀来定义宗教信仰，但同时强调，宗教信仰的特征在于通过上帝、神圣性、神圣事物所构成之象征系统来开启终极的意义。可见，这个定义，在对宗教之本质内涵的理解上并未有实质性的改变。一种真实的宗教信仰，必须具有一种超越的指向性，最终会指向一种以位格或神格为中心的象征系统。西方的宗教是如此，中国传统社会的天、天命和上帝信仰亦是如此。一种有关终极实在的哲学理论，可以引发人们对其所描述的终极实在之意义的理解或兴趣、关切，但其本身并不能建立一种

---

① 近来即有人根据儒家的哲学和政治理论提出"中国人没有宗教信仰，但有文化信仰"和"政治信仰"的说法。参见赵启正：《中国人没有"宗教信仰"但有"文化信仰"》，载《人民日报》2013年5月14日第5版。

信仰。因此，信仰的终极指向不能只是一种主义或道理。①纯粹
作为本体的"神"的逻辑理念，亦无法成为信仰的对象，真实的
信仰对象，亦不能是任何一种现实的人格或实存物，而必为一种
具有超越意义的位格性存在。如果我们把某种实存物当作信仰的
对象，就会导致拜物教。在政治上，如果我们把一种实存的人
格当作信仰的对象，则往往会导致偶像崇拜，引发政治上的狂
热。这种教训在历史与现实中所在多有，为祸不浅，不可不引
以为鉴戒。

　　哲学与宗教有着明显的区别，这一点，绝不会因吾人对宗
教定义的改变而发生根本的改变。哲学形上学与宗教信仰关涉终
极实在的方式并不相同。如牟宗三先生所说，儒家"轻松"或消
解了"天启"的观念，其立教的重心是以人如何体现天道，而非
"以神为中心"或围绕天、天道的人格神意义展开其教义。②刘
述先亦指出，儒家"天""道""仁"的概念，虽具有超越性的意
义，实已全无人格神的特征。现代新儒家对儒学宗教性的思考，
实质上更清晰地刻画了儒学的哲学特质。因此，单从儒学的义理
系统入手，以求通过改变宗教定义的方式来曲通儒家与宗教，适
足以混淆、模糊哲学与宗教之界限，而于儒家宗教义之证立，似
并无助益。

　　同时，哲学与信仰又非绝对对立。事实上，历史上那些最
重要的哲学体系，总是兼具伟大的思想力量和对其描述所显示的

---

　　① 吉林大学王天成教授在一次座谈中指出：现在人总是说要把某种主义确
立为自己的信仰，而主义作为一个学说、一种道理，至多只会引起一种兴趣，
或一种爱好，而不能引生一种信仰。信仰的对象不能只是一种主义或道理，必
有其位格性。此说与田立克的宗教信仰说有相合之处。本文的讨论，受到他的
启发，谨此致谢！

　　② 参见牟宗三：《中国哲学的特质》，上海古籍出版社，1997，第103页。

终极意义的强烈关切，这往往与哲学家个体的宗教信仰或终极关怀密切相关。[①]不过，西方哲学与宗教信仰之间的关联方式有很大的区别。西方哲学与宗教在职能上有明确的分工，哲学可以通过其有关终极存在的理论，施其影响宗教的信仰，但它本身与个体以及社会的宗教生活之间并无直接和必然的联系。中国古代社会本有一套以天帝信仰为中心的神灵信仰和礼仪系统。一方面，这套系统产生于孔子之前，乃属诸整个古代社会生活，并非儒家所专有。另一方面，儒家学者并不否定中国古代社会的天命、天帝信仰，其形上学的体系，亦由对古代社会的信仰系统及其礼乐传统的反思和义理的建构而成，并非一种自身封闭的、单纯的哲学理论。它以对社会宗教信仰和礼乐系统之反思、升华，并赋予其超越性意义的方式，密切关联并施其教化于社会生活。这种方式，儒家名之为"神道设教"[②]。神道设教，是儒家引领中国社会精神生活以实现其终极关怀的一个重要途径和教化方式。

因此，要准确理解儒家的宗教性问题，既不能取"案文责卦"的方式，在宗教定义这一点上兜圈子，单从儒家的义理系统来立论，亦不能简单地把属诸整个社会的信仰系统归于儒家，而是需要厘清儒家义理体系与传统社会信仰系统的区别与联系，从儒家教化方式的角度来开辟新局。

二、神格与神道

中国古代的哲学，乃由宗教转化而来。前孔子时代宗教观

---

① Paul Tillich, *Dynamics of Faith*（Harper & Brothers, First Harper Torchbook, 1958）, pp91-92.

②《周易·观卦·象传》："观天之神道，而四时不忒，圣人以神道设教，而天下服矣。"

念的一个重要特点，就是它重视信仰对象的神道方面，而不重其神格方面①。这一点，对前述儒家"神道设教"的教化方式之形成，有很大的影响。

我的老师邹化政先生所著《先秦儒家哲学新探》一书，对前孔子时代的宗教观念提出了一个独到的观察视角：

> 在伊斯兰教、犹太教、基督教的神道观念中，强调和突出的与其说是它的道，毋宁说是它的至高、至上的人格和意志本身，而它的道却是非常抽象的。与此相反，中国人在殷周之际的神道观念，强调和突出的与其说是它的那个主体——至高至上的人格或意志，毋宁说是它的道，是它主宰人伦与自然统一体的规律系统，并且把这规律系统具体化为各种特定的礼义形式。中西方的这种差别，决定了中国人一元化的宗教意识，难以得到充分的、独立的发展，它必为有关这个天道观念的哲学意识所代替，特别是为儒家哲学意识所代替。②

邹师此书，出版于1990年，其写成更早在"文化大革命"期间，但其有关中国古代宗教观念的这一观察视角，至今对我们仍有重大的启示意义。邹先生这一观察角度的核心点，是把宗教的神道观念区分为至上人格与"道"两个方面，并从二者之间的关系的角度来理解中西方宗教的区别。

从这一观察角度看，宗教信仰的对象是神。这个信仰的对

---

① 三代宗教（指夏、商、周三代"天命上帝"观念系统）从其演进的历程看，有其阶段性的区别，对此，学界已有很深入的探讨。与本文的问题相关，我们所关注的是它的结构性的特征。

② 邹化政：《先秦儒家哲学新探》，黑龙江人民出版社，1990，第73页。

象可以概括为两个方面，一是其神格，一是其神道。西方宗教的特点，所凸显的是其"至高至上的主体"，亦即其神格方面的意义，而其"道"或神道这一方面却非常抽象。其对神道内容的探讨，乃围绕着神灵主体或神格来进行。由此形成的神学系统，其所表述者，乃是一个超越现实世界的天国神界。中国古代的宗教观念的情形却正好相反，其关注的重点在"神道"而不在"神格"。三代宗教的核心概念是"天命"和"上帝"，法则昊天上帝，亦是当时流行的观念。但这上天之则[①]或神道的内涵，则是统合自然与人伦之道为一体的礼义道德原则。在这里，神与人乃统合为一，并未抽离为两个独立的世界。20世纪80年代，一些西方学界的华人学者提出"连续性"这一概念，以此来考察中国古代文明和宗教观念的特征，这对理解上述观点也有重要的借鉴意义。

　　张光直用"破裂性"与"连续性"两个概念来区分中西方两种文明起源的特征，把中国文明称作"连续性"的型态，把西方文明称作"破裂性"的型态。[②]张光直先生所谓的"连续性"，是指人与自然或文明与自然之间的连续，即人与它所从出的自然之间，始终保持着一种内在的联系。"破裂性"文明的特征，则是人借助于其所创造的世界和文化、文明，将自己与原初自然的世界和环境分隔开来。张光直先生用"连续性"这一概念，主要是要揭示中国文明起源的特征。杜维明先生则用"连续性"这一概念来探讨中国人的自然观和宇宙观。在《存有的连续性：中国

---

　　①《诗经·大雅·烝民》："天生烝民，有物有则，民之秉彝，好是懿德。"

　　② 参见张光直：《连续与破裂：一个文明起源新说的草稿》《从商周青铜器谈文明与国家的起源》，载《中国青铜时代》，生活·读书·新知三联书店，1999，第468页以下。

人的自然观》一文中，杜先生用"连续性""整体性"和"动力性"三个关键词来论述中国人的自然观或宇宙观的特点。这三个关键词，所表现的是一种对宇宙存在及其过程的理解。在这里，宇宙被表征为一个有机的、连续的生命过程（连续性）；其中，它的所有部分都具有内在的关联，因而整合构成了一个有机的统一体（整体性）；同时，它又表现为一个开放的、内在转化、生生不已的生命创造过程（动力性）。杜先生强调，这种"存有连续性"思想基调，不仅表现在中国的哲学中，亦普遍地贯通于中国古代宗教、伦理和美学的观念中。①

　　分化是文明产生的前提，文明首先表现为人所创造的世界与自然的脱离。但这种分化并不必然导致人与自然的分隔和隔离。中国在夏代已进入文明社会，在宗教上，也已形成了天、帝至上神的观念，并且经过一个逐步理性化的过程，从殷代的祭祀文化到周代的礼乐文化，由"自然宗教"发展为"伦理宗教"，从而形成一种"真正的宗教"。②不过，中国古初文明时代的国家，乃由原始氏族制度转化而来，国家社会组织仍主要以氏族和宗族关系而非地域关系为基础。从古史的记载看，中国原始氏族时代曾有过一个"家为巫史""民神杂糅"（《国语·楚语下》）的阶段。文明社会地上王权的建立，导致王者独占通天之权，促成了神人的分化与统一的至上神的产生。中国古代进入文明的方式及其宗教系统的形成，都表现了一种文明与自然的连续性的特征。这种连续性的文明转进方式，使野蛮时代那种自然生命的整全性和整体性意识在文明社会的分化形式中仍然得以保持。

---

　　① 参见杜维明：《杜维明文集（第三卷）》，武汉出版社，2002，第222页。
　　② 参见陈来：《古代宗教与伦理》，生活·读书·新知三联书店，1996，第8-11、135-160页。

相对而言，讲"文明与自然的连续"，着眼点在文明起源的方式；讲"整体性"的观念，则着眼于宇宙观和对存在的理解方式。后者以前者为基础。这个整体性的宇宙观，强调宇宙存在的各种形态、各个层面皆内在关联而构成一个有机的整体。在这个意义上，我更愿意用"内在关系论"这个用语来表征这种宇宙观的特征。杜维明先生强调，这样一种连续性和整体性的存在观念，不能允诺一个在这个宇宙整体之外的"造物主"的观念存在。①商周的天、帝至上神观念，并非言创世神。张光直先生指出，中国有关宇宙起源的神话至早在东周时期才出现，而这种宇宙起源神话，亦属于"变形式的起源说，而非圣经式的创造说"②。创造的过程，乃表现为一种混沌的分离和业已存在之物的变形与转化。造物与创世的观念，将神人分为两界，是西方"破裂性"文明型态在宗教观念上的典型表现。殷周的天、帝至上神，则内在以宇宙存有和人伦世界为其神性的光源与超越性的基础；王者"代天理物"，天帝之神性乃贯穿并即自然与人伦而显。基于上述连续性和内在关系论的观念，殷周时期的宗教虽已发展为一种"伦理宗教"的形态，但其至上神既非一种"唯一神"，亦非处于此世界之外的造物和创世神。其关注"神道"而不重"神格"，盖由于此。

中国古代的宗教神灵信仰，乃表现为一种以天帝至上神统摄众神的多神系统。《礼记》所记祭祀仪式和对象，内容极其广泛。其制祭的原则是"报"和"报本复始"，即报恩和追思存在之

---

① 参见杜维明：《杜维明文集（第三卷）》，武汉出版社，2002，第222页以下。

② 张光直：《中国青铜时代》，生活·读书·新知三联书店，1999，第490页。

本原。凡对于人生有"本"和"始"之意义的对象，皆可在祭祀之列。《礼记·祭法》：

> 燔柴于泰坛，祭天也。瘗埋于泰折，祭地也。用骍犊。埋少牢于泰昭，祭时也。相近于坎、坛，祭寒暑也。王宫，祭日也；夜明，祭月也；幽宗，祭星也；雩宗，祭水旱也；四坎、坛，祭四方也。山林、川谷、丘陵，能出云，为风雨，见怪物，皆曰神。有天下者，祭百神，诸侯在其地则祭之，亡其地则不祭。

《祭法》又记制祭之原则云：

> 夫圣王之制祭祀也，法施于民则祀之，以死勤事则祀之，以劳定国则祀之，能御大菑则祀之，能捍大患则祀之。是故厉山氏之有天下也，其子曰农，能殖百谷。夏之衰也，周弃继之，故祀以为稷。共工氏之霸九州也，其子曰后土，能平九州，故祀以为社。帝喾能序星辰以著众，尧能赏均、刑法以义终，舜勤众事而野死，鲧障洪水而殛死，禹能修鲧之功，黄帝正名百物以明民共财，颛顼能修之，契为司徒而民成，冥勤其官而水死，汤以宽治民而除其虐，文王以文治，武王以武功去民之菑。此皆有功烈于民者也。及夫日、月、星辰，民所瞻仰也，山林、川谷、丘陵，民所取财用也，非此族也，不在祀典。

按照这个"报"或报恩的制祀原则，天地、日月、山川、社稷、祖庙、五祀、河流、先祖、天神、地祇、人鬼，皆在祭祀之列。不仅如此，《礼记·郊特牲》讲"天子大蜡八"，所祭不仅有作为农耕创始者的"先啬"，甚至包括猫、虎、堤、渠之神。

"蜡之祭也，主先啬而祭司啬也，祭百种以报啬也。"祭猫，"为其食田鼠也"；祭虎，"为其食田豕也"。猫可以捉田鼠，虎可以食田豚，免除庄稼之害，皆于人有益，所以均属"报"的对象。此为古人报本反始，追思本原之方式。其祭祀范围之广，亦由此可见。从这个角度说，中国古代社会的宗教为多神崇拜。

不过，这个多神的存在，本身亦有其秩序，并非杂乱无章。这一点，可以从祭祀的系统得到理解。《礼记·祭法》谓："有天下者，祭百神，诸侯在其地则祭之，亡其地则不祭。"《礼记·曲礼下》亦云："天子祭天地，祭四方，祭山川，祭五祀，岁遍。诸侯方祀，祭山川，祭五祀，岁遍。大夫祭五祀，岁遍。士祭其先。"《礼记·王制》："天子祭天地，诸侯祭社稷，大夫祭五祀。天子祭天下名山大川，五岳视三公，四渎视诸侯。诸侯祭名山大川之在其地者。"《公羊传·僖公三十一年》："天子祭天，085诸侯祭土。天子有方望之事，无所不通。诸侯山川有不在其封内者，则不祭也。"祭祀关涉信仰的对象，基于人间的秩序，这个作为信仰对象的神灵系统也被秩序化了。在这里，天子可以说是"最高的祭司"。唯天子可以祭天，祭天地；诸侯有方望之事，祭名山大川在其地者；大夫祭五祀；士祭其先，形成了一个上下统合的祭祀系统，这个祭祀系统所指向的神灵，包括天神、地祇、先祖等，最后都统合到一个作为至上神的"天"。这个"天"，本身并没有独立的内容，它的内容就是这样一个人间社会从上到下的伦理体系。同时，唯天子有祭天通天之权，其祭天通天之意义，亦贯通于不同层级之祭祀活动而赋予其以天人贯通的神圣超越性的意义。

古代的信仰体系以天帝为中心，它虽有意志的力量，但人格性的特征则较弱。它的内容乃举体表现于现实世界的法则和规则。

德国社会学家、哲学家马克斯·韦伯论中国古代的宗教意识，特别强调"天"之逐渐非人格化的特性，以及"天道"观念与仪式法则和历法作为自然法则的内在关联性："中国的宗教意识把用以制服鬼神的巫术性宗教仪式和为农耕民族制定的历法结合起来，并赋予它们以同等的地位和神圣不可侵犯的性质，换言之，它把自然法则和仪式法则合二为一，融于'道'的统一性中。……作为终极的、至高无上的、非人格的、始终可与自己同一的、时间上永恒的存在，这种存在同时是永恒的秩序的超时间的表现。非人格的天威，并不向人类'说话'。它是透过地上的统治方式、自然与习俗的稳固秩序……来启示人类的。"[①]韦伯这里所说的"中国宗教意识"的特点，当然只是一个比较笼统的概括，但他对"天"通过仪式和自然秩序性来表现自身的方式的理解，是一种合乎实际的深刻洞见，它与前引邹化政先生的观点，亦可相互印证。

古人讲法天、则天，有两个方面的意义，一个方面是与农事相关的历法与政事的内容，另一方面就是对天、对日月星辰的祭祀仪式和祭祀活动。儒家称述尧舜事迹，特别注重其为政行事之法天、则天之意义。如《论语·泰伯》："子曰：大哉尧之为君！巍巍乎！唯天为大，唯尧则之。"《尚书·尧典》："帝尧……乃命羲和，钦若昊天，历象日月星辰，敬授人时。"又："正月上日，受终于文祖。在璇玑玉衡，以齐七政。肆类于上帝，禋于

———————
① ［德］马克斯·韦伯：《儒教与道教》，江苏人民出版社，1993，第35-36页。

六宗，望于山川，遍于群神。"即表明了这一点。从《尚书·尧典》下文所记来看，这所谓"钦若昊天"的内容，一是"历象日月星辰，敬授人时"，亦即历法、农事，二是"寅宾出日""寅饯纳日""平秩南讹，敬至"等祭仪与祭祀活动。这表明，中国古代作为农业社会，其天神信仰与天文历法的观念有着紧密的关系。

实质上，上述两个方面即人对上天和日月星辰的祭祀活动，其意义完全落实在历法和农事上。《尚书·皋陶谟》："无旷庶官，天工，人其代之。天叙有典，敕我五典五惇哉！天秩有礼，自我五礼有庸哉！同寅协恭和衷哉！天命有德，五服五章哉！天讨有罪，五刑五用哉！""天工人其代之"这一命题，很好地表现了上述两个方面关系的实质内容。《尚书·甘誓》记启伐有扈氏，谓："有扈氏威侮五行，怠弃三正，天用剿绝其命，今予惟恭行天之罚。"《尚书·洪范》亦以洪范九畴为天之所畀。《尚书·康诰》则强调，孝友之道乃"天惟与我民彝"。三正、五行，亦与天文和自然的律则相关。可知在古人看来，"天生烝民，有物有则"，而包括农事安排、设官职、立政长、创制礼法制度这一套人事伦理的内容，皆为王者代天行事。"天"和"天意"本身，实际上无外乎此类人伦、人事和政事的内容。古时又有朔政制度，亦表现和延续了这一传统。《周礼·春官宗伯》载："正岁年以序事，颁之于官府及都鄙。颁告朔于邦国。"郑注："天子颁朔于诸侯，诸侯藏之祖庙，至朔朝于庙，告而受行之。"《大戴礼记·用兵》论列桀纣罪状，有云："历失制，摄提失方，邹大无纪，不告朔于诸侯。"告朔制度的内容，实亦不外乎上引《尚书·尧典》所言观象授时。同时，古时只有天子拥有通天、祭天之权，天子颁朔，按照历法所做对农事、政事的安排与实施，亦被理解为一种"代天理物"之事。由此，其政事行为亦被赋予了某种本原于"天"的神圣性的意义。在这里，天的神圣性与神格之内容，并非表现为另外一个天国世界的存在，它的内容就展显于此农事、政治、人伦的系统中。

古代的法天则天观念，表现了"天"作为至上神观念关联于自然法则的意义，同时，这"天"的观念更与祖先神有着密切联系。

古籍中多记有三代的感生传说。殷商时代的始祖感生传说，最早见于《诗经》。《诗经·商颂·玄鸟》："天命玄鸟，降而生商。"《诗经·商颂·长发》："有娀方将，帝立子生商。"《诗经·大雅·生民》："厥初生民，时维姜嫄……履帝武敏歆，攸介攸止，载震载夙，载生载育，时维后稷。"《诗经·鲁颂·閟宫》："赫赫姜嫄，其德不回，上帝是依，无灾无害，弥月不迟，是生后稷。"从这些感生传说中，我们可以看到氏族图腾制的遗迹。在原始氏族时代，人们把图腾神物看作本氏族的始源或祖先，这表现了原始人追溯生命本原的方式。在图腾的崇拜中，祖先被神化了，而在这些记载着商周内部氏族传说的诗句中，祖先神则被认为本原于作为至上神的天命、上帝。有学者认为商周的天、帝至上神起源于其氏族神，看来并非全无根据。

殷人之上帝与祖先神关系密切。殷代有帝廷的观念，上帝居于天上，有控制天象，令风、令雨、降旱、授佑，降祸福赏罚于人间的权能。殷人之先公、先王死后可上宾于天帝，在上帝左右，亦可降祸福于人间。值得注意的是，殷人不直接祭祀上帝，其祭祀求福，要祭祀祈求先祖，由之转达于上帝。[①]张光直先生

---

① 胡厚宣：《殷代之天神崇拜》，载《甲骨学商史论丛》，台湾大通书局，1972，第328-329页。

对此的解释是：殷人的"上帝与先祖的分别并无严格清楚的界限"。"殷人的'帝'很可能是先帝的统称或者是先祖观念的一个抽象。"[①]"上帝的观念是抽象，而个别的子姓祖先代表其实质。"[②]就是说，殷人通过祭祀祖先神而转求祈福于上帝这一现象，表明殷代上帝之观念乃以祖先崇拜为其实质内容。

　　周人亦以"上帝"为至上神，但又多言"天"，以天、帝并称。《诗经·大雅·文王》："文王陟降，在帝左右。"《诗经·大雅·下武》："三后在天，王配于京。"可见周人亦以为先王死后可以升天而在帝左右，此与殷人无异。不过，周人言上帝与人之关系，则多以"天命"出之。如《尚书·康诰》："惟乃丕显考文王，克明德慎罚……惟时怙冒闻于上帝，帝休，天乃大命文王殪戎殷，诞受厥命越厥邦厥民。"《尚书·大诰》："尔亦不知天命不易。""天命不僭，卜陈惟若兹。"在周代，作为至上神的天帝与祖先神有了较明确的分界，但其间意义上的关联，似较殷代更为密切。我们注意到，殷人言"帝令"，周人则讲"天命"。"帝令"与"天命"皆可用作主谓结构的使动形式。殷人之"帝令"用作使动用法，而周人之"天命"既用作"天命于人"的使动形式，又常作名词称谓使用。"天乃大命文王殪戎殷"，即如"帝令"之使动用法。"天命不易""天命不僭"，此"天命"即作名词用。殷人以"帝"为神体，其令风、令雨，降祸、降福，唯系于"帝"之喜恶，周人则以"惟德是辅"规定天意之内涵，是天之福佑，必降于有德者。因而天之降命，必有常则，而

089

　　① 张光直：《商周神话之分类》，载《中国青铜时代》，生活·读书·新知三联书店，1999，第372页。
　　② 张光直：《商周神话与美术中所见人与动物关系之演变》，载《中国青铜时代》，生活·读书·新知三联书店，1999，第415页。

不由乎"天"作为神体之好恶与任意。由是,"天命"一词转成一具有必然性内涵的本体概念。三代有以祖配天的观念,周人尤重先祖以德配天之义。《诗经·周颂·思文》:"思文后稷,克配彼天,立我烝民,莫匪尔极。"《诗经·大雅·文王》:"文王在上,于昭于天。周虽旧邦,其命维新。有周不显,帝命不时。文王陟降,在帝左右。"又:"上天之载,无声无臭,仪刑文王,万邦作孚。"又:"无念尔祖,聿修厥德,永言配命,自求多福。"周人认为其先祖之德可以配天,天乃降大命于小邦周。因此,仪刑先王,承继绍述先祖之志意德业,既构成了周人承续天命的基本方式和途径,亦规定了其所理解的天命之内涵。《尚书·康诰》记周公告诫康叔,乃将父爱子孝、兄友弟恭、敬事先祖等宗法伦理内容视为"天惟与我民彝",就表明了这一点。殷人之上帝直接令风令雨,降祸福于人,周人之天、天命,则成一必然之律则。与殷人之"帝"相较,周人的"天"作为神体,实更为抽象,其人格性的意义亦更趋弱化;同时,其内容乃举体表显为"德"的政治和人伦意义。

总而言之,商周的宗教观念及其信仰系统,集中体现了上述"连续性"文明的特征。自然与文明的连续,构成了一种神性内在于存有的、整体论或内在关系论的信仰系统。由于天帝与祖先神的内在关联性,商周的至上神,本自缺乏独立存在的特质。与"德"的观念之兴起相伴随,殷代上帝干预人世之"帝令"方式,逐渐独立为一种作为名词称谓的"天命","天"的观念更凸显为一种道德的律则和本原。"上天之载,无声无臭","天"本无形迹,不与人言,然"天生烝民,有物有则",并"与我民彝",此"民彝""物则",包括前引《尚书·皋陶谟》所谓"天叙"之典、"天秩"之礼,皆本原于天。人间之伦理秩序,及与之相关的天地秩序、礼乐系统，悉本原于天。学者认为，周之天作为至上神，已转成一种"道德的神"，周人之信仰系统，已发展到"伦理宗教"的阶段。同时，殷周之宗教，并非一个一神教的系统，而是一种以天帝至上神统摄众神的多神系统。董仲舒所谓"天者百神之君也，王者之所最尊也"（《春秋繁露·郊义》），说的就是这个意思。天帝并未割断与人的亲缘性。王者独占祭天通天之权，并可遍祭群神；自诸侯以下，所祭祀之对象，各由其先祖及于众神，依尊卑上下之义，其权界各有等差。由是，王者以祖配天之天人相通的意义，乃通乎不同层级之人及其祭祀活动，天帝亦"神而明之"，以其神性内在贯通并存诸人伦之世界，而构成一神道的系统。夏代史料不足征，殷商以下，上帝之人格意义渐次弱化，而其显诸人伦物理之神道意义愈益显豁。商周宗教之所重，要在于此。

前孔子时代宗教信仰系统的这一特点，为儒家"神道设教"教化方式的形成，提供了文化和存在的前提。

三、义理的体系与教化的方式

康德把所有的宗教区分为"追求恩宠的宗教"与"道德的宗教"两类。前者希望仅仅通过祈求上帝的协助而得到永远的幸福或成为一个更好的人，后者则秉持这样的原则：每个人仅须尽己力成为一个更好的人，而不必和无意祈求上帝之协助。康德认为，只有这种"道德的宗教"才配称为"真正的宗教"。[1]需要强调的是，周代的礼乐文化，虽由天帝之伦理规定

---

① 参见李明辉：《从康德的"道德宗教"论儒家的宗教性》，载哈佛燕京学社编《儒家传统与启蒙心态》，江苏教育出版社，2005，第228-269页。

而进至"伦理宗教"的范围，但其作为康德意义上的"道德的宗教"尚未真正得到确立，而其实现其作为"道德的宗教"或"真正的宗教"这一本质性的跨越，则正有赖于儒家哲学的创造与转化。

　　郑开教授从结构的意义上把周代的礼乐文化界定为一种"德礼体系"。"德"的一面，表示建构于礼的精神气质，"礼"的一面，则呈现为制度和秩序。①不过，若从形上学的角度看，周人的"德"，尚未形成一个以自因或自律为根据的自足性概念，因而无法构成社会伦理体系的价值基础。学者已注意到，西周"德"这一观念的内涵，主要侧重于与政治行为相关的"行"。②这"德"的本原，并非发自于内，或人自身的决断，而是出于一种对政治后果的考量和功利性的动机。故周世的宗教系统，基本上体现了一种功利主义的宗教观念，这包括两个方面。一方面，天为至善的本原。《左传·僖公五年》引《周书》云："《周书》曰：皇天无亲，惟德是辅。又曰：黍稷非馨，明德惟馨。又曰：民不易物，惟德繄物。"是言天帝为"德"或至善之本原。另一方面，人之行德，则又以功利为目的。天之佑有德而惩无德，

----

　　① 参见郑开：《德礼之间：前诸子时期的思想史》，生活·读书·新知三联书店，2009，第74-131页。需要说明的是，郑开教授认为周人所谓"德"，主要表现为一种政治语境中的"德"，这是很正确的。但也要看到，《尚书》《诗经》和周代金文中都载有大量有关"德"的道德伦理意义的内容。"天命有德"，"天讨有罪"，天降王祚于有德者，这个意义上的"德"，还主要是就道德伦理意义而言的，可以把它与维持王权国祚的政治指向相对区分开来。这"德"的内涵，不能仅从西方学者所谓"卡里斯玛"的意义上来理解。本文主要是从这个角度借用郑开教授"德礼体系"这个概念的。

　　② 参见郑开：《德礼之间：前诸子时期的思想史》，生活·读书·新知三联书店，2009，第92-95页；陈来：《古代宗教与伦理：儒家思想的根源》，生活·读书·新知三联书店，2017，第338-382页。

主要表现为天命亦即王权的转移。在周人看来，夏殷先王因能"明德恤祀"（《尚书·多士》）而受命于天，又皆因"惟不敬厥德，乃早坠厥命"（《尚书·召诰》）。周人以小邦承大命，其言天命，语多惊惧，表现出一种很深的忧患意识。而其所谓"敬德"，亦非出于对人自身道德使命之自觉与决断，而是出于王权永续之功利动机。《尚书·召诰》："肆惟王其疾敬德。王其德之用，祈天永命。"召公告诫成王要以夏殷的失德坠命为鉴戒，特别强调要"疾敬德"，而此"敬德"、行德之目的，则要在"祈天永命"。可见，周人之宗教观念，乃以天为至善之本原，认天帝为一"道德的神"，但人之敬德、行德，目的却在功利，人乃被理解为一功利性的存在。这种对人的功利性的理解，与其神性内在于人的命义是自相矛盾的。

商周文明之连续性与整体性的特征，使其宗教的观念，具有一种神性内在于人的本质义涵。神性内在，表现于人，人性亦当具神性而有"善"的内在规定。不过，从上述讨论可以看到，这种神性内在，在周代的宗教和信仰系统中主要体现为一种"民彝物则"本原于天的观念，尚未能在"德"的层面上达到自觉。周代"性"的观念，基本上被理解为一种基于自然生命的欲望要求，其所谓"节性"，亦只是由"敬"或敬德而来的对欲望的节制。[1]因此，当周朝末期社会高下陵夷、剧烈变动，德、福显著地不能达到一致的现实境域下，天之作为至善本原的神圣超越性及其德福一致之确证者的意义，必会遭到怀疑与否定。在《诗经》反映西周厉、幽时代的诗中，出现了大量疑天的诗句，就表明了这一点。[2]由此，礼作为伦理的原则，亦趋于形式化，甚至

093

① 参见徐复观：《中国人性论史·先秦篇》，上海三联书店，2001，第28页。
② 同上书，第31—35页。

成为诸侯争霸，权臣窃国之手段。在这种情况下，周代缺乏自身自律性德性基础的"德礼体系"，必然会趋于崩解。西方"破裂性"的文明，在宗教上断神人为两界，以人负原罪而不具神性，故需上帝之神恩拯救，人由是而有对上帝景仰敬畏之心与恪守上帝立法之义务。而在商周这样一种"连续性"的文明形态中，人并无如基督教那样的原罪意识。因此，如不能将其宗教和信仰系统所本具的神性内在义转变为一种内在的德性或人性的自觉，周世礼乐文明的"德礼"结构，便无法获得理论上的自洽性和存在上的必然性，其宗教和信仰系统作为"伦理宗教""道德宗教"之义，亦无由真正得以确立和圆成。

人是一种矛盾性的存在者。一方面，人是一种"定在"，因而其存在有自身的限度。基督教断神人为两界，人不具神性，凸显了人的存在之限定性、有限性的一面。中国连续性的文明所构成的神道系统，则凸显了人的存在的另一面，即神内在于人，神人之内在连续和本原统一性的一面。这后一方面，经过东周社会因王纲解纽，礼坏乐崩，神圣价值失坠所引发的理性反思，在儒学的系统中获得了一种人的存在层面上的自觉及由此而来的人性观念上的转变。一方面，这一自觉和转变，构成了一种哲理和思想的系统，具有西方学者所谓的"哲学的突破"的意义；另一方面，经由此"哲学的突破"的奠基，传统的信仰系统亦达到了自身真理性的自觉，实现了其作为"道德的宗教"之本质性的转变。

儒学所达成的这一转变，主要表现在以下三个方面。

第一，孔子通过对"义""命"的内在区分，发现人之唯一可自作主宰、自由决断的最本己的可能性，乃在于行"仁"由"义"，从而转变周人对人的功利性理解，把"善"的原则转变为人之本有的规定。

孔子所关注的角度，仍然是商周信仰体系中那个"神道"的方面。如前所述，这神道的内容，事质上是一个伦理的、规则的体系。在周人的观念中，这一套"民彝物则"，悉源出于天或天命。孔子继承了这一观念，但对这个统摄人伦物则的天命观念作出了一种"义"与"命"的内在区分。《孟子·万章上》："孔子进以礼，退以义，得之不得曰有命。"这个概括，深得孔子学说之神髓。周人所谓"天命"，本包含"德""福"两方面内容。天命有德而讨有罪，人之德福之一致性乃由天或天命来保证。"天"为人至善之本原，人"祈天永命"，其动机、目的却在于求福报。孔子则通过对人的存在所本乎天的天命之内涵做内在的"义""命"的区分，实现了一种人的存在自觉上的意义翻转：仁义在我而福命在天。

孔子亦以天为至善的法则和本原，此与周人相同。[1]不过，在孔子看来，天命于人，乃包含相互关联的两方面内容：人行之界限与事功之结果。前者属"义"，后者则属"福"。对此，《论语》有相当多的论述。《论语·雍也》："伯牛有疾，子问之，自牖执其手，曰：亡之，命矣夫！"《论语·颜渊》："子夏曰：商闻之矣：死生有命，富贵在天。"《论语·宪问》："子曰：道之将行也与，命也；道之将废也与，命也。公伯寮其如命何！"《论语·微子》："子路曰：……君子之仕也，行其义也。道之不行，已知之矣。"凡此所谓"天""命"，皆指人行之福报和行为之效果而言。对此一方面，人无决定之权，故属诸天或者命。

095

---

[1]《论语·泰伯》："子曰：大哉尧之为君也！巍巍乎！唯天为大，唯尧则之。荡荡乎，民无能名焉。"

而另一方面，人之行仁、由义，其决定之权在内而不在外，在我而不在人。《论语·颜渊》曰："为仁由己，而由人乎哉？"《论语·述而》曰："仁远乎哉？我欲仁，斯仁至矣。"《论语·里仁》曰："有能一日用其力于仁矣乎，我未见力不足者。"《论语·述而》曰："求仁而得仁，又何怨？""君子喻于义，小人喻于利。"这些论述，表现了孔子对"人"的一种全新的理解。在孔子看来，行仁、义乃是人唯一不靠外力，凭自己的意志决断和力量所可求、可欲，并实现于自身的东西，因而它规定了人的本质，为人的本性之所在。人之行为的价值，在于其选择躬行其所当行（仁、义），人行之结果如何，则不在人所直接可求之范围，故只能归诸"命"或"天命"，而这"义"与"命"之间，又有一种动态的、内在的统一性。人的道德或行为抉择，既表现了人对自身使命之了解和自觉，亦具有赋予其行为及其结果以正面与负面价值之意义。人行其所当行，得其所应得，其结果，既是天命之实现，亦是其人格和存在之完成，此即孔子所说的"知命"或"知天命"。正是在这个意义上，孔子把是否能够"知命"或敬畏"天命"，看作区分君子与小人的根本判准[1]。在孔子看来，"知命"与"知人"对于人的存在与价值之实现，实为一体两面，不可或分。这种对"义""命"关系的理解，使商周的天命观念产生了一种价值上的内转：把行德、行义由外在性的祈天邀福之手段，确立为为人之最本己的能力和人性之内涵。孔子说"仁者人也"（《礼记·中庸》），讲的就是这个道理。在这个意义上，善的原则乃转变为人之本有的规定。孔子对"人"的这一

096

---

[1] 《论语·尧曰》："不知命，无以为君子也。"《论语·季氏》："孔子曰：君子有三畏：畏天命，畏大人，畏圣人之言。小人不知天命而不畏也，狎大人，侮圣人之言。"

重大发现，确立了儒家人性本善的思想基调和价值取向，规定了以后儒家天人关系观念的基本内涵。

孔子所奠定的儒学这一精神方向，经孔子后学至孟子的发展，形成了自身完备的学说体系。子思《中庸》言："天命之谓性，率性之谓道，修道之谓教。"此"道"即人道（其内容为礼或礼乐），"教"者教化。是言人伦教化，悉本诸天命之性。近年出土的简帛《五行》篇，以人心本"悦仁义""好仁义"而言"心贵"，并以此为仁义之"端"，谓人能"进端""充端"，即扩充实现此仁义之"端"，便可最终实现仁德，成就为君子[①]。郭店楚简中特别重视乐教，《性自命出》中"凡道，心术为主"之说与《礼记·乐记》相通，所重在人的情态生活，突出强调乐教的教化之效，并以"反善复始"的"复性"义规定此教化成德之本质内涵。[②]仁义既为人之最本己的可能性，为人心所悦、所好，则其必为人性之所本具之先天内容。

由此，孟子进一步转孔子"义命"之论为"性命"之说，直以仁义规定人性之内涵。《孟子·尽心下》言："孟子曰：口之于味也，目之于色也，耳之于声也，鼻之于臭也，四肢之于安佚也，性也。有命焉，君子不谓性也。仁之于父子也，义之于君臣

097

---

① 帛书《五行》："心也者，悦仁义者也。""循人之性，则巍然知其好仁义也。""源心之性，则巍然知其好仁义也。""能进端，能终〈充〉端，则为君子耳矣。……不藏尤〈欲〉害人，仁之理也；不受吁嗟者，义之理也……充其不尤〈欲〉害人之心，而仁覆四海；充其不受吁嗟之心，而义襄天下。而成〈诚〉由其中心行之，亦君子已！"参见庞朴：《竹帛〈五行〉篇校注》，见《庞朴文集（第二卷）》，山东大学出版社，2005，第146、148、144页。《竹帛〈五行〉篇校注》之《凡例》中说明："本书对帛本释文所加之校补，以〈〉号区别。"

② 参见李景林：《教化的哲学——儒家思想的一种新诠释》，黑龙江人民出版社，2006，第199-205页。

也，礼之于宾主也，知之于贤者也，圣人之于天道也，命也。有性焉，君子不谓命也。"人之欲望要求及功利性满足，与仁义礼智圣的道德规定，皆本原于天或天命，孟子乃于此进一步做"性""命"之区分：以前者为"命"，后者为"性"。其思想理路全本之孔子。《孟子·尽心下》："可欲之谓善。"《孟子·告子上》："仁义礼智，非由外铄我也，我固有之也，弗思耳矣。故曰：求则得之，舍则失之。或相倍蓰而无算者，不能尽其才者也。"《孟子·尽心上》："求则得之，舍则失之，是求有益于得也，求在我者也。求之有道，得之有命，是求无益于得也，求在外者也。"孔子讲"欲仁仁至""求仁得仁"，孟子亦以求之之道的区别来区分"性""命"。仁义礼智是"求则得之""求有益于得""求在我者"，其所主在我，本乎人心，是人唯一可以通过反躬自省，自我决断、自作主宰而能够达到和实现的东西，故可谓之"性"。与此相对，人心之欲望要求及功利性的满足，则是"求无益于得""求在外者"，其受制于各种外部复杂的因素，其决定之权在"他"而不在"我"，只能由乎其道而俟其所成，故谓之"命"。仁义礼智诸德为人心所直接"可欲""可求"者。孔子既说"欲仁仁至"，又说"求仁得仁"，可知"可欲"与"可求"，可以互训。不过，"可欲"与"可求"二者又各有侧重。孟子言仁义礼智之"可求"，"求则得之，舍则失之"，偏重在"思"或内省反思；言"可欲"，则着重于仁义、理义之"悦我心"[1]的意义，偏重在情意呈显一面。是仁义礼智不仅为人心内省反思可得，亦在人性中具有先天的内容，儒家性本善之义由是而得以证立。

---

[1]《孟子·告子上》："心之所同然者何也？谓理也，义也。圣人先得我心之所同然耳。故理义之悦我心，犹刍豢之悦我口。"

孔孟仁义在我而福命在天之义，并不意味福命全然无关乎人。孟子既区分"正命"与"非正命"①，又有"修身"以"立命"之说②，意在指出，"义"与"命"，人的价值抉择与其事功效果之间，有着一种内在的、存在实现意义上的因果关联性。仁义内在于人之实存，为人行之所当然之则；人之处身境遇，则有顺逆穷通之异。在儒家看来，"命"或"福"固非人力所直接可与，但亦非现成摆在某处的一种宿命。"命"之所以存在正面（正命）和负面（非正命）价值之差异，乃是因为，人的价值抉择在转变其自身处境的同时，亦对其所行之结果发生着一种内在的赋义的作用。小人固"无义无命"（《孟子·万章上》），而君子之"正命"，则必由其人道之抉择所"立"并赋予它以正面的价值。因此，"天命"并非某种外在于人的现成设定与宿命，而是一种存在的"实现"。这个实现，乃由乎"自力"，由乎人性的自觉与完成。商周连续性文明所包含的神性内在、神人内在连续的精神，由此义命分合之动态实现的义理系统，始达到本质性的自觉，社会信仰系统之道德自律基础，亦由此得以奠立。

第二，与此相应，孔子提出了一种新的神灵观念和对待天命鬼神的态度。或谓孔子"不语怪力乱神"，主张"敬鬼神而远之"，是否定鬼神。其实，孔子此一态度，恰恰是要使神灵回归于它应有的神圣地位。这一点与前述孔子对"人"的发现有密切的关系。

①《孟子·尽心上》："莫非命也，顺受其正。是故知命者不立乎岩墙之下。尽其道而死者，正命也；桎梏死者，非正命也。"

②《孟子·尽心上》："存其心，养其性，所以事天也。夭寿不贰，修身以俟之，所以立命也。"

  《论语·雍也》记孔子答樊迟问"知"曰："务民之义，敬鬼神而远之，可谓知矣。"此语集中体现了孔子"神道设教"的社会教化观念。"务民之义"，何晏《集解》中释"务所以化道民之义"；"敬鬼神而远之"，《集解》中释"敬鬼神而不黩"。这个解释是对的。儒家的政治理念，其最终的目的在于教以人伦，导民至善，成就其为"王者之民"。①"务民之义"，即标明了此一目的。"敬鬼神而远之"，则指出了达到此目的的教化之道。

  所谓"远之"，意在反对亵近鬼神。人神之间有分位，亵近讨好以取悦神灵，是一种功利的态度。周人虽以天或上帝为人间道德伦理之本原，然其"祈天永命"的态度，则是功利性的。一般百姓的宗教信仰，亦有很强的功利性。董仲舒谓"夫万民之从利也，如水之走下，不以教化堤防之，不能止也"（《汉书·董仲舒传》），即点出了日常百姓生活这种功利性的特点。民间一般的卜筮、祈祷、祭祀活动，其目的多在祈神邀福。中国古代社会的神灵信仰，是以天帝为至上神统摄众神的一个多神的系统；社会的每一成员，亦各依其在社会伦理关系中之分位差异，而有不同的致祭对象。《论语·为政》："子曰：非其鬼而祭之，谄也。"《论语·八佾》："王孙贾问曰：与其媚于奥，宁媚于灶，何谓也？子曰：不然！获罪于天，无所祷也。"祭有常典，位各有当。非其所当祭而祭之，名为"淫祀"②。淫祀的本质，是谄媚鬼神以求福报。人怀利益之心，用供奉财利一类手段，以求亵近取悦神灵，实质上已将神灵降低为一种喜谄媚、爱财贿的功利之神，因而失去了它所本有的超越性和神圣性，是之谓"黩神"。

---

  ① 参见李景林：《"民可使由之"说所见儒家人道精神》，载《人文杂志》2013年第10期。

  ②《礼记·曲礼下》："非其所祭而祭之，名曰'淫祀'。淫祀无福。"

"谄"是就主观一面而言，"黩"是从客观一面而言。由谄媚亵近神灵，而必致于"黩神"，故为孔子所不取。与之相对，"远之"，正是要把中国古初以来社会的信仰对象——天、神，摆回它应有的位置，重新确立起其神圣性的意义。

"远之"是从对象方面讲，即要恢复信仰对象所应有的神圣性；"敬"则是从主体方面讲，其所关注者，在人内心的诚敬。"远"与"敬"，犹一体之两面，不可或分。《论语·学而》："曾子曰：慎终追远，民德归厚矣。"此言丧祭之义，要在追思生命本原，以敦民化俗，成就德性。这"民德归厚"之前提，则是内心之真诚与敬畏。儒家论丧祭，十分强调亲亲孝心之诚敬。孔子祭必亲与，祭神如在[①]，所突出的就是内心的诚敬。《论语·述而》言"子不语怪力乱神"，其意亦在于此。古人有天佑有德，鬼神赏善罚恶的观念。此一观念，虽对民间社会伦理秩序之维持有重要作用，但在实践上易于引发追逐外力，谄媚、亵近鬼神的功利态度，实无益于真正的信仰之建立。《论语·先进》："季路问事鬼神。子曰：未能事人，焉能事鬼？曰：敢问死。曰：未知生，焉知死？"《说苑·辨物》记孔子答子贡问死人是否"有知"曰："吾欲言死者有知也，恐孝子顺孙妨生以送死也；欲言无知，恐不孝子孙弃不葬也。赐，欲知死人有知将无知也？死徐自知之，犹未晚也。"这也可以印证，孔子对鬼神之"不语""远之"的态度并非否定鬼神，而是避免启人外在追逐神灵福佑的功利心，唤回人对其自性、自心、自力的专注。孔子强调，为人当行人道，尽人事，确立内心的诚敬与敬畏以对越神明天道，而非僭越躐等，外在于人而亵近鬼神、企慕天或天道。这使上古以来的

---

①《论语·八佾》："祭如在，祭神如神在。子曰：吾不与祭，如不祭。"

天帝神灵信仰，发生了一种由外向内的转变。

第三，因任传统社会的礼乐教化方式而对其作出人文的解释，以行其教化于社会生活。

一般的宗教教化，落实到实践方面，必有自己的一套仪式仪轨系统。儒家行其教化，亦特别注重礼仪的作用。《礼记·昏义》："夫礼始于冠，本于昏，重于丧、祭，尊于朝、聘，和于乡、射，此礼之大体也。"冠、昏，关涉个人和家庭生活；丧、祭，关涉宗教生活；射、乡，关涉社会生活；朝、聘，关涉政治生活。"经礼三百，曲礼三千"，在孔子之前，周代的礼乐文明，已经以一种完整系统的形式，运行于从个体、家庭、家族到政治、社会以至于宗教生活的方方面面。值得注意的是，这套礼乐系统，乃由历史传统之延续而形成，为中国古代社会所本有，并非儒家另起炉灶的创制，亦非儒家所专有。儒家所做的工作，是在每一个时代对它作出一种因时制宜的重建，同时着力于对此礼乐传统做人文的诠释，以建构其超越形上的基础。《礼记·中庸》："君子之道费而隐。夫妇之愚，可以与知焉，及其至也，虽圣人亦有所不知焉；夫妇之不肖，可以能行焉，及其至也，虽圣人亦有所不能焉。……君子之道，造端乎夫妇，及其至也，察乎天地。"《周易·序卦》："有天地然后有万物，有万物然后有男女，有男女然后有夫妇，有夫妇然后有父子，有父子然后有君臣，有君臣然后有上下，有上下然后礼义有所错。"在儒家看来，那"察乎天地"的形上之道，与作为生活样式之礼仪，同本于百姓日用伦理之常。故儒家既由社会生活之反思以建构其超越之理，又经由社会本有之礼仪形式，而施其教化的理念于民众生活。

《说文·示部》："礼，履也。所以事神致福也。"从文字学的角度说，"礼"字之初文本与献祭神灵、沟通神人的祭祀礼仪相关。[1]古时行礼，亦必有祭仪。是以古代社会的礼仪，与人的宗教生活有着密切的关系。儒家于诸礼之中，又特别注重丧祭礼仪。前引《礼记·昏义》言儒家于礼"重于丧祭"。《礼记·祭统》曰："凡治人之道，莫急于礼；礼有五经，莫重于祭。"《礼记·中庸》亦引孔子说："明乎郊社之礼、禘尝之义，治国其如示诸掌乎。"都表明了这一点。礼或礼乐，是中国传统社会生活的样式，具有移风易俗，潜移默化，化民于无形的实践、教化功能。丧祭礼仪更直接关乎传统社会的宗教观念与神灵信仰系统，故尤为儒家所重视。儒家论丧祭礼仪，并不否定此丧祭礼仪所指向的神灵世界和信仰系统，同时通过一种人文的反思和义理的建构来揭示其意义，引领其精神的方向，表现了一种独特的接引神圣世界的方式。[2]

与前两点相关，儒家对"礼"的反思与义理建构，亦使其发生了一种内向性的转变。要言之，儒家谓礼之义非在于祀神致福，而在于返本复始，追思并挺立人的生命本原；礼文乃称情而立，根于人性，礼之本质及其发展之内在动源，实本乎文质之连续与统一。是以祭之义，必内求之于心，报本反始，由此上达契合于天地生命之本，以建立人之存在的超越性基础。请略述之。

曾子以"慎终追远，民德归厚"论丧祭之旨，儒家论礼所以成立之根据，复有"三本"之说。《大戴礼记·礼三本》云："天地者，生之本也；先祖者，类之本也；君师者，治之本也……故

---

① 参见陈来：《古代宗教与伦理：儒家思想的根源》，北京大学出版社，2017，第260–264页。

② 参见李景林：《儒家的丧祭理论与终极关怀》，载《中国社会科学》2004年第2期。

礼，上事天，下事地，宗事先祖而宠君师，是礼之三本也。"天地为一切存在物生成之本原，先祖为血缘族类之本原，君师则为道德人伦创制之本原。从直接性上讲，吾人之生命出于父母先祖，然原其本始，则必归宗于天地之一本。然人之生命，又非仅仅是一种自然的存在，须经由人伦之创制，道德之养成，乃能得以实现，故"君师"亦得居"三本"之一。

此所谓"三本"，并非平列的关系。《礼记·郊特牲》论天子郊天之义云："万物本乎天，人本乎祖，此所以配上帝也。郊之祭也，大报本反始也。"《礼记·祭义》："君子反古复始，不忘其所由生也。是以致其敬，发其情，竭力从事以报其亲，不敢弗尽也。"古代社会，唯天子有祭天之权。天子郊天之祭，乃标示并赋予了祭祀以本质性的意义。在儒家看来，祭祀之要义，在于返本复始，追思生命之本原。而此本原之追踪，则是通过"法祖而敬天"的方式，以亲亲为发端，循着由内及外，由近及远，以上达契合天地生物之本的途径来实现的。

儒家反身据亲亲而追思上达生命之本原，其所论祭祀之义，乃由外向功利性之祈神致福，转为通过情感真诚之内心安顿以达天人之合一。《礼记·祭统》："夫祭者，非物自外至者也，自中出生于心也。心怵而奉之以礼。是故唯贤者能尽祭之义。……言内尽于己而外顺于道也。……是故贤者之祭也，致其诚信与其忠敬，奉之以物，道之以礼，安之以乐，参之以时，明荐之而已矣，不求其为。此孝子之心也。"即表明了这一点。"物自外至"，"物"指祭物。以求神致福为目的，所重者必在"物"及其外在的形式仪文。贤者孝子之祭，虽亦需有"物"，然其所重，却在"自中出生于心""内尽于己""致其诚信与其忠敬"，尽其内心之诚敬以契合于"道"。郑注："为，谓福佑为己之报。""不求其为",是特别强调祭祀非当以求福佑为目的。故祭非仅备物而已,其要旨在于尽其内心情感之真诚。

由此,礼之内涵乃被理解为本于情的文质之连续与统一。《大戴礼记·礼三本》:"凡礼,始于脱,成于文,终于隆。故至备,情文俱尽;其次,情文佚兴;其下,复情以归太一。"礼,有情有文,有义有数。文和数,指礼的仪文和形式。情是其内容,义言其本质。礼之"义"即表现并完成于此情文的统一与连续性中。《史记·孔子世家》:"孔子……观殷夏(之礼)所损益,曰:后虽百世可知也,以一文一质,周监二代,郁郁乎文哉,吾从周。"是情文亦即质文。情或质,指人的自然生命;文,则指人文的创制。周世文明,兼综夏殷而统合质文,故能成就一代文治之盛。"情文俱尽",为礼之意义之最完满的表现。从逻辑和结构的角度,可以把礼的内涵表述为质、文两个方面的统一。从历史发生的角度来看,礼"始于脱,成于文,终于隆",表现为一个由质到文,由疏略而趋于繁缛的过程。一代之制,或有所偏,然其内容,要不外质文之互动互涵,二者犹一体之两面,不可或分。孔子谓礼固代有损益,而后虽百世可知者以此。

质文互涵,"质"标识人的存在之自然的一面,"文"则表现为人的自然生命于其精神层面的开显。儒家论礼之质文,曰"称情而立文"(《礼记·三年问》),曰"因人之情而为之节文"(《礼记·坊记》),凸显了情、质对于仪文的根本性意义。孔子自称"信而好古""好古敏以求之者"(《论语·述而》)言治道,则曰"行夏之时,乘殷之辂,服周之冕,乐则韶舞"(《论语·卫灵公》)。《礼记·礼器》说:"礼也者,反本修古,不忘其初者也。"前引《礼记·郊特牲》也说:"郊之祭也,大报本反始也。"要言之,复古、贵本、重质、重情,构成了儒家礼论和文化观念的一个基本特色，而这个复古、贵本，并非实质性地回到自然，其要在于"贵本而亲用"。《大戴礼记·礼三本》："大飨尚玄尊而用酒，食先黍稷而饭稻粱，祭哜大羹而饱乎庶羞，贵本而亲用。贵本之谓文，亲用之谓理，两者合而成文，以归太一，夫是谓大隆。"在这里，礼文仪节及其伦理的规定乃被理解为人的自然生命存在（"质"）在其精神规定和人文自觉层面（"文"）的敞开与实现。周世信仰系统中"民彝物则"（礼仪、礼乐）本原于天的观念，亦由而获得了内在的人性意义。

以上三个方面的转变，第一个方面关乎中国古代社会信仰系统之内在价值本原的建立，第二个方面关乎敬畏作为终极关怀之神圣性基础的挺立，第三个方面关乎礼乐作为实践性的社会生活样式之重建。这三个方面，作为一个内在关联的整体，其根本点，乃在于中国古代社会信仰系统之自律性德性基础的建立。应当指出的是，这种转变的契机，本潜存于中国古代社会的信仰系统中，但它作为这一信仰系统之内在真理性的自觉，却使之发生了一种脱胎换骨的本质转变，此即前文所说"道德的宗教"之圆成。

四、结语

综上所论，儒学的思想作为一个自成系统的义理体系，与中国社会古初以来所形成的宗教信仰系统，又存在着一种密切的相关性。这种相关性，正是前述"转变"所以可能的前提。这使儒学既能保持其作为一种哲理体系的独立性，同时能够以其对社会信仰系统的诠释和升华作用，施其教化的理念于社会生活。

帛书《易传·要》篇记有孔子对弟子子贡解释其"老而好《易》"的一段话，恰如其分地揭示了儒家义理体系与传统社会信仰系统的相关性：

> 子曰："《易》，我后其祝卜矣！我观其德义耳也。
> 幽赞而达乎数，明数而达乎德，又仁〔守〕者而义行之
> 耳。赞而不达于数，则其为之巫；数而不达于德，则其
> 为之史。史巫之筮，乡之而未也，好之而非也。后世之
> 士疑丘者，或以《易》乎？吾求其德而已，吾与史巫同
> 涂而殊归者也。"①

在这段话中，孔子用"同涂而殊归"一语来说明自己与"祝
卜""史巫"之道的区别和联系。借孔子此语，我们可以对儒家
思想与古代社会信仰系统之相关性作出一个确切的定位。

《易》本为卜筮之书。卜筮是一种古人测知神意以谋划未来
的方式，此祝卜和史巫之所为。子贡对夫子"老而好《易》"的
不理解，亦由此而生。子贡提出的疑问是："夫子它日教此弟子
曰：'德行亡者，神灵之趋，知谋远者，卜筮之繁。'赐以此为
然矣。以此言取之，赐缗行之为也。夫子何以老而好之乎？"②
缺乏德行和智慧的人，只知外在地求神问卜，而不知返归本心、
本性以决定其行止。在这一点上，子贡对孔子之教的理解并没有
错。不过，孔子的回答表明，在他看来，德性的成就和教化与一
般百姓的宗教信仰之间，既有差异，又具有一种内在的关联性，
并非一种相互排斥的关系。

孔子并不否定古代社会以天帝神灵、祭祀礼仪、筮数占卜等
为内容的信仰系统。儒家的形上之道，虽"察乎天地"，具有终

---

① 廖名春：《帛书〈易传〉初探》，文史哲出版社，1998，第280页。〔 〕中
文字原缺。

② 同上书，第279页。

极的超越性和极高的理想性，但同时"造端乎夫妇"，为百姓所"与知""能行"。春秋世衰道微，礼坏乐崩，道术为天下裂，孔子自觉承接担当斯文，尤其注重中国古初以来的礼乐文明的重建。孔子自称"吾百占而七十当"[①]，《易》本卜筮之书，孔子为之作《十翼》，并据以建立其"性与天道"的形上学系统，亦未否定卜筮对于民众生活的意义。《荀子·天论》曰："卜筮然后决大事，非以为得求也，以文之也。故君子以为文，而百姓以为神。"亦表现了这种精神。这个"君子以为文"与"百姓以为神"，虽有不同的意义，但其对象和内容是同一的。儒家形上学的体系，乃由对中国古代社会生活及其信仰传统的反思与义理建构而成，而非出于纯粹的理论兴趣。这与西方哲学那种"载之空言"式的体系建构方式是有根本区别的。此即孔子所谓的"同涂"。不过，儒家的意义指向，却与"祝卜""史巫"所代表的社会信仰系统有本质的不同。"祝卜""史巫"之道，意在亵近神灵，测知神意，其指向是功利性的。"我观其德义耳""幽赞而达乎数，明数而达乎德""仁〔守〕者而义行之""吾求其德而已"，乃由对神灵的外求转向于内，本内在德性的成就以奠立其超越性的价值基础。孔子这里所讲的"德"或"德义"，指的是《周易》所包含的义理或哲学的内容。[②]此即孔子所谓的"殊归"。"吾与史巫同涂而殊归"，"同涂"表明了夫子教化之道与社会信仰系统之间的一种相切和相关性；"殊归"，则表现了孔子思想学说与社会信仰系统之间存在一种本质上的差别性或异质性。

---

① 廖名春：《帛书〈易传〉初探》，文史哲出版社，1998，第280页。
② 参见李学勤：《周易经传溯源》，长春出版社，1992，第228–229页。

孔子"同涂而殊归"一语所点出的这样一个儒家义理体系与社会信仰系统之相关性和异质性统一的关系，对于我们理解儒家宗教性的特点，具有十分重要的思想和文化意义。

二者之"殊归"的一面，赋予了儒学作为哲学的义理体系的独立性特质。如前所述，儒学依其对殷周宗教系统之"连续性"、神性内在精神之理论自觉，建立其性命论和人性本善的观念系统，确立了儒家内在超越的价值根据。其所建立的具有超越性意义的仁、道、天、天命等形上学的概念，并无人格神的特征，其所重，在于经由德性的成就以体证天道，而非"以神为中心"来展开教义。对此，现代新儒家已有很充分的论述。依照保罗·田立克对哲学与信仰的区分，儒家思想的体系，是理性人文义的哲理，而非信仰义的教理，是哲学而非宗教。故儒学之思想义理，可与康德、黑格尔一类哲学理论同讲论于现代大学的学术殿堂，而非如宗教神职人员之布道，须限定于特定之宗教场所。

二者之"同涂"的一面，乃使儒家思想对于中国社会生活及其信仰系统，具有一种内在的因应和切合性，因而获得了一种实践和教化的意义。西方传统的哲学，着重在通过一种理论和知识体系的逻辑建构，为社会诸文化部门提供某种普遍的"公度性"，其对社会生活并无直接的教化作用。中国东周时期之"哲学突破"，其中代表性的流派当为儒、道、墨三家。道家秉持自然的原则，其对礼乐文明之反思，深具批判性与消解性的意义，而缺乏肯定性的顺适和建构。墨家延续了古代宗教观念对人的功利性理解，以一种尚功用的精神，否定传统的礼乐文明，同时强化人格神的天帝鬼神信仰，对古代社会的信仰系统，适足扬其所短而避其所长。唯有儒家秉持一种文质合一的精神，力求在新的历史条件下反思重建西周以来的信仰和道德传统。是以其思想义理，对传统固有的宗教信仰系统，既有"殊归"义的异质性之超越，又保持着"同涂"义的相关性之切合。这种"异质性的超越"，使之具备了对社会宗教信仰系统之转化升华的可能性，而这种"相关性的切合"，则又使之能够对社会生活发生实际的影响和教化的作用。现代以来，儒学的思想传统发生断裂，中国社会虽不乏各种精妙的哲学理论，但其多由西方舶来，缺乏与社会信仰和民众生活的关联性，因而无法对社会生活起到提升和引领的作用，当代社会之信仰的缺失，道德的失坠盖由于此。可见，儒学义理与社会信仰之"同涂"与"殊归"这两个方面的关系，缺一不可，而其"同涂"义的相关性一面，尤见重要。

"同涂而殊归"这样一种关联社会生活的方式，使儒学获得了一种其自身独有的文化和精神特质。前孔子时代的礼乐和信仰系统，具有普泛的社会意义，经由儒家形上学的提升与点化，其道德自律的基础乃得以建立，其作为"道德的宗教"之意义，亦始得以圆成，因之而可大可久，构成几千年中国社会之超越性价值与信仰的基础。儒学的宗教性和教化作用，即体现于这种以"神道设教"的教化方式中。一般的体制化宗教，在信众群体上有局限性，其仪式仪轨系统亦为特定的宗教和教派所专有，因而具有固定和排他的性质。儒学所据以关联于社会生活之礼仪及与之相关之信仰系统，既为社会所本有，并具有施及全社会的普泛性，故其教化之所行，在中国社会，既最有普遍性意义，亦具有对其他信仰的广泛的包容性。儒学作为一种哲理体系对整个社会之持续的精神引领作用，赋予了这种信仰生活以更强的理性特质，而弱化了常常会伴随宗教信仰而来的非理性的狂热。这是儒家教化异于西方宗教与哲学之独具的特点。

第二章 论心性

111

孔子性、命、天道思想新论

儒家的性命思想，有一个理论前提，即整体论或内在关系论的观念。由此，超越与实存间有一种内在的关联，儒家天人合德、性命天道合一的观念即奠基于此。人人有一太极，物物有一太极。因而，本体的超越性，非外在的实体性；个体之实存性，亦非纯粹的有限性而致相互隔绝，而是以其敞开之"通"性构成一宇宙之"太和"。这一点，使儒学乃至整个中国文化的形上学观念和价值实现方式大异于西方而独具特色。这个思想、文化传统，为孔子所确立，从这个角度对孔子的性、命、天道思想做一番新的诠释，对理解儒家的心性之学乃至中国文化的精神，可能会有所助益。

一、"晚而喜《易》"与孔子"性与天道"观念的发展

《论语》以"性与天道"连言。孔子的心、性观念，贞定于天命、天道之基础。《论语》虽屡言天、天命，但对天道之内容，却未有一言详之。《易传》阐发大《易》精神。为一言"天道"之书。孔子关于"性与天道"的形上学理论，主要表现在《易传》中。这里，有一个问题需要略做说明。近代以来，孔子

作《十翼》的传统旧说在疑古思潮的冲击下遭到否定，几成定论。近年来，长沙马王堆汉墓所出土帛书《易传》陆续刊布，为探讨孔子与《易》的关系提供了宝贵的新材料，这些新材料及围绕它们所作出的研究成果，不仅给孔子作《易传》的旧说以有力支持，而且可以使我们对孔子性命天道思想发展的脉络有新的了解，从而对孔子人性论和形上学的思维方式，获得更具体而真切的理解。本文希望能对这一点作出较深入的讨论。

在帛书《易传》中，有一篇题为《要》的文字，与我们所讨论的问题大有关系①。从《要》篇的记载我们了解到，孔子的易学观在晚年发生了很大变化，廖名春先生已著论对这一点做了很好的阐明②。我们这里要进一步说明的是，孔子易学观的转变使他找到了一个表述性与天道形上观念的新的方式，从而可以建立起一个能够印证他一生对性命天道之体悟的形上学系统。为了论述上的方便，我们先把帛书《要》篇所载子赣（贡）与孔子关于《易》的讨论摘引如下：

113

> 夫子老而好《易》，居则在席，行则在囊。子赣曰："夫子它日教此弟子曰：'德行亡者，神灵之趋；知谋远者，卜筮之蔡。'赐以此为然矣。以此言取之，赐缗行之为也。夫子何以老而好之乎？"夫子曰："君子言以矩（榘）方也。……察其要者，不趋（诡）其德。《尚书》多於（阏）矣，《周易》未失也，且又（有）

---

① 据考证，《要》篇记载的材料来源早于战国末年。参见廖名春《帛书〈要〉简说》，载《道家文化研究（第三辑）》，上海古籍出版社，1993，第202-206页。

② 参见廖名春于1994国际"儒家文化与当代文化走向"学术讨论会上的论文——《试论孔子易学观的转变》。承廖兄惠寄大作，谨此致谢。

古之遗言焉。予非安其用也。"子赣曰："赐闻诸夫子
曰：'孙（逊）正而行义，则人不惑矣'，夫子今不安其
用而乐其辞，则是用倚於人也，而可乎？"子曰："校
（谬）哉，赐！吾告女（汝）……《易》刚者使知瞿
（惧），柔者使知刚，愚人为而不忘（妄），渐（渐）
人为而去诈。……"子赣曰："夫子亦信其筮乎？"子
曰："吾百占而七十当，唯梁山之占也，亦必从其多者而
已矣。"子曰："《易》，我后其祝卜矣，我观其德义耳
也。幽赞而达乎数，明数而达乎德，又仁□者而义行之
耳。赞而不达於数，则其为之巫；数而不达於德，则其
为之史。史巫之筮，乡之而未也，好之而非也。后世之
士疑丘者，或以易乎？吾求其德而已，吾与史巫同涂而
殊归者也。"①

这一条材料很重要，它使传世文献记载中一些过去无法说
清的东西变得澄明了。从上引子贡的话里，我们知道，孔子早年
是把《易经》看作卜筮之书而对之持否定的态度，晚年则认识到
《易》的本质在于其以卜筮的形式包含着深刻的义理和哲学思
想。"有古之遗言焉"，"我观其德义耳"，"遗言"和"德义"，
都是指《周易》经文所包含的义理和哲学内涵而言的②。由此我
们回头再来看传世文献的记载，就可以看到，孔子一方面明确
承认早期他对《易经》看法的过错，另一方面，又肯定了《易
经》的哲理与孔子一生对人的性、命理解的一致性。理解这一

114

---

① 陈松长、廖名春：《帛书〈二三子问〉〈易之义〉〈要〉释文》，见《道
家文化研究（第三辑）》，上海古籍出版社，第434—435页。
② 李学勤：《周易经传溯源》，长春出版社，1992，第226、228、229页。

点是饶有趣味的。《论语·述而》:"子曰:加我数年,五十以学《易》,可以无大过矣。"[①]"无大过",注家多以为是泛指一般的人生过失。何晏《论语集解》:"以知命之年读至命之书,故可以无大过矣。"邢《疏》则以"避凶之吉而无过咎"释之,都很有代表性。但这种解释是不对的。《孔子世家》把孔子此语列于六十八岁归鲁之后,据李学勤先生考证,这正合乎当时的历史情况[②]。《论语·为政》篇"五十而知天命",是孔子七十岁以后对自己一生做总结的一个阶段。读《易》"无大过"之语,亦在此前后所言。"知天命"已为相当高的人生境界。既已言"五十而知天命",复言五十学《易》可使己"无大过",如以"无大过"指一般的行为过错,岂不自相矛盾?在上引《要》篇文字前,还记述有孔子的一句话:"子曰:吾好学而魏(才)闻要,安得益吾年乎?"这段话的上下文虽有残缺,但可明显看出这是孔子自述其学《易》的话。这句话,与《述而》篇"加年学《易》"的话是可相互印证的。"安得益吾年乎"与"加我数年"义同。"要",指《易》的要领或本质。由此看来,"无大过"的"过",指的是对《易》的理解有过错,亦即未能得《易》之"要"之"过"。其实《孔子世家》中的记述已说清此点,只不过读者多不留心而已。"假我数年,若是,我于《易》则彬彬矣。""于《易》则彬彬矣",实即"可以无大过"的正面界说,显然是指对《易》的理解不再有过错,而非指一般的道德、行为之"过"。孔子"假

---

① 参见李学勤:《周易经传溯源》,长春出版社,1992,第1—70页。李学勤先生在《周易经传溯源》第一章中,从古文字和文献学的角度,对"五十以学易"的"鲁读"问题做了精详的考辨,指出作"亦"的异文晚出于两汉之际,与作"易"的本子没有平等的价值。说明"五十以学《易》"是孔子同《易》直接有关的明证。

② 李学勤:《周易经传溯源》,长春出版社,1992,第225—226页。

年"之叹，正是感叹其得《易》之"要"太晚。

这样看来，"五十而知天命"这句话不仅不与"学易无大过"的话相矛盾，而且显示了一个重要的信息：孔子晚年对《易》之"要"的哲学意义揭示与其一生对天道的体悟是一致的。据《论语·尧曰》篇"不知命无以为君子也"和《季氏》篇"君子有三畏"可知，"知天命"实即对人生真谛（人性、人道）之高度的自觉。孔子晚年自承对《易》的理解之过错的同时，又十分肯定地说，他自己在未闻《易》之要之前，已经"知天命"，可见，孔子对《易》的哲学理解，恰恰是从哲理的高度印证了他一生的性、命思想。孔子晚年沉浸于对《易》的研究，达到行住坐卧不释手，甚至"韦编三绝"的程度，其原因恐怕正在于此。

据上引子贡的话，孔子"它日"教弟子，强调的是以道德的践行实现人生的智慧。"孙（逊）正而行义，则人不惑矣"，讲的就是这个意思。而孔子对《易》理的阐述和对子贡的批评，强调的却是普遍的哲学原则的重要意义。

"君子言以矩（榘）方也。……察其要者，不趄（诡）其德，《尚书》多於（阙）矣，《周易》未失也……"这是孔子批评子贡的话。子贡片面理解孔子的"它日"之数，认为君子重在通过道德践行以获得人生智慧。孔子则指出，人生行事有其普遍的原则或普遍性的道，把握这个原则或道，可以统领具体的行事，并不与德行践履相背离。所谓"君子言以矩（榘）方""察其要者，不诡其德"[1]，都是此义。

---

[1] 在这里，"要"字当一般指事物、人生之要领、本质、枢纽而言（当然也包括《易》之"要"在内）。文章下文比较《尚书》与《周易》的得失，就说明了这一点。

下文比较《尚书》和《周易》的得失，就是要说明这个道理。就把握事物和行事之"要"或普遍原则而言，《尚书》"多阙"，而《周易》则"未失"。"阙"即滞塞不通。为什么要这样讲？这可以从《尚书》和《周易》两部书性质的不同看出。《庄子·天下》中载"《书》以道事"，"《易》以道阴阳"。《尚书》实质上是一部历史档案的汇编，故其特点是记事。关于"《易》以道阴阳"，上引《要》篇的下文有一段记述孔子论《易》道的话，说得很明白："易又（有）天道焉，而不可以日月生（星）辰尽称也，故为之以阴阳。又（有）地道焉，不可以水火金土木尽称也，故律之以柔刚。又（有）人道焉，不可以父子君臣夫妇先后尽称也。故要之以上下。又（有）四时之变焉，不可以万勿（物）尽称也，故为之以八卦。故《易》之为书也，一类不足以亟（极）之，变以备其请（情）者也，故谓之易。……能者繇（由）一求之，所谓得一而君（群）毕者，此之谓也。"这段话所讲的道理很明确：天道、地道、人道、宇宙之理，都不可以具体的事物穷尽它，而必须有一超越具体事物之规定的普遍原则来表现。天道、地道、人道、四时之运，都可以归结为阴阳统一这一普遍的原理。所以《系辞传上》说："一阴一阳之谓道。"以阴阳和合推荡变化来把握宇宙万有，则可备万物之情，此即所谓"得一而群毕。"《易传》屡称乾坤阴阳统一的原则为"易简"之理，原因即在于此。《尚书》言事，而无一通贯之道，故多有滞塞不通之处（"多阙"）。《周易》则以一普遍性的原则弥纶天地之道，故无否塞不通之弊。这道理就在于《易》讲的是"德义"即哲学，哲学的智慧不能局限于具体的事物，又能以普遍的原则通贯万物而备其情，这就叫作"察其要者，不诡其德""君子言以矩（榘）方"。

117

由此可见，孔子晚年虽然肯定《易》与他一生对性命天道的体悟相一致，但孔子研《易》的着重点在于确立宇宙人生的超越性普遍原则，这和《论语》是有区别的。那么，这种区别和一致性表现在什么地方？

我们先来看一看《论语》表达性命天道的方式。

《论语》中言"性"只一条，而讲到天、命、道的地方非常之多。其实，言天命，亦关涉对人及人性的理解问题。但是，很少有弟子能够理解其天、命、道思想的内涵。关于这一点，最有代表性的是《论语·公冶长》篇所记子贡的一段话："夫子之文章，可得而闻也；夫子之言性与天道，不可得而闻也。"从《论语》《史记·孔子世家》和其他相关文献看，孔子与子贡讨论天、道、天命的记载可谓不少。子贡却言不闻"性与天道"，其原因就在于孔子一方面强调天、道概念乃贯通于其为学、为人的普遍原则，另一方面又认为天、道概念本身不可说，或不能用直陈的方式来表述，只能在具体的行事上显现。

《论语·宪问》篇："子曰：莫我知也夫。子贡曰：何为其莫知子也？子曰：不怨天，不尤人，下学而上达，知我者，其天乎！"《论语·卫灵公》篇："子曰：赐也，女以予为多学而识之者与？对曰：然，非与？曰：非也，予一以贯之。"一般人皆称孔子为博学，孔子亦自称好学多能。但孔子之好学，在于"学以致其道"（《论语·子张》），下学而上达天则，寻求为学、为人的一贯之道。这是问题的一个方面。但另一方面，从《论语》的记载看，孔子未正面界说过"性与天道"的内涵。其言天、天道、天则，皆以行事启示之。《论语·泰伯》篇："大哉尧之为君也！巍巍乎！唯天为大，唯尧则之。荡荡乎，民无能名焉。巍巍乎其有成功也，焕乎其有文章！"即言天为一超越的普遍法则，此法则本身，无可名之，只能见之于尧之功业成就。《论语·阳货》篇："子曰：予欲无言。子贡曰：子如不言，则小子何述焉？子曰：天何言哉！四时行焉，百物生焉，天何言哉！"此语亦"法天"之义。意谓天之法则不可言，只能于行与事上见，由行与事上体悟。此语与《述而》篇孔子所云"二三子以我为隐乎？吾无隐乎尔，吾无行而不与二三子者，是丘也"的教法在精神上是一致的。《论语》所载孔子教法，其特征亦是多在行与事上显示义理，而不直接表出之。孔子教弟子，多用因材施教，随事随机点化的方法，不仅对性、命、道这些形上学的概念是如此，而且就是对孝、君子一类伦理概念，亦是依人、事、时、地之不同而给予提示性的说明，而非给予一般性的定义和逻辑说明。这样做，意在避免形成教条化、形式化的偏执。这种观念，既与三代以来所形成的那种整体性意识形态[1]有关，同时，亦产生于孔子时代对礼乐形式化之弊的反省。故老子有"道常无名""大道废，有仁义，慧智出，有大伪"（《老子》三十二、十八章）之说，孔子则有"礼云礼云，玉帛云乎哉！乐云乐云，钟鼓云乎哉"（《论语·子罕》）之叹。老子之说，固然过于偏颇，但救文伪之失，强调对文化、人性整体内容的具体体悟，是儒道共同的精神，这也反映了孔子所处时代的哲学精神。因此，孔子一方面孜孜追求普遍性、超越性的理念，另一方面又认为性、道、天命不可直陈言说，这是一个矛盾。孔子弟子多以为孔子之学难窥其堂奥，故常以为孔子有所"隐"。不仅"利口巧辞"、性"好废举"（《史记·仲尼弟子列传》）的子贡是如此，好学、贤如颜渊

---

① 参见张光直：《中国青铜时代（二集）》，生活·读书·新知三联书店，1990，第134页以下。

对孔子的思想亦有"虽欲从之，末由也已"（《论语·子罕》）的感叹。"吾无隐乎尔"，表达了这种追求超越性的道，以及以此道为不可言说之矛盾的无奈。

"夫子不安其用而乐其辞"中的"用"指卜筮之用。《系辞传上》说："圣人设卦观象系辞焉而明吉凶。""设卦观象系辞"是《易》组织体系表达思想的方式。"乐其辞"，说明孔子很注重《易》的表达方式。孔子论《易》，注重其"德义"的内容，一改《论语》之"无言"的表述方式，而直陈"天道"，当与对《易》的这种表达方式的理解有关。今本《周易·系辞上》所记孔子的一段话证明了这一点：

> 子曰："书不尽言，言不尽意。"然则圣人之意，其不可见乎？子曰："圣人立象以尽意，设卦以尽情伪，系辞焉以尽其言。变而通之以尽利，鼓之舞之以尽神。"乾坤，其《易》之缊邪？乾坤成列，而《易》立乎其中矣。……是故夫象，圣人有以见天下之赜，而拟诸其形容，象其物宜，是故谓之象。圣人有以见天下之动，而观其会通，以行其典礼，系辞焉以断其吉凶，是故谓之爻。极天下之赜者存乎卦，鼓天下之动者存乎辞；化而裁之存乎变；推而行之存乎通；神而明之存乎其人；默而成之，不言而信，存乎德行。

这段话表明，孔子从言、象、意的角度发现了《易》不同于一般语言文字的一种新的表达方式。《易》的这种表达方式消除了一般语言文字著述所无法突破的言意之间的矛盾，从而可以直陈地表达道的普遍性内容。这是孔子晚年重视《易》的最重要的原因。

言意关系的论辩，极盛于魏晋时期，言意关系问题成为魏晋玄学权衡天道人事的根本尺度①。实际上，它亦是贯通中国哲学始终的一个重要理论问题，其实质即以语言、概念、逻辑所表出的一种分别之知解与人的内在精神生活之具体性的关系问题。中国哲学家不离事而言天道，不离情而言心，不离心而言性。换言之，普遍的原则必于具体的精神生活、具体的时间历程或历史过程而显。故中国文化学术历来文史哲不分。"欲知大道，必先为史"（龚定庵语），此点有一种很强的历史意识，与西方人重逻辑、重知识不同。但就中国哲学本身来讲，各家亦因对这一问题的理解的差别而发生对天道、人事及现实人生理解之殊异。孔子既曰"予欲无言""天何言哉""百姓无能名焉"，同时以"下学"可以上达"天则"而上下贯通、外内合一，故有对现实人伦生活之肯定。而老子则以"有名"为非常道，"无名"为常道，由此产生对"无"的偏执。因此，老庄于为学主"大道不称，大辩不言"，人生社会观则以仁义道德为人之堕落，而以避世退隐为高致。儒家对性与天道的理解由此而大异于道家，但如仅止于"书不尽言，言不尽意"，就方法论原则说，则将无以确证"下学而上达""天则"的哲学精神，从而无法从理论上抵御道家的批评。孔子晚年得《易》之"要"，发现《易》书的独特表达方式，从而突破了言、意之对峙，为儒学性道相通之形上原则的确立，提供了方法论的基础。

121

一般的"言"，为知解分别之表达。依孔子的理解，《易》的表达方式就很不同。"圣人立象以尽意，设卦以尽情伪，系辞以尽其言"，这三句话概括了《易》的表达方式的特征。《易》

① 汤用彤：《汤用彤学术论文集》，中华书局，1983，第215–232页。

首先是以"立象"来表达义理和思想，这个"象"就表现在八卦和六十四卦中，所以设卦是"立象"的具体体现。"象"就是象征，王弼《周易略例·明象》中"触类可为其象，合义可为其征"一句，说的就是这个意思。从八卦到六十四卦，包括"—""--"两种爻象，无非是不同层次事物的象征符号。《易》之筮法，据《易传》来看，亦是一种象征。《系辞传上》所谓："大衍之数五十，其用四十有九。分而为二以象两，挂一以象三，揲之以四以象四时，归奇于扐以象闰……"也说明了这一点。所以《系辞传下》说："是故《易》者，象也；象也者，像也。"《易》书乃是一个复杂的象征符号系统。

从哲学的意义上说，《易》象系统可分为两类。一曰类、理之象，如《说卦》："乾，健也；坤，顺也；震，动也；巽，入也；坎，陷也；离，丽也；艮，止也；兑，说也。"《系辞传下》言："乾，阳物也；坤，阴物也。"皆其类。二曰物象、事象，如《系辞传上》："……见乃谓之象，形乃谓之器……"按此句上下文之义，此处"象"和"器"，都是指乾坤辟阖变通在具体事物上的表现。《说卦》所言"乾为马，坤为牛，震为龙……""乾为天，为圆，为君，为父，为玉……""坤为地，为母，为布，为釜……"之属，皆见于物事之象。

这两类象的关系，概括说，就是类理之象即物象、事象显而又不滞于物象、事象。类理之所象，乃事物的普遍性原则。《易》最普遍的原则为乾坤所象之阴阳。"乾坤，其《易》之缊邪？乾坤成列，而《易》立乎其中矣"，即此义，故乾坤所象之阴阳，为《易》之基本的象。天下事虽复杂，统归于乾坤所象之阴阳，则又至易至简。是故"易"有易简之义，乾坤有易简之德。但类理所象，非一般语言概念之抽象、分别、固定化表现。

象作为象征，本具事象、物象，即事象、物象而显，"是故夫象，圣人有以见天下之赜，而拟诸其形容，象其物宜，是故谓之象"。"赜"是幽隐，"形容"是事物之形象。"象"的特征是即有形之"形容"而显事物幽隐之理。"象其物宜"，事物各有其宜，这宜即物之性、物之理，即形容而见其宜、见其理。一般语言表达的抽象概念推至极端，为抽象的实体概念，断流绝港，为生生之切断。《易》之立象所显之普遍原则，则是即事象、物象而显的具体普遍性。

"系辞焉而尽其言"，辞，指卦爻辞。辞是"言"，但它既不同于逻辑语言，亦不同于所谓诗化的语言。辞所表述者，是"象"，或者说是"象"的意义揭示。王弼说："夫象者，出意者也；言者，明象者也……言生于象，故可寻言以观象；象生于意，故可寻象以观意。意以象尽，象以言著。"（《周易略例·明象》）讲的就是这个道理。辞以表象。由于象的上述特征，卦爻辞对象的意义之揭示，也有其特殊性。《易》的形式为卜筮，故《易》卦爻辞表达事物的普遍原理、原则既非逻辑的抽象推论，亦非诗化的表情方式。《系辞传上》："圣人设卦观象系辞焉而明吉凶。"又："系辞焉，所以告也。定之以吉凶，所以断也。"就是说，《易经》之"立象""系辞"，在于指导人的行为趋吉避凶，而"辞"的作用，在于据象而作出吉凶可否的判断。"变而通之以尽利"乃兼象、辞两者而言。象之显诸事物之形容，意义在于在适时之变的动态过程中表现其普遍性的原则。卦爻之象象征的是宇宙人生之生生变化。王弼所谓"夫卦者，时也，爻者，适时之变者也"（《周易略例·明象》）中的"辞"正是在此象之变化的表征中，指示人趋吉避凶。所以，"辞"是通过对"象"的变化意义的说明来动态地显示"圣人之意"和事物之理。《系辞传下》论《易》"辞"的特点说："其称名也小，其取类也大，其旨远，其辞文，其言曲而中，其事肆而隐。"即事象而曲折地显示普遍深邃之理，是《易》辞的基本特征。

象以尽意，辞以尽言，圣人之意、天道性命，再不是不可言说。在《周易》中，孔子找到了表达性、道诸超越性普遍原则的新方式。从《要》篇看，孔子论《易》之"要"，并不完全排斥卜筮："吾与史巫同涂而殊归""我观其德义耳"，这个"德义"就是《周易》的哲学，或上引《要》篇所说的那个通贯天、地、人三道之统一原则。这个超越的原则可以一新的方式直陈地加以表述，不再拘于"无言"。因此，孔子托于《周易》以阐发其性与天道的形上学理论，乃顺理成章之事。依于《周易》这种特殊的表达方式，并不排斥《论语》那种对普遍性原则的整体性理解。这可以从两方面看：第一，对于"道"，仍是在人之行事的具体体悟中显。《系辞传上》说："是故君子居则观其象而玩其辞，动则观其变而玩其占……"又："拟之而后言，议之而后动，拟议以成其变化。""玩"，体会玩味，平素通过观象来体味《易》所表象的义理，有事则通过观察卦爻刚柔之变化来体会人生之原则。此处所强调者仍是具体而切于身心的体悟。第二，对性、道的体悟归根结底，仍在于人格的教化和在此前提下的智慧成就。"神而明之，存乎其人；默而成之，不言而信，存乎德行。"能否观玩烛知，发明性道之理者，在于人格境界之高下，所谓"仁者见之谓之仁，知者见之谓之知"者也；能够默识心通其理，光照成就其事业，乃在于德行之高尚。此与《论语》仁智并举的精神是完全一致的。

由以上讨论，我们可以获得以下两点初步的认识：

第一，孔子晚年的易学观发生了很大变化，这对他的性命天道思想产生了重大影响。从孔子晚年对他的易学观和一生为学历程的反省中，我们可以看到，孔子认为他晚年对《易》之"要"的揭示，在哲理上印证了他一生的人生实践及其反思。孔子所谓《易》之"要"，注重的是普遍性的超越原则对人生的意义。《要》篇中所载孔子对作为超越性普遍原则的道的直陈表述，与《论语》表达天道的"无言"方式不同。孔子发现《易》之言象意统一的新的表达方式，使它可以托于《易》以直陈地表达其天道性命的观念，形成"性与天道"的形上学体系。

第二，孔子赞《易》、作《易传》的传统旧说在此又得一证实，不能推翻。过去否定孔子作《易传》，有一条重要的论据，就是认为《易传》的思想与《论语》的思想相矛盾[①]。以上所论可以证明，这一条论据是不能成立的。上引《要》篇载孔子语"后世之士疑丘者，或以《易》乎"，与《孟子·滕文公下》所记"孔子曰：知我者，其惟《春秋》乎，罪我者，其惟《春秋》乎"口气相同[②]，说明孔子不仅治《易》，且必有《易》说传世。今本《易传》之《文言》《系辞》都采用引述经文而以"子曰"释其意的形式来阐发《易》理，帛书《易传》亦有以此种方式引用今本《系辞》《文言》《象传》《说卦》[③]文者，都说明《易传》确系源于孔子论《易》而为孔门传《易》的文献[④]。章学诚在《文史通义·言公上》篇指出，先秦古书的形成，往往是

---

① 张心澂编著《伪书通考（上册）》，商务印书馆，1954，第58–59页。

② 李学勤：《周易经传溯源》，长春出版社，1992，第227页。

③ 参见廖名春：《帛书〈易之义〉简说》，载《道家文化研究（第三辑）》，上海古籍出版社，1993，第202–206页。《易之义》第十三行以下引《说卦》前三章，文有残缺，以上下文体例看，引《说卦》文前当有"子曰"。

④ 参见陈来：《马王堆帛书易传与孔子易学》，载《国学研究（第二卷）》，北京大学出版社，1994，第51–76页。

先有口耳之授，然后著之于竹帛。从口授到成书要经历很长的过程，其中师说与弟子的增衍往往不加分别。由于古代简帛书籍的陆续发现，学界今天对这一点的认识越来越清楚了[①]。以今人对古书形成的认识来理解《史记》等文献所记孔子与《易》关系的传统旧说，我们说孔子作《易传》是合乎历史事实的。说孔子作《易传》，并非说《易传》出于孔子的手笔，而是说《易传》的基本思想，乃出于孔子。下边我们谈孔子性、命、天道思想的内容，自当结合《论语》和《易传》论之。

二、以义利辨天命——孔子对天命的人文解释

西周人依德、福二原则的区分与统一，将殷人作为功利"神"的上帝转变为道德义的天命观念。循此，更有春秋宇宙论化的"天"之出现。这一点，对孔子的天命观影响很大。但是，对周人的天命观念，有两点在这里应重新申明：第一，周人之天命论，终为王权之持久而设，故其"祈天永命"，与天之合一，只有王者可以达致，缺乏人性普遍性的意义。第二，其祈天邀福，目的在功利，故人行之根据在外不在内。孔子以义利辨天命，其意义在于将"行义"、德性内化为人之天职。由此，天命之宗教观念，乃彻底转变为人之自律的道德原则。孔子非常注重"知天命"。《论语·为政》篇孔子自述："五十而知天命。"又特别强调说："不知命，无以为君子也。"（《论语·尧曰》）可见，"知天命"为人格完成的必要条件。《论语》中对天命并未做过明确的界说。《孟子·万章上》说："……舜、禹、益相去久远，其子之贤不肖，皆天也，非人之所能为也。莫之为而

---

① 李学勤：《周易经传溯源》，长春出版社，1992，第78页。

为者，天也；莫之致而至者，命也。"孟子此语，是从天人关系的角度讲天、命的意义。依此，天乃自然的律则，命为自然的结果。这里所言"自然"，是相对于人为、人力而言的，天和命皆人力、人为所不能与的事情。此说大致合乎《论语》天命概念的涵义。《论语》言"天"，以天为一超越义的普遍法则，此点已详上文。孔子认为，天作为法则的特点是无为而为，非人力所可干预。所谓"四时行焉，百物生焉，天何言哉"，即此义。《礼记·哀公问》有一段引孔子论天道的话，与此义一致，但说得更为明白。鲁哀公问孔子："君子何贵乎天道？"孔子回答说："贵其不已，如日月东西相从而不已也，是天道也；不闭其久，是天道也；无为而物成，是天道也。"天不言，就是"无为"。天不言而信，四时运行，生成化育，而又无有差忒，表现为一自然而又必然的律则。

天、道，是从法则的意义言天。命或天命，则主要强调的是天与人的关系。天命于人，包含两个方面的意义：第一，功利结果；第二，人之行为的界限。人在此界限中获致其应得之结果，既为天命之实现，亦为人格之完成。兹分述之。

关于"命"，《论语·雍也》云：

> 伯牛有疾，子问之，自牖执其手，曰："亡之，命矣夫！斯人也，而有斯疾也！斯人也，而有斯疾也！"

《论语·颜渊》云：

> 司马牛忧曰："人皆有兄弟，我独亡。"子夏曰："商闻之矣：死生有命，富贵在天。君子敬而无失，与人恭而有礼。四海之内，皆兄弟也，君子何患乎无兄弟也？"

《论语·宪问》云：

> 子曰："道之将行也与，命也；道之将废也与，命
> 也，公伯寮其如命何？"

《论语·微子》云：

> 子路曰："……君子之仕也，行其义也。道之不行，
> 已知之矣。"

以上几条，既论命，亦论对命所应持的态度。这个"命"，也就是运命之命。凡生死寿夭、富贵贫贱、事业成就皆属之。人对其行为的结果，无法完全预料和把握。但是，人之为人，他应该做什么，并且努力行其所当行，这一点，他既可知道，又完全有能力决定并加以完成。孔子讲："为仁由己，而由人乎哉？"（《论语·颜渊》）"我欲仁，斯仁至矣。"（《论语·述而》）"有能一日用其力于仁矣乎？我未见力不足者。"（《论语·里仁》）由此言之，人之天职和使命，乃躬行仁义；行为的结果，则不在人的可求和应求的范围之内，因而只能归之于"天"或"命"。正因为如此，人之行为的价值，在于其躬行其所当行（仁、义），行为的结果如何，属于"天命"，并不影响这个价值。由此看来，君子与小人的区别，正在于他们对命的态度不同。孔子说："君子喻于义，小人喻于利。"（《论语·里仁》）又说："富与贵，是人之所欲也，不以其道得之，不处也。"（《论语·里仁》）《荀子·宥坐篇》记载孔子的话说："夫贤不肖者，材也，为不为者，人也，遇不遇者，时也，死生者，命也……君子博学深谋，修身端行，以俟其时。"这种对"义""命"关系的

128

理解，使传统的天命观发生了一个重要的转变：把行"义"由宗教义的祈神邀福之手段，转变成人行的内在动机和天职。孔子的这一思想，规定了以后儒家天人关系观念的基本内涵。《中庸》讲"君子居易以俟命"，孟子讲尽心知性以知天，又讲修身以"立命"（《孟子·尽心上》），皆以躬行人道以达天人合一为人的价值的基本实现方式。

从这个意义上说，恰恰是人对自身命运的反省，规定了人所当行的界限，而天命之实现，系于人之自由的抉择而非神意的外在规定。《孟子·万章上》记孟子论孔子之行事原则云：

> （孔子）于卫主颜雠由。弥子之妻与子路之妻，兄弟也，弥子谓子路曰："孔子主我，卫卿可得也。"子路以告，孔子曰："有命"。孔子进以礼，退以义，得之不得曰"有命"。

《史记·孔子世家》有一段孔子与子贡论"义""命"关系的记载对这一点亦是一个很好的说明：

> 孔子既不得用于卫，将西见赵简子。至于河而闻窦鸣犊、舜华之死也，临河而叹曰："美哉水，洋洋乎！丘之不济此，命也夫！"子贡趋而进曰："敢问何谓也？"孔子曰："窦鸣犊、舜华，晋国之贤大夫也。赵简子未得志之时，须此两人而后从政；及其已得志，杀之乃从政。丘闻之也，刳胎杀夭则麒麟不至郊，竭泽涸渔则蛟龙不合阴阳，覆巢毁卵则凤皇不翔。何则？君子讳伤其类也。夫鸟兽之于不义也尚知辟之，而况乎丘哉！"乃

还息乎陬乡，作为《陬操》以哀之[1]。

由此看来，孔子把生死夭寿、富贵贫贱、功业成就归于"命"或"天命"，并非一种消极的宿命论态度。在孔子看来，作为行为结果的"命"，当然是有很多外在因素起作用的结果，非人所直接可与者。孔子一生追求用世以行其道，其不见用于世，固然因其历史际遇所限，但孔子之不能为当世所用，亦恰恰表现了他对历史命运的积极承担。"丘之不济此，命也夫"，"济"与"不济"，能否用世，从孔子的立场看，既是"命"，亦为"义"与"不义"之分野。换言之，孔子不能用世之"命"，正是孔子自己为自己所设定的界限，正是孔子对自身历史境遇（所谓"命"）的自觉积极的选择和承当。因此，直面人生之际遇所做的决断，恰恰表明了"命"与人道的内在一致性。"天命"在此不复是外在于人的消极的"宿命"，人的行"义"之决断所面对的"命"本身便成为规定着人之"应当"的界限。此"界限"非抽象地直接得自于"天"的"神谕"，而是具体地、内在地本原于人的历史性选择。《论语·泰伯》："子曰：……天下有道则见，无道则隐。邦有道，贫且贱焉，耻也；邦无道，富且贵焉，耻也。"君子于"有道"之世，可以富贵显荣，而在"无道"之世则素于贫贱，甚至可舍生取义，杀身成仁。其际遇不同，但其作为人之自由选择之结果的"正命"（孟子语）则一。依此来看，人生之际遇固然不可选择，属于"命"，但此"命"恰恰是人之道德抉择的结果。因此，"进以礼，退以义，得之不得曰'有命'"这种对历史命运的积极承担，所成

---

[1] 参见匡亚明：《孔子评传》，齐鲁书社，1985，第85页。崔述在《洙泗考信录》中讲怀疑此事，但其说乃建基于主观猜测，不足信据。

就者既是人格之崇高，亦是"天命"法则的落实，此即以后儒家所谓"合外内之道"。从这个意义上说，"知命""知天命"实质上就是"知人""知人道"。孔子讲"人能弘道，非道弘人"（《论语·卫灵公》），讲"不知命，无以为君子也"，说的正是这个道理。

由此可知，孔子所言"天命"，乃一合外内之道的总体性观念，有从行为的结果言，有从普遍的法则意义言，有从人行的界限言。此几种意义，非相互外在的抽象要素。人在其特定的历史际遇中，以其人道之抉择，躬行仁义以正定其命，上述天命诸义乃得到动态的完整实现。可见，儒家以天、天道有伦理的价值意义，并非一种预成论的观念。天命、天的法则之善的价值规定，非现成的对象性设定，而必即人道之抉择而显。以后儒家以天人合一规定人与天的内涵，其意义即在于此。

正是在这个意义上，孔子认为，人之所以为人的本性，人道之应该，也出自"天"。由此，人躬行其所当行，也就是在完成"天命"。用一句成语说就是"替天行道"。在这种天人合一的观念里，一方面，天道显示出其价值和伦理法则的意义，另一方面，人道的原则亦更具神圣性，增强了人遵行人道的使命感。孔子至宋，与弟子习礼于大树下，宋司马桓魋欲杀孔子。弟子劝其速行，孔子说："天生德于予，桓魋其如予何？"（《史记·孔子世家》《论语·述而》）孔子去卫适陈，过匡，为匡人所拘，孔子说："文王既没，文不在兹乎？天之将丧斯文也，后死者不得与于斯文也！天之未丧斯文也，匡人其如予何？"（《史记·孔子世家》《论语·子罕》）从孔子天人合一观念的角度看，人之德、人之所当行，亦本原于天。正因为如此，孔子将行仁、行义，继承、复兴西周的文化，理解为天所赋予自己的使命。由此，孔

子特别敬畏天命，敬慎其所行。《论语·季氏》："孔子曰：君子
有三畏：畏天命，畏大人，畏圣人之言。小人不知天命而不畏
也，狎大人，侮圣人之言。"此"三畏"，实即包含天命与人道
两项内容。"大人"，即《礼记·礼运》篇"大人世及以为礼"之
"大人"，郑注："大人，谓天子诸侯为政教者。"是"畏大人"
即"尊尊"之义，"畏圣人"即敬畏仁德、人道之义。"畏"原
于"知"，此处以"知天命"统之，亦可证"知天命"，实即知
人道。对"天"的敬畏产生于对人自身使命的理解和反思。"小
人"不知天命，所以肆无忌惮，玩世不恭。真正"知天命"的
人，同时就能以敬畏恭谨的态度完全履行这种天所赋予的人道使
命。黑格尔谈到宗教的情感时说，人"对于主的畏惧"乃是"智
慧的开始"[①]。殷周人对天命之"畏"，在于畏惧丢失其福祉，而
孔子之"畏天命"，为对人本身使命之戒慎恐惧。此使命虽本原
于天，却内在于人。故此"畏"，非仅"智慧的开始"，而为真
正的人之智慧。当一个人真正理解了"天命"，知其所当为，知
其所不能为（"命"），就不会再为事情的功利结果所干扰，其
行为完全由自己所决定，而不由"神"来决定。所以，在此"知
天命"的智慧之光的照耀中，人乃获得其自由的境界。孔子自述
"下学上达"，由"知天命"而臻"耳顺""从心所欲不逾矩"的
自由境界，即指此而言。

以往谈孔子的天命思想，往往对孔子的天命观做静态的二元
化理解，而未划清孔子天命观与西周以前宗教义天命观的界限。
其中有两种有代表性的看法，需在此略做检讨。

一种看法认为，孔子既以"命"为人力所不可改变，又鼓励

---

① ［德］黑格尔：《小逻辑》，贺麟译，商务印书馆，1980，第244页。

人有为、进取，这是自相矛盾的①。这是一种较流行的看法。这种看法实质上是站在一种功利主义立场上对孔子天命观所做的外在评价，这和墨子对儒家天命论的批评思路是一致的。墨家以人为功利人，把人的行为目的归结为"利"。所以，依墨家的这种功利主义立场，如果相信天命有定，会导致消极的宿命论，故必须有一种人格神之天作为外在的制裁力。《墨子·非儒下》批评儒家说："强执有命以说议曰：寿夭贫富，安危治乱，固有天命，不可损益，穷达赏罚幸否有极，人之知力，不能为焉。群吏信之，则怠于分职。庶人信之，则怠于从事。吏不治则乱，农事缓则贫……而儒者以为道教，是贼天下之人者也。"又有《墨子·公孟》篇说："子墨子谓程子曰……儒以天为不明，以鬼为不神，天鬼不说，此足以丧天下。"墨子对儒家的这种批评是不合理的，因为它完全是站在传统宗教功利主义立场上对儒家天命思想的曲解。孔子天命论承认命运之天，与其积极精神是完全一致的。盖儒家讲"天命"有定，本义在于躬行人道之应该，其以道德仁义内在于人性，无须神意之外力制裁作用。从墨子的批评中我们正可以从反面看到，孔子天命论转化宗教性外在道德原则为人格之内在规定，正是其彻底否定人格神的理论前提。不从孔子天命概念诸要素的内在整体关联去理解其理论内涵，就很难把握孔子天命观对传统宗教观念变革的重大理论意义。

第二种看法认为，西周末期人已有"命运"的观念②。孔子言"命"，指"命运"而言；言"天命"，则指道德的超验性、

133

---

① 任继愈主编《中国哲学发展史·先秦卷》，人民出版社，1983，第196页。
② 徐复观：《中国人性论史》，台湾商务印书馆，1987，第39页。

普遍性而言。孔子对"命"采取"不争辩其有无""互不相干"的态度，对"天命"则"出之以敬畏、承当的精神"[1]。这一看法有两点值得商榷，一是西周末期人究竟是否已有命运的观念，二是将"命运"义与"天命"概念对峙起来是否合乎孔子天命思想之真义。

先就第一点说。西周人以"天"为道德的"神"。人一方面可测知神意，另一方面亦可以"德"之行为影响神意以获得好的功利结果。厉、幽时代"天命"权威之衰落所表明的只是对天作为德福一致之保证失去信心。故至西周末，人仍未改变以"德"邀"福"（祈天永命）的宗教功利主义天人关系模式。既以天可测知而受人之影响，就不能说时人已有命运的观念。"命运"应为孔子将天之道德法则内在化为人格之规定之后，所独立形成的观念。

次就第二点说，说孔子以天、天道、天命具有超越性道德法则的意义，这并不错。但孔子所言的这种超越性道德法则义并非预成性的抽象现成设定。在宗教的形式中，神是道德法则的来源；人的目的是功利性的。孔子则把这一点颠倒过来：人所唯一能够做到的是躬行仁义，而"命"则非人力所可与。以后孟子把这一点表述得更清楚：仁义是"求则得之，舍则失之……求在我者也"，而"命"作为功利结果，虽亦得自于天，却非人所直接可求者，是"求无益于得"（《孟子·尽心上》），不属于人之职分。因此，只有当人真正认识到"命"非人力所可与，而又能以道德的抉择将之转成人自身行为的内在界限时，"天命"作为道德原则才对"我"具体显现出来。超越的原则由是乃可经由人内

---

[1] 徐复观：《中国人性论史》，台湾商务印书馆，1987，第83—90页。

心之体证而成为一具体的原则。如果把二者对峙起来，认为孔子仅以"命"为与人"不相干"的对象，则所谓超越性原则，仍是外在于人的抽象设定，与宗教的价值实现方式无殊。

综合以上讨论可见，孔子以义利辨天命，是由"神"性而归本人性、人道的一个重大转折。一方面，孔子以义利之辨、君子小人之辨把天人之合一由王者之特权普遍化为一般的人之规定；另一方面，孔子将异化于神意的道德内容，转变为人道、人之本质的规定。以后儒家以天人合一论人，以哲学的智慧而非宗教心确立社会的价值基础，皆本于此一转折。

三、性与天道的形上学

上所论孔子的天命观，实已涉及"性""命"关系及人道与天道的关系问题，但孔子在《论语》中未正面谈"性"与天道的内涵。《论语》中有一条谈到"性"的问题，就是《阳货》篇所言"性相近也，习相远也"，孔子这句话并未对"性"的内容作出明确规定，只有把它与《易传》中的性命、性与天道的思想联系起来，才能明了其实际的涵义。

135

下边我们先来辨析《论语·阳货》篇孔子这句话的语义及论"性"的特点、方式，然后再来谈《易传》中孔子"性"与天道的思想。

《论语·阳货》篇："子曰：性相近也，习相远也。子曰：唯上智与下愚不移。"汉石经分此两句为两章，何晏《论语集解》以之为一章，这两句话皆言"性"，意义相连，《集解》是对的。孔子此语语义不太清楚。在分析这段话的语义之前，我们先须明了中国古人谈人性的要点。

其要点有三。其一，规定性之范围。中国古代哲学家言

"性"，皆以"性"为先天或天生如此。告子："生之谓性。"
（《孟子·告子上》）《礼记·乐记》："人生而静，天之性
也。"《孟子·尽心上》："人之所不学而能者，其良能也；所不
虑而知者，其良知也。"《荀子·性恶》："凡性者，天之就也，不
可学，不可事……不可学，不可事，而在人者，谓之性。"是诸
家人性论虽不同，然就"性"所指的范围说，皆同，即以"性"
为先天、天生所禀。其二，规定性之内容。有以"性"为食色自
然之性，有以"性"为血气心知之性，有以"性"为天德良知之
性。此诸家所异。其三，"性"之善恶评价。如性善、性恶、性
善恶混、性无善恶、性善情恶等观点。此应注意，"性"之评价
乃以一后天的社会性标准衡之，就"性"作为自然、本然说，本
无所谓善恶。故戴东原虽以血气心知规定"性"，就其对"性"
之内容的理解说，实近于荀子。但戴东原在评价上不言性恶而言
性善，此全在于其所持社会评价之标准不同使然。因此，研究中
国古代的人性论，首先应注重第二点，即其规定性之内容。

依此，上引孔子《论语·阳货》篇论"性"的话，只明确
讲到"性"之范围一点，对"性"之内容和评价，则无明确解
说。"性"与"习"相对而言，"性"为先天、自然，"习"为后
天，属社会性的修为。所以，此处言"性"之范围，亦"生之谓
性"之说。由于这里未对"性"的内容及其评价作出明确规定，
所以后儒对它的涵义发生了很大的争议。概括言之，以往对孔子
此语涵义的理解不外可归结为两类，一是以孟子性善作解，一是
以宋儒"气质之性"作解。此二说皆有所偏。

我认为，孔子在这里实质上是从人之共性与个性的关系上规
定人性的内容。

首先，"相近"应是从人之为"类"的共性角度来讲"性"。

孟子论"性",即以"类"的观念为出发点。《告子上》说:"凡同类者,举相似也,何独至于人而疑之?""相似"即此处所言"相近"。"相似",是从同类的意义上讲。以后儒家言性,很重人禽之辨,当源于此。

其次,从人禽之辨说,人类之性"相近"之因,亦即可以"相远"之因。人可因"习"而"相远",禽兽却不能"相远"。禽兽不能"相远",乃因其存在的一切活动只是因任自然的本能。从这个意义上说,仅从"气质"即其自然本性、生物本能上解释"性相近"的"性",无法说明人禽的区别,也无法说明人作为一个"类"的"相近"之"性"。

这里应注意一个概念上的区别。古代哲学以"生"为"性",或以自然为"性",与言气质或自然本性并不是一个概念。中国古代哲学讲"性自本然",是说"性"天然如此、本来如此。这是就"性"所指的范围说,而不是就其内容说。孔子以"性相近"与"习相远"相对而言,即以"生"为"性",只明确讲了"性"所指的范围。所谓气质之性或自然本性,则指人的自然本能言,孔子并未对"性"做这种内容的规定,但从语义的分析看,孔子是从"类"的角度来谈"性"的内容。就"类"的本性讲,此"性"应指人之异于禽兽者,即人之所以为人的本性。这就不能是单指自然本性或气质之性。

那么,这个人之所以为人的本性是什么?儒家一致认为是道德性。孔子认为是"仁",所以他说"仁者人也"(《礼记·中庸》);孟子认为是仁义礼智,以性中有仁义礼智四端;荀子认为是"义"[1]。当然,儒家认为,要达到道德(仁、义、诚、

137

---

[1]《荀子·王制》:"水火有气而无生,草木有生而无知,禽兽有知而无义,人有气、有生、有知,亦且有义,故最为天下贵也。"

圣），要靠后天的修为。人能以修为来成就其为人，禽兽却不可以诱化为"人"。由此言之，德之高下，为"习"之结果，但"德"作为人道之规律性，乃包含于人作为"类"性的规定中。

其三，孔子虽以"性"标举"类"的本性，但并不像宋儒那样，把人的整体存在抽象为"天命之性"与"气质之性"两个对峙的方面。孔子所言"类"性，实即人具体现实存在中来表现。"上知与下愚不移"，"上知""下愚"即就人的才质而言。人的才质，属于宋儒所说的"气质"一面。才质有自然的差异，或智或愚，或狂或狷，或勇或怯，但其中贯通着人之所以为人之"性"。既有人之为人的共性，又有自然的差异，故从两方面统一言之，不能不说是"性相近"。

共性于个性上见，所以人之自然情感表现，亦有此相近之质。此点在《论语》中亦有表现，《雍也》篇中载："子曰：人之生也直，罔之生也幸而免。"对此解释不同。郑注："始生之性皆正直。"依此，此语乃言"直"为人生之常态，而"罔"则为变态。《八佾》："子夏问曰：巧笑倩兮，美目盼兮，素以为绚兮。何谓也？子曰：绘事后素。曰：礼后乎？子曰：起予者商也！始可与言《诗》已矣。"此以人之先天素质中有"文之以礼乐以成人"之前提。以后孟子认为"情"中包含着仁义礼智诸端，即发源于孔子这种思想。

从上述语义分析可见，"性相近，习相远"这一命题有两个要点：第一，以"类"性规定"性"之内容，第二，在个性上显现"类"的共性。《易传》言性与天道，与此是完全一致的。

下边，我们来谈《易传》中的天道性命的思想。

《易经》以卜筮的形式包含着丰富的社会生活和人生的哲

理，其义在"神道设教"。孔子作《易传》，其性命天道统一的形上学，则完全使《易》成为一哲理的系统。然《易传》中的形上学系统，亦是从个体的具体性和品物流形上显现性、道的普遍性意义，既不像老子那样把"道"规定为"无"，亦不像西方哲学那样，把本体归结为一种与现实界相对峙的抽象实体而终须有上帝之悬设。这一点，与三代天、帝观念的特征及其所表现的整体思维方式有关。不过，它已依孔子对"性""命"关系的新的理解，转化为人心所体证的道德形上本体。这一点，开创了儒家心性之学的一个重要理论传统。

在前文所引帛书《要》篇孔子论《易》道的那段话里，我们已经知道，孔子认为《易》之"要"，在于表现了一个超越于有形事物的普遍原则。这个普遍原则或"道"，表现于"天""地""人""四时"诸方面，但统可以归结为阴阳统一这一原则。《系辞传下》："子曰：'乾坤，其《易》之门耶？'乾，阳物也；坤，阴物也。阴阳合德而刚柔有体。以体天地之撰，以通神明之德。"帛书《易之义》所记与此稍有不同："子曰：易之要，可得而知矣。键（乾）川（坤）也者，《易》之门户也；键（乾），阳物也；川（坤），阴物也。阴阳合德而刚柔有体，以体天地之化。"《易之义》所记更为明确，乾坤、阴阳不仅是把握易道之门户，而且是《易》道之本质（要）所在。用章学诚的说法，《易传》所载孔子《易》说，虽有"口耳竹帛"之异，但抓住了这个"要"，就可以从中理解孔子性命天道思想的精神实质。

依此，《系辞传上》有一大段话，可以看作孔子性与天道形上学系统之一总纲。兹引述于后：

　　一阴一阳之谓道，继之者善也，成之者性也。仁者见之谓之仁，知者见之谓之知，百姓日用而不知，故君子之道鲜矣。显诸仁，藏诸用，鼓万物而不与圣人同忧，盛德大业至矣哉！富有之谓大业，日新之谓盛德。生生之谓易。成象之谓乾，效法之谓坤，极数知来之谓占，通变之谓事，阴阳不测之谓神。

　　这段话讲了两层意思，一言天道，一言"性"。《易传》讲天道性命，是由天道讲下来落实到"性"。我们先来谈"天道"的问题。

　　"一阴一阳之谓道"，乃把道理解为阴阳和合统一的原则，但这一原则非一抽象的实体性，而是在阴阳推荡消长的宇宙生化历程中显现出来的具体原则。因此，要理解这个"一阴一阳之谓道"的"道"，须先了解阴阳之义及其相互关系。

　　人们往往把《易传》阴阳统一的关系视为西方哲学所谓的对立面的关系。其实，二者的意义有很大不同：这使儒家性、道本体论观念获得了独特的意义。

　　《易传》讲阴阳，其核心思想是阳主阴从，天尊地卑。在阴阳的关系中，阳总是一个显性的、主导的原则，阴则处于从属地位。在《易经》的符号系统中，阴阳乃乾坤、天地所显之象，所以孔子特别注重乾坤两卦的意义。《系辞传上》开宗明义说：

　　天尊地卑，乾坤定矣。卑高以陈，贵贱位矣。动静有常，刚柔断矣。……刚柔相摩，八卦相荡，鼓之以雷霆，润之以风雨；日月运行，一寒一暑。乾道成男，坤道成女。乾知大始，坤作成物。

这里所讨论的，就是规定着宇宙生化历程的阴阳二原则的区别与联系。尊卑、贵贱、动静、刚柔、男女、始成，皆以言乾坤、阴阳之性质及其关系。我们比较一下乾坤二卦《彖》《象》《文言》对乾坤性质的说明，这二者关系的性质便会更为明了。

《乾·彖传》言：

> 大哉乾元，万物资始，乃统天。

《乾·象传》言：

> 天行健，君子以自强不息。

《乾·文言传》言：

> 大哉乾乎，刚健中正，纯粹精也。

《坤·彖传》言：

> 至哉坤元，万物资生，乃顺承天。坤厚载物，德合无疆。

《坤·文言传》言：

> 坤至柔而动也刚，至静而德方……坤道其顺乎，承天而时行。

又言：

> 阴虽有美，含之以从王事，弗敢成也。地道也，妻道也，臣道也，地道无成而代有终也。

141

　　总括以上诸条，乾坤或阴阳的区别可从三个层面来理解，乾阳之德为刚动，主创始，处于主导地位，坤阴之德为柔静，主成就，处于顺承乾阳的地位。

　　此论阴阳之关系，有甚深意义，它表明了中国哲学宇宙观、天道观的根本特征，此与西方哲学的形上、本体观念有绝大的差别。中国文化的价值观、人性论、人生论，悉与此相关。

　　刚动为乾阳之性。"天行健，君子以自强不息""大哉乾乎，刚健中正，纯粹精也"，都是讲乾阳为刚动的原则和趋势，刚动之意义在于创生。"乾知大始"，知训主，乾主创始。"大哉乾元，万物资始"，与此义同。可见，孔子乃以刚动之德为万物生化之始或动力。这个刚动的原则，占主导地位，乃道内在的主导原则。《易经》卦的排列首乾次坤，孔子认为，这正表现了"天尊地卑"、乾健坤顺的主从关系。

　　刚动的势能表现为流动、弥漫和连续性。此一势能，《系辞传》又称作"辟"。《系辞传上》说："阖户谓之坤，辟户谓之乾，一阖一辟谓之变，往来不穷谓之通。"辟即开辟，与"阖"或"翕"相对。《系辞传上》说："夫坤，其静也翕，其动也辟……""翕"是静、止、收敛、凝聚义。如果有动而无止，有刚而无柔，有开辟而无收敛，就缺乏分化、中断和质的规定性，从而缺乏个体性的规定而无物之生成。所以孔子以"阴"作为静、止、凝聚、分化的原则，内在地包含于道。"坤至柔而动也刚，至静而德方……坤道其顺乎，承天而时行"，"德方"乃有止，坤性为柔、静、止，是道的一个相对静止、凝聚、收敛的规定。它的作用是"顺承天"，但坤阴的静、止不是废然静止不动。坤的静、止、收敛，是乾阳的一个从属环节，承动而表现出刚动之连续、流动过程的区分性，从而显现事物的阶段性（"时""承天

142

而时行"）和质（"物宜"）的规定性。这样，乾阳之动、流行、连续，便不是一个纯粹无规定性的弥漫、消解状态，而是包含个体化的原则，表现为一个品物的生成过程。由此，可以说乾元为物之"始"，而坤元为物之生成，所以说"坤作成物"，"万物资生"，但这个"成""生"的创造，乃是"道"作为乾阳的创造性的表现。所谓"阴虽有美，含之以从王事，弗敢成也……地道无成而代有终也"，即言坤服从于乾，其生物，仍归功于乾阳。所以它是代乾而生物，不能居功。动而有止，开而有阖，辟而能翕，因物之时、宜而有个性的规定，才能显现出道的创造性意义。

应该指出，"一阴一阳之谓道"，阴阳作为道所包含的两种势用、原则，非抽象对立的两方面，阴阳之动静、刚柔、开阖、翕辟，乃内在地相互包含。《系辞传上》言："夫乾，其静也专，其动也直，是以大生焉。夫坤，其静也翕，其动也辟，是以广生焉。"上引《坤·文言传》"坤至柔而动也刚"，都是讲乾阳动而有静，开中有阖，辟中有翕。坤阴亦如之，其静、止、翕，亦非与刚动相对的绝对不动性。坤的静止亦包含刚动在内。帛书《易传·易之义》篇引"子曰"，指出偏于刚动和柔静皆有所"失"，主张以刚动"救"柔静之失，以柔静"救"刚动之失的观念[1]，亦可以为这一点的一个注脚。所以，"一阴一阳之谓道"，这道显即阴阳互涵的统一性原则。不过，在此"道"中，坤阴的静、止乃是相对的，乾阳之刚动为主导的原则，其动为绝对的，这就是"生生之谓易"。

143

---

[1] 陈鼓应主编《道家文化研究（第三辑）》，上海古籍出版社，1993，第430页。

　　由此，我们可以看出孔子天道观念的一些重要特点。如果我们参照西方哲学的本体观念，这些特点会显得更加鲜明。

　　西方哲学的形上学观念，往往将事物变化创造的动力归诸外在的形式原则，而这一原则则被视为一否定性的作用。我们以斯宾诺莎的实体观念为例。斯氏的实体观念，即一否定性的力量。肯定是一静止的、"有"的规定；否定性，则是一种将事物的直接性"无化"的力量，即通过否定的环节复归于实体性的普遍性。黑格尔对斯氏实体观念的评价很精辟。他在承认斯氏"规定就是否定"这一命题的重大理论意义的同时，批评他的实体观念无"人格"和个体性的原则，黑格尔说："他的实体只是直接地被认作一普遍的否定力量，就好像只是一黑暗无边的深渊，将一切有规定性的内容皆彻底加以吞噬，使之成为空无，而从它自身产生出来的，没有一个是有积极自身持存性的事物。"①在这里，否定性是确立"实体统一性"的基础。以否定性为建立普遍性、统一性的主导原则，使西方哲学的本体观念往往落在个体性、物质性之外而成为一抽象外在的实体，其自身缺乏生化或创生的意义，成为一"不动的推动者"。一方面，这一超绝的实体性与宗教的创世神实质上并无不同，很多西方哲学家都把其思想系统推致上帝，道理即在于此；另一方面，实体的超绝性使普遍性的规定不能内在于个体存在，故往往认个体之间有不可交通之秘而导致神秘主义和相对主义。西方哲学一方面以逻各斯中心主义为主导，另一方面，又每有非理性的神秘主义与之相伴随，即与此相关。

　　以此为借镜反观孔子《易传》的天道观，可以看到它的两个

---

　　① [德] 黑格尔：《小逻辑》，贺麟译，商务印书馆，1980，第315–316页。

传》："大哉乾元，万物资始，乃统天。"乾卦四德，《传》特重"元"。《彖传》以元"统天"，是重乾阳为生物之始，故言"大哉乾元，万物资始"。《易》道贵生生之德。《系辞传上》言："日新之谓盛德，生生之谓易。"《系辞传下》言："天地之大德曰生。"乾元为生物之始，故云"元者善之长也"。由此可见，"继之者善也"，即承天道（"一阴一阳之谓道"）生生之德而言。"天地之大德曰生"是"善"，但这善非预成的抽象体，而是体现于乾元生物之始，从物的角度说，正是"继之者善也"。

何谓"成之者性"？《乾·彖传》所说"乾道变化，各正性命，保合大和，乃利贞"，可以说就是"成之者性"的注脚。"利贞"，言物之成就。物之成就，乃禀天道而各具其性命。《乾·彖传》以"利贞"为物之成性，《文言传》亦如之。上引《文言传》："'利贞'者，性情也。"即其证。就乾道"元亨利贞"所言物之终始过程说，乾道亦包含事物之"成性"阶段；但就阴、阳区分而言，乾阳的显性特征为主创始，坤阴的显性特征则是主柔、止、收敛而成物。"成之者性"，上承"一阴一阳之谓道"，显从坤之成物的功能上讲。不过，乾卦言物之终始之道，已包含了坤阴成物之德在内了。"性""命"实为一，但谈问题的角度不同。程氏《易传》所说"天所赋为命，物所受为性"，对这一点说得很清楚。以"性""命"连言，正表现了"性"与天道的统一关系。

可见，继善、成性，互文见义，讲的是一回事，乃总就事物之生成上言道之用。万物之生成和成就性命，正是道之生生之德的显现。所以，统可以称作道之"盛德大业"。"显诸仁，藏诸用"，历来有不同的解释。但从上下文看，显指万物生成"继善成性"而言，"仁"即上所言天道生生之德，"用"即物之生成。阴阳合一之道，为万物存有之价值本原，固为"善"，然此"善"非抽象预设的"善的理念"（如柏拉图），而是动态地显现和包蕴（藏）于此亹亹"继善成性"的全体大用中。

由此看来，孔子《易传》言"性"，是从"成物"的角度讲。一方面，物成有别，品类万殊，各有其特性；另一方面，物之成性，禀命于道，故物虽各有其特性，却无不是道的显现，并无限隔，因而终成一"大和"。总之，《易传》是即具体事物的生化过程而言道，即物而言性，不离器而言道，不离物而言性。用今天的话讲，就是讲普遍性与特殊性的统一。这与《论语》对人性的理解方式是一致的。宋儒过分强调天命与气质、理与欲的区别，终致"存理灭欲"的结论，其流弊在社会生活中导致压抑人性的结果。朱子解《易》，以道属诸太极，以"继善成性"属诸形器，过分注重形而上、下之别。此种观念，偏离孔子性命思想之本义甚远。

以上谈性命，是总就宇宙万物而言。自然事物之成性，乃天地生生之德的自然成就，其性自然合道、性与命天然为一。但人之"成性"则不如此简单。"仁者见之谓之仁，知者见之谓之知，百姓日用而不知"，"见之"之"之"，指"道"而言。能否合道，悉依赖人之自觉和修养程度。不见不知，非泯灭道。百姓虽不知"道"，然"道"仍不离"日用"之间。因此，从本原上讲，人无不与道同体，人之资性虽有自然的差异，但无不体现着那个全体的道。这是人的存在的价值本原，无此，则人不能"成性"，不能正定其"性命"。但人之"成性"，非如自然物，须经一曲折，即社会的修为工夫。基于此，《说卦》在《乾·象传》"性""命"一体说的基础上进一步提出"性""命"分合的问题。

《说卦》首二章论"性""命"区分与统一的关系①。

第一章：

> 昔者圣人之作《易》也，幽赞于神明而生蓍，参天两地而倚数，观变于阴阳而立卦，发挥于刚柔而生爻，和顺于道德而理于义，穷理尽性以至于命。

第二章：

> 昔者圣人之作《易》也，将以顺性命之理，是以立天之道曰阴与阳，立地之道曰柔与刚，立人之道曰仁与义，兼三才而两之，故《易》六画而成卦。

这两章都是就《易》书的内容来讲性命，而非直接谈性命问题。第一章"穷理尽性以至于命"，是指《易》之蓍、卦、爻所表达的内容。第二章"将以顺性命之理"，是说作《易》者据性命之理而立《易》之三才之道。"穷理尽性以至于命"，此直就《易》书言，宋儒如张、程，则直接以此讲为学之次第。对这一点，宋儒亦有争论。不过，此二者并不矛盾。孔子认为《易》的象征符号系统本就是宇宙万有和天地之道的表现。《系辞传上》言："《易》开物成务，冒天下之道，如斯而已者也。"讲的就是这个意思。因此，《说卦》前两章言性命，虽直就《易》书而

149

---

① 说者有以《说卦》以下三篇晚出，甚至晚至汉宣、元以后（李镜池：《周易探源》，中华书局，1991，第300、319、361页）。最近帛书《易传》的研究表明，《易之义》引今本《说卦》之前三章，证明《说卦》的写成至少在《吕氏春秋》以前（廖名春：《帛书〈易传〉引〈易〉考》，载《汉学研究》第12卷第2期）。这表明以"序《彖》《系》《象》《说卦》《文言》"为后人窜入的说法是根本不能成立的。

言，但亦可以说讲的就是孔子对性命本身的理解。

《说卦》第一章先言蓍、卦、爻，我们这里不去讨论它。这里的关键是"和顺于道德而理于义，穷理尽性以至于命"和"将以顺性命之理"两句。

"和顺于道德而理于义"与"将以顺性命之理"意思相同。"道德"，注家解释不一。由上下文意看，应指蓍、卦、爻所表征之天道。戴震《绪言》所论甚好："一阴一阳，流行不已，生生不息。主其流行言，则曰道；主其生生言，则曰德。道其实体也，德即其道见之者也。'天地之大德曰生'，天德不于此见乎？"是"道德"即天道。"理于义"，理为动词，"义"即宜，或物之性、命。第二章"顺性命之理"，即此"理于义"之义。《乾·彖传》曰："乾道变化，各正性命。""乾道变化"，即上言"道德"；"和顺于道德而理于义"，就是"乾道变化，各正性命"；"顺性命之理"，就是顺此天道生生所成就之万物性命之理。

150

此"性命之理"或"义"由天道生生之德而来，它表现在以下三个方面："立天之道曰阴与阳，立地之道曰柔与刚，立人之道曰仁与义。"但这"三才之道"，并非平列的关系。《易传》言天道，重在其生生之德。"继善成性""显诸仁，藏诸用"亦以显天道生生之理，此已如上述。因而此言天道，非一实存的本体观念，而是一价值本体观念。戴震《原善》说："《易》曰：'天地之大德曰生'……观于生生，可以知仁。"又说："生生之谓仁。"其对《易传》的本体观念的体会是正确的。此种本体论观念，乃从人道出发所成。"穷理尽性以至于命"一命题讲的就是这个道理。它从本体论的意义上阐发了《论语》中的"性""命"观念。

"穷理尽性以至于命"，与《乾·彖传》讲问题的角度不同。

后者以性命连称，合性命为一言之；前者则以"性""命"的区分为前提，讲天人合德、性命一原。"乾道变化，各正性命""将以顺性命之理"都是统就万物性命而言。因此，《说卦》第二章在"将以顺性命之理"以下，即统括讲天、地、人"三才之道"。然而，仅仅这样，就不能区分人、物之性，表现人性之特征。"穷理尽性以至于命"，则在"性""命"二概念间区分次第。

"致命"是天人合德，但此天人之合非如自然物那样直接，人须在"穷理尽性"的前提下才能达到"致命"或天人合德。这样讲，便突出了人性的特点。从这个角度看，"顺性命之理"所立"三才之道"，当然必须以"人道"为核心。

"穷理""尽性"，是从不同角度讲人的存在的实现和完成。"穷理"，非言事物实然之理。孔子讲"学""知"，其根本是对为人之本的自觉，它不排斥经验知识，但非指经验知识而言。《论语·颜渊》："问知。子曰：知人。"《学而》："子夏曰：贤贤易色，事父母能竭其力，事君能致其身，与朋友交言而有信，虽曰未学，吾必谓之学矣。"又："子曰：君子食无求饱，居无求安，敏于事而慎于言，就有道而正焉，可谓好学也已。"可见孔门学、知之义全在人伦之道之自觉和洞察，"穷理"指自觉言，"尽性"指践行言，角度不同，讲的是一个问题。

以"穷理尽性"的道德、人格之完成为前提言天人之合，可说概括了《易传》性与天道及其关系的观念。《系辞传下》："苟非其人，道不虚行。"《系辞传上》："神而明之存乎其人；默而成之，不言而信，存乎德行。""神而明之""默而成之"的"之"，从上下文言，指"道"或"天道"而言。此皆言以道德、人格之完成来证会道体，亦即《论语》"人能弘道"之义。

"性"乃天之所"命"。因此,《易传》多从"命"的角度来阐发这一道理。《系辞传上》:"乐天知命,故不忧;安土敦乎仁,故能爱。""乐天知命"与"安土敦仁"相对而言,实则"安土敦仁"是"乐天知命"之前提。后儒所称道的"孔颜之乐","吾与点也"之意,"发愤忘食,乐以忘忧"(《论语·述而》),困厄贫贱,"人不堪其忧,回也不改其乐"(《论语·雍也》),皆所谓"乐天知命"。"乐天知命"基于人的仁德之成就、人性之完成及内在生命之安顿。《周易·困·象传》:"泽无水,困。君子以致命遂志。"此就君子处困厄之境遇言。"致命遂志",犹《论语·宪问》篇之"见利思义,见危授命",《论语·子张》篇之"士见危致命,见得思义",盖君子于困厄之时,生死得失之命为己所不能与,则置得失生死之命于度外,唯以行义遂志为其分内之事而自觉承当之。此即上所谓"知命"。"知命",实以对人之天职的理解为前提。《周易·姤卦·象传》:"九五含章,中正也;有陨自天,志不舍命也。"对《姤卦》九五爻辞"以杞包瓜,含章,有陨自天",诸家解释纷歧,此处可以不论。但《小象》所论,则显然是以人"含中正之德,德充实,则成章而有辉光"(《周易程氏传》)表现"有陨自天,志不舍命"(顺承而不违天命)之内涵。其他,诸如"火在天上,大有,君子以遏恶扬善,顺天休命"(《大有·象传》)"木上有火,鼎,君子以正位凝命"(《鼎·象传》),皆取义于此。此以人之道德使命的承担来正定其命,即《说卦》传"穷理尽性以至于命"之义。

万物性命本于天道,从天道生生看物性、人性,即"和顺于道德而理于义",或"乾道变化各正性命";从天人合一的角度说,人须以道德人格的完成来实现天人合德,这叫作"穷理尽性以至于命"。春秋以前的天命观,道德之善的本原被对象化为天、帝，人行之目的为功利。孔子把这一点反转过来，他以义利辨天命，以善虽本于天，然却内在于人之能动的自由抉择。孔子《易传》更以天道、性命相贯通，而以此贯通之本在人性之自觉与完成，由此确立了儒家人性论的人文传统。"穷理尽性以至于命"的性与天道统一观念，成为以后儒家人性论的形上学根据。

简帛文献与孔子后学思想之内转趋势

过去我们研究先秦儒学，多以孔、孟、荀为对象。我们常觉得孟子是继承了孔子"仁"的一面，而荀子则继承了孔子"礼"的一面，这三者似乎是一个平列的关系。其实，在孔子到孟子，先秦儒学有一个长时间的发展。这个发展，过去有思孟学派的说法。近几十年来相关简帛文献的出土和研究，使这个发展的内容有了一个展现的机会。孔子的思想是一个很平衡的系统。孟子和荀子都承认孔子思想的特点是"仁智"的平衡和统一。孟子里引子贡的话说："仁且智，夫子既圣矣。"（《孟子·公孙丑上》）荀子也说："孔子仁智且不蔽。"（《荀子·解蔽》）其仁与礼的平衡，实根源于此仁智的平衡。结合简帛文献来看，孔子后学思想到孟子的发展，有一个内转的趋向。这个内转的趋向的代表是曾子、子思一系的思想。

这个内转的趋向，不仅印证了思孟学派的存在，也向我们展示了先秦儒学的另一个面相。长期以来，学者笔下的先秦儒学，往往被刻画为一种缺乏形上旨趣，重在德行与政事的实践智慧，但是相关出土简帛文献对心性、性情等形上学的问题都有深入的探讨。简帛《五行》揭示了"圣"德与听觉意识及"乐"之间的深刻关联，并强调"慎独"之独特内涵，以此突出内心自由和"心"之修养的地位。而重情，尤其是亲亲之情，在郭店楚简中也有突出表现。《六德》和《唐虞之道》从不同的角度揭示了亲亲之情在伦理和政治生活中的重要地位。《性自命出》即情言性，在心与物相接的感应之几上言教化，并以"反善复始"的"复性"义规定此教化成德之本质内涵。这些文献对心、性、情以及气等问题的讨论，对传世文献中相关的思想资料亦产生了一种意义激活的作用。把这两者结合起来，对先秦学术和思想的发展做重新的梳理和理论重构，将使我们对先秦儒家的形上学思想产生新的认识。

一、孔子所开启的文化价值方向

在孔子以前，中国社会有关人生、伦理和价值的思想，表现于一种宗教的观念系统中。这个观念系统的核心，是作为至上神的"天、帝"信仰。张光直教授曾以"连续性"来概括中国古代文明起源的特征，以区别于西方"破裂性"的文明起源方式。"连续性"强调文明的创设与其所从出的原始自然状态的连续与和谐，它保留了原始思维整体性的意识形式。[1]孔子以前的宗教伦理观念，一方面具有这种"连续性"的特征，另一方面，它作为一种宗教性的观念，又表现了一种对人的功利性的理解方式。孔子所开创的儒家思想传统，与他所面对的这一宗教伦理传统的上述两个特征有密切的关系。

就第一个方面而言，因为三代的天帝观保留了一种有机整体论的宇宙观和生存连续性的观念，天帝并未切断与人的亲缘性而

① 参见张光直：《连续与破裂：一个文明起源新说的草稿》，载《中国青铜时代》，生活·读书·新知三联书店，1999，第487–496页。

独立为一个创世的精神本原。天帝至上神与物质世界和血缘人伦体系的未分化特征及其人格意义的缺乏，使它难以发展出作为文化核心价值基础的宗教体系。这对孔子及先秦儒家心性之学的思维方式、理论内容及发展方向都有着决定性的影响。

就第二个方面而言，在孔子之前，周人的文化价值观是宗教性的。在周人的观念中，至善的本原在天帝，人则被理解为一种功利性的存在。在这种宗教性的视域中，人的行为动机是功利性的（"祈天永命"），人亦由此被理解为一种功利性的存在。

孔子既继承了周人传统的"天命"观念，又在这天命观念的内部，提出"义""命"的内在区分。人之天职和使命乃躬行仁义，行为的结果，则不在人的可求和应求的范围之内，只能归之于"天"或"命"。这种对"义""命"关系的理解，使传统的天命观发生了重要的转变：把行"义"由宗教义的祈神邀福之手段，转变成人行的内在动机和天职。孔子的这一思想，规定了以后儒家对天人关系和人之价值实现方式的基本理解。

孔子转变了周人天命观中把人仅仅理解为一种功利性存在的立场，反思并发现人之最本己的能力和可能性，在于躬行人道。对"天"或"天命"从根本上做人文的理解，从而把善的原则转变为人之本有的规定。孔子乃以"仁"这一概念统摄此点，《论语·颜渊》："为仁由己，而由人乎哉？"《论语·述而》："子曰：仁远乎哉？我欲仁，斯仁至矣。"《论语·里仁》："有能一日用其力于仁矣乎？我未见力不足者。"都表现了这一点。这本身即可看作文化价值观念意义上的一种"内转"。《论语》言仁，多是根据学生的不同性情特点，因人、因时、因地随处点化、提示，指示出以切实践履以实现、领悟仁的方法和道路，而对仁之践履过程具有普遍性和奠基性的"性与天道"的问题，在

《论语》中还没有成为正面探讨的显性议题。孔子的思想因而呈显浑沦圆融的气象。比如他既重视仁，也重视礼，二者构成一个平衡的系统。但是这种平衡，不是仁和礼的平列甚至对峙，而是以人的自觉和人格的完成为其根本与归宿。

相对而言，"仁"讲的是人的品德和理想，侧重于内心精神和情志内容，所以仁总与"爱"相联；"礼"讲的是人的社会规范，是行为的社会原则，侧重于"文"和伦理一面。孔子以忠恕论仁，即侧重爱心之推扩；讲"克己复礼"，则注重伦理原则的教化功能。实质上，它们从不同的角度表述了同一内容，可统归为"为仁由己"，即人之自觉和道德人格的挺立。在现实的修养过程中，推己及人的自觉与有意识地遵从礼义规范的磨炼可以相对分开。但是，从原则上说，推己及人的忠恕之道，已经内在地包含着礼所规定的节和度，在这个意义上说，以社会的责任和义务为目的的行为和人格，仍然以人的内心的自觉为内容，仍然是"为仁由己"。

157

由孔子开启的这一"内转"的趋向，一方面确定了一个思想发展的基本方向，即人有自身的价值和使命，人的价值之实现奠基于践履自身之使命；另一方面，这一趋向蕴含着一种理论需要，即进一步丰富和完善对"人之最本己的能力和可能性"之具体内容的理解。

二、前辈与后辈弟子

史称孔子弟子三千，身通六艺者七十余人。孔子身后儒家思想学术的发展，似乎是一件很难说清楚的事。对于孔子后学的分化，历来存在不同的看法，如从韩非而来的"儒分为八"的八派区分，传经之儒与传道之儒的划分，由《论语》而来的所谓德行、言语、政事、文学的"四科"划分，宋儒以来孔、曾、思、孟的道统传承说，前期弟子、后期弟子的区分，等等。这些说法之间又互有交叉。《史记·仲尼弟子列传》言孔子弟子"受业身通者七十有七人"，而司马迁谓出于孔氏古文之《弟子籍》，有事迹和年岁者三十五人，见于《论语》者二十七人，而确有明证者仅二十人而已^①。这些弟子不见得都有思想上的建树，亦不见得在思想、学术发展上都有地位。看孔子后学思想发展的大势，崔述和钱穆先生的看法可以借鉴。崔述《洙泗考信余录》卷之一云：

> 《春秋传》多载子路、冉有、子贡之事，而子贡尤多，曾子、游、夏皆无闻焉。《戴记》则多记孔子没后曾子、游、夏、子张之言，而冉有、子贡罕所论著。盖圣门中子路最长，闵子、仲弓、冉有、子贡则其年若相班者。孔子在时，既为日月之明所掩，孔子没后，为时亦未必甚久。而子贡当孔子世，已显名于诸侯，仕宦之日既多，讲学之日必少，是以不为后学所宗耳。若游、夏、子张、曾子，则视诸子为后起，事孔子之日短，教学者之日长，是以名言绪论，多见于孔子没后也。不然，闵子"具体而微"，仲弓"可使南面"，何以门人皆无闻焉，反不如"得一体"者独能传经于后世乎？由是言之，羽翼圣道于当时者颜、闵、子贡、由、求之力，而子贡为尤著；流传圣道于后世者游、夏、曾子、子张之功，而曾子为尤纯。^②

① 参见［清］崔述：《洙泗考信余录》，载《崔东壁遗书》，上海古籍出版社，1983，第403页。

② ［清］崔述：《洙泗考信余录》，载《崔东壁遗书》，上海古籍出版社，1983，第378–379页。

钱穆先生《先秦诸子系年·二九孔子弟子通考》首肯并引申崔述之说云：

> 崔说甚是。余考孔门弟子，盖有前后辈之别。前辈者，问学于孔子去鲁之先，后辈则从游于孔子返鲁之后。如子路、冉有、宰我、子贡、颜渊、闵子骞、冉伯牛、仲弓、原宪、子羔、公西华，则孔门之前辈也。游、夏、子张、曾子、有若、樊迟、漆雕开、澹台灭明，则孔门之后辈也。虽同列孔子之门，而前后风尚，已有不同。由、求、予、赐志在从政，游、夏、有、曾乃攻文学，前辈则致力于事功，后辈则精研于礼乐。此其不同一也。……大抵先进浑厚，后进则有棱角。先进朴实，后进则务声华。先进极之为具体而微，后进则别立宗派。先进之淡于仕进者，蕴而为德行。后进之不博文学者，矫而为玮奇。[①]

要言之，崔述和钱穆先生区分孔子前、后期弟子，认为前期弟子事孔子之日长，仕宦之日多，讲学时间少，且为孔子之明所掩，故其特点不在学术、思想之创造和传授，而在德行、事功等方面。后期弟子事孔子日短，教学之时间长，在孔子殁后，有机会发展出其独立的学说系统，故其特点在研精于礼乐、创立学说宗派。此说合乎情理。孔子前期弟子，多为随孔子周游列国者，其贡献在于协助孔子树立一个学行的传统。后期弟子则可有机会在此基础上对孔子所开创的儒家学说进行思想理论上的发展。《论语》中有子、曾子称"子"，《礼记》多记曾子、子游、子夏之言，皆说明了此点。另外，孔子对伦理、文化、礼乐及价值

---

① 钱穆：《先秦诸子系年》，商务印书馆，2001，第94-95页。

的重建，怀有强烈的使命感和担当意识，对社会现实亦极具批判精神。在这些方面，前期弟子的表现并不突出，这正说明其为孔子"日月之明所掩"。后期弟子从曾子始，乃显示出一种"以德抗位"之精神，体现了一种超越于现实政治的独立自觉的意识和开一代新风的气概。子思亦继承了这样一种精神。思孟都主张"德"超越于势位，孟子说"曾子、子思同道"，与这一共同的意识有关。由此，乃形成孔子后儒家之主要流派。

从文献的记述看，这也是合乎历史实际的。细绎韩非"儒分为八"之说，其本意是要说明世所存者多为"愚诬之学，杂反之辞"（《韩非子·显学》），不足为治，必须以刑赏法度来治国，并非从儒家思想学说的关系来讲问题，实不足据以论孔子以后儒家思想学术之发展。而儒家文献中所记孔子后学言行，涉及学术思想之关系，探寻孔子以后儒家思想的开展，当以之为主要依据。如《荀子·解蔽》所述曾子、有子、子思、孟子思想，明显地就是一种注重内省的"神秘主义"①。观《礼记》所记后期弟

160

---

①《荀子·解蔽》："曾子曰：是其庭可以搏鼠，恶能与我歌矣！空石之中有人焉，其名曰觙。其为人也，善射以好思。耳目之欲接则败其思，蚊虻之声闻则挫其精。是以辟耳目之欲，而远蚊虻之声，闲居静思则通。思仁若是，可谓微乎？孟子恶败而出妻，可谓能自强矣；有子恶卧而焠掌，可谓能自忍矣，未及好也。辟耳目之欲，可谓能自强矣，未及思也。蚊虻之声闻则挫其精，可谓危矣，未可谓微也。夫微者，至人也。至人也，何强，何忍，何危？"此一段话，是从心性的角度评论儒家诸子。此处批评曾子、觙、孟子、有子。郭沫若认为"觙"即"伋"，也就是子思（参见郭沫若：《儒家八派的批判》，载《十批判书》，东方出版社，1996，第146页以下）。这应该说是荀子思孟学派强调内在性的所谓神秘主义的一个系统的批评。荀子又批评腐儒慎言，"括囊无咎无誉"，亦值得注意。因为《礼记》《缁衣》等四篇，亦特别主张慎言。孟子虽辩，然言"予不得已也"，与荀子"君子必辩"的气魄不同。荀子的"君子必辩"，与其注重"知"和"智"有关；与此相反，子思这个"括囊"般的慎言，与其"神秘主义"是有关的。郭沫若的上述说法是可信的。

子之注重丧祭、孝道亲亲，近几十年出土简帛资料所涉及子游、子思等的重心、重情、重乐、求己的思想倾向，再参照《孟子》内求于心而尽心、知性、知天的学说系统，大致可以看出孔子以后思想学术发展的脉络。

宋儒讲孔、曾、思、孟的传承关系，是一种道统论的讲法，但就我们现在所能掌握的资料看，它并非全无根据。孔子到孟子近二百年，儒家思想发生了很大变化。尽管孔子的系统里已有关于人性的讨论，并肯定道德的先天基础，尽管孟子自许以上承孔子之学为其神圣的使命，但直接从孔子来看孟子，其注重心、性、情、才、气的学说系统，仍使学者感到很突兀。我们结合简帛资料和儒家传世文献，可以看到孔子以后儒家思想有一种明显的内转趋势。曾子之说，实就忠恕而生发开去。其忠恕之实，曾子开之以孝道。曾子学说之要，乃以忠恕之道，贯乎"孝"德而为其本，由此转向内在省思之途。此一路向，既下开思孟一系，亦远开宋明理学之先。以后儒家所言心、性、情、才、气的思想系统，皆与此相关。这一趋势，子思一系为其主要的代表。当然，宋儒的说法很粗疏。现在看来，思孟一系思想不是孤立的，它和曾子、子游、子夏、公孙尼子等都有着思想、学术上的关联。

三、圣与智

从荀子对思孟学派的批评来看，思孟的一个特征，是其"五行"说，由此而有一种神秘主义的特征。从郭店楚简和帛书《五行》篇我们可以知道，这五行说涉及的一个重要内容，就是圣、智的问题。我曾经做过一篇小文，讲荀子批评思孟五行是神秘主义①，根据在其混淆了天人②。现在看来，这只是问题的一个方面。从另一个角度看，郭店楚简《五行》和帛书《五行》，其讲圣、智的问题，实质上是重心、重情。这与荀子的重智、重礼的思想倾向是有很大区别的。从这个角度看荀子对思孟的批评，可能更有根本性的意义。

《五行》篇既讲"五行"，又讲"四行"。而"五行"和"四行"的区分涉及天道和人道、德与善的关系问题。郭店楚简《五行》篇说：

> 德之行五和谓之德，四行和谓之善。善，人道也。德，天道也。③

"四行和"指"仁义礼智"之和而言，"五和"则指仁义礼智圣"五行"之和而言。所谓"和"，即能达以上诸德之内外和合而归于一心，以成就人格之谓。仁义礼智"四行"和之"善"，所成就者，即今人所谓的道德境界；而仁义礼智圣"五行"和之"德"，所成就者，则为道德而超越道德的天人合一境界。故前者为"人道"，后者为"天道"。

《五行》篇又以圣、智对举，"五行"和可以用"圣"来表征，"四行"和可以用"智"来表征。"五行"和"四行"的对比，从人格成就上讲，就是"圣"和"智"的对比。郭店楚简《五行》篇说：

> 见而知之，智也。闻而知之，圣也。明明，智也。

---

① 《荀子·非十二子》谓："甚辟违而无类，幽隐而无说，闭约而无解。"

② 参见李景林：《教化的哲学——儒家思想的一种新诠释》，黑龙江人民出版社，2006，第234页以下。

③ 李零：《郭店楚简校读记》，北京大学出版社，2002，第78页。

赫赫，圣也。"明明在下，赫赫在上"，此之谓也。闻君子道，聪也。闻而知之，圣也。圣人知天道也。……见而知之，智也。……四行之所和也。和则同，同则善。①

又说：

智之思也长，长则得，得则不忘，不忘则明，明则见贤人，见贤人则玉色，玉色则形，形则智。圣之思也轻，轻则形，形则不忘，不忘则聪，聪则闻君子道，闻君子道则玉音，玉音则形，形则圣。②

又说：

金声，善也。玉音，圣也。善，人道也。德，天[道也]。唯有德者，然后能金声而玉振之。不聪不明，【不圣不智】，不智不仁，不仁不安，不安不乐，不乐无德。③

我们可以把上引郭店楚简《五行》篇中一系列概念对照起来，看看它们有哪些不同的特点：

五行：仁义礼智圣　德　圣　闻　玉音　天道
四行：仁义礼智　　善　智　见　玉色　人道

---

① 李零：《郭店楚简校读记》，北京大学出版社，2002，第79页。
② 同上书，第78—79页。
③ 李零：《郭店楚简校读记》，北京大学出版社，2002，第79页。李零先生原在"不聪不明"下补"不明不圣"四字，不妥，故不录。《郭店楚简校读记》之《凡例》中说明："［］中为原文缺字的释文，只为帮助理解。脱字，可据文义补释者，原书是以注释说明，今则加以释文，括以【】号。"本书后文不另作注。

　　《五行》篇讲仁义礼智"四行"是"善"，"善"的内容是
"人道"，而仁义礼智圣"五行"是"德"，"德"的内容所显
为"天道"。又认为"四行"所标志者为"智"德，与之相对应
的，是"善"或"人道"，而"五行"所标志者为"圣"德，圣
乃能"知天道"。这与《中庸》《孟子》的思想是一致的。孟子
以仁义礼智"四德"为"善"，人先天本具此四德，故言"人性
善"。又《孟子·尽心下》谓"圣人之于天道也"，正以圣人或
"圣"与"天道"相对举。《中庸》说："诚者，天之道也；诚之
者，人之道也。诚者不勉而中，不思而得，从容中道，圣人也。
诚之者，择善而固执之者也。"此以"诚""圣"为"天道""择
善"之知为"人道"。《中庸》以"诚"和"圣"为同一层次的
概念。又《中庸》下文既言圣可以"配天""圣人之道""发育
万物""峻极于天"，又言"至诚"可以参天地，育万物，"立天
下之大本，知天地之化育"。在这里，我们可以看到一个一脉相
承的思想传统。

　　故《五行》的系统，其核心是讲圣、智。圣者知天道，智
者知人道。《五行》篇的作者以为圣的价值高于智的价值。圣可
包含智的意义，反之则不可。圣、智，又以圣为中心。《五行》
和《庸》《孟》都强调圣者才能知天道。那么，圣人怎样知天
道？通过什么方式知天道？从前面的引文我们知道，圣人的知
天道，与听觉、音乐、内心的直悟所达之心灵自由有密切的关
系。圣、听本为一字之分化，圣与声亦相通，其在字源上有相
关性。古书圣又训"通"，故"闻而知之者圣"，注重内在的听
觉意识，可能有相当深远的文化渊源。"见而知之"与空间意识
相关，"闻而知之"则与时间意识相关。后者关联历时性的内
在生命体验。

《五行》讲"见而知之"者"智"，"闻而知之"者"圣"。《孟子·尽心下》[①]也讲到这一点。从孟子的说法看，"闻而知之"者皆是于文化、文明、思想有所原创者，而"见而知之"者则只是在文化和思想上有所继承的智者和贤人。这与《礼记·乐记》所说的"知礼乐之情者能作，识礼乐之文者能述，作者之谓圣，述者之谓明，明圣者，述作之谓也"，在精神上是一致的。圣的"作"或原创性，表现为与天地内在精神上的沟通、对此天人合一之真理内容的把握及在此基础上所实现之思想和人文创制。《礼记·乐记》说"作者"，"知礼乐之情"，下文又说"穷本知变，乐之情也"，正说明了这一点。"述者"则偏于外的认知。故以"识礼乐之文"和"明"来做说明。"识礼乐之文"或者"述"从表象上"看"即可，此由乎"见而知之"；而"知礼乐之情""穷本知变"，则是"作"，乃必由乎心灵的原创。

正因为《五行》篇所谓圣与"闻"的听觉意识相联系，所以，它特别注意圣与"乐"的关系。它用"玉色"来形容"智"，而用"玉音"来形容"圣"。其实，其以"玉音"说圣，决不仅是一种形容。前引郭店楚简《五行》用"乐"的"金声玉振"来论圣之集大成："金声，善也。玉音，圣也。善，人道也。德，天〔道也〕。唯有德者，然后能金声而玉振之。不聪不明，不圣不智，不智不仁，不仁不安，不安不乐，不乐无德。"这个

①《孟子·尽心下》之末章云："孟子曰：由尧、舜至于汤，五百有余岁。若禹、皋陶，则见而知之；若汤，则闻而知之。由汤至于文王，五百有余岁。若伊尹、莱朱，则见而知之；若文王，则闻而知之。由文王至于孔子，五百有余岁。若太公望、散宜生，则见而知之；若孔子，则闻而知之。由孔子而来，至于今，百有余岁。去圣人之世，若此其未远也；近圣人之居，若此其甚也。然而无有乎尔，则亦无有乎尔！"此处所举汤、文王、孔子，皆"闻而知之"者，在文化、文明、思想上皆有所创造，此正儒家所称"闻而知之"的圣人。而禹、皋陶、伊尹、莱朱、太公望、散宜生等，皆只是于思想、文化上有所称述的贤人、智者而已。

说法，后来孟子也在"接着讲"。孟子亦用"金声玉振"来说明孔子为圣人之集大成者。《孟子·万章下》："孔子之谓集大成。集大成也者，金声而玉振之也。金声也者，始条理也；玉振之也者，终条理也。始条理者，智之事也；终条理者，圣之事也。"不仅如此，孟子在讲"仁义礼智圣"五行的同时，又讲"仁义礼智乐"。《孟子·离娄上》："仁之实，事亲是也；义之实，从兄是也；智之实，知斯二者弗去是也；礼之实，节文斯二者是也；乐之实，乐斯二者，乐则生矣，生则恶可已也，恶可已则不知足之蹈之手之舞之。"《五行》从听觉意识和音乐的角度讲圣德，孟子既言"仁义礼智圣"，又讲"仁义礼智乐"，其中意味甚深。一方面，儒家认为礼乐同源，而"乐"直接关涉人的内在的情感生活，其化人也速。而圣的成就与自由，亦必在这种内在的心灵和情感之创造性的转变的历程中见其功。《礼记·乐记》论"乐"的教化功能说："致乐以治心，则易直子谅之心油然生矣。易直子谅之心生则乐，乐则安，安则久，久则天，天则神。"这段话和前引《孟子》及《五行》篇以"金声玉振"言圣德的话，精神完全一致，可以互参。另一方面，乐具有感通天人之作用。《礼记·乐记》说"大乐与天地同和""乐者天地之和也""乐著大始，而礼居成物"，圣的成就亦具有此种内在的沟通天人的意义。

166

《五行》篇由"乐"引生出一个聪、明、圣、智、仁、安、乐、德、天道的观念序列。同时，前引《乐记》的话，亦由乐以治心，引生出一个乐、安、久、天、神的观念序列。这是两个在精神上完全一致的序列。音乐可以与天地相通，瞽史有能力以吕律和谐来沟通天人，这在古书中不乏其例。《五行》篇及思孟的系统继承了这一点。荀子从"五行说"的意义上批评思孟为神秘主义，绝非无的放矢的臆说。

四、慎独与贵心

郭店楚简儒家类著作，显现了一种明显的"贵心"倾向。上文讲《五行》的圣、智系统，实即体现了这一点。仁义礼智圣"五行"所表现之圣德，其重要的特点是重听觉意识，由此关涉对"乐"、对乐之通天人的强调。我们从郭店楚简其他篇章中，亦可以看到对乐教的重视。如《性自命出》重"心术"："凡道，心术为主。"又："凡学者求其心为难，从其所为，近得之矣，不如以乐之速也。"重乐教，其实就是强调心的修养的重要性。

按儒家的看法，礼和乐都根源于情。不过礼之功用要在外范和节制，乐则直接能够感动人之内心，从而具有潜移默化的感化人心和移风易俗之作用。从孟、荀两家的比较来看，孟子的重乐与荀子的重礼，不仅涉及教化之道的问题，更涉及对心性和道德本原的不同理解问题。《五行》篇重乐，同时在修养成德上转向对内心自觉和情感生活之创造性转变的强调，而对外范之礼，则注重由转化其形式性而归于一心的意义。《五行》篇强调"乐"的意义，已如前述，《五行》对"慎独"问题的讨论，则体现了它对作为仪式系统的"礼"的看法。

《五行》中关于"慎独"的理论很有特色。郭店楚简《五行》有两个地方谈到"慎独"：

> "淑人君子，其仪一也"。能为一，然后能为君子，【君子】慎其独也。①
> "［瞻望弗及］，泣涕如雨"。能"差池其羽"，然

167

---

① 李零：《郭店楚简校读记》，北京师范大学出版社，2002，第3页。

后能至哀。君子慎其［独也。］①

与之有关的文字还有接下来的一段：

　　［君］子之为善也，有与始，有与终也。君子之为
德也，［有与始，无与］终也。②

《礼记》的《大学》《中庸》《礼器》诸篇皆言及"慎独"。观其言"慎独"之义，一言修为工夫，其要点在一个"慎"字。所以，郑玄解《中庸》首章论"慎独"说："慎独者，慎其闲居之所为。"这是从修养工夫上讲，其所重在一个"慎"字。但为什么要讲"慎"的工夫？这就追溯到一个更深的层面，那就是人的存在是内外一体的，诚于中必形于外，心广体胖，德不可掩。形色与内心生活，是互成互体的两面，不可分割，而诚中形外的德化之效，更为儒家所重视。这一点，《大学》《中庸》都讲到了。所以，此"独"之所重，乃在于人的内心生活之自由的完成。这就涉及在成德上人之内心情感与礼仪作为规范性之间的关系问题。上引郭店楚简《五行》的话，讲的就是这个问题。

　　《礼记·礼器》篇也讲到这一点，可以参照理解："礼之以少为贵者，以其内心也……是故君子慎其独也。"这是说，我们注重"礼"的形式方面少一些，就是要强调对内心的关注，君子"慎独"，意在于此。这是"慎独"的更深层面的意义，它关注"独"的内涵，而不是"慎"的工夫。《五行》的"慎独"说，

---

① 李零：《郭店楚简校读记》，北京师范大学出版社，2002，第79页。
② 同上。［　］内的"无与"二字，李零《郭店楚简校读记》补为"有与"，荆门市博物馆编《郭店楚墓竹简》（文物出版社，1998，第152页）补为"无与"。按帛书《五行》，当从后者。

讲的就是这一方面的意义。

这里我们要强调,《礼记·礼器》讲圣人立礼,应关注礼之有外内、多少、大小、高下、文素等不同的方面,"礼之以少为贵"只是其中的一个方面。而《五行》所言"慎独",则是仁义礼智圣"五行"之和谐为一所达到的最高的德性成就,表现了一种根本的思想学术取向。这是应予注意的。

帛书《五行》之《说》的部分,对这个"慎独"说有系统的解说。帛书《五行》的解释如下:

> "能为一,然后能为君子",能为一者,言能以多【为一】。以多为一也者,言能以夫【五】为一也。
> "君子慎其独",慎其独也者,言舍夫五而慎其心之谓【独】。【独】然后一。一也者,夫五夫为【一】心也,然后德之一也,乃德已,德犹天也。
>
> 不在衰绖也然后能【隆】哀。夫丧,正经修领而哀杀矣,其至内者之不在外也,是之谓独,独也者,舍体也。
>
> "君子之为善也,有与始,有与终",言与其体始,与其体终也。"君子之为德也,有与始,无【与终"。有与始者,言】与其体始;无与终者,言舍其体而独其心也。[1]

这两者结合起来,可以看出《五行》的"慎独"是把礼的仪式系统转化为内心的自由。"一"指五行的归于一心。"有与

169

---

[1] 【 】中文字原缺,此据魏启鹏先生《德行校释》校补,巴蜀书社1991年版,第29-32页。

始""有与终""无与终",指"与其体始""与其体终""舍其体而独其心"。这里的"体"字,学者多解释为身体的体。这是不对的。简本由"至哀"而言"慎独",而帛书《五行》的《说》则将其解释为"舍体""独心"。而这个"舍体""独心"强调的是"哀"的内心情感的充分表现。这很合乎郭店楚简《五行》的精神。所以,这个"体"字,应是就礼的形式而言。《礼记·孔子闲居》讲"三无":"无声之乐,无体之礼,无服之丧。"孔颖达《正义》言:"此三者,皆谓行之在心,外无形状,故称无也。"这应是"舍体"的最恰当的解释。[1]

这样,郭店楚简《五行》所说的"[君]子之为善也,有与始,有与终也。君子之为德也,[有与始,无与]终也",就可以得到一个恰当的解释。"与其体始,与其体终",是说始终勉力行礼,这只是"善"。而"有与始,无与终"之所以可称作"德",而与天道合一者,是因为它已经完全摆脱了礼仪形式的外在束缚,完全达到了行为的自然和自由。这也就是孔子的"七十而从心所欲不逾矩",亦完全与《中庸》"诚者,天之道也……诚者不勉而中,不思而得,从容中道,圣人也"之义相合。

强调圣德合天道,是内心的自由,而不由乎外,这是思孟五行说的根本精神。《五行》篇重"乐",同时在修养成德上转向对内心自觉和情感生活之创造性转变的强调,而对外范之礼,则注重由转化其形式性而归于一心的意义。

《五行》由圣德与听觉意识及"乐"之间的深刻关联揭示圣德与内心自由的关系,由慎独之独特内涵强调转化礼之形式性而

---

[1] 参见李景林:《教化的哲学——儒家思想的一种新诠释》,黑龙江人民出版社,2006,第224–233页。

归于一心的意义，皆突出了"心"之修养的必要性。这些，实与其"贵心"的观念相关。

《五行》篇有"耳目鼻口手足六者，心之役也"[①]之说。帛书《五行》的《说》部则由之引申出心好仁义而"贵心"的看法。帛书《五行》云：

> "耳目鼻口手足六者，心之役也。"耳目也者，悦声色者也；鼻口者，悦臭味者也；手足者，悦觱（佚）馀（愉）者也。心也者，悦仁义者也。之〈此〉数体者皆有悦也，而六者为心役，何〈也〉？曰：心贵也。有天下之美声色于此，不义，则不听弗视也。有天下之美臭味于此，不义，则弗求弗食也。居而不间尊长者……不义，则弗为之矣。何居？曰：几不□〈胜〉□，小不胜大，贱不胜贵也哉！故曰心之役也。耳目鼻口手足六者，人□□，□〈人〉体之小者也。心，人□□，人体之大者也，故曰君也。[②]

帛书《五行》论人心，提出"心贵"说。此言"心贵"，要在"心悦仁义"。由此，区分出"大体"与"小体"，以"心"为"人体之大者"，而以感官为"人体之小者"。这便涉及心性与道德本原的问题了。孟子论人的存在，亦区别"大体"与"小体"，强调"心"作为"思"之官的主宰作用以"先立乎其大"（《孟

171

---

① 李零：《郭店楚简校读记》，北京大学出版社，2002，第80页。

② 参见庞朴：《竹帛〈五行〉篇校注》，载《庞朴文集》，山东大学出版社，2005，第146页。《竹帛〈五行〉篇校注》之《凡例》中说明："本书对帛本释文所加之校补，以〈 〉号区别，所除之衍误，字外加□。"本书后文不另作注。

子·告子上》），又言"理义之悦我心，犹刍豢之悦我口"，"理义"为"人心所同然"之"好"（《孟子·告子上》），这同《五行》篇"耳目鼻口手足六者，心之役也"之说以及帛书《说》文所做之引申，在精神上是高度一致的。当然，孟子的思想更加丰富细密，它完善了儒学关于心性和道德本原的观念和思想系统。

五、心、性与情、才

陈荣捷先生研究孔子后学，揭示出一个重要的特点，即从《礼记》和《家语》看，孔子殁后，丧祭礼和孝道成为弟子讨论的中心问题。丧祭礼和孝道关乎亲亲。重情，尤其是亲亲之情，这在郭店楚简中也有突出的表现。

郭店楚简讲伦理，很重视夫妇、父子、君臣"六位"和圣智、仁义、忠信"六德"。而"六德"对应"六位"，构成后者的德性内容。对此，不仅《六德》篇有集中的讨论，《成之闻之》篇更把它看作天所降之"大常"的具体内容。《成之闻之》篇："天登大常，以理人伦，制为君臣之义，作为父子之亲，分为夫妇之辨。是故……君子治人伦以顺天德。"①又："昔者君子有言曰'圣人天德'何？言慎求之于己，而可以至顺天常矣……是故君子慎六位，以祀天常。"②由此可见"六位""六德"的重要意义。应该注意，这里的"圣人天德"以及求己、慎六位而能达天常的思想，正与五行之和的圣德可达天道的观念一致，证明它们都属于思孟的思想系统。

而这"六德""六位"所重，正在血缘的亲亲之情。《六德》篇提出的"仁内义外"说，就说明了这一点：

① 李零：《郭店楚简校读记》，北京大学出版社，2002，第122页。
② 同上书，第122页。

仁，内也。义，外也。礼乐，共也。内立父、子、
夫也，外立君、臣、妇也。疏斩布绖杖，为父也，为君亦
然。疏衰齐牡麻绖，为昆弟也，为妻亦然。袒免，为宗族
也，为朋友亦然。为父绝君，不为君绝父。为昆弟绝妻，
不为妻绝昆弟。为宗族疾朋友，不为朋友疾宗族。人有六
德，三亲不断。门内之治恩掩义，门外之治义斩恩。①

　　这个仁内义外说，讲的是家族伦理与社会伦理在治理原则
上有不同的特征和偏重。这和孟子所批评的告子的仁内义外说的
角度有所不同。这里一是强调亲亲重于尊尊，即所谓"为父绝
君，不为君绝父"；二是强调尊尊的社会伦理规定本原于亲亲的
原则。我们可以结合《礼记·丧服四制》和《孝经·士章》来理
解这一点。《礼记·丧服四制》说："门内之治恩掩义，门外之治
义断恩。资于事父以事君而敬同。贵贵尊尊，义之大者也。故为
君亦斩衰三年，以义制者也。……资于事父以事母而爱同。天
无二日，土无二王，国无二君，家无二尊，以一治之也。"《孝
经·士章》说："资于事父以事母，而爱同；资于事父以事君，
而敬同。故母取其爱，而君取其敬，兼之者父也。故以孝事君则
忠，以敬事长则顺。"《丧服四制》的说法与《六德》篇的角度
完全一致。《六德》篇讲"门内之治恩掩义，门外之治义斩恩"，
讲"内""外"的关系，是就丧服举例而言。《丧服四制》和《孝
经·士》则揭示了"父"兼具"亲亲"与"贵贵尊尊"这一特
征，从理论上更清楚地说明了"内"与"外"的内在联系和区
别。"父亲"这个角色，兼具有"爱""亲亲"与"敬""尊尊"两
面，所以，社会伦理可以从家族伦理中推出，社会伦理应以家族

　　① 李零：《郭店楚简校读记》，北京大学出版社，2002，第131页。

173

伦理为本原。《六德》篇下文说"先王之教民也，始于孝弟"，也是这个意思。由此可见《六德》之重亲亲之情。

郭店楚简《唐虞之道》言禅让，也强调了亲亲与尊贤统一的原则。从理论内容上看，《唐虞之道》乃以亲亲、尊贤言仁、义，并由此理解禅让之义："尧舜之行，爱亲尊贤。爱亲故孝，尊贤故禅……孝，仁之冕也；禅，义之至也……爱亲忘贤，仁而未义也；尊贤遗亲，义而未仁也……爱亲尊贤，虞舜其人也。"又言："禅也者，上德授贤之谓也。上德则天下有君而世明。授贤则民兴效而化乎道。"①此以亲亲、尊贤释仁义，以尊贤或上德授贤释禅让之义。那么，从禅让的角度看，这个"尊贤"或"上德授贤"与"亲亲"是什么关系？《唐虞之道》说："古者尧之与舜也：闻舜孝，知其能养天下之老也；闻舜弟，知其能事天下之长也；闻舜慈乎弟〔象□□，知其能〕为民主也。故其为瞽盲子也，甚孝；及其为尧臣也，甚忠；尧禅天下而授之，南面而王天下，而甚君。故尧之禅乎舜也，如此也。"又说："唐虞之道，禅而不传。尧舜之王，利天下而弗利也。禅而不传，圣之盛也。利天下而弗利也，仁之至也……必正其身，然后正世，圣道备矣。故唐虞之〔道，禅〕也。""极仁之至，利天下而弗利也。"②由此看来，尧之以"尊贤"或"上德授贤"为内容的禅让，实完全被归结为孝弟亲亲之德。"亲亲"与"尊贤"、孝与忠，表现的是内与外、血缘伦理与社会伦理的关系。"仁"为内在的德，"利天下而弗利"为仁德之于社会的落实。以上两个方面的统一，其根据即先秦儒家的絜矩之道或以修身

---

① 李零：《郭店楚简校读记》，北京大学出版社，2002，第95、96页。
② 同上。

为本的德治原则。此即《唐虞之道》的禅让说的基本内容，由此亦可见其对亲亲之情的重视。

重亲亲之情，这还只是郭店楚简思想重情的一个非常具体的表现。郭店楚简《性自命出》篇从比较普遍的理论角度提出了一套以性情论为核心的性命天道论，以为其治心成德的教化修养论提供根据。

《性自命出》开首一段说：

> 凡人虽有性，心无定志，待物而后作，待悦而后行，待习而后定。喜怒哀悲之气，性也。及其见于外，则物取之也。性自命出，命自天降。道始于情，情生于性。始者近情，终者近义。知情［者能］出之，知义者能入之。好恶，性也。所好所恶，物也。……凡性为主，物取之也。……虽有性，心弗取不出。[①]

这里所说"喜怒哀悲之气，性也"和"好恶，性也"都不必视为对"性"所下的定义，而需从"情生于性"或"情出于性"的角度来理解。这里讲"凡人虽有性，心无定志，待物而后作"，又"及其见于外，则物取之也"，又"凡性为主，物取之也"，都是说"性"在"心"与"物"相交感中表显喜怒哀悲或好恶之"情"。在这"心"与"物"的感应之几上，乃有善恶之趋向表现出来。《性自命出》重乐教，强调"乐"为"求心"之捷径，正是着眼于这个感应之几。此外，《性自命出》以为教化成德虽必在人心之感物而起的情态表现上见其功，但并非出

---

① 李零：《郭店楚简校读记》，北京大学出版社，2002，第105页。"虽有性，心弗取不出"，李零断为"虽有性心，弗取不出"。

离自然，背离其性，对此，性自命出有一个表达，叫作"反善复始"。总而言之，即情言性，在心与物相接的感应之几上言教化，并以"反善复始"的"复性"义规定此教化成德之本质内涵，这是《性自命出》性情论的特点。

谈到性、心、情的关系，有人认为那是宋儒才讨论的问题。其实，对这个问题，先秦儒家已多有论述，且已构成其性善观念、自力超越价值实现方式的思想依据。《中庸》首章说："天命之谓性，率性之谓道，修道之谓教。"又："喜怒哀乐之未发，谓之中，发而皆中节，谓之和。中也者，天下之大本也；和也者，天下之达道也。致中和，天地位焉，万物育焉。"此言"中和"，其核心内容是"情"（喜怒哀乐）。由于《中庸》在讲天命性道和"中和"的这两段论述之间还隔着一段论"慎独"的话，所以，天命性道与"情"（中和）之间的逻辑关系，并不是太清楚。但我们从《性自命出》"性自命出，命自天降，道始于情，情生于性"的说法可以显见，《中庸》"喜怒哀乐"之发与未发的中和论，讲的正是"情生于性"的问题。从《中庸》后文我们也可以知道，在其作者看来，"情"之"中和"便是"尽性"，便是天道之落实与呈显。《中庸》首章未直接讲"天命之谓性"与"中和"之"情"的关系，其实是把"即情显性"的性情关系当作一个已知的前提了。

在先秦儒家的观念中，出自天命的性，其内容即一个"情"字。在"情"上才能见"性"之本真。由此，我们才可以理解孔子为什么那么重视人的先天质素对人之成德的意义，也才可以理解孟子讲"性善"，为什么要从"情"上说。正是基于对性、心、情关系的这种理解，先秦儒学才形成了其独特的"圣人之道"，那就是尽心知性以知天，存心养性以事天。这里，"心"的核心内容是"情"，不是"知"。

情与"才"的关系问题，由孟子提出，"才"即与"气"相关。但在简帛文献中，"气"的问题已经提出，如上《性自命出》所言"喜怒哀悲之气，性也"。这个说法很容易使人把它理解为仅以人的生物本性为内容的所谓"自然人性论"。但是，从我们前面的分析来看，这里的"气"也许更恰当的理解应该是人之生命实存之整体，而情感正是此生命实存之表现。《性自命出》即情言性，而教化成德亦是着眼于人心以情应物之几，从而实现生命实存之转化与提升。

《五行》篇《经》部虽不言"气"，但是它谈论德性之修养也注意从人之情感、容色等实存方面展开，如说："仁之思也精，精则察，察则安，安则温，温则悦，悦则戚，戚则亲，亲则爱，爱则玉色，玉色则形，形则仁。"[1]这里对仁之思的描述，从内心态度、情感到形色逐步转化，细致入微。最后落脚于"玉色"，这表征着人之生命实存转化提升之后的整体气象。

帛书《五行》之《说》部有"仁气""义气""礼气"之说，"知君子所道而诹然安之者，仁气也"；"知君子之所道而俶然行之，义气也""安而敬之……既安之矣，又愀愀然敬之者，礼气也"。此"气"，乃指一种与心相关之"情"和力量、冲动之表现。《五行》篇提出"仁气""义气""礼气"之"气"的观念来说明身心的关系，把"气"理解为人的德行之内在的驱动力。它已经注意到德行不仅仅是知和情的问题，道德之知和情之所以具有发行实践的能力，乃是因为其伴随着一种内在

177

---

① 李零：《郭店楚简校读记》，北京大学出版社，2002，第78页。

的冲动力量：气。气乃是着眼于人之身体性的一个概念。帛书《五行》之《说》部尚未形成一种关于"气"的系统观念用以表征人的身体性。孟子则提出"养气说"，统以"气"表述人的身体性，以志、气并举，从本体论和修养论上系统地论述了身心合一这一原则，从而对性善的观念做了更深一层的阐述。

综上所述，出土文献所呈现的孔孟之间儒家思想开展的丰富图景告诉我们，孔子之后，在他所开启的"内转"之途上，其弟子后学从心性论、修养论、形上学、伦理及政治思想等各方面展开探索，丰富了对人之最本己的能力和可能性及其实践道路的理解。孔子的浑沦圆融的思想体系，通过弟子后学有关心、性、情、气等各种具体论题的讨论，其理论内蕴得以充分展开。有这些探索做铺垫，孟子的出场就显得是顺理成章的了。

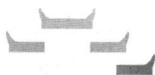

先天结构性缘境呈现

——孟子性情论的思想特色

一

孟子的性善论代表儒家对人性的理解，也构成了儒家道德教化学说的形上学的根据。关于孟子人性论的讨论，历来是一个热点，有种种不同的说法，同时也存在很多问题，有很多提法让人于心未安，需要做进一步的讨论。

康德建立道德的根据，是从形式上讲，一方面是讲道德法则是自由的认识理由，又讲自由是道德法则的存在理由。[①]这里面有一种循环论证。康德为什么讲道德法则是自由的认识理由？因为他说人对道德法则有直接性的意识，即我们有时能够当下知道我们应当做什么，不应当做什么。人对道德法则有直接性的意识，我们据此可以对自由有间接的肯定，所以说道德法则是自由的认识理由。康德又认为人对自由不能有任何直接的意识、直接的经验和直观。但是，如果没有自由的存在这个前提，人对道德

---

① 参见［德］康德：《实践理性批判》，商务印书馆，1999，第2页注①。

法则的意识便是不可理解的，所以自由又是道德法则的存在理由。这就是一个循环论证。康德想通过这样一个循环论证，说明道德的实在性。但是因为康德认为人对自由没有任何直接的直观，所以康德所谓的自由其实就是一个公设。因而康德所提出的形式性的道德法则，实质上仅仅成为一种道德之所以为道德的理论必要性的条件，没法给予道德存在必然性的根据和实在性的意义。这就是只从形式上，而非从内容、实质上来理解道德的根据所带来的问题。

这也涉及西方哲学对人性理解的方式：采取要素分析和形式的讲法，人被理解为各种属性和共相的集合。受西方哲学的影响，我们通常也采取这样一种方法，即以属加种差这样的形式来表述对人的理解。比如人们经常会说"人是理性的动物"，在这样一个属加种差的形式表述中，人被理解为一些抽象要素的集合。"人是理性的动物"这样的说法，把人降低到"动物"这样一个现成性上来规定和理解人性的内容和本质。这就使我们对人的理解，失去了它存在的体性和整体性的内涵。在对孟子人性论的研究中，经常看到有人说：人和动物有相同的生物本性，但是人的本质在于其道德性。这个说法很糊涂，它意味着道德性只能从人的存在之外"外铄"而来。然而，依据儒家对人性作为"类"性的整体性理解，不可能承认人和动物有相同的生物本性。比如孟子说："形色，天性也。惟圣人然后可以践形。""形色"是人的天性，"圣人与我同类"，人修养至圣人的高度，乃能把"形色"作为人之天性的固有本质实现出来。儒家并不认为人与动物有一种相同的生物本性。西方哲学从要素分析的角度来讲人性，把人当作一种现成的对象加以分析，讲人有各种属性，有生物性、道德性、社会性，等等。这种要素分析的方式，我称

180

其为一种"无'我'的人性论"。为什么说是"无'我'的人性论"？因为它以认知为进路，要设定主体和客体，这样，不仅把与"我"相对的"物"视为现成分析的对象，同样把"我"对象化了。人有自我意识，表现为一种"我意识到某物"意义上的意识。在原初的意义上讲，我意识到一个对象，意识到某物，我也应历时当场性地临在于这个"意识到某物"的境域，但是按照我们刚才所讲的这种主客分立的进路，主体作为"我"，也成为一种反思的对象。我作为反思的对象，脱离了"我"的存在，被把握为"我"的种种抽象的性质、属性或者片段，"我"亦在此退居幕后，隐而不见。这就导致一种无穷后退，不停地把"我"推出去，界定为一种分析的对象，处在一种被述说的对象性的位置，"我"不再出场，因而失去了其作为存在的连续性和当场性，丧失了其体性的充实贯通和内在的整体性。以这种方式来思考的"我"，并不亲临在场，成了一个不能被认识所把握的抽象的实体，理所当然地落在"奥康剃刀"的剔除之列。这也是当代西方哲学否定实体，否定形而上学的原因所在。儒家哲学以人的存在实现为进路。存在实现，意味着趋赴于一种目的性，一种目的的完成，所以存在实现是价值性的。这个价值不是西方哲学所说事实和价值二分的意义上的价值，这种价值在现代哲学里，被理解为一种相对性的东西。价值相对主义，言人人殊，没有普遍性和必然性。儒家从存在实现的角度理解人的存在和周围的世界。儒家讲人性，是落实到心性的论域，动态地展现人性的整体内涵。这种讲法是内容的讲法，不是形式的讲法。这是儒家哲学理解人性的进路。

我们通常讲人性论，又讲心性论，人性论和心性论是什么关系？儒家讲人性论，是落到心性的论域中来讲的。孟子讲"尽其心者，知其性也。知其性，则知天矣"（《孟子·尽心上》），是落实到心上讲性；又讲"乃若其情，则可以为善矣，乃所谓善也"（《孟子·告子上》），是落到情上讲性善。孟子的人性论，是在心上讲性，在情上讲心。孟子论性，是以性即心而显诸情，就是在情志的活动中动态地展现人性的整体内涵。这样讲人性，是从内容的展开上来讲，而不是从形式上来讲。孟子讲"四端"，讲"不忍之心"，讲"亲亲"，从这样的情态表现上展现人性的整体内涵，这就是我所谓的落实在心性的论域里来讲人性。这里的心性，当然包括性、心、情、气、才在内，它是一个统一的整体。这是从内容而非形式上来讲性。

二

孟子既基于情感实存之内容以言性，那么，如何理解这个"情"，就成了一个重要的问题。

182

现代学者讲儒家的情感说，常区分道德情感与自然情感。在西方哲学知情或情理二分的观念影响下，学者往往把儒家所讲的情，比如喜怒哀乐、喜怒哀惧爱恶欲等情感欲望的表现，理解为没有任何内容规定的自然情感。儒家其实并不承认有这样一种自然情感的存在，因为讲喜怒哀乐，讲喜怒哀惧爱恶欲，这是一个抽象的说法。在儒家看来，具体的情感发出来都包含因何而哀，因何而乐，因何而喜，因何而怒，有中理不中理、中节不中节这样的问题。因此，情发出来都是有指向性的，有好、恶两端。说喜怒哀乐也好，说喜怒哀惧爱恶欲也好，从指向性上来讲，实质上就是"好""恶"。好以迎物，恶以拒物。好、恶两端，就有本然的指向和非本然的指向，所以不能用自然情感这种抽象的中性词，来指谓儒家所理解的情感。

有些学者又把孝悌、辞逊这些具有道德规定性的情感，理解为一种经过实践、践行，积习而成的结果。比如学界有所谓的"内化"说、"积淀"说。从这个意义上讲，孝悌、辞逊等情感，都成了一种经过实践学习、内化积淀的结果。这当然不足以说明人性之善。由此，自然会形成如下一些观念：有人认为儒家讲人性，是说人有和动物相同的生物本性，人和动物的区别则在于其道德性；有人讲先秦儒家人性论的主流是自然人性论；有人把儒家的良心、良知、"四端"等，理解为一种天赋的道德情感或者道德本能。这种天赋道德情感、道德本能的理解，同样是一种固化的现成性的理解。这样理解儒家的道德情感，是不得要领的。

康德确立他的道德原则，不从实质（质料）或内容上讲，因为他把情感仅仅理解为感性，即自然情感，同时把这种情感的表现理解为一种自私和自负的利己主义。他认为，作为一种道德情感，人对道德法则的敬重是理智对情感贬损的一种结果。纯粹实践理性的动力，只来源于道德法则，而非出于情感，并且拒斥一切禀好、本能和冲动。因此，这种敬重的道德情感并非出于自然的情感，出于禀好的行为只能产生利己主义。道德法则瓦解自私，平伏自负，由此产生对道德法则的敬重，这种道德的情感，是我们完全先天地认识的唯一情感，而它在人性中并无先天的内容，"在主体之中并非先行就有或与道德性相称的情感。这是不可能的，因为一切情感都是感性的"[1]。

183

从这个角度来讲，我们一般地从自然情感或者道德情感的分别出发，也无法准确地诠释孟子的性善论。另外，像道德本能这

---

[1] 参见［德］康德：《实践理性批判》，商务印书馆，1999，第78—82页。

样一类概念，是西方生命哲学所秉持的一种观念。本能对于人来讲，是逐渐消退的，非恒定存在的。对人来讲，因为理性逐渐发达，本能是逐步减弱的一种存在形式。所以道德本能这个概念，也不足据以说明孟子的性善论。

讲性善论有性本善论、性向善论等说法，我肯定孟子的性善论是性本善论的观点。我研究孟子的性本善论，提出一个诠释的路径，这个路径，可简单地概括称为一种"先天结构性缘境呈现"说。下面就来讲我所理解的孟子的性善论。

三

孟子从心上来讲性，从情上来讲心，孟子的人性论是以性即心而显之于情。我现在就来讲讲这情怎么显，这是理解孟子性善论的关键的问题。

儒家所讲的道德情感并不是西方非理性派所讲的本能或道德本能，道德本能是现成的。孟子不这样讲。思孟一系学者，用"端"这一概念来指称人心不忍、恻隐、羞恶之心一类情感表现。这一点，就很好地凸显了儒家对道德情感独特的理解方式。

很多人把"羞恶之心"读成"羞恶（wù）之心"，我认为应该读成"羞恶（è）之心"，即羞于为恶，不能读成"羞恶（wù）"。我有一篇文章专门讨论这个问题。①孔子讲："士志于道，而耻恶衣恶食者，未足与议也。"把"羞恶之心"读成"羞恶（wù）之心"，就不知道他是"耻恶衣恶食"，还是羞耻于做不好的事情，就失去了它的本然的道德指向或"善端"的意义。所以

①参见李景林：《论人性本善及其自我捍卫机制》，《哲学动态》2018年第1期。

要读为"羞恶（è）"，而不能读为"羞恶（wù）"。

我之所以说这是思孟一系的讲法，是因为简帛《五行》篇也讲到"端"这个概念。这个"端"，是人心以情应物的当下的显现。孟子论人心的先天结构，可称其为一个"能-知"一体的结构。我们可以从《孟子·告子上》的"牛山之木"章看到这一点："虽存乎人者，岂无仁义之心哉！其所以放其良心者，亦犹斧斤之于木也。旦旦而伐之，可以为美乎？其日夜之所息，平旦之气，其好恶与人相近也者几希，则其旦昼之所为，有梏亡之矣。梏之反复，则其夜气不足以存；夜气不足以存，则其违禽兽不远矣。人见其禽兽也，而以为未尝有才焉者，是岂人之情也哉！"此处从"才"的角度论性善。"平旦之气"或"夜气"不是一种特殊的气，它是人心在不受外物干扰下的一种存在的本然的表现。从上下文来看，"仁义之心"就是"良心"。人心在不受外物干扰时，平旦之气或夜气自然生成，其好恶乃与人相近而指向仁义。人心在其本然之气上所表现的好恶与人相近，表现的就是良心或者仁义之心。这就是"才"。这个"才"，是人可以为善的先天的存在性基础。平旦之气和夜气，是人的存在的本然的表现。概括起来讲，这个"才"，是以气（平旦之气或夜气）为基础，在好恶之情上显现出良心或者仁义之心的一个标志人性（或人的存在）总体的概念。

良心的"良"字，就是先天本有的意思。《孟子·告子上》讲"良贵"："人人有贵于己者，弗思耳。人之所贵者，非良贵也。赵孟之所贵，赵孟能贱之。"这段话是讲"天爵"和"人爵"。赵孟是晋国的执政，他可以给你一个爵位，但也可以把它拿走，这叫"人爵"。"人爵"是别人给予你也可以取走的东西，所以并不可贵。"贵于己者"就是"仁义忠信"。这是"天爵"，

185

它得自于天而内在于己，属于人自身，是他人夺不走的东西，故称作"良贵"。所以，"良心"的"良"，就是强调"仁义之心"为人先天所本有。人先天本来具有仁义之心，良心就是仁义之心。《孟子》所讲本心、仁义之心、良心，是同一层次的概念。从先天本有而言叫作"本心"，从其在己而不在人来讲叫作"良心"，从其内容来讲叫作"仁义之心"。

人的良心（仁义之心）会在其"与人相近也几希"的好恶之情上呈现，这个良心，包括良知和良能两个方面。《孟子·尽心上》有言："人之所不学而能者，其良能也；所不虑而知者，其良知也。孩提之童，无不知爱其亲者；及其长也，无不知敬其兄也。亲亲，仁也；敬长，义也。无他，达之天下也。""亲亲，仁也；敬长，义也"不是说亲亲就是仁，敬长就是义，而是说亲亲之情、敬长之情，推扩开来，达之天下，可以成就仁义。由此可知，这里所讲到的亲亲、敬长之情，也就是"仁义之端"。从前面所讲《孟子·告子上》"牛山之木"章我们知道，良心就是仁义之心。把这个"仁义之端"、亲亲敬长之情推扩开来，就可以达于仁义。从这里可以看到，良心即仁义之心，包含良知和良能两个方面，良知和良能的统一，就是良心。人心具有一个"能-知"一体的先天结构。良心内涵"良知"与"良能"为一体，从反身性的自觉来讲叫作良知，从存在性的情态角度来讲叫作良能。孟子所讲的良心，是以良知依止于良能而统合于良心。这个"能"，包括情、意，包括前面所讲到的"气"——本然之气，即平旦之气和夜气。它以"能"为体，包含着自觉，"知"即是在"能"上表现出的一种心明其义的自觉的作用。"能"是一个存在的概念，也是一个力量的概念。人有意志，意志有力量，这个力量，就是从"能"上来的。这个"能"，统括起来讲，也就是"牛山之木"章所讲的"才"。这样一个"能-知"一体，"知"是依止于"能"而发用。所以儒家在心上讲性，实质上是以人心本来具有"能-知"一体的先天逻辑结构，而把不忍、恻隐、辞逊、亲亲等有道德指向的情感内容，理解为此"能-知"一体的原初结构或者存在方式，在具体的情境中的一种当场性和缘构性的情态表现。因而不能把这些情态性的表现，理解为某种现成性的道德本能，也不能把它理解为后天实践习成性的一种情操。这一点，对于理解儒家人性论、心性论具有重要的意义。

四

下面我们再来讲讲如何理解思孟所谓"端"的涵义。

思孟一系儒家用"端"这个概念，来称谓人心诸如不忍、恻隐、羞恶这一类的情态表现。《孟子》中讲到"四端"，首见于《公孙丑上》中"人皆有不忍人之心"章："人皆有不忍人之心。先王有不忍人之心，斯有不忍人之政矣。以不忍人之心，行不忍人之政，治天下可运之掌上。所以谓人皆有不忍人之心者：今人乍见孺子将入于井，皆有怵惕恻隐之心；非所以内交于孺子之父母也，非所以要誉于乡党朋友也，非恶其声而然也。由是观之，无恻隐之心，非人也；无羞恶之心，非人也；无辞让之心，非人也；无是非之心，非人也。恻隐之心，仁之端也；羞恶之心，义之端也；辞让之心，礼之端也；是非之心，智之端也。人之有是四端也，犹其有四体也。有是四端而自谓不能者，自贼者也；谓其君不能者，贼其君者也。凡有四端于我者，知皆扩而充之矣，若火之始然，泉之始达。苟能充之，足以保四海；苟不充之，不足以事父母。"恻隐之心是仁之端，羞恶之心是义之端，辞让之心是礼之端，是非之心是智之端。这"四端"就像"四体"一样属于我，而非自外来。把它推扩开来，就可以成就德性，平治天下。

这里讲到的"四端"，与《告子上》所讲的"四端"，侧重点有所不同。《公孙丑上》讲"四端"，着重于把"四端"统归于一个不忍、恻隐之心。是非之心也好，羞恶之心也好，辞让之心也好，都统归为一个不忍、恻隐之心。从《公孙丑上》中"人皆有不忍人之心"章第一句话就可以看出这一点，"所以谓人皆有不忍人之心者：今人乍见孺子将入于井，皆有怵惕恻隐之心"，即以"人乍见孺子将入于井，皆有怵惕恻隐之心"来说明人皆有不忍人之心，下面才把"四端"分开来讲，可见它是以"四端"统括于不忍、恻隐。这是一个要点。第二个要点就是推扩，"四端"推扩开来，可以达之天下，"凡有四端于我者，知皆扩而充之矣，若火之始然，泉之始达。苟能充之，足以保四海；苟不充之，不足以事父母"。

再一处讲"四端"，就是《孟子·告子上》："乃若其情，则可以为善矣，乃所谓善也。若夫为不善，非才之罪也。"这里也讲到"才"。这章是落在"情"上来讲的，这个"情"是就恻隐之心、羞恶之心、恭敬之心、是非之心而言的，这些都属于"情"。有人把这个"情"字解释为"实"的意思。"情"可以解释为"实"，但是看上下文，此处的"情"就是指"四端"而言，所以这个"情"是指情感的情，而不好解释为"实"。《告子上》所言"四端"，特别强调"情"的涵义，角度与《公孙丑上》的"人皆有不忍人之心"章有所不同。这个"端"，有两个涵义，第一个涵义就是端绪义。端绪义，是说它是"情"之缘境的一种当下的发见。这里所谓缘境，借用了佛家的说法，"缘"

是因缘的缘，因当下所缘境的不同，"情"也有不同的表现。第二个涵义是始端义，是说它是我们推扩成德，平治天下的一种初始的情态。

孟子所讲的人心善端，并不是他偶发奇想提出来的一个概念。在子思的《五行》篇里已经用了"端"这个概念，《五行》篇有两个文本，一个是马王堆帛书本的《五行》，有《经》和《说》两个部分。《经》的内容是提纲性的，提出一些命题和观念；《说》是对《经》的解释和阐发。还有一个是郭店楚简的文本，大概相当于帛书《五行》的《经》的部分。孟子提出"四端"的说法，"四端"说当然是孟子讲人性善的一个根据。但是我们要明白，孟子讲"四端"，实质上是讲一个人性的结构和大纲。按朱子的说法，"性是太极浑然之体，本不可以名字言，但其中含具万理，而纲理之大者有四，故命之曰仁义礼智"（《晦庵先生朱文公文集》卷五十八）。孟子举"四端"为例揭示人性本善之义，但在思孟一系的心性思想中，"端"实质上是标志着人心以情应物当下显现的一个普泛的概念，并不局限于"四"。帛书《五行》篇已在这个意义上使用"端"的概念，孟子也延续了对"端"的这种理解。

我们来看看帛书《五行》篇所讲的"端"："君子杂（集）泰（大）成。能进之，为君子，弗能进，客（各）止于其［里］。"帛书《五行》之《说》部解释这一段说："'能进之，为君子，弗能进，各止于其里'。能进端，能终（充）端，则为君子耳矣。弗能进，各各止于其里。不藏尤（欲）割（害）人，仁之理也；不受吁嗟者，义之理也。弗能进也，则各止于其里耳矣。终（充）其不藏尤（欲）割（害）人之心，而仁覆四海，终（充）其不受吁嗟之心，而义襄天下。仁覆四海，义

189

襄天下，而成（诚）由其中心行之，亦君子已！"①这里所说的"能进端，能终（充）端"的"端"，就是可以推扩开来达到"仁、义"的一种情态表现。"止于其里"，是局限在某一个范围之内的意思。人心表现出来的这个善"端"，推扩开来，超越自身之限制（"里"），就能实现仁义，兼善天下（"仁覆四海，义襄天下"），成就"君子"人格。"弗能进，各各止于其里"，是说如不能把它推扩开来，也要保持这个"端"不失。要注意的是，在经由仁义之端的推扩、扩充以成就君子人格德化天下这一点上，孟子和《五行》的讲法是相同的，不过这里讲的"端"，不是"恻隐之心，仁之端也；羞恶之心，义之端也"，而是以不欲害人之心为仁之"端"，以不受嗟来之食的自尊心为义之"端"。

《孟子·尽心下》也有与《五行》篇类似的说法："人皆有所不忍，达之于其所忍，仁也；人皆有所不为，达之于其所为，义也。人能充无欲害人之心，而仁不可胜用也；人能充无穿逾之心，而义不可胜用也；人能充无受尔汝之实，无所往而不为义也。""达之于其所忍"和"达之于其所为"也是在讲善"端"推扩。文中所举例子，"人能充无欲害人之心"是讲"仁之端"的推扩，"人能充无穿逾之心""人能充无受尔汝之实"是讲"义之端"的推扩。"无受尔汝之实"就是不食嗟来之食，与《五行》所举"不受吁嗟之心"意思相同。孟子此处所举"仁之端""义之端"，与《五行》同。而其所举"义之端"，又多出了"无穿逾之心"一例。"无穿逾之心"就是不愿意去偷盗，挖窟窿盗洞去偷人家的东西。由此可见，"端"这个概念的意义是很宽泛的，不

190

---

① 参见庞朴：《帛书五行篇研究》，齐鲁书社，1980，第57–58页。

仅仅局限在"四"端。

所以，人之良心或仁义之心以好恶来应接或迎拒事物（我们讲喜怒哀乐也好，喜怒哀惧爱恶欲也好，实质都可以归结为对"好"的对象欢迎之，对"恶"的对象排拒之），必会由当下具体的情境，而有种种的情态表现，呈现为当下性的种种的"端"。这"端"，就是人心作为"能-知"一体的原初存在方式，在具体情境里边的一种当场性和缘构性的必然情态表现。一方面，因为它是一种当下性、当场性与境域性的表现，这"端"必然呈现各种差异的、不可重复的不同样态，绝不是拿几种现成的道德情感可以概括尽的。另一方面，这"端"作为人心"能-知"本原一体结构之情态表现，又本具"智"的内在规定，因而具有其自身必然的道德指向与决断。

我们看思孟的文献，可以从中归纳出"端"的种种不同的样态。我概括一下，列出"端"的表现，如不忍、不为、恻隐、羞恶、辞让、恭敬、是非、孝悌、亲亲、敬长、耻、忸怩、无欲害人、无穿逾、无受尔汝、弗受嘑尔、不屑蹴尔之食等，都可看作此"端"的不同的样态，并可以由此推扩而成德。这里所罗列的上述"端"的表现，也不一定全面，或者说不能完全概括人心应物的所有的情态表现，因为人所面对的情境各不相同，表现出来的情态就有不可重复的差异性。但是，这些情态表现又都有必然的道德指向，并可以据以推扩成德，达之天下。譬如孟子讲"忸怩"的情态。舜是儒家崇尚的圣王，但舜家"父顽、母嚚、象傲"（《尚书·尧典》），父母和弟弟都很恶，经常合伙去坑害他。《孟子·万章上》记述舜的父母和弟弟象骗舜修仓房、浚井，借机害他。舜"吉人自有天相"，都能从困境中解脱出来。象以为舜已死，自以为杀害他的哥哥有功劳，要把舜的干戈、琴归自己所有，把舜的两个妻子弄来伺候他。结果象到舜的住处，见舜正坐在床上弹琴，象就表现出忸怩不安的情态。王阳明亦说过："良知在人，随你如何不能泯灭。虽盗贼亦自知不当为盗，唤他作贼，他还忸怩。"（《传习录下》）顽恶如象，见舜亦不能不生忸怩、不安、羞耻之情。这表明，良知可以遮蔽，却不会泯灭。即便是恶人，也会在特定的情境下，有一种善"端"表现出来。"无受尔汝之实"，与"不食嗟来之食"一样，都是人的自尊心的表现。人都有自尊心，即使是一个乞丐，你说"给你个馒头，快滚吧"，他可能宁肯饿死也不愿意吃这个馒头。"不食嗟来之食""无受尔汝之实"，就是这类情态的表现。这各种各样的情态表现，就是"端"的不同的样态。因为当下的境域不同，这些"端"也呈现不可重复的差异性。因此"端"是人心当下缘境而生的情态表现，并不局限在"四"端。孟子举"四端"为例以说明人心本具仁义礼智，讲得很有逻辑性，以至于我们常常会局限在"四端"上来理解"端"的概念。我们读书，不能拘执于字面。

另一方面，这些"端"虽有不同的样态，却都有本然的指向，就是指向善，而排拒不善，因此都可以推扩开来，成就德性，平治天下。人心具有"能-知"一体的结构，故此"端"作为"能"的情态表现，又本具"智"的内在规定，而必然具有道德的指向与决断。"能-知"本原一体，意谓"知"依"能"而发用，所以这个"知"，并不仅仅是一种认知。它是依"情"而有的一种心明其义或存在性的自觉。"能"是一个存在的概念，也是一个力量的概念。所以，这个道德的指向和决断，就是有力量的。

这样一个本然的指向，因为有"好、恶"两端，所以必然包含肯定和否定两个向度。[①]其"好"的一端，由"智"的规定与"是"相应（"是非之心"的"是"）。所以"是"是良知自觉肯定性的一面。"好"与"是"相应，因此构成人心向善的一种存在性和动力性的基础（如不忍之心、恻隐之心、恭敬之心、亲亲、敬长之情等）。"好恶"的"恶"，也因为有"智"的规定而与"非"相应（是非的"非"），构成人性排拒非善的一种自我捍卫的机制（如羞恶、羞耻、不为、忸怩等），这个自我捍卫的机制亦落实在实践上，因而具有动力性、存在性的意义。

所以，思孟一系心性论所言道德情感，指人心"能–知"一体的先天结构以情应物的当下情态显现，即其所谓的善"端"，并非一种现成的天赋道德情感或道德本能意义上的道德情感。一方面，它是缘境而生的当下境域性的显现，故其情态有差异性的、不同的表现。另一方面，它又具有内在必然性的道德或善的指向，由此推扩开来，都可以完成德性，化成天下。

当然，我说道德情感非现成性的，是由人心"能–知"一体的先天结构缘境而发的当下显现，并非否定实践的"增上"作用。实质上，儒家的工夫论，就是对这种实践增上作用的思考。如亲亲之情，往往较其他情感有更强的表现，这当然和实践有关。但是，其他物类，如动物，任你训练也训练不出来，这便与先天之性的区别有关[②]。所以，孟子讲善端推扩，会表现为很多善端，比如无欲害人之心、有所不为之心、无受尔汝之实、无穿逾之心等，但其注重的，主要还是亲亲和不忍恻隐之

193

---

① 王阳明讲"良知"即"是非之心"，就指出了这一点。

② 如动物由雌雄媾会而生，很快长大，就会离开其"父母"，与之觌面而不相识。所以动物只有阴阳雌雄而没有"父母"，只有种群，而没有"家"。

心，道理亦在于此。

儒家把人性放在心性和性情的论域中以揭示其整体性的内涵，乃是就人作为一个"类"的整体存在的概念来讲人性。孟子说，"圣人与我同类者"，圣人只是"先得我心之所同然耳"。"同然"是一个理性的肯定。不仅如此，孟子又说："理义之悦我心，犹刍豢之悦我口。"（《孟子·告子上》）"理义"不仅仅是作为我理性上肯定的一个"同然"，而且是情感上、存在性上的一种实有诸己。理义"悦我心"，我心在情感上同时是"悦"仁义、"好"仁义的，这是在情感实存上一种"类"性的表现。我们可以分析出人性的种种要素，但这个要素，不是可以现成随意归入另外一物的一种抽象同质性或可任意加以综合的东西。它是有"体"性的，这"体"性，表现为一种具有贯通性或者一种染色体意义的"通"性。从这个意义上说，儒家不能承认人与动物有相同的生物本性。所以，我把人的肉身、情感欲望称作人的"实存性"，而不愿意用"生物性"这个说法，因为这样说，好像人有一种抽象的生物性。儒家把人理解为一个"类"的整体的存在，在类的整体性上理解人的各种表现，而非把人理解为各种抽象属性的集合。具体而言，就是在"情"作为人心"能-知"一体结构缘境当下显现的意义上，来理解人的道德情感，这就决定了儒家所讲的性善，一定是一种人性本善论。从这个角度理解善"端"，亦可见思孟所言性善，既是本善，又非现成。宋明理学注重工夫，即工夫而呈现本体，根据也在于此。

五

这个人心"能-知"一体的结构，表现在心、物的现实层面上，就是"以情应物"。西方哲学论心物，讲思维与存在、主体与客体的关系，是一个认知的思想进路。我们不是说儒家哲学没有认知这一层面，但对于儒家哲学而言，"以情应物"是人心关涉自身、把握自身存在及其周围世界的最原初性的方式，它是情态性的而非认知性的。《中庸》第一章的"中和"说，是儒家哲学心物关系论的一个最经典的表述。宋儒常常通过对《中庸》"中和"说的诠释来阐发心性的问题，并把形上学、本体论和人性论统一到一起来讲。按照邹化政教授的说法，宋明理学是把心性的概念本体化了。《中庸》的"中和"说，讲的就是"以情应物"："喜怒哀乐之未发，谓之中；发而皆中节，谓之和。中也者，天下之大本也；和也者，天下之达道也。致中和，天地位焉，万物育焉。"人心之"发"与"未发"，都围绕着"喜怒哀乐"，也就是从"情"上来讲。按朱子的解释，未发是性，已发是情，心兼赅体用性情。人心之原初表现，就是一个"情"。"天下之大本""天下之达道"中的"天下"指人类社会。"天地位""万物育"，则关涉整个宇宙。在儒家看来，"以情应物"构成人关涉自身和周围世界以至整个宇宙的最原初的方式。

　　"情"是一个实存或生存性的概念，"知"内在于"情"并依情而发用，或表现为在情的实存活动中的一种心明其义的自觉作用，并非一个独立的原则。《中庸》讲诚明互体："自诚明，谓之性；自明诚，谓之教。诚则明矣，明则诚矣。""诚"是人性的实现，"明"则是依此实现而有的生命智慧，这两者互证互体，不可或分。人依此"以情应物"的方式来裁成辅相天地万物的化育生成，人与物、与周围世界的关系，首先表现为一种存在或价值实现的关系，而不仅是一种单纯认知性的关系。《中庸》说："诚者，自成也；而道，自道也。诚者，物之终始，不诚无物。

是故君子诚之为贵。诚者，非自成己而已也，所以成物也。成己，仁也；成物，知也。性之德也，合外内之道也，故时措之宜也。""时措之宜"就是通过成己而成物的方式，因任人、物的本有之"宜""理""性"而随时随处成就之。这里讲"诚"是"自成"，道是"自道"，"自成""自道"是因物之宜而任物各自成其性。"合外内之道"就是要在人、物存在或价值实现的前提下达成人我、物我之间的一体相通。这个物、我一体相通的"通"性，既以物我自性差异的实现为前提，同时构成这自性实现的存在性基础。

这个"以情应物"的心物关系观念，表现了一种存在实现的哲学进路。人心以情态性的生存方式当场缘构性地涉着于物，因物之性而时措之宜，成己成物而道合外内。人心对此万物一体所呈现的性体、道体之自觉，乃表现为一种生存实现历程中之心明其义的真实拥有；而此性体、道体由是亦在人之实有诸己的存在实现中呈现自身。《易传》讲"成性存存，道义之门"，又讲"继之者善也，成之者性也"。"成性"表现为一个生生连续的历程。"成性存存"，存者在也。"存存"，即是一个连续性的在在，"道"乃即此而敞开（道义之门）自身。连续性的在在，就是生生。"我"生生而在在，道体、性体总是在这生存的历程之中，常亲临在场。所以，我把儒家的人性论，称作一种"我"之在场或者"在中"的人性论。相较于前面所讲的那种"无我"或"无体"的人性论，我们可以说儒家的人性论是一种"有我""有体"的人性论。小程子论中和，说"喜怒哀乐未发，是言在中之义"，这里的"在中"，是借用了小程子的说法。儒家讲天人合一，就是一种有"我"在场的境界。不是说"我"在这边，有一个现成的"道"在对面，"我"去认识那个"道"。人须经由一系列工夫历程，才能真实拥有和觉悟那个道。黄宗羲在《明儒家案》中讲"心无本体，工夫所至，即其本体"，就是从这个意义上说的。

这样一种我之"在场"或"有我""有体"的人性论，一方面规定了儒家哲学作为一种教化的哲学或者存在实现意义的哲学这样一个特点，同时使得儒家的哲学具有一种宗教性的意义，能够代替宗教成为中国文化的教化之本和精神的核心。我认为儒家是哲学，但又具有宗教性。西方哲学循认知进路所建立的形上学，是一种知识和理论形态的形上学，它的人性、本体概念，终归是一种理论的悬设。当代哲学走向形而上学的否定，否定实体、本体、基础，出现所谓后现代主义、后哲学文化的思潮，这应是西方哲学原则及其发展的题中应有之义。海德格尔认为西方的形而上学耽搁了存在的问题，是有道理的。

对这一点，西方当代一些哲学家也有反思。美国迈阿密大学迈克尔·斯洛特教授《阴阳的哲学——一种当代的路径》一书，特别强调中国注重情感的阴阳哲学对纠正和调适西方哲学过度的"理性控制"倾向，"重启"未来世界哲学的重要意义。考虑在当代宗教精神渐趋弱化的背景下，哲学观念上的"无我"和否定形而上学倾向所导致的价值相对主义和人生意义的虚无化，切实思考和重释儒家这种"有我""有体"的人性论及其哲学精神，对中国哲学和文化的当代建构，以及对人类信仰的重建，都具有重要的意义。

人性的结构与目的论善性

——荀子人性论再论

引言

我1986年发表《荀子人性论新论》[①]，提出"从心之所可"的人性结构论来讨论荀子人性论的内涵。近年来，荀子研究有渐成显学之势。最近，尼山书院举办荀子公开课，我有幸受邀参加此项工作。借此机会，我重新阅读《荀子》，在进一步阐发三十多年前所揭示的人性论结构的基础上，尝试对荀子人性论及其伦理政治哲学思想的理论自洽性和必然性作出自己的解释。

后儒对荀子的批评，主要集中在其性恶论。或谓其失大本。如小程子所说："荀子极偏驳，只一句性恶，大本已失。"（《二程遗书》卷十九）或谓其轻忽源头而重末流。如阳明所说："孟子说性，直从源头上说来，亦是说个大概如此。荀子性恶之说，是从流弊上说来，也未可尽说他不是，只是见得未精耳。"又谓孟子言性善，是"要人用功在源头上明彻"，荀子说性恶，是"只

---

① 李景林：《荀子人性论新论》，载《吉林大学社会科学学报》1986年第4期。

在末流上救正"(《传习录下》)。甚或认为两千年之学为荀学，是专制乡愿之根源。如谭嗣同《仁学》说："二千年来之政，秦政也，皆大盗也；二千年来之学，荀学也，皆乡愿也。""文革"中，又以荀子为法家。

荀子两大弟子韩非、李斯，虽皆为法家，但不能说荀子为法家。法家之人性论，以人性本有"实质之恶"，故在政治上专主外力的强制。西方的基督教主人性恶说，其所谓性恶，亦以人性本有"实质之恶"，故在道德上主张他力的救赎。荀子虽言"性恶"，然其所谓"性恶"并非性中本有"实质之恶"，故荀子的人性论在政治上并未导致外在强制之说。在道德上，荀子仍以教化之本源于人自身。其言人所以区别于动物者在"义"，然"义"非由外来，而本诸人性自身。故荀子言教化，仍由乎自力，而非由外来。其思想学说，并未脱离儒家的精神方向。同时，荀子的人性论对人的生存现实之"恶"的来源所做深入思考，亦成为后儒之人性论所不得不认真面对的一个重要的反思向度。

荀子的人性论，要为他的道德法则——礼——提供一个人性的根据。一方面，他主张所谓的"性恶"说，因为"性善则去圣王，息礼义矣；性恶则与圣王，贵礼义矣"；另一方面，他又强调，人"皆有可以知仁义法正之质，皆有可以能仁义法正之具"（《荀子·性恶》）[1]。前一方面，是要通过人性说明礼义的必要性，后一方面，则是要为其道德伦理系统建立起一个人性论的根据。这看起来似乎矛盾的两个方面，在荀子的学说体系中，却是统一的。

----

[1] 以下引《荀子》书，只注篇名。

要理解荀子的人性论及其伦理政治学说的理论自洽性，需要从三个方面来思考其人性论：第一，人性的内容；第二，人性的结构；第三，人性实现的目的论指向。

一、人性之内容

中国古代哲学家言性，皆以性为先天或天然如此。告子有"生之谓性"之说（《孟子·告子上》），孟子亦认为"良知""良能"为人"不学""不虑"而先天所本具者（《孟子·尽心上》），《礼记·乐记》也说："人生而静，天之性也。"都表现了这一点。荀子亦如此，《性恶》篇说："凡性者，天之就也，不可学，不可事……不可学，不可事而在人者谓之性。"说的亦是这个意思。

荀子人性论的一个突出特点，是出于"天人之分"的观念，特别强调人性中并无现成的、实质性的善恶之内容。

200　　"天人之分"是荀子思想的一个核心观念。荀子强调要"明于天人之分"，即要弄清楚天与人的不同职分。关于天的职分，《天论》说：

> 不为而成，不求而得，夫是之谓天职。

又说：

> 列星随旋，日月递炤，四时代御，阴阳大化，风雨博施，万物各得其和以生，各得其养以成，不见其事而见其功，夫是之谓神。皆知其所以成，莫知其无形，夫是之谓天。

可见，荀子所谓"天"，就是自然。列星、日月、四时、阴阳、万物都是自然现象，它们的生成变化完全是一种无意识、无意志、无所为而为的活动。"天"的运行及万物的生成，是"无求""无为""无形"，即完全自然的。同时，荀子认为，天道运行，有其客观的必然性，与人事无关。《天论》说："天行有常，不为尧存，不为桀亡。"又说："天不为人之恶寒也辍冬；地不为人之恶辽远也辍广。""天行"即天道。天道运行有其客观规律，不以人的意志为转移，亦不为人的道德高下而变其常。同样，社会的治乱也与自然现象无关。《天论》论证说，日月、星辰、瑞历，"禹桀之所同"；万物春夏生长，秋冬收藏，亦"禹桀之所同"，但"禹以治，桀以乱"，这说明"治乱非天也"，"治乱非时也"。治乱在于人为，与天道无关。

荀子所谓"人"，就是指利用人的自然资质所进行的创造。所以，"人"又被称作"伪"。这伪，就是指相对于天或自然的人为。《性恶》说：

> 可学而能、可事而成之在人者谓之伪。

又说：

> 然则礼义法度者，是生于圣人之伪……

人有先天的知与行的能力，这属于天或自然，而人以他先天的知、能所进行的一切创造，通过后天的学习和行为所获得的东西，则属于人或"伪"。荀子认为，"人"或"伪"的本质，是人所创造的群体伦理生活。人与自然和自然物的区别，在于其人为的创造，而其根据，则在于其"群""分""义"的伦理规定。

"群"即人的社会群体生活，"分"即伦理的等级秩序。"辨"亦是分。礼的作用即在于分别。①《乐论》说，"礼别异"，亦此义。"义"者"宜"也，"义"，标明了这个社会伦理秩序的合理性（"宜"）。人的职责，从根本上讲，就是躬行其伦理之道。在这一点上，荀子与孔孟的思想是一致的。

这个"天人之分"，落实于人性论，就是"性""伪"之别。关于"性""伪"之别，《性恶》说：

> 凡性者，天之就也，不可学，不可事。礼义者，圣人之所生也，人之所学而能，所事而成者也。不可学，不可事而在人者，谓之性；可学而能，可事而成之在人者，谓之伪，是性伪之分也。

"性"即人直接得自于自然者（"天之就"）。《礼论》也说："性者，本始材朴也；伪者，文理隆盛也。"就是说，"性"指人未经加工的自然素质。"伪"即人为，通过学习和现实的修为所获得的东西，属于"人""伪"，不能归之于"性"。

按照这一定义，人性所包括的内容是多方面的。荀子所言"天"，不仅包括自然事物及其规律，人也是自然的产物，因此，人的一切天生才质，也都属天或自然的范畴，统可归属于"性"。《天论》说：

> 天职既立，天功既成，形具而神生。好恶喜怒哀乐臧

---

① 《荀子·非相》说："人之所以为人者，何已也？曰：以其有辨也。……故人道莫不有辨。辨莫大于分，分莫大于礼，礼莫大于圣王。"《荀子·王制》说："水火有气而无生，草木有生而无知，禽兽有知而无义，人有气、有生、有知，亦且有义，故最为天下贵也。……人何以能群？曰：分。分何以能行？曰：义。"

焉，夫是之谓天情；耳目鼻口形能各有接而不相能也，夫是之谓天官；心居中虚，以治五官，夫是之谓天君。

"天"指天然性，即直接得之于自然的东西。"天官"指人以感官交接于外界事物的能力。耳、目、鼻、口和身体（"形"）各具交接（"接"）外物而不可替代（"不相能"）的特定方式（如声、色、香、味、触等）和能力。"天情"指"好恶喜怒哀乐"等自然的情感和情绪，当然也包含此诸情感之表显于外的欲望、欲求。"天君"，指"心"对人的精神生命及种种精神生命活动之统摄和主宰的作用。《解蔽》所谓"心者，形之君也，而神明之主也，出令而无所受令"，亦是讲此"心"作为"天君"，是人的存在作为一个形神统一的整体之内在的主宰。"天情""天官""天君"，皆"天之就"，出自天然，得于自然，当然都属于"性"的内容。

值得注意的是，荀子所言"性"，亦包括人的"注错习俗"的道德抉择及其修为的能力。《荣辱》篇说：

> 凡人有所一同：饥而欲食，寒而欲暖，劳而欲息，好利而恶害，是人之所生而有也，是无待而然者也，是禹桀之所同也。目辨白黑美恶，耳辨音声清浊，口辨酸咸甘苦，鼻辨芬芳腥臊，骨体肤理辨寒暑疾养，是又人之所常生而有也，是无待而然者也，是禹、桀之所同也。可以为尧、禹，可以为桀、跖，可以为工匠，可以为农贾，在势注错习俗之所积耳，是又人之所生而有也，是无待而然者也，是禹、桀之所同也。

在这段有关人性的论述中，"是人之所生而有也，是无待而

然者也，是禹、桀之所同也"的天然内容，不仅包括人的"好利
而恶害"的自然趋向，包括交接并感知、感受、分辨事物的能
力，同时包括人的本诸其道德抉择而付之践履，通过"注错习
俗"的修为，以使自己获得不同的人格成就的能力。

这就把人性的内容扩大到人之作为整体性的各个方面：情
欲、感知、心之主宰、判断、抉择和伦理行为的能力。就此诸人
性的内容说，荀子从未言其本身现成地为恶或者为善，其善恶之
几，乃存在于上述人性内容之结构方式中。

二、人性之结构

前述人性之各项内容，并非平列杂陈、相互无关。这些人性的
内容，在其整体的结构中乃能展现其作为人性之固有的特质。

关于人性的结构，《正名》说：

> 性者，天之就也。情者，性之质也。欲者，情之应
> 也。以所欲为可得而求之，情之所必不免也；以为可而
> 道之，知所必出也。

又说：

> 欲不待可得，而求者从所可；欲不待可得，所受乎
> 天也。求者从所可，受乎心也。……故治乱在于心之所
> 可，亡于情之所欲。

儒家论人性，必落在心性论的整体论域中来讲，而非仅对
"性"做抽象要素的分析，荀子亦如此。荀子所理解的人性，乃
表现为一个情、欲"从心之所可"的结构整体。而这个情欲"从

心之所可"的结构，同时规定了人的行为之必然的方式。前引《天论》讲"心居中虚，以治五官，夫是之谓天君"，《解蔽》讲"心者，形之君也，而神明之主也"，亦是强调人的形躯、情感、欲望表现，必然地受制于心的判断和主宰作用。人性各要素的内涵，必须在这样一个"从心之所可"的结构整体性中才能得到合理的理解。

"以所欲为可得而求之，情之所必不免也；以为可而道之，知所必出也。"这个"可"，乃表现为一种人心的判断和抉择。《正名》说："不事而自然谓之性，性之好恶喜怒哀乐谓之情，情然而心为之择谓之虑，心虑而能为之动谓之伪。虑积焉、能习焉而后成谓之伪。"《解蔽》："类不可两也，故知者择一而壹焉。""心不可劫而使易意，是之则受，非之则辞。……故曰心容，其择也无禁，必自见。""情然而心为之择"，这个"择"指心的选择作用。选择依于心之知，可以有多重选项，而心必因其所"是"或认为"可"者而接受之，因其所"非"或认为不"可"者而排拒之。"知者择一而壹焉"，就是说心的这种自我决断与主宰作用。"心容，其择也无禁，必自见"，则是强调心之包容广大，必然于人之情、欲及其所发之行为，表现其对后者之判断与抉择作用。

因此，在荀子的人性论系统中，人的情欲和形躯及行为"从心之所可"，乃是人性诸内容必然的一种结构和实现方式。人的情欲和形躯及其行为表现，无例外地处于与心知及心之抉择的必然关系中。即使是一个顺情欲而行的酒肉之徒、作奸犯科的罪犯，其行为及其价值亦是出于其心知之选择决断。《王制》说："水火有气而无生，草木有生而无知，禽兽有知而无义，人有气、有生、有知，亦且有义，故最为天下贵也。"自然物（如禽

兽）可有感受之知，但无理性（所谓"义"）之知，因此只能依
其直接的生理感受和欲望而行。人却不同，"以所欲为可得而求
之，情之所必不免也"，"必不免"是强调人包括其情欲在内的生
存实现的一切行为，都必然地被置于心知及其抉择的支配之下，
据"心之所可"规定其实现的途径与行为的原则，由之而获得其
正面（善）或负面（非善或恶）的道德价值和意义，而非直接现
成地顺自然而行。荀子善言"类"。这一点，正是荀子所说的人
与禽兽在"类"性上的本质差异。

这样一来，人行之"善""恶"，必表现为一种依于人性先天
结构规定的动态展显，而非实质性的现成存在。或者说，在人性
中，并无现成、实质性的"善"和"恶"的存在。这一点，是理
解荀子人性论的关键所在。过去，学者对荀子人性论有不同的看
法，论者多谓荀子主性恶，又或谓荀子主性朴、荀子主性善情
恶、荀子主心善情恶，亦有少数人认为荀子主性善者。凡此种
种，似多未能注意此点。

我们所谓"现成的""实质之恶"，指人性在时间性上先天具
有自身否定性的"恶"的既成定向和实质内容。如基督教据人的
存在之分裂来规定人性之内容，故以人性中具有与生俱来现成存
在的实质之恶[1]，因此，肉身性和情欲乃被视为根植于人的存在
而无法凭自力摆脱的魔鬼或恶之根源，人须倚靠他力的救赎而非
仅凭自身的努力去获得肯定性的道德价值[2]。如法家以"自为"

---

[1] 黑格尔说："基督教正是从绝对的分裂为二开始，从痛苦开头，它以痛
苦撕裂精神的自然统一，并破坏自然和平。在基督教中，人一生下来就作为恶
出现，因而在其最内在处，就是一个对自身来说的否定东西；而当精神被驱回
到自身时，它发现自己跟无限者，即绝对本质是被分裂为二的。"（［德］黑格
尔：《宗教哲学讲座·导论》，长河译，山东大学出版社，1988，第15页）

[2]《新约·罗马书》说："凡有血气的，没有一个因行律法能在神面前称义。"

为人性中仅可以利用而不可以改变的实质内容，据此，其在政治上特别强调君主集权，主张通过外在的强制来建立社会的稳定秩序。在先秦的人性论中，又有世硕所主张的"性有善有恶"，亦即"性本自然，善恶有质"之说①，似亦认为人性中有实质和现成的善、恶。又有《孟子·告子上》记载时人的"有性善，有性不善"论，与世硕之说大体相近。后儒受佛家影响，亦有主"性善情恶"之说，循"灭情以复性"的途径以达人的存在之实现者②。

而在荀子所表述的人性结构中，人之肉身实存及其情欲表现，乃处于与"天君"之必然的结构关系中，必在其受制于"心之所可"的选择和主宰下付诸行为，由之而获得其现实性和存在的意义。因此，在荀子看来，人的实存及其情感欲望并无独立的存在和实质性的"善、恶"特质。在《荀子》书中，并无有关人的实存和情欲为邪妄或恶的表述。《正名》篇对此有一段颇具代表性的论述：

> 凡语治而待去欲者，无以道欲而困于有欲者也。凡语治而待寡欲者，无以节欲而困于多欲者也。有欲无欲，异类也，生死也，非治乱也。欲之多寡，异类也，情之所也，非治乱也。欲不待可得，而求者从所可；欲不待可得，所受乎天也。求者从所可，受乎心也。……
> 人之所欲生，甚矣；人之所恶死，甚矣。然而人有从生

---

① 《论衡·本性》篇评论各家，皆言"未得其实"，独认为周代世硕的"性有善恶"说"颇得其正"，是其"性本自然，善恶有质"的说法，亦可以看作其对世硕"性有善有恶"说的解释。

② 唐李翱《复性书》中言："情者妄也，邪也。邪与妄，则无所因矣。妄情灭息，本性清明，周流六虚，所以谓之能复其性也。"

成死者，非不欲生而欲死也，不可以生而可以死也。故
欲过之而动不及，心止之也；心之所可中理，则欲虽
多，奚伤于治！欲不及而动过之，心使之也；心之所可
失理，则欲虽寡，奚止于乱！故治乱在于心之所可，
亡于情之所欲。……性者，天之就也；情者，性之质
也；欲者，情之应也。以所欲为可得而求之，情之所
必不免也。

在这段话中，荀子据其人性结构说对人的情、欲之表现方式及其
善、恶之发生机理做了深入分析。

要注意的是，此处所言"治、乱"，实即荀子所谓的"善、
恶"。《性恶》说："孟子曰：人之性善。曰：是不然。凡古今天
下之所谓善者，正理平治也；所谓恶者，偏险悖乱也，是善恶
之分也已。"荀子批评孟子据人的自然资质言性善，是对天人、
性伪之辨的混淆。与之相对，荀子乃以社会之"正理平治"与
"偏险悖乱"作为"善、恶"区分之根据。这是从社会伦理体系
之"治、乱"的角度规定"善、恶"的内涵。董仲舒《春秋繁
露·深察名号》言："性有善端，动之爱父母，善于禽兽，则谓之
善。此孟子之善。循三纲五纪，通八端之理，忠信而博爱，敦厚
而好礼，乃可谓善。此圣人之善也……吾质之命性者异孟子。孟
子下质于禽兽之所为，故曰性已善。吾上质于圣人之所为，故谓
性未善。"董子之说，显然是循荀子此一思理的进一步发挥。

由此可知，"有欲无欲，异类也，生死也，非治乱也。欲之
多寡，异类也，情之所也，非治乱也"，乃言人之情欲本身，并
无现成实质的"善、恶"。

"有欲无欲，异类也，生死也"，杨倞注："二者异类，如生

死之殊，非治乱所系。"此解不通。此言"异类""生死"，乃指有生之物（"生"）与无生之物（"死"）的区别而言。前者"有欲"，后者"无欲"，此存在物自然种类之异，与"善、恶"无关。

"欲之多寡，异类也"则指人与禽兽自然类别之异。动物之欲，发而由乎本能，甚少而恒定不变，食草动物只能食草，食肉动物只能食肉。故禽兽之欲是"寡"。人却不同，人有知以分，物与欲"相持而长"（《礼论》），由是其欲望花样翻新，靡有穷极。故人之欲是"多"。是"多欲"与"寡欲"，亦天然类别之异，与"善、恶"无关。

"情之所也"，杨倞注："情之所，言人情必然之所也。"此解颇含混不清。据"故治乱在于心之所可，亡于情之所欲。……性者，天之就也；情者，性之质也；欲者，情之应也。以所欲为可得而求之，情之所必不免也"的说法，可知"情之所也"指的就是"情"以应物乃为"欲"。是此处虽主要论"欲"，却涉及"情"和"性"的内容及其结构整体。质而言之，人的"情欲"本身，本自天然，无关乎"善、恶"。

情欲不假人为，出自天然，故说情、欲"不待可得"，"所受乎天"。是言情欲本身无现成实质之"善、恶"内容。不过，情欲作为人的实存之内容，内具生命动力的性质，必然要表显于行为。然人的情欲之发，必在其实存当下的境域中，缘心之"所可""所是"而涉着于物，见诸于行。是"善、恶"发生之几，出自人心缘境而生之"所可""所是"的是非判断与抉择作用。"治乱在于心之所可，亡于情之所欲"，说的就是这个意思。

值得注意的是，在这里，荀子特别例举"生、死"这一存在之临界状态，以凸显心之"可"的抉择对于人趋归于"善"之绝对和必然性意义："人之所欲生，甚矣；人之所恶死，甚矣。然而人有从生成死者，非不欲生而欲死也，不可以生而可以死也。"生与死，为人的生存之临界状态。人之所欲，莫过于生；人之所恶，莫过于死。是人之大欲，莫过于欲生而恶死。然人有时却能够慷慨赴死，是人心之"所可""所是"使之然也。此即康德所说的人的"自由意志"。人的情欲要求，常受制于其对象，此为自然的因果律。人与自然物（如动物）的区别，即在于人能打破因果律的链条，其行由乎"我"来自做决定。"人有从生成死者"，即凸显了这一人之异于禽兽的独特品质。无独有偶，《孟子·告子上》中"鱼我所欲也"章亦有类似的表述："生亦我所欲也，义亦我所欲也。二者不可得兼，舍生而取义者也。生亦我所欲，所欲有甚于生者，故不为苟得也。死亦我所恶，所恶有甚于死者，故患有所不辟也……是故所欲有甚于生者，所恶有甚于死者。非独贤者有是心也，人皆有之，贤者能勿丧耳。"孟子与荀子对同一生存事实有共同的认可，其差别在于二者对此生存抉择之动力机制有不同的理解：孟子将之归于仁义礼智内在于实存之当下认可，荀子则将之归于人心缘境而生之"所可""所是"。

这里便产生了一个重要的问题，既然"善、恶"必于情欲"从心之所可""所是"之现实境域中发生，而非情欲现成实质性地所具有，何以荀子又屡称"性恶"？我们可以从《性恶》篇的一段话来理解这一点：

> 今人之性，目可以见，耳可以听。夫可以见之明不离目，可以听之聪不离耳。目明而耳聪，不可学明矣。
> 孟子曰：今人之性善，将皆失丧其性故也。曰：若是则

过矣！今人之性，生而离其朴，离其资，必失而丧之。用此观之，然则人之性恶明矣。所谓性善者，不离其朴而美之，不离其资而利之也。使夫资朴之于美，心意之于善，若夫可以见之明不离目，可以听之聪不离耳，故曰目明而耳聪也。

显然，荀子言"性恶"是针对孟子之"性善"而言的。

荀子并不否定孟子所谓的人本具先天资朴之美、心意之善。当然，孟子所谓性善，并不局限于此。孟子的人性论，是由性、心、情、气、才的统一而言人的存在本有先天本善之才具。[1] "所谓性善者，不离其朴而美之，不离其资而利之也"，荀子对孟子性善的这个评论，有断章取义之嫌。不过，荀子这段话的思想逻辑是很清楚的。在荀子看来，由乎前述人性的固有结构，人之初生，便必已出离质朴，处身于文明之中。因此，人之自然资质不可执恃，人行之"善、恶"道德价值，在人性中虽有结构性的根据，却无现成实质性的内容，当求之于"性"之外。

211

《性恶》篇又说："今人之性，生而有好利焉，顺是，故争夺生而辞让亡焉；生而有疾恶焉，顺是，故残贼生而忠信亡焉；生而有耳目之欲，有好声色焉，顺是，故淫乱生而礼义文理亡焉，然则从人之性，顺人之情，必出于争夺，合于犯分乱理而归于暴。故必将有师法之化，礼义之道，然后出于辞让，合于文理，而归于治。用此观之，然则人之性恶明矣，其善者伪也。"我们要特别注意"顺是，故……"这个句式及其用法。"人生而有好

---

① 参见李景林：《从论才三章看孟子的性善论》，载《北京师范大学学报》2018年第6期。

利""生而有疾恶""生而有耳目之欲，有好声色焉"，此皆出于自然之情欲，并无"善、恶"之义。如前所论，荀子据"正理平治"与"偏险悖乱"定义"善、恶"之义。《解蔽》篇说"心知道，然后可道"，"心不知道，则不可道而可非道"。因此，由"师法之化，礼义之道"所生之"治"或"善"，乃由人心之"可道"所生；"顺是，故…"所生之"暴""乱"或"恶"，亦是由人心之"可非道"所生。二者悉出于"心之所可"即现实行为原则之选择，而非情欲之现成本有。荀子强调"人之情固可与如此可与如彼"（《荣辱》），认为性"吾所不能为"，"然而可化"（《儒效》），故主张"道欲"而反对孟子之"寡欲"，是皆以性及情欲无现成实质性之"善、恶"，而将其发为"善、恶"之几，完全落在心知抉择之"可"上来理解。

　　孟子以仁义内在于人的实存，人性本具先天的道德内容而言人性本善。荀子则据人之肉身实存及其情欲表现"从心之所可"之结构以言"善、恶"发生之机理，而以"善、恶"在人性中有结构性的根据却无现成实质之"善、恶"。就"善、恶"之存否言，这个人性的结构可以说是一个"空"的结构。"无之中者必求于外"（《性恶》），人所当求者为"礼义"之道，而礼义之"善"，则"生于圣人之伪"（《性恶》）。换言之，人的情欲要求必然受制于人心之所"可"，而所"可"的内容却产生于人为或"伪"的实存过程[①]。荀子以性中无"善、恶"的现成内容，

212

---

　　① 由"伪"所形成的"心之所可"之内容，本有两端，一是以礼义为行为原则，一是以功利为行为原则。不过在荀子看来，人对功利原则的选择固然出于"心之所可"，但人的情欲、好利、恶害的自然趋向，使人心易于"不可道而可非道"（《荀子·解蔽》）。"顺是，故……"这个句式的用法，就强调了这一点。

其针对孟子之人性善说，故言"人之性恶，其善者伪也"，以凸显躬行礼义对于实现人道之善的必要性。《性恶》篇说："性善则去圣王，息礼义矣；性恶则与圣王，贵礼义矣。"又说："古者圣王以人之性恶……是以为之起礼义、制法度，以矫饰人之情性而正之，以扰化人之情性而导之也，始皆出于治，合于道者也。"（《性恶》）就表现了这一点。

三、目的论之善性

荀子的人性结构论，既凸显了礼义教化的必要性，亦蕴涵了人达于"善"的可能性。《性恶》讲"涂之人可以为禹"，"涂之人"，"皆有可以知仁义法正之质，皆有可以能仁义法正之具"，就表明了人达于"善"的可能性。不过，仅此两点，还不足以保证荀子学说在理论上的自洽性。

黑格尔把哲学的逻辑系统理解为一个由开端展开"转变成为终点"，并重新回到开端，"自己返回到自己的圆圈"。一种真正的哲学，必须要达到这种"自己返回自己，自己满足自己"的自足性。①海德格尔主张，对存在的理解要求我们以适当的方式进入一种解释学的循环，亦提示了这一点。荀子其实也具有这样的理论自觉。《王制》篇曾提出了一个首尾闭合的理论的圆环：

> 以类行杂，以一行万；始则终，终则始，若环之无端也，舍是而天下以衰矣。天地者，生之始也；礼义者，治之始也；君子者，礼义之始也。为之，贯之，积重之，致好之者，君子之始也。故天地生君子，君

---

① [德] 黑格尔：《小逻辑》，贺麟译，商务印书馆，1980，第59页。

子理天地；君子者，天地之参也，万物之总也，民之
父母也。

在荀子看来，人的存在及其伦理的体系，应是一个终始相扣
的自足自洽的系统。荀子所建构的这个以"君子"为中心的理论
圆环，在形式上当然是终、始衔接的。不过，从内容来看，此系
统之终始相扣的自足性，尚需做进一步的说明。

依照前述荀子的人性结构论，人的实存、情欲，虽必受制于
人心之"所可""所是"，而此"可""是"的内容，却须由"伪"
或人为的实存过程来规定，故此人性结构本身，尚存在一种向着
"善、恶"两端开放的可能性。从这个角度看，"天地生君子，
君子理天地"这个理论圆环，尚未自成一个终始衔接密合、"自
己满足自己"的自足系统。为确保"天地生君子"或"善"这
一理论环节的必然性，荀子选择了一种目的论的进路，其所理
解的人的"善"性，由此则可以称作一种"目的论的善性"。

荀子特重"类"这一概念。《劝学》："施薪若一，火就燥
也；平地若一，水就湿也。草木畴生，禽兽群焉，物各从其类
也。"《大略》："均薪施火，火就燥；平地注水，水流湿。夫
类之相从也，如此之著也。"《非相》："以人度人，以情度情，
以类度类，以说度功，以道观尽，古今一度也。类不悖，虽久
同理。"是言"类"乃宇宙万有之存在方式。故"伦类以为理"
（《臣道》）"类不悖，虽久同理"，事物之理，亦即物"类"之
理，故吾人亦须就事物之"类"以把握其内在的道理。这样，此
"类"性之"理"，便构成事物存在的内在原因及其发展和趋赴
之目的。就此而言，荀子所理解的"目的"与西方的内在目的论
学说颇为相类。

人亦如此。人作为一个类，亦具有其内在的理或道。《非相》："人之所以为人者，非特以二足而无毛也，以其有辨也。……夫禽兽为父子而无父子之亲，有牝牡而无男女之别。故人道莫不有辨，辨莫大于分，分莫大于礼，礼莫大于圣王。"《王制》："水火有气而无生，草木有生而无知，禽兽有知而无义；人有气、有生、有知，亦且有义，故最为天下贵也。力不若牛，走不若马，而牛马为用，何也？曰：人能群，彼不能群也。人何以能群？曰：分。分何以能行？曰：义。"是言人作为一个"类"之异于禽兽的本质特征，即在于其所具有的群、分、礼、义的伦理规定。此亦即"人道"或"人之道"。《儒效》："道者，非天之道，非地之道，人之所以道也，君子之所道也。"这个"君子之所道""人之所以道"对于荀子来说，就是"礼义"。故《礼论》："礼者，人道之极也。"这里人道之"极"，即言"礼义"作为人这个"类"之"道"，同时标明了人的存在之实现所趋赴的终极或最高目的。

215

孔子的学说，为一"仁智"统一的平衡系统，孟、荀皆认可这一点①，但思孟一系乃内转而略偏重"仁"或人的情志一端，以智思一面为依情而发用的自觉作用，故注重在体证性的内省反思。荀子则略重"知"或"智"的一端。如《儒效》："彼学者：行之，曰士也；敦慕焉，君子也；知之，圣人也。"《解蔽》篇："向是而务，士也；类是而几，君子也；知之，圣人也。"《儒效》篇："志安公，行安修，知通统类，如是则可谓大儒矣。"《性恶》篇："多言则文而类，终日议其所以，言之千举万变，

---

① 《孟子·公孙丑上》："仁且智，夫子既圣矣。"《荀子·解蔽》："孔子仁智且不蔽。"

其统类一也，是圣人之知也。"是皆以"知之"为"圣人""大儒"的最高境界。可见，重"知"是荀子学说的一个重要的思想特点，这个"知"的内容，当然就是礼义或"统类之道"。此对"知"或"智"的偏重，使得荀子的学说具有了一种趋向于"辨合符验"的现实指向性①。

不过，我们要注意的是，荀子之重"知"，乃是在肯认仲尼子弓"仁智"统一的思想结构之前提下对"知"的强调，故此"知"，仍是以"仁"为内容规定的自觉，而非单纯向外的认知。因而，此"知"乃具有自身的限度，而排除了其向"非道"任意开放的可能性。《解蔽》篇说：

> 凡以知，人之性也；可以知，物之理也。以可以知人之性，求可以知物之理，而无所疑止之，则没世穷年不能遍也。其所以贯理焉虽亿万，已不足以浃万物之变，与愚者若一。……故学也者，固学止之也。恶乎止之？曰：止诸至足。曷谓至足？曰：圣也。圣也者，尽伦者也；王也者，尽制者也。两尽者，足以为天下极矣。……向是而务，士也；类是而几，君子也；知之，圣人也。

又有《正名》说：

> 凡人莫不从其所可，而去其所不可。知道之莫之

---

① 《荀子·性恶》："凡论者，贵其有辨合，有符验，故坐而言之，起而可设，张而可施行。今孟子曰'人之性善'，无辨合符验，坐而言之，起而不可设，张而不可施行，岂不过甚矣哉！故性善则去圣王，息礼义矣；性恶则与圣王，贵礼义矣。"

若也，而不从道者，无之有也。假之有人而欲南无多，而恶北无寡，岂为夫南者之不可尽也，离南行而北走也哉？今人所欲无多，所恶无寡，岂为夫所欲之不可尽也，离得欲之道而取所恶也哉？

这两段论述，很好地标明了"知"或"智"之限度及其终极目的或指向性。

《解蔽》此语，指点出了学之所"止"及其限度与终极指向。人心向外的认知，必建基于其存在与德性的实现，乃能获得自身肯定性的价值和意义。"学也者，固学止之也"，就指出了这一点。"至足""两尽""为天下极"，这足、尽、极，即此学之所"止"的终极目的。这为学之终极目的，包括"尽伦"和"尽制"两方面的内容。"尽伦"是其内在性的道德或伦理目的，"尽制"则是其落实于实存表现之政治或制度目的。"两尽者，足以为天下极矣"是言此两者的统一，构成了人的存在和人类社会的终极目的。这个终极目的之人格表现，就是圣、王。

217

《正名》此语，乃回归于前述人性"从心之所可"的结构，来标识这"所可""所知"的目的性指向。"凡人莫不从其所可"是强调人的情欲要求从心"所知""所可"之抉择定向，获得其实现原则与途径的必然性，这与禽兽之欲由诸本能的直接性有本质的区别。从人性结构本身的可能性而言，这"可"乃包含着向善与向恶两个向度。如《解蔽》说："心不可以不知道。心不知道，则不可道而可非道。""心知道，然后可道；可道，然后能守道以禁非道。"心是否"可道"，即选择"道"作为情欲实现之原则，关键在于其能否"知道"。人之选择"非道"为自身生命实现之原则而流为"恶",乃源于其"不知道"。而从人的存在"类"性之理、道所规定的终极目的而言,人心必然趋向于由"知道"而"可道",从而实现其"正理平治"之"善"。"知道之莫之若也,而不从道者,无之有也"说的就是这个意思。譬如人之"欲南"而"恶北",终必将取夫向南而非向北之道。故人作为一个"类"的存在,本内在地具有一种自身趋赴于善的逻辑必然性或目的论意义之善性。

荀子推重仲尼子弓,认为孔子之学"仁智且不蔽",其论心知,亦以"仁智"之合一为前提。故其学虽偏重于"知"或"智",然其所言"知",却仍是一种落实于知情本原一体的体证之知。《解蔽》篇对此有极精辟的论述:

> 心者,形之君也,而神明之主也,出令而无所受令。自禁也,自使也,自夺也,自取也,自行也,自止也。故口可劫而使墨云,形可劫而使诎申,心不可劫而使易意,是之则受,非之则辞。故曰:心容,其择也无禁,必自见,其物也杂博,其情之至也,不贰。

又云:

> 知道:察,知道;行,体道者也。虚壹而静,谓之大清明。万物莫形而不见,莫见而不论,莫论而失位。

又引《道经》"人心之危,道心之微"以论心知云:

> 夫微者,至人也。至人也,何强,何忍,何危!故浊明外景,清明内景。圣人纵其欲,兼其情,而制焉

者理矣；夫何强，何忍，何危！故仁者之行道也，无为
也；圣人之行道也，无强也。仁者之思也，恭；圣人之
思也，乐。此治心之道也。

荀子把人理解为一个形、神合一的存在整体，而"心"则为
其最终的主宰。此所言"心"的功能，包括本原一体而不可分的
两方面内容："形之君"和"神明之主"。"形之君"是言"心"为
人身及其行为之主宰。"神明之主"是言"心"为人的精神活动之
主体。"心"虽涵容广大，却表现为一种统一性的精神活动（"其
精之至也，不贰"）。"心"之主宰作用，乃是一种"出令而无所
受令"，自我决定而非由乎他力的主动的精神活动，其"知"，
乃表现为一种身心、知情、知行本原性合一的体证性自觉。

"知道：察，知道；行，体道者也"[1]，即把"知道"理解为
一种知、行内在合一的体证性之知。如前所说，荀子以"知"
来标识圣人大儒的精神境界，但这"知"是内在包含着践行体
证的"知"，而非一般的对象性认知之知。《儒效》篇说："不
闻不若闻之，闻之不若见之，见之不若知之，知之不若行之，
学至于行之而止矣。行之，明也；明之谓圣人。"此"明"，亦
可谓之"清明"或"大清明"，即圣人、大儒知通统类，道心
精微，无物不照，从容中道当理之自由的境界。《解蔽》篇谓
此为"治心之道"，从荀子对"心"作为人的知行本原合一之
主宰的理解看，此"明"或"大清明"，亦可看作是"治心"

219

---

① 或将此语断句为"知道察，知道行，体道者也"，不通。此语实言"知
道"包括"察"即自觉和"行"即"体道"两方面内容。相对而言，"察"属
"知道"，此为狭义的"知道"；"行"属"体道"。此两面共属一体而不可分，
是之谓真正的"知道"。故我将此语读断为"知道：察，知道；行，体道者
也"。

所复归和实现的心之本然。前引《正名》说："凡人莫不从其所可，而去其所不可。知道之莫之若也，而不从道者，无之有也。"此处的心知说，则指出了人能"知道"之逻辑与存在性的根据。凡圣同类，禹桀不异。故此亦人"皆有可以知仁义法正之质，皆有可以能仁义法正之具"之逻辑与存在性的根据。

可见，仅从"从心之所可"的人性结构论向着"伪"的实存过程之开放性而言，荀子所建构的理论圆环，在"天地生君子"这一环上容有缺口而不能自圆之处，而荀子在目的论这一论域中，又指出人作为一个"类"的存在之"知道"和趋向于"善"的可能性与终极指向性。这在逻辑上避免了人类存在对于"恶"之无限制的开放性，而将之收归于那个终始无端的圆环，复成一自足的系统。尽管现实中仍会存在"心不知道而可非道"的众人，但在人类存在的整体性上，"天地生君子"这一善性之指向，获得了其自身的逻辑必然性，同时，"心不知道而可非道"的不同层级之众人的存在，保持了荀子所倡导的礼义教化的必要性这一理论维度。

四、结语

综上所论，人的实存"从心之所可"的人性结构论与目的论的善性说，共同构成了荀子人性论学说的整体内涵。荀子针对孟子的性善论而言"性恶"，其实质是强调人性中本无"现成的善"，而非言人性中具有"实质的恶"。

强调人性无现成的善，这无疑是正确的，但荀子以此批评孟子，或许是对孟子无意的曲解。孟子举"四端"为例说明人心当下必时有"善端"之呈露。不过，细绎《孟子》全书可知，其所谓"善端"，并不局限于"四"端，举凡不忍、不为、恻隐、羞恶、辞让、恭敬、是非、孝悌、亲亲、敬长、耻、忸怩、无欲害人、无穿逾、无受尔汝、弗受嘑尔、不屑蹴尔之食等种种情态，皆可称为"善端"，皆可由之推扩而成德，据以建立合理的人伦秩序。孟子言良心，包含良知与良能，"能-知"的共属一体被理解为人心（良心或本心）的原初存在结构。"善端"即是人心"能-知"共属一体的原初存在方式在具体境域中的一种当场性和缘构性的必然情态表现，并非某种预设性的现成天赋道德情感。孟子由此证成了其性本善的学说体系。①

孟子之心性论，乃即心言性，并落在情上论心。其所言心，本具"能-知"一体的逻辑结构，但孟子重反思内省的特点，使此一结构的意义缺乏明晰的逻辑表述，故隐而不彰。借助荀子据其人性结构论对孟子的批评，由之反观孟子之心性说，后者乃可以从其对立面上反射自身心性结构的理论意义。

不过，荀子对天人、性伪之分立性的理解，使其人性结构仅具形式的意义而流为一"空"的结构，故只能从此结构之外另取一目的论原则，以成就其终始相接的理论圆环。是其理论的体系，似圆而终至于非圆。因而，儒家的伦理道德系统，终须建基于思孟一系的人性本善论，才能成为一个自身周洽完满的思想体系。思孟的学说在儒学史上能够蔚成正宗而不可或替，良有以也。

221

① 参见李景林：《从"论才三章"看孟子的性善论》，载《北京师范大学学报》2018年第6期。

朱子心论及其对先秦儒学性情论的创造性重建

今人论宋明儒学，严判心学与理学。这当然有其学理上的根据。但就根本精神而言，二者并无本质的区别，必于异中见同，方能了解其真精神。钱穆先生指出："理学家中善言心者莫过于朱子。"[①]这是一个很平实、公允的评判。宋明儒学以"心性义理之学"名，而在宋明儒学中，朱子之心论，实最为完备。近年来，结合出土文献对先秦儒学的研究，学术界愈益注意到"情"的观念在先秦儒学心性思想中的核心地位。朱子思想成熟时期的心论，尤其凸显了"情"作为心之主体内容的意义，在体用、寂感统一的本体论视域中对先秦儒学的性情说做了新的理论建构。现代朱子哲学思想的研究，已取得了很大的成就，但学者往往既囿于理学、心学分系和对峙之前见，又受到西方哲学诠释模式的影响，故常倾向以"认知心"来理解朱子之心说，或以理性主义来诠解其心性哲学的精神。在儒家思想中，"心"与西方哲学中"理性"概念的地位大致相当，但具有其独特的哲学内涵。把朱

---

① 钱穆：《朱子学提纲》，生活·读书·新知三联书店，2002，第44页。

子心论这个典型的思想案例置诸儒学"即情显性"的性情论这个大的理论背景中重新加以审视，对于我们准确地把握朱子心性论的精神实质，了解儒学作为一种哲学的独特思想内涵，具有重要的理论意义。

一、儒学的提问方式与心性概念

自20世纪初以来，包括儒学在内的中国传统思想被纳入"哲学"的范畴进行研究，探讨儒学和中国哲学作为"哲学"的独特性意义，就一直是中国哲学和儒学学者一个挥之不去的心结。从中国哲学学科诞生之日起，学者就在思考是否有一个"普遍哲学"的问题，近年来又兴起"中国哲学合法性"问题的讨论，都与这一点有关。我的看法是，哲学是一种个性化的学问，或者说，哲学是于个性化中表现普遍性理念的学问。[1]中国哲学当然亦有其个性。现在，我们在儒学这个较小的范围内来谈谈这一问题。

不同的哲学系统，其个性特征表现在什么地方？这个问题很复杂，但有一个较为简便的方法，那就是考察它的提问方式。按照海德格尔的说法，希腊哲学的提问方式是："这是什么？""这是由苏格拉底、柏拉图、亚里士多德所发展出来的问题形式。例如，他们问：这是什么——美？这是什么——知识？这是什么——自然？这是什么——运动？"由这个"是什么"的提问方式，哲学被引导到对存在者的实质、所是、本质乃至于其"第一原理和原因"的探讨。[2]

---

① 参见李景林：《教化的哲学——儒家思想的一种新诠释》，黑龙江人民出版社，2006，第1-6页。

② 孙周兴选编《海德格尔选集》上，生活·读书·新知上海三联书店，1996，第592-593、596-597页。

儒学的提问方式则与此不同。《论语·子张》："君子学以致其道。"小程子作《颜子所好何学论》，亦谓儒家之学，是"学以至圣人之道"①。在儒学的系统中，人的成就对于知识的问题来说是先在的。《孟子·公孙丑上》引子贡的话说："仁且智，夫子既圣矣。""智"是包含在"圣"的成就里的一个内容，成圣较之知的问题而言更为根本。成圣，当然也要涉及其所"是"的问题。但儒家既以人的存在和生命的成就为根本，这个"是"便只能在实有诸己之自觉的角度来理解，而不能以西方哲学所谓"认识你自己"的方式给出。在这种提问方式里，"是什么"不是先在或首出的观念，"知"的观念和对象反倒是后在的。

思孟讲"诚"，"诚"这个概念最能表现儒家的这一思理。"诚"就是事物是其自己。古人解释"诚"，一说真实无妄，一说实有。实有就是实有诸己，实有诸己则能真实无妄，是其所是。自然物率皆如此，《中庸》所谓"诚者天之道也""诚者物之终始，不诚无物"即表明了这一点。人也应如此。所以《中庸》于人，强调诚明的互体："自诚明，谓之性；自明诚，谓之教。诚则明矣，明则诚矣。"这个"明"，就是今人所谓智慧。它不是概念上的给定，而是在实有诸己，在存在、生命之拥有中的心明其义，或者说是在"实有"中敞开其意义。这个智慧，是人生的、生命义的、存在性的智慧。

在《中庸》《孟子》中，"诚"与"圣"是同一层次的概念。《中庸》以"诚"标志"性之德"，说得更明确一些，"诚"乃标志着"性"的完成。完成了"性"，才是"圣"。而

①［宋］程颢、程颐：《二程集》，中华书局，1981，第577页。

"性"的完成，关乎人的生命存在，首先是情感生活之事。正因为如此，儒学言"性"，亦非注重其在概念上的定义，比如像西方哲学所谓"人是理性的动物""人是能制造工具的动物"等，而是于人的情感生活之不断修为的工夫及其生成、展开的历程上去呈显、体证、把握其意义。《易·系辞传》所谓"继善成性""成性存存，道义之门"，说的就是这个道理。

儒家言"性"，是在人的情感生活的修养完成历程中敞开其意义，而非从"知"的角度对其加以对象性的规定。因此，儒家论性，从心上说；论心，则落实于"情"来讲。讲心、物的关系，亦要从以情应物、成己以成物的角度达成人我、物我的感通。西方哲学理解人，多言"理性"，且偏重从知的层面来理解这理性的内涵。儒家和西方哲学在此点的理解上很不相同。梁漱溟先生用西方哲学的"理性"概念诠解儒学的良知本心，但他把儒学的理性概念界定为一种"情意之知"，一种"无私的情感"，或以"情意"活动为主体的体证和自觉作用。梁先生对儒学"心"的概念的诠释，既切中其本旨，又对其做了现代意义的转换，诚为不刊之论。

过去一般认为，心性、性情是宋儒才关注的问题。其实，先秦儒家对此已有系统的论述，且已构成其性善观念、自力超越价值实现方式的思想依据。

郭店楚简《性自命出》云："喜怒哀悲之气，性也。及其见于外，则物取之也。性自命出，命自天降，道始于情，情生于性。"[1]《中庸》首章说："天命之谓性，率性之谓道，修道之谓教。"又："喜怒哀乐之未发，谓之中，发而皆中节，谓之和。中

---

① 荆门市博物馆编《郭店楚墓竹简》，文物出版社，1998，第179页。

也者，天下之大本也；和也者，天下之达道也。致中和，天地位焉，万物育焉。"《性自命出》的论述，完全可以看作是对《中庸》这两段话的注脚。《中庸》言中和，皆从"情"（喜怒哀乐之发与未发）上说，其未明言"心"，实由于心在现实上，乃举体显现为"情"。郭店楚简《性自命出》论性之显现于"情"，乃由"心取"而出，就表现了这一点。

《孟子·离娄上》："仁之实，事亲是也；义之实，从兄是也；智之实，知斯二者弗去是也；礼之实，节文斯二者是也；乐之实，乐斯二者，乐则生矣，生则恶可已也，恶可已，则不知足之蹈之手之舞之。"由此可知，先秦儒所言"智"（礼与乐亦如此），乃依"情"而发用，并以情的完成为其最终的成就和依归。应注意的是，在此，孟子是以"仁义礼智乐"并举，而我们知道，思孟的五行说，以"仁义礼智圣"为内容，孟子亦以"仁义礼智圣"并举。帛书《五行》和郭店楚简《五行》用善、人道、玉色、智德来标识"仁义礼智"四行之特征，而用德、天道、玉音、圣德来标识"仁义礼智圣"五行的特征。在《五行》和《孟子》中，又都多次用古代音乐中的"金声玉振"刻画智与圣的人格特质，以明圣德之集大成的意义。此点极有深意。盖乐本直接关涉人的内在情感生活，具有直情进德，以德性自由而达天人合一之功。《礼记·乐记》所谓"致乐以治心，则易直子谅之心油然生矣；易直子谅之心生则乐，乐则安，安则久，久则天，天则神"说的就是这个意思。孔子亦以"兴于诗，立于礼，成于乐"论人格的教养，可知儒家论心和人格的成就，其始与成的两端，皆着眼于人的情感生活的转变与完成。"仁义礼智圣"与"仁义礼智乐"的并称，正表明了儒学之圣德成就与"情"的内在关联性。

在先秦儒家的观念中，出自天命之性，其内容即一个"情"

字，在情上方能见性之本真。由此我们可以理解，孔子为什么那么重视人的先天质素对人之成德的意义，才可以理解孟子讲性善为什么要从"情"上说。正是基于对性、心、情的关系的这种理解，先秦儒学形成了其独特的"圣人之道"，那就是尽心知性以知天，存心养性以事天。这里，心这一概念的核心是"情"，不是"知"。《中庸》论"中和"，《乐记》论"性"，成为后来宋儒心论的经典依据。

二、心性的结构——"心统性情"

先秦儒家论性，从情上说，这是其总体的精神。这一观念，于《中庸》《孟子》表现尤著。先秦儒家又特别强调"性与天道"的内在贯通，《中庸》《孟子》之心性论，实亦体现了这一性与天道内在贯通的精神。不过，先秦儒家论天道的系统，见诸《易传》，与《中庸》《孟子》的系统尚未能融合为一。故其心性合一、性与天道为一的精神，亦未能得到系统的理论说明。宋明儒家的"心性义理之学"，乃将上述两个系统统合为一，凸显了心性的本体意义。朱子之心论，正是此一精神的体现。

朱子心论之完成，与其对《中庸》"中和"观念的理解相关。《中庸》的中和思想，讲的是"喜怒哀乐"的发与未发，其内容皆指"情"而言。史称朱子有两次"中和之悟"。朱子三十七岁时的所谓"中和旧说"所表现之心论，以性为未发，而以心为已发，取"性体心用"的心性二分形态。朱子在约四十岁时，思想发生了重要的转变，提出一新的中和说，即以性为未发，以情为已发，而以心兼赅体用性情，成一心、性、情三分的系统。[1]

---

① 参见陈来：《朱子哲学研究》，华东师范大学出版社，2000，第157-193、213-232页。

心、性、情三分，而以心兼赅体用性情，这是朱子成熟期之心论的基本结构。这一心论，既是对先秦儒学即情显性思想的继承，又表现了一种新的理论创造。

《中庸》首章言"中和"，其核心内容是"情"（喜怒哀乐）。由于《中庸》在讲天、命、性、道与"中和"的两段论述之间还隔着一段论慎独的话，因而在《中庸》首章中，这天、命、性、道与情之间的逻辑关系，并不是太清楚。同时，《中庸》亦无直接论心之语。但我们从郭店楚简《性自命出》"性自命出，命自天降，道始于情，情生于性"的说法可以显见，《中庸》"喜怒哀乐"之发与未发的中和论，讲的正是"情生于性"的问题。《性自命出》又讲："喜怒哀悲之气，性也。及其见于外，则物取之也。""虽有性，心弗取不出。"[1]可知，情之表显于外，乃本于心之所取。这样看来，朱子以心兼赅性情，而以情之未发、已发释中和，是有根据的。当然，朱子未能见到郭店楚简和上海简的文献，而这更显示了他深刻的理论洞察力。

先秦儒家即情显性的观念，从本原入手，是一种整体论的讲法，并不关注后人所讲的才质、气性问题。孟子讲"情""才"，虽关联于"气"，但此情和才，是展开和成就"性"之全体的一个"通"性，而非从人各相异的才质或自然素质着眼。《孟子·告子上》所谓"乃若其情，则可以为善矣，乃所谓善也；若夫为不善，非才之罪也"，所谓人皆有四端之情，表明人心本具"仁义礼智"之性，而或有失之者，乃因"不能尽其才"使然，说的就是这个道理。而汉儒以下论性情，则转从人的现成自然素

228

---

[1] 荆门市博物馆编《郭店楚墓竹简》，文物出版社，1998，第179页。

质立言，注意人的实存才性、素质之类分。汉唐儒家之人性论，盛行"性三品"之说。其据现成自然素质言性，由之而必于个体实存上区分品类差异，由之又必于人之本性与实存间的分割而求善恶之根源。于是汉唐儒家又有"性善情恶"之论。既言性善情恶，则性已不复为即"情"而显的整全之体，而是被理解为一种与情相分离之抽象可能或素质的概念。

宋儒的心性义理之学，旨在从本体论的角度，把先秦儒家的心性论加以重建。小程子即从《易传》寂然感通或体用的角度言心："凡言心者，指已发而言，此固未当。心一也，有指体而言（原注：寂然不动是也），有指用而言（原注：感而遂通天下之故是也），惟观其所见如何耳。"①然程子并未对心、性、情的关系作出有条贯、有系统的说明，其有关说法，多有不定之语，其间又常自相抵牾。如《朱子语类》卷五十九所记一段问答，即说明了这一点：

> 问……明道曰："禀于天为性，感为情，动为心。"伊川则又曰："自性之有形者谓之心，自性之动者谓之情。"如二先生之说，则情与心皆自夫一性之所发……不知今以动为心是耶，以动为情是耶？……横渠云："心统性情者也。"……如伊川所言，却是性统心情……（朱子）曰：《近思录》中一段云："心一也，有指体而言者。"注云：" '寂然不动' 是也。" "有指用而言者。"注云：" '感而遂通天下之故' 是也。"夫"寂然不动"是性，"感而遂通"是情。故横渠云："心

---

① ［宋］程颢、程颐：《河南程氏文集》卷九《与吕大临论中书》，见《二程集》，中华书局，1981，第609页。

统性情者也。"此说最为稳当。如前二先生说话……是
门人记录之误也。①

在寂感体用统一的意义上理解心，代表了小程子的基本看
法。但这段对话也清楚地表现了二程心性理论的不一贯。小程子
曾说："凡言心者，皆指已发而言。"②前引小程子"凡言心者，
指已发而言，此固未当"一段，即是小程子因吕大临对其"心为
已发"说的质疑而作出的修正，而程子以下儒学之心性说，亦颇
有主性体心用说者。朱子不满意其"中和旧说"，一是因为总觉
得它与程子立说要旨不能切合，而其关键还是因他对"情"的概
念尚未能从理论上作出合理的定位。其"中和新说"则以心统摄
体用性情的系统，既有经典依据，又合乎逻辑地解决了这一问
题。③

汉唐儒之心性说，从人的现成素质上理解"性"，其中性
善情恶之说，尤与先秦儒之心性说相悖。朱子曾批评这种性情
对峙的观念说："情不是反于性，乃性之发处。性如水，情如水
之流……李翱复性则是，云'灭情以复性'，则非。情如何可
灭！"④又说："心所发为情，或有不善……却是心之本体本无不
善，其流为不善者，情之迁于物而然也。"⑤在朱子看来，心之全

_____

① ［宋］黎靖德编《朱子语类》，王星贤点校，中华书局，1986，第1384-
1385页。

② ［宋］程颢、程颐：《河南程氏文集》卷九《与吕大临论中书》，见《二
程集》，中华书局，1981，第608页。

③ 陈来先生说："从己丑之悟以后到仁说之辨以前，朱熹心性论有突出意
义的进展在于确立了'情'在他的心性哲学中的地位……"这个分析是很透辟
的。见陈来：《朱子哲学研究》，华东师范大学出版社，2000，第188页。

④ ［宋］黎靖德编《朱子语类》，王星贤点校，中华书局，1986，第1381页。

⑤ 同上书，第92页。

体悉见于情。心发出来，其情之流行或有不善，然性必显为情，舍情无以见心，因之亦无以见性。故灭情之说，绝不可取。即情显性，性情贯通为一体，本为先秦儒旧义。朱子对此，有很清醒的认识。然其性体心用的"中和旧说"，未能很好地贯彻儒学的这一精神。朱子对中和问题的省思及由此所发生的思想的转变，其核心就在于确立"情"在其心论中的主体地位。这可以从朱子对胡宏和谢良佐心性说的两段评论中看出来。朱子批评胡宏的性体心用说：

> 旧看五峰说，只将心对性说，一个情字都无下落。后来看横渠"心统性情"之说，乃知此话有大功，始寻得个"情"字着落，与孟子说一般。孟子言："恻隐之心，仁之端也。"仁，性也；恻隐，情也，此是情上见得心。又曰"仁义礼智根于心"，此是性上见得心。盖心便是包得那性情，性是体，情是用。[①]

231

又批评谢良佐：

> 谢氏心性之说如何？曰：性，本体也，其用情也；心则统性情，该动静而为之主宰也。……今直以性为本体，而心为之用，则情为无所用者，而心亦偏于动矣。[②]

这里批评胡宏和谢良佐，其核心的一点就是认为性体心用的二分，不能安顿"情"字，与先秦儒学的性情说相悖。从朱子的《中和旧说序》可知，其性体心用说的形成，之前既从张栻得闻

① ［宋］黎靖德编《朱子语类》，王星贤点校，中华书局，1986，第91页。
② ［宋］朱熹：《晦庵先生朱文公文集》卷七十四《孟子纲领》，见《朱子全书（第二十四册）》，上海古籍出版社，2002，第3584页。

胡宏之说，之后又从胡宏著作中得到印证①。故朱子这个批评，正可看作是对自己"中和旧说"的反省和修正。

可见，朱子对其"中和旧说"的反省与修正，其核心在于如何接续先秦儒学即情显性的性情论传统。在朱子看来，小程子以心兼寂感、体用的结构，正好为解决这一问题提供了一个绝好的理论框架。其又认同张载"心统性情"之说，在"心"之寂感、体用的整体结构中，安立性与情。这不仅接续了《中庸》《孟子》的心性系统，更在体用、寂感一如的本体论意义上对之做了新的理论阐发。

三、心的本质内涵——"仁"为"心之德"

"心"何以能统摄"性情"，在何种意义上统摄性情，这涉及朱子对心的本质的理解。朱子《仁说》一文，对这一问题做了集中讨论。《仁说》虽以"仁"名篇，但其主旨却是以仁为"心之德"，并从心的体用关系上来揭示仁作为性体的道德生命创造的意义。《仁说》实质上表现了朱子心论的根本精神。《仁说》开宗明义说：

> 天地以生物为心者也，而人物之生，又各得夫天地之心以为心者也。故语心之德……一言以蔽之，则曰仁而已矣。请试详之。盖天地之心，其德有四，曰元亨利贞，而元无不统。其运行焉，则为春夏秋冬之序，而春生之气无所不通。故人之为心，其德亦有四，曰仁义礼智，而仁无不包。其发用焉，则为爱恭宜别之情，

---

① 参见［宋］朱熹：《晦庵先生朱文公文集》卷七十五《中和旧说序》，见《朱子全书（第二十四册）》，上海古籍出版社，第3634页。

而恻隐之心无所不贯。故论天地之心者，则曰乾元、坤元，则四德之体用不待悉数而足。论人心之妙者，则曰"仁，人心也"，则四德之体用亦不待遍举而该。盖仁之为道，乃天地生物之心，即物而在，情之未发而此体已具，情之既发而其用不穷……①

"心统性情"，讲的是心性的结构，上引《仁说》，则讲到心的本质内涵。由对心的本质内涵的探讨，我们才能真正了解朱子所主"心统性情"说的理论意义。

朱子以仁言"心之德"，其要旨乃在于说明性体生生创造之义。朱子以"天地之心"况人之心，而"天地以生物为心"，人心之义亦要在生生。我们要注意，朱子所言"天地之心"，是一宇宙整体生命的观念。一方面，这"天地之心"的创生之义，要在实存的流行上见。宇宙阴阳、阖辟，其生化无有穷极，皆此实存的流行过程。但另一方面，此流行，必有一内在的精神原则贯通和主乎其中，而成为一活的生命历程。二者不可或分。

朱子说："明道云：'其体则谓之易，其理则谓之道，其用则谓之神。'易，心也；道，性也；神，情也。此天地之心、性、情也。"②此引程子语，言宇宙生化之总体，朱子则释之以"天地之心、性、情"。按程子之说，"易"所标志者，为宇宙存有之整体，"道"乃标志其形上之体性，"神"则表现为其生化流行之作用和活动。在朱子的思想系统中，心作为一个精神性的原则，乃贯通形而上、下的存在整体。朱子谓"易，心也"，即以心标识

233

---

① ［宋］朱熹：《晦庵先生朱文公文集》卷六十七《仁说》，见《朱子全书（第二十三册）》，上海古籍出版社，第3279页。

② ［宋］黎靖德编《朱子语类》，王星贤点校，中华书局，1986，第97页。

宇宙存有之整体。心的特征是"灵明"，故为一精神性原则，但我们必须要注意，这灵明的精神性，与实存不可或分。一方面，如灵明与实存可以两分，则这实存或流为西方哲学所谓惰性、被动的"物质"，或流为佛家那种失去其自性和本真性的虚幻，因而不具生命的意义；另一方面，此灵明所观照者，亦将成为失去其体性的空无。宋儒所拒斥释老者，正在于此。朱子以心为贯通实存之整体，则其本质为一"主宰"性，而其发用，则为一保有精神规定的活泼的生命历程。《朱子语类》卷一记朱子论"天地之心"说："若果无心，则须牛生出马，桃树上发李花，他又却自定……心便是他个主宰处。"很显然，这里所谓主宰，既为一种决断、决定，亦具某种"力"的意义，必即存在而见其功。朱子所谓心的主宰义，即是宇宙过程所本具的一种精神性规定，它表现为存在自身内在的一种决定和定向的作用，从而使宇宙万有实存的过程保有其内在的"自性"意义，在其自身中包含秩序条理的和谐性。这样，天地、宇宙的存在，其本质便必然被理解为一生命的创造，而宇宙万有，亦被赋予一种活的生命意义。朱子正是通过以"天地之心"兼赅体用（所谓天地之性、情）这一思想结构，凸显超越之理的主宰、创造性的意义。《朱子语类》卷一载："问：'天地之心，天地之理，理是道理，心是主宰底意否？'曰：'心固是主宰底意，然所谓主宰者，即是理也，也不是心外别有个理，理外别有个心。'"在"天地之心"兼赅体用这个总体性上，"理"乃是一个主宰、创生义的超越本原，而非一个静态的、形式性的认知对象。

"天地以生物为心"，人心亦以"生"为其根本的特质。而标志此"心之德"者，即一"仁"字。天地之心，具"元亨利贞"四德，而统之以"元"；人之心，亦具"仁义礼智"四德，可以

"仁"统之。故可说仁为"心之德"。朱子论天地之心，以元统四德，是要即宇宙实存万有之"生"意见天道之本真。相应地，朱子论人心，以仁统四德，亦是要由人的生命存在的完成上实现和呈显性之本真。

从实存上讲，心之内容即情。朱子以仁统四德，其义正在突出一个"情"字。儒家所谓性之四德：义之所重，在应事之有宜；礼之所重，在行事之有节；智之所重，在临事有自觉的是非判断和抉择之能力。三者皆统于仁，无非以一"爱"心应事而能与人、物无不通。此仁心之发用，则为恻隐之心赅贯统括爱恭宜别之情，即所谓人心之"四端"。

《孟子·告子上》载："仁，人心也。"《二程遗书》卷十八载："爱自是情，仁自是性，岂可专以爱为仁！"朱子以仁为"心之德"的思想，实以孟子之说为骨干而兼取小程子之说而成。在朱子看来，小程子讲"爱是情""仁是性"，是强调性与情、体与用的区别性，从这个意义上讲，当然不可将爱与性相混同。但是，朱子更强调，仁的本真意义应放在人的实现的整体性上才能得到切实和全面的了解。所以，必须在"爱"的情感活动上方能见"仁"之体。

在上引《仁说》的下文中，朱子特别批评了程子后学中"判然离爱而言仁"的思想倾向。他认为，这一思想倾向产生于程子后学对小程子"仁是性""爱是情"观念的误解。按照《仁说》的分析，程子后学的"离爱而言仁"，主要表现为两个相互关联的理论观念，一是"以万物与我为一为仁之体"，一是"以心有知觉释仁之名"。朱子在《仁说》和以后有关的讨论中，对这两个观念做了深入分析，并借此对其"以爱之理而名仁"的思想做了系统的阐明。

前引《仁说》下文：

> 彼谓物我为一者，可以见仁之无不爱矣，而非仁之所以为体之真也；彼谓心有知觉者，可以见仁之包乎智矣，而非仁之所以得名之实也。

《朱子语类》卷九十五论"公"与仁、情：

> "仁之道，只消道一'公'字"，非以公为仁，须是"公而以人体之"。伊川自曰"不可以公为仁"。世有以公为心而惨刻不恤者，须公而有恻隐之心，此功夫却在"人"字上，盖人体之以公方是仁，若以私欲，则不仁矣。①

《朱子语类》卷六：

> 问："程门以知觉言仁，《克斋记》乃不取，何也？"曰："仁离爱不得。上蔡诸公不把爱做仁，他见伊川言：'博爱非仁也，仁是性，爱是情。'伊川也不是道爱不是仁。若当初有人会问，必说道'爱是仁之情，仁是爱之性'，如此方分晓。惜门人只领那意，便专以知觉言之，于爱之说，若将浇焉，遂躐过仁地位去说，将仁更无安顿处。"②

以上所引三条材料，强调了一个核心的观念——不能离"爱"而言仁。

---

① ［宋］黎靖德编《朱子语类》，王星贤点校，中华书局，1986，第2454-2455页。

② 同上书，第119页。

朱子首肯小程子"仁是性""爱是情之说",但强调应对小程子的思想做全面的理解。他认为,小程子的"仁是性""爱是情"说,是针对汉儒以来专"以爱之发而名仁",因而遮蔽了"仁"作为性体的超越性意义的偏弊而发的,其意绝非是"离爱言仁"。"专以爱言仁"与"离爱而言仁",同样都是错误的看法。《朱子语类》卷二十载:"问:'伊川何以谓仁是性,孟子何以谓仁人心?'曰:'要就人身上说得亲切,莫如就心字说。心者,兼体、用而言。'"[①]心兼体用,仁为心之德,故亦必在心之体用的统一性上,才能把握其全面的内涵。

程子后学,如谢上蔡等,因小程子言"博爱非仁"而转从知觉来理解仁。在朱子看来,这既错误理解了仁,亦错误理解了心。心固有知觉灵明,但这知觉灵明乃人实存的内在规定,因而必即实存而发用。人的存在以心为主宰。心的实存之主体是情而非"知觉"。因此,从本原的意义上讲,"知觉"是依情而有的自觉和智照,其认知义的作用,乃是后在的,不具有根源性的意义。朱子强调:"不是为见人我一理后,方有此恻隐……若谓见人我一理而后有之……则是仁在外,非由内也。且如乍见孺子入井时有恻隐,若见他人入井时,也须自有恻隐在。"[②]可见,对于人心而言,恻隐之情是人心之先在的、本然而有的实存内容。孟子所谓人心之同然的"理、义",皆由此而显。在这个意义上,儒家才有理由说,仁义内在于人心,为人所固有,非由外铄而然。朱子谓仁作为"爱之理""是自然本有之理"[③]正是此意。反之,

237

---

① [宋]黎靖德编《朱子语类》,王星贤点校,中华书局,1986,第475页。

② 同上书,第1281页。

③ [宋]朱熹:《朱子全书(第二十一册)》,上海古籍出版社,2002,第1413–1414页。

如认人心以"知觉"为先在，而由之理解仁或理的内涵，则必然导致仁义外在于人心的理论后果。所以，朱子明确指出，"彼谓心有知觉者，可以见仁之包乎智矣，而非仁之所以得名之实也。"仁包乎智，恻隐为仁之安顿处，正是强调"情"为心之实存的主体，知觉灵明则非心之首出的原则。

由此，仁作为性、理，作为"心之德"，便非一依认知而有的冷冰的形式原则。在朱子围绕《仁说》的理论论辩中，其所拒斥的另一个重要观点，就是以"公"和"物我一体"训仁。人可以在知识上对天地万物同体之理有所了解，世亦有"以公为心而惨刻不恤者"，但这并不是仁，因为这样理解的理，只是一种外在于情感生活之体证的抽象形式的东西。"彼谓物我为一者，可以见仁之无不爱矣，而非仁之所以为体之真也""须是公而以人体之""公而有恻隐之心，此功夫却在人字上，盖人体之以公，方是仁"，这些说法，很明确地表达了一种对"仁"作为性体的情感生活之感通、存在完成和生命体证义的理解。

在天地，精神的规定内在于实存，故宇宙的阴阳、阖辟变化为一生命的创造历程，而非一惰性机械的运动。标志这生命创造之本原者，为"天地之心"。天地之心，其德统于"元"。在人，其灵明知觉的规定，内在于"情"，故其情感的活动，亦表现为一道德生命的创造历程，而非一非理性的盲目冲动。此一道德生命的动力，亦原出于心。人之心，德统于"仁"。

从这生命的存在上来理解心，则这心的本真意义是"主宰"，而非抽象化了的"理性"。朱子说："心，主宰之谓也。动静皆主宰，非是静时无所用，及至动时方有主宰也。言主宰，则混然体统自在其中。"①人之心的这个主宰义，统体是在"情"上讲。"动静皆主宰"，动、静，指情之未发和已发言；主宰，是意志的作用。关于意志的内涵，我们来看朱子的几段论述：

> 心者，一身之主宰；意者，心之所发；情者，心之所动；志者，心之所之，比于情、意尤重。
>
> 志是心之所之，一直去底。意又是志之经营往来底，是那志底脚……所以横渠云："志公而意私。"问："情比意如何？"曰："情又是意底骨子，志与意都属情。"②
>
> 问："意者心之所发，与情性如何？"曰："意也与情相近。"问："志如何？"曰："志也与情相近，只是心寂然不动，方发出，便唤做意。"③

由此可知，意志既是一种力量，又是心之指向或决定方向的作用。这里可以区分为三个层次。第一，"情"是心的实存活动之主体，而意、志，则是情本身内在的一种决定和定向作用。意和志，包括知觉、思虑、筹划等，都属于情，并不在情之外另有来源。第二，意与志有区别，"意"表现为一种好恶的自然性向。朱子讲："情是动处，意则有主向，如好恶是情，'好好色，恶恶臭'便是意。""未动而能动者，理也；未动而欲动者，意也。"④都表现了这一点。第三，"志"标志人心本然的指向和决定作用。"志是心之所之，一直去底"，"志公而意私"。"之"，

239

---

① ［宋］黎靖德编《朱子语类》，王星贤点校，中华书局，1986，第94页。
② 同上书，第96页。
③ 同上书，第2514页。
④ 同上书，第96页。

既为定向，亦表现为一种力量、动力。这定向和力量出自心的"寂然不动"处，所以是人心的本然的指向。我们这里要特别注意的是，这作为心的本然指向之敞开性的"公"，乃为情本身内在所具有者。联系前文所述朱子"公而以人体之""公而有恻隐之心……人体之以公方是仁"的思想，我们可以看到，心的意志主宰性所展示的，正是源于性体的本原的超越性指向和创造性的力量。

四、存在、活动与超越性——一场理论上的两线作战

儒学的本体概念，既具有超越的意义，又具有创生的意义，或者说，它是一个创生性的超越本原。此与西方哲学的形上学有很大的差异。儒学本体概念的这个特点，原于前文所说的儒学那独特的提问方式及其对"心"或"理性"的独特理解。

牟宗三先生用"即存有即活动"来概括儒学形上本体概念的特征。他从"心"的角度来理解此本体的"活动"义，指出，儒学既以"心性为一而不二"，此本体理当为"即存有即活动"者。牟先生对儒学本体概念的这一诠释，可谓切中肯綮。这里两个"即"字，用得尤为传神，盖此"体"原是在其创生的活动中呈显其存在的真实和超越的意义，而非一静态的存在。但是，牟先生由心言活动，主性体心用说。据此，认为朱子所言心，为认知之心，其心统性情、心性情三分的格局，只是一平列的所谓"横摄系统"，这导致了其性、理为一"只存有而不活动"的本体，由之判其说为儒学之"别子"。[1]这一点是需要商榷的。

240

---

① 牟宗三：《心体与性体（上）》，上海古籍出版社，1999，第36页及第38–39页。

在心上看"体"的活动义，是很正确的。但我们讲儒学，应该由此再进一步。如前所述，儒学论心，以情为其核心的内容。因此，儒学所言"存在"，乃是依情而有的实现义、完成义的存在。或者说，它是实有诸己的价值完成和实现义的存在，而非认知对象义的存在。由此而言存在，必然要凸显其超越性的意义。所以，儒学论此存在活动之内容，必要在情上言其"用"；讲这存在之总体，必要突出一个"体"字。朱子在心统摄性情的总体框架下言性体情用，正恰当地表现了儒学的这一根本精神。

《易·系辞传》谓"形而上者谓之道，形而下者谓之器"，以"形而上"为道的根本特性。这代表了儒家对"道"的基本看法。朱子亦特别强调道体、性体的形上性和超越性的意义。朱子论心，很重视"性即理"和"心统性情"两个命题。《朱子语类》卷五："伊川'性即理也'，横渠'心统性情'二句，颠扑不破。""性即理也"强调的就是"性"的形上性和超越性。不过，从前文我们对心的内涵的论述可以看出，这"性即理"的意义，仍要在"心统性情"这个核心的系统结构中显示。二者并非并列的两个命题。由此，朱子很好地展示了儒学性理本体那"即存有即活动"，或即创生的活动而呈显其存在的真实和超越的意义。

朱子围绕对心的理解，与当时流行的思想观念进行过很多论辩，不少研究论著对此都有论列，此处不烦赘述。我觉得，就心的本质而言，这些论辩的一个核心点，就是强调，理解心，要以"情"为实存之主体，而不应以知觉或认知为首出的原则。朱子对谢良佐"以知觉训仁"和对张南轩"察识为先"的批评，都表现了这一点。围绕这一核心点，朱子实质上进行了一场理论上的两线作战：第一，拒斥"认物为己"，混淆形而上、下，因之抹煞道体、性体之形上超越意义的偏向，坚持了儒学"形而上者谓之道"这一形上学的基本原则。第二，拒斥以认知观照方式，把道体、性体对象化的二本论偏向，保持了儒学以实存及其内在情感生活之教化转变转出、呈现性体、道体这一实现论的教化哲学特性。

我们先来谈第一点。

朱子论心，以仁为心之德。由此，心的实质内容，是由"爱"的情感呈显出超越的"通"性。谢良佐一系"以知觉训仁"，其理论倾向则是偏重从心之觉知，而非情之实存活动来理解仁和心。在朱子看来，仁或心的感通，固然有"智"的规定，但这智或知觉并非一种独立的作用。脱离"情"这个主体的内容，所谓"知觉"便流为一种单纯的"作用"性，而失去了其存在和实践的意义。

242

人以仁心之情或"爱"应物，不是并物为己，而是对他人、它物在价值实现意义上的客观因应和因物之宜的随处成就。"天地以生物为心"是此义，圣人以仁心成人、成物，亦是此义。以仁心成物，必以肯定事物的个性差异为前提。程朱讲儒家的与天地万物为一体，不是无差别的"兼爱"，而是爱有差等，理一分殊，讲的就是这个道理。今人误解孟子"万物皆备于我"的观点，说它是"以主观吞并客观"的所谓"主观唯心论"。这是把儒家的"万物一体"说看作一种认知观念所导致的误解。其实，只要看看"万物皆备于我"下文的"反身而诚，乐莫大焉；强恕而行，求仁莫近焉"，就知道它讲的是以忠恕之道随处客观成就事物所达成的物我之通，而非吞并外物以为己。古人亦有类似的误解。朱子批评程子后学"离爱言仁"云："彼谓物我为一者，可以见仁之无不爱矣，而非仁之所以为体之真也；彼谓心有知觉者，可以见仁之包乎智矣，而非仁之所以得名之实也。观孔子答子贡博施济众之问，与程子所谓觉不可以训仁者，则可见矣。……抑泛言同体者，使人含胡昏缓而无警切之功，其弊或至于认物为己者有之矣；专言知觉者，使人张皇迫躁而无沉潜之味，其弊或至于认欲为理者有之矣。一忘一助，二者盖胥失之……"[1]朱子所谓的"与物同体"是以"情"或"爱"应物所达成的价值完成义的物我相通，这"通"性恰以事物客观自性的实现为前提。朱子这里所批评的"认物为己"，即是离开情或"爱"的实存感通，专从智或觉知意义抽象地理解所谓"同体"所生之误解。这不仅使之脱离仁心之爱所本有的等差性而"认物为己"，同时使心滞于物，将形而上、下相混同，流于禅家"作用是性"之弊。其在本体论上的结果，就是只言作用性和活动性，而失却、遮蔽了道和性之"体"的本真性和形上性意义。朱子对谢上蔡"以知觉言仁"、杨龟山"无适非道"的批评，多着眼于此。

下面，我们再来谈第二点。

在朱子看来，在"性体心用"的格局中，一个情字没有"着落"；而"以知觉言仁"，离开了爱或情，则"仁更无安顿处"。仁是性或"心之德"。由此可见，朱子心论之要，就是非常明确地在"情"上言心、言性。心有知觉灵明，讲性体心用者，往往倾向于把心的知觉、虚灵看作第一位的原则，因此忽略对道体、性体在情感实存活动上的真实拥有与实证。朱子心论，强调以"情"为心的实存之主体，觉知灵明之功乃即情而显之自觉作

---

① ［宋］朱熹：《晦庵先生朱文公文集》卷六十七《仁说》，见《朱子全书（第二十三册）》，上海古籍出版社，2002，第3280–3281页。

用，则理、性必为人心涵养教化功夫历程中的自证和开显。《晦庵先生朱文公文集》卷四十七《答吕子约》第十三说：

> 盖操之而存，则只此便是本体，不待别求。惟其操之久而且熟，自然安于义理而不妄动，则所谓寂然者，当不待察识而自呈露矣。今乃欲于此顷刻之存遽加察识，以求其寂然者，则吾恐夫寂然之体未必可识，而所谓察识者，乃所以速其迁动，而流于纷扰急迫之中也。……然心一而已，所谓操存者，亦岂以此一物操彼一物，如斗者之相捽而不相舍哉？亦曰主一无适，非礼不动，则中有主而心自存耳。①

此言为学工夫之要。这里，"操存"和"察识"两个关键词颇应引起我们的注意。

现代学者颇有以朱子所论心为认知之心者。但实质上，朱子对脱离人心之存在、实践的先在性而趋于认知对象性的偏向，有着相当敏锐的理论警觉。朱子对胡宏、张栻一系学者所主察识为先观念的批评，就很好地表现了这一点。朱子在工夫论上强调操存、存心、存养的先在性意义，强调人心对道体的自觉应理解为以存养为前提的省察，而反对察识而后涵养的观念。这一点，实与其对心的本质的理解相关。朱子以理、性的普遍性道德规定内在于人的情感生活，而表现为一普遍的仁"爱"之情。在他看来，"察识为先"之说，则已偏重心的识知意义，而有以对象化方式言心之弊。朱子指出，"察识"之说，颇有"以心使心""以

---

① ［宋］朱熹：《朱子全书（第二十二册）》，上海古籍出版社，2002，第2189页。

此使彼"的"寻求捕捉之意",已失去圣贤"操存主宰"之意味和旨趣,有"流于释氏之说"的危险。①其对心的理解,存在二元化的倾向。这对心体的呈显,恰恰是一种遮蔽的作用。在朱子看来,此与佛家所谓"识心""观心"之说,其弊相类。《晦庵集》卷六十七有《观心说》一文,对佛家的"观心"说做了很透辟的分析:"或问:佛者有观心之说,然乎?曰:夫心者,人之所以主乎身者也,一而不二者也,为主而不为客者也,命物而不命于物者也。故以心观物,则物之理得。今复有物以反观乎心,则是此心之外复有一心而能管乎此心也。然则所谓心者,为一耶,为二耶?为主耶,为客耶?为命物者耶,为命于物者耶?此亦不待较而审其言之谬矣。"②在朱子看来,儒家论心,乃即人的实存之主宰性言之,而非以识知为先。以实存之主宰言心,则此心为"一"而非"二"。而以识知为先,必导致对象化的二本论结果。因而朱子强调,儒家言"存心""操存"而不言"识心""察识"。"存心"与"识心",相差虽毫厘,其真谬实有千里之别。③

245

朱子所主"操存""存心",乃坚持从存在和实践先在的观念来理解心。朱子亦讲心有知觉,心为虚灵,但并非以之为心的根本义。这知觉、虚灵,乃依"情"而显其用。故心的根本义为主宰。依此,则智或识,乃转而为心之主宰自身的一种内在的决断和定向作用。这样,心对本体的把握,便只能是在人的内

①〔宋〕朱熹:《晦庵先生朱文公文集》卷四十二《答石子重·四》,见《朱子全书(第二十二册)》,上海古籍出版社,2002,第1922页。

②〔宋〕朱熹:《晦庵先生朱文公文集》卷六十七《观心说》,见《朱子全书(第二十三册)》,上海古籍出版社,2002,第3278页。

③参见〔宋〕朱熹:《晦庵先生朱文公文集》卷四十二《答石子重·四》,见《朱子全书(第二十二册)》,上海古籍出版社,2002,第1922、3278页。

在情感生活中的实证和呈显，而非对一外在事物的认知。朱子所谓"操存"则"寂然"之体"不待察识而自呈露"，所谓"心一而已"，而此能存者，实"中有主而心自存"，讲的就是这个道理。

心以情为主体内容，则心对本体之实证和开显，必以主体内在的教化、涵养和实存转化为先务。朱子所谓存心或操存涵养，以"呈露"寂然之体，正是心性本体在转化和纯化了的情感、欲望的实存活动中的绽出和开显。朱子区分道心天理、人心人欲，后人对此颇有疵议。然从朱子存在实现义的心论来看，二者实为一心。朱子论欲与性之关系说："人之生不能不感物而动，曰'感物而动，性之欲也'，言亦性所有也，而其要系乎心君宰与不宰耳。心宰则情得正，率乎性之常，而不可以欲言矣。心不宰则情流而陷溺其性，专为人欲矣。"[1]可见，性与欲，天理与人欲，非绝然相异之二物。二者实由一心所显存在意义之不同而立名。道心与人心，亦据存在意义之不同而言，并非实有二心。朱子所谓"以道心为主，则人心亦化而为道心矣。如《乡党》所记饮食衣服，本是人心之发，然在圣人分上，则浑是道心也"[2]，所言亦是此义。因此，朱子言"人心"之危、"人欲"之蔽，并非否定人的情感欲望。"在圣人分上"，人的情、欲的实存表现皆因其自身的创造性转化而全体转成道心之内容，而这道德创造之本原，即是道心、性体。道心、性体，乃一即实存之活动创生和实现义的立体贯通和呈显，而非平面化的认知性的给予。

---

[1]［宋］朱熹：《晦庵先生朱文公文集》卷六十四《答何俌》，见《朱子全书（第二十三册）》，上海古籍出版社，2002，第3115-3116页。

[2]［宋］朱熹：《晦庵先生朱文公文集》卷五十一《答黄子耕·七》，见《朱子全书（第二十二册）》，上海古籍出版社，2002，第2381页。

在朱子看来，这道心、天理、性体作为依于人的情感实存之创造转化和本真实现历程中的自身开显，在"圣人"这个存在完成的最终形态上，得到了完全的体现。亦正是在这个意义上，朱子复又对"心即是理"这一命题给予了肯定。我们来看看朱子是怎样说的：

> 圣人之言，即圣人之心；圣人之心，即天下之理。[①]

> "天叙有典，自我五典五敦哉！天秩有礼，自我五礼五庸哉！"这个典礼，自是天理之当然，欠他一毫不得，添他一毫不得。惟是圣人之心与天合一，故行出这礼，无一不与天合。其间曲折厚薄浅深，莫不恰好。这都不是圣人白撰出，都是天理决定合著如此。[②]

> 圣人之心，直是表里精粗，无不昭彻……所谓德盛仁熟，"从心所欲，不逾矩"……盖形骸虽是人，其实是一块天理……圣人便是一片赤骨立底天理。[③]

在心性论上，朱子主"性即理"，而不言"心即理"。但经历了一番理论上的曲折，在人性实现的结果形态——圣人之心上，朱子又回到了心学一系"心即理"这一命题。为何要经历这一曲折，才能与心学一系的心论殊途同归？因为朱子要牢牢把握儒学在"情"的存在性意义上理解心这一原则。在这一点上，程朱的理学与心学一系本无不同。但如前所论，朱子认为，"性体心用"的思想格局，既不能凸显情的地位，无法据"爱"以安顿

---

① [宋] 黎靖德编《朱子语类》，王星贤点校，中华书局，1986，第2913页。

② 同上书，第2184页。

③ 同上书，第797–798页。

仁，因而易偏于由识知、灵明来理解心。以识知灵明为首出的原则，则会偏执于对道体、心体的直接的、认知义的观照；而以"情"的实存为心的主体内容，则注重在以个体实存一系列自我转化的工夫历程展开和实现性体、道体的超越性意义。从上引朱子论圣心与天理的几条材料中，我们可以看到天理本体两个层面的意义：在主体一面，天理完全于人的实存性形态上挺立和展现自身。圣人是"一片赤骨立底天理"，非常形象地指明了此点。在心物关系一面，心对物之理的把握，并非概念上分析综合的抽象化、符号化作用，而是因情而发的对事物之宜的因应成就。后人往往以朱子所言"格物穷理"为一种有关认识的理论，又批评朱子即物穷理是向外求理。其实，这都是误解。格物穷理，当然要关涉知识的问题，但其立足点不在知识。圣心并非全知，其本然应物，只是情不偏滞，故能曲尽事物之宜。所谓操存呈露，寂然感通，道合外内，天人合一，悉由此而言。这就是朱子所宣示的"圣学之本统""彻上彻下之道"。①

综上可见，朱子所言"心"，并非一认知之心。在朱子以心统摄性情的思想格局中，心、性、情三者并非一种平列（牟宗三先生所谓"横摄"）的关系。这一格局的实质，是在"情"的实存活动上把握心的整体意义，心的"知觉"内在于情，而构成人的生命存在之内在的主宰和定向作用。因此，心性本体乃必由人的情感实存之创造转化和本真实现历程而立体地呈显。朱子的心论，创造性地接续和再建了先秦儒学性情论和形上学的精神传统。

---

① ［宋］朱熹：《晦庵先生朱文公文集》卷三十二《答张钦夫》，见《朱子全书（第二十一册）》，上海古籍出版社，2002，第1419页。

哲学是一种历史性的学问，因而其思想的原创性乃植根于其同源的历史传统。在现代的学术背景下，一方面，儒学的研究借助西方哲学的观念和学术规范，已是势所必然；另一方面，由传统儒学的新诠再建儒家哲学的现代型态，需要我们凸显其独特的思想内涵。儒家所论"心"，与西方哲学的"理性"概念的地位相当。然西方哲学所谓理性，其所重在"知"，而儒家的心，其首出的原则为"情"，知乃依情发用的第二位原则。这是儒学与西方哲学区别的根本所在。朱子之心论，对儒学此一精神，做了最为准确和系统的理论表述。这对我们今天儒家哲学现代型态的重建工作，具有重要的借鉴意义。

第三章　论文化

奠基于文化生命原点的再出发

中华民族的当代复兴，需要有文化的创造和创新。文化的创造和创新，并非各种抽象要素和观念碎片的外在组合。譬诸骡子与狮虎兽，其体量不可谓不大，却丧失了生育和自身繁衍的能力。缺失文化自我认同奠基的文明要素拼接，只能造成某种"文化意义上的骡子或狮虎兽"，而不能有真正的文化建构。文化的创造，须著力本原，深造自得，盈科后进，成章而达，积之既久，则取之左右逢其源，文化文明，由是乃可得以生生连续而日新无疆。

或谓"文化即是人化"。不过，这"人化"的前提是自然。人自己就在自然之中，无法超然于自然之外而对其任意施加以"文"。儒家从"文质"的内在连续性与整体性的意义上理解人的存在，就特别强调了这一点。《论语·雍也》："质胜文则野，文胜质则史。文质彬彬，然后君子。"《孟子·离娄下》："大人者，不失其赤子之心者也。"此言"文质"，乃就人作为个体的存在而言。《大戴礼记·礼三本》："凡礼，始于脱，成于文，终于隆。故至备，情文俱尽；其次，情文佚兴；其下，复情以归太一。" 此所谓"情文"，亦即"质文"，乃指文明的创制而言。由此言之，"质"或自然，既是人存在的界限，亦规定了这"文"之合理性的界限。超出这一界限的"文"之过度扩张，不仅将导致人自身生存意义的否定，甚而将受到自然的报复与惩罚。

是以人类文明的反思，包含一个回归自然的向度。道家倡言"复归于婴儿""复归于朴"，以实现人的存在之真实。儒家亦主张"报本反始""反本修古"，以奠立礼制人文之存在性的意义基础，《圣经》的《福音书》里也记有类似"你们若不回转，变成小孩的样式，断不得进天国"的表述，都表现了这一点。不过，文明之回归自然，并非、也不可能实质性地"回到"自然，而是要在文明的前行运动中贯注一种文质合一和自然生命整全性的精神。《老子》三十二章切当地描摹了文明的初始情态："道常无名，朴……天地相合，以降甘露，民莫之令而自均。始制有名。名亦既有，夫亦将知止。知止可以不殆。"这"始制有名"或《大戴礼记·礼三本》所谓"礼始于脱"的文明初创，可以视为是一个"自然与文明的交汇点"，它在一种初始的文明形式中，保有人类自然生命的整体内涵。

今人所谓的"轴心时代"，即本原于对此"文明与自然的交汇点"之反思。它是一个标志人类进入理性化地了解自身及其周围世界，并规定了各系不同文明发展方向的时代。作为人类对自身存在之"哲学突破"意义的原初自觉，各系文明在此时代所产生的原始经典或"圣经"，亦以一种理性定型化的方式保有着其"自然"的内涵或精神生命的整全性，成为各系文明不断回溯以获得其原创性的天府义海或"生命原点"。

这样看来，人类存在所拥有的作为"文"（这里的"文"，是一种动词义的文）化之前提的自然，乃是某种在文明定向中差异化了的"自然",而非一种抽象一般性的自然。被各系文明之原始经典或"圣经"所"文"化并保有着的"自然",亦因哲学突破所获得的原初自觉与理性指引,而被陶铸为某种文明的特殊禀性。现身在此特殊自然禀性中的理性,是具有精神生命的理性,而此经由理性自觉规定指引的自然禀性,亦是禀有明觉灵性和精神方向的生命自然。正是在这文化原初的生命差异性中,各系文明实现并获得了一种向着他者世界的敞开性和价值的普遍性。

《论语·述而》说:"述而不作,信而好古,窃比于我老彭。"道家倡导复归自然,儒家则"信而好古",并主张"复古"。其实,道家所谓的复归自然、复归婴儿,只是一种象征性的说法。人类不能实质性地"回到"自然,只能回向于那个基于"文明与自然交汇点"之反思的"生命的原点"。因此,儒家"复古"的说法,比道家复归自然之说,更切合实际。儒家所谓"复古""反本修古",即指向那个"生命的原点"。就文化整体而言,这个"生命的原点",也就是轴心时代所形成的原始经典或"圣经"及其生命自然的精神蕴涵。

我这里所谓的"文明与自然的交汇点"和"文化生命的原点",并非一个现成的时空固定性的概念。复古或回归经典,亦非"回到"现成摆在那里的六经一类原始的经典,而是对原始经典精神生命之诠释理解性的当下呈现与存在性拥有。一个时代的思想文化,见诸器物,形于制度,随时移世变,历久则会滞著僵化。中国哲学"知止""复古"观念的思想旨趣,即在于通过这"生命的原点"之临在对文明的奠基与解蔽作用,赋予并使之保有生生连续的原创性活力。思想文化的演进,有因、有革,有连续、有损益。相较于西方而言,中国思想和文化的发展,更偏重于这"因"或"连续"的一面。中国学术和文化，具有一个源远流长的诠释传统，"述而不作"，或寓"作"于"述"，通过经典及其意义系统的诠释性重建，以因应时代的要求，形成具有当代性意义的思想和礼仪系统，构成了中国思想文化演进发展的一种基本方式。这也是中国思想文化能够生生日新，延续数千年而不中绝，始终保持自身内在生命活力的原因所在。

21世纪以来，中国人的文化意识，已经逐渐摆脱了近百年来占据主流地位的文化激进主义思潮，代之而起的，则是一种日益增强的文化自信和文化自我的认同意识。中国当代文化的建构，亦正在经历一次奠基于"文化生命原点"的再出发。循此以进，假以时日，积厚广泽，中国文化的创造性重建和当代复兴，当可期之不远。

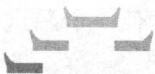

儒学的价值观念与价值系统

今人论价值，常据西方哲学事实与价值、实然与应然之分别的立场立论，将价值理解为一种人由其需求所发生之态度的观念。由此，价值的问题既被主观化和相对化，亦被狭义化为哲学中一个不甚重要的部门，那些属于认识论、知识论、逻辑学、宇宙论、本体论、形上学等纯粹理论哲学的内容，便无关乎价值问题的讨论。据此反观儒家哲学，常觉圆凿方枘，扞格难入。究实言之，儒学乃以存在的实现而非认知为其哲学的出发点，其言"学以至圣人之道"，学须有所止，而止于"成圣"，从德性修养和人的存在完成的角度去理解和达成人的生命智慧，据此以成就己、物我之一体相通而上达天德，这是儒学在哲学思考上的基本进路和思想的透视点。因此，在儒学的系统中，价值的问题并非仅是哲学的一个部门，而是贯通于所有哲学问题并规定了这些问题之本质的一个核心和辐射源。本文拟从三个方面对儒家哲学价值观念的内涵及其系统特点，提出自己的一点粗浅的看法。

256

一、心性论域中的人性论

人性论或心性论，是儒家哲学的核心问题。我们讲"人性论或心性论"，并非把人性论与心性论视为平列的两个论题。儒家哲学以人的存在实现为进路，其言人性，乃是落实到"心性"（包括性情）的论域来动态地展示人性的具体内涵，而非像西方哲学那样从人性诸要素与可能性的角度对人性做抽象静态的分析。

西方哲学的人性论，主要是从认知和理论分析的角度，揭示人性所可能有的诸种要素及其所可能的趋向。西方哲学倡导"认识你自己"，苏格拉底认为"知识即美德"。亚里士多德哲学区分内容与形式，其理解人的生命存在，以灵魂为身体之形式，而人之灵魂，则被分析为一个包含植物灵魂、感觉灵魂、理性灵魂三层的等级序列。依据其目的论的观念，亚氏复从"未受教化状态下"的"偶然成为的人性"向着"当人认识到自身目的后可能形成的人性"的角度来规定人性发展的趋向。这可以视为其伦理学系统的一种人性论的基础。康德的人性说，乃在设定理性立法之意志和道德法则的前提下，从人作为理性之存在的角度，探讨善恶在理性中（而非时间中，如基督教原罪说）的起源，由此分析出人有趋向于善和恶之癖性。西方哲学习于用"理性"这一要素来规定人性或人的本质。不过，在如"人是理性的动物"这一类属加种差的命题形式中，人不仅被分析为理性和动物性两种抽象的要素，而且被降低到动物这一现成性上来规定其人性的内容及其本质。这一理解人性及其本质的方式，恰恰使人失去了其存在的整体性和内在的本质，因而人之为人，亦丧失了其自身肯定的必然性。亚里士多德诉诸习惯的养成和理智的引导来说明德性的成就，康德在道德上拒斥实质或感性的内容，强调作为道德之现实要求的对于法则的敬重，只能由吾人运用道德法则对感性情感的贬抑来达成。这说明，上述种种依据理智分析所得出的人性要素，只能是一种抽象的可能性，其中并无内在于人的存在之整体结构的必然性意义。要而言之，西方哲学论人性，采取的乃是一种要素分析的和形式的讲法，而非整体的和内涵的讲法。

儒家论人性，乃在人的存在的整体性上来展示人性的具体内涵，而非仅从认知的角度对人性做抽象要素的分析。

儒家言"性"，是从"心"上来确立"性"的概念。心是一个活动，一个整体，性在心上显示出来就是"情"。所以，儒家的人性论，乃即"心"而言"性"，即"情"而言"心"，落实于人的情感生活的修养完成历程来敞开"性"的内涵和意义。

258 《礼记·中庸》说："喜怒哀乐之未发，谓之中；发而皆中节，谓之和。中也者，天下之大本也；和也者，天下之达道也。致中和，天地位焉，万物育焉。"是人心之发，及其关联周围世界的方式（"大本""达道"），皆是从情感层面上来讲的，或者说，是依据情感生活的真实和完成而建立起来的，而宇宙生命和存在的完成（"天地位""万物育"），也与"情"的真实和实现相关联。"情"，是人心之活动的内容。《孟子·离娄上》说："仁之实，事亲是也；义之实，从兄是也；智之实，知斯二者弗去是也；礼之实，节文斯二者是也；乐之实，乐斯二者，乐则生矣；生则恶可已也，恶可已，则不知足之蹈之、手之舞之。"仁、义、知、礼、乐诸社会、德性、伦理的规定，亦建基于"情"这个实存的基础上。以后，宋明儒学也继承了这个传统。《中庸》这一以"喜怒哀乐"之"发与未发"为内容的"中和"说，构成了宋明儒心性学说的一个重要经典依据。朱子谓："伊川'性即理也'，横渠'心统性情'二句，颠扑不破。"又："在天为命，禀于人为性，既发为情。此脉理甚实，仍更分明易晓。唯心乃虚明洞彻，统前后而为言耳。据性上说'寂然不动'处是心，亦得；据情上说'感而遂通'处是心，亦得。"此乃统"性、情"而言"心"，以"心"之"体"为"性"，而以"心"之发用为"情"。阳明亦说："天下事虽万变，吾所以应之不出乎喜怒哀乐四者，此为为学之要。""七情顺其自然之流行，皆是良知之用，不可分别善恶。"又谓："心之体，性也，性即理也。"心学与理学，其理论之侧重点虽略有不同，然其在即心性、性情这一论域来处理人性论问题这一点上，则是共同的。

儒家即心言性，而"心"的内容和活动则通体表现于"情"，而此心之情态表现的根据，乃在于"气"。《孟子·告子上》之"牛山之木"章，以牛山之木之养长为喻，对人的存在作出了一个具有经典意义的论述："虽存乎人者，岂无仁义之心哉！其所以放其良心者，亦犹斧斤之于木也。旦旦而伐之，可以为美乎？其日夜之所息，平旦之气，其好恶与人相近也者几希，则其旦昼之所为，有梏亡之矣。梏之反复，则其夜气不足以存；夜气不足以存，则其违禽兽不远矣。人见其禽兽也，而以为未尝有才焉者，是岂人之情也哉！故苟得其养，无物不长；苟失其养，无物不消。孔子曰：操则存，舍则亡，出入无时，莫知其乡。惟心之谓与？"这里的"平旦之气"或"夜气"，乃是人心在其不受外在环境左右时所具有的一种本真的存在状态。人在此本真的存在状态中，其"好恶"之情乃"与人相近"，由是乃本然地展现其"仁义之心"或"良心"。我们注意到，在儒家的心性、性情论系统中，"情"作为"心"之流行的一种精神活动，必与其作为实存性的"气"或"身"相关联，而表现出一种存在性的动力特征。《大戴礼记·文王官人》说："民有五性，喜怒欲惧忧也。喜气内畜，虽欲隐之，阳喜必见；怒气内畜，虽欲隐之，阳怒必见；欲气内畜，虽欲隐之，阳欲必见；惧气内畜，虽欲隐之，阳惧必见；忧悲之气内畜，虽欲隐之，阳忧必见。五气诚于中，发形于外，民情不隐也。"亦言人之"喜怒欲惧忧"之情，皆有"气"与之相俱，由此而表显之于形、色，人之德乃内外之统一。由此看来，《孟子·告子上》所言"才"，实质上乃是以人的实存，亦即"气"为基础，在其"好恶"之情上显现其"良心"或"仁义之心"的一个标志人的存在之总体的概念，它奠定了儒家人性论的理论基石。因此，儒家是从内容而非西方哲学那样在形式上论性，其言性，常从恻隐、辞逊、不忍、亲亲等情态上展显人性之整体内涵，就表现了这一点。

在这样一个心性论和性情论的论域中，"知"乃被理解为一种"心"在其情感表现及人的存在之实现中的心明其义或自觉作用，而非一个首出的、独立的原则。《中庸》所谓"自诚明，谓之性；自明诚，谓之教。诚则明矣，明则诚矣"就表明了这一点。人性或人的存在的实现，必有相应的生命智慧与之同俱而成，反之亦然。在儒家哲学里，不能脱离存在的实现和存在的整体性去抽象地讨论"知"的问题，"情"也因有"知"作为其内在的规定，成为一种具有本然决断和定向的活动，而不流于西方人讲的"非理性"。这个决断、定向的作用，就是"意""志"或今人所说的意志。这个意志，在西方哲学中，常常被理解为一种非理性，叔本华、尼采所言意志，即是如此。

《中庸》言"诚、明"互体，以"诚"为人性或存在之实现，"明"为此存在实现之自觉，二者本为一体，不可或分。此已标明人性、人心所具有的一种先天的逻辑结构。孟子谓人先天本具"仁义之心"或"良心"[①]，良心内涵"良知"与"良能"为一体，就其反身性之自觉言之谓之"知"，就其存在性之情态言之谓之"能"。孟子所言"良心"，乃以良知依止于良能而统合于"良心"。其论"四端"，以"是非"之"智"统摄于不忍恻隐所显之仁心，亦与此义相通。因此，儒家即"心"以言"性"，实以人心本具"能–知"一体的先天性逻辑结构，而将不忍、恻隐、辞逊、亲亲等种种具有道德指向的情感内容，理解为此"能–知"共属一体的原初存在方式在具体境域中的各种当场性和缘构性的情态表现，而不能视之为某种现成性的道德本能或后天习成性之情操。这一点，对于理解儒家的人性论和心性论具有重要的意义。

思孟一系儒家用"端"这一概念来指称人心之不忍、恻隐、羞恶一类情感表现，很好地凸显了儒家对道德情感之独特的理解方式。孟子有"四端"之说。而其所谓人心之善"端"，乃由子思《五行》而来。孟子据"四端"为例揭橥人性本善之义，然其所谓"端"并不局限于"四"。人之良心（或"仁义之心"）以"好、恶"迎拒事物，必缘境而显现为当下性的种种"端"。孟子认为人心本具一种"能–知"一体的逻辑结构，"端"则是人心作为"能–知"共属一体的原初存在方式，在其具体境域中的一种当场性和缘构性的必然情态表现。因其当场性与境域性，此

① 在《孟子》中，"本心""仁义之心""良心"，本为同一层次的概念，以其先天所本有言谓之"本心"，以其在己而不在人言谓之"良心"，以其所有之内容言谓之"仁义之心"。

"端"必呈现各各差异而不可重复之种种样态，绝非可为某种或几种现成性的道德情感所范限。细绎思孟文献，诸如不忍、不为、恻隐、羞恶、辞让、恭敬、是非、孝悌、亲亲、敬长、耻、忸怩、无欲害人、无穿逾、无受尔汝、弗受嘑尔、不屑蹴尔之食等，皆可为此"端"之不同样态，并由之推扩而成德。因其"能-知"本原一体之结构，则此"端"之作为"能"之情态表现，又本具"智"的内在规定，而必然具有道德的指向与决断。这个本然的指向，缘其"好、恶"又必包含肯定与否定两个向度。其"好"，由"智"之规定与"是"相应，而构成人类之善的存在性与动力性基础（如不忍、恻隐、恭敬、亲亲等）；其"恶"由"智"之规定与"非"相应，而构成人性排拒非善的一种自我捍卫机制（如羞恶、不为、耻、忸怩、无受尔汝等）。可见，在思孟一系的心性论中，既不存在现成性天赋道德情感的观念，亦不存在无本然道德指向的所谓"自然情感"的观念。①

儒家就心性和性情的论域以言人性，则此人性便非据对象性认知而来的一些抽象的要素或可能性，而是就人作为一个"类"的整体存在的概念。儒家以"诚"这一概念来标识"性之德"②，就表现了这一点。在一种"类"的整体性上理解人的存在，遂人性本善成为儒家人性论之主流。

综上所说，儒家对人或人性的理解，为一种动态整体性的理解。其言人或人性，不取对象性和外在的要素分析的路数，而

---

① 参见李景林：《从"论才三章"看孟子的性善论》，载《北京师范大学学报》2018年第6期。

② 《礼记·中庸》："诚者非自成己而已也，所以成物也。成己，仁也；成物，知也。性之德也，合外内之道也，故时措之宜也。"

是落到心性或性情的论域，就人之生存性的动态流行历程展示其整体性的义涵。在这样一个心性论的论域中，"知"并非一个脱离了人的存在性的实现而独立的认知原则，而是依止人的存在之实现而转出的生命之智慧和光照作用。儒学对"知"这种存在实现义的理解，超越了西方哲学理性与非理性的分别。在这里，"知"的根本义，并非一种单纯对象性的知解作用，它作为人的存在实现历程之本具的智照作用，乃成为人之存在自身肯定性的本然定向、意志决断和内在的主宰。儒家哲学既主人性本善，又非"悬一性于初生之顷"的人性现成论，而是要在"成性存存"的工夫和修养历程中实现和揭示人性的整体内涵。这一人性论的系统，乃构成了中国文化的形上基础，同时规定了其价值实现的方式。

二、"原始的伦理学"义的伦理价值观

在西方哲学中，本体论、宇宙论、知识论、价值论和道德伦理等问题，分属不同的哲学部门。近代以来，西方哲学凸显了价值与事实、应当与实在的区别和对立。休谟断言，我们从事实的判断无法推论出道德的判断，康德更由此作出了理论理性与实践理性的明确区分。而这种价值与事实、应当与实在分立的观念，实可溯源到西方古代的哲学。如海德格尔所说，"伦理学""逻辑""物理学"等学科的区分产生于柏拉图学派。在他看来，前苏格拉底、柏拉图时代的思想，乃是一种先于理论与实践以及"逻辑""物理学"与"伦理学"诸学科部门分别的原初意义上的"思"。此"思"，乃发生于理论与实践、事实与价值的"区分之前"。它作为人的"居留"之思和存在之澄明，本身即是一种

"原始的伦理学"。①在这里，存在论与伦理学，是本原一体的，并非现成性分立的两个部分。相对于这一"原始的伦理学"，前述那种基于理论与实践和学科区分的、作为哲学知识体系之一部门的"伦理学"或道德学说，则可以称作是一种"狭义的伦理学"。

　　道德、伦理和人格的养成，始终是儒学的核心内容。但我们要注意的是，儒家哲学循道德和人之存在实现的进路以建立自身的形上学体系，其所言道德、伦理，乃是一种超越事实与应当、理论与实践之分别意义上的伦理价值观念，借用海德格尔的说法，可以称其为一种"原始的伦理学"义的伦理观念，而非西方哲学传统的、在学科和部门分化前提下的那种"狭义的伦理学"的观念。过去，我们往往据西方传统哲学那种"狭义的伦理学"的观念来观察儒家哲学，由此对其产生了种种的误解。有学者批评儒家是一种道德决定论或泛道德主义，也有学者据此对儒学作为一种哲学或形上学的地位持怀疑态度，都与此相关。因此，需要对儒家的伦理价值观念的特点做一些理论的说明。

　　如前所述，儒学从人的整体实现的角度来理解人，"知"乃是人的存在所本具的一种智照或自觉作用，而非脱离人的存在之实现的一个独立的和首出的原则。因此，儒家哲学所处理的人与周围世界的关系，首先展现为一种以物我之存在实现为前提的"天人关系"，而非以思维和存在之分别为前提的"主客关系"。这个"天人关系"，是天、人各在其对方中映现为一整体的、而非一种二元分立的关系。中国前诸子时代的宗教观念，乃以神性

① 参见海德格尔：《关于人道主义的书信》，见孙周兴选编《海德格尔选集》上，上海三联书店1996，第395-406页。

内在于人伦及宇宙万有为其特征，儒家哲学继之而确立其人性本善之说。①《周易·乾卦·象传》云："乾道变化，各正性命，保合大和，乃利贞。"《礼记·中庸》首章谓："天命之谓性，率性之谓道，修道之谓教。"后儒亦谓："人人有一太极，物物有一太极。"在天为命，在人为性，性、命本为一体。此言人性、物理，皆得自天、天命、天道而成。而人、物所得自于天之性、命者，亦非其一部分或一要素，而是得天命、天道之全体和整体，所谓"保合大和"、人人、物物皆有"一太极"，讲的就是这个意思。这种观念，可以称作一种内在关系论的观念。从这一点出发，我们才能较确切地了解儒学道德伦理观念之精神特质。

儒家哲学"诚"这一观念，最能表现其天人、天道与人道统一关系之精神。《礼记·中庸》论"诚"云："诚者，天之道也；诚之者，人之道也。诚者，不勉而中，不思而得，从容中道，圣人也；诚之者，择善而固执之者也。"又："诚者自成也，而道自道也。诚者物之终始，不诚无物。是故君子诚之为贵。诚者，非自成己而已也，所以成物也。成己，仁也；成物，知也。性之德也，合外内之道也，故时措之宜也。"在这里，"诚"，既是"天道"，亦标明了"性之德"亦即人性的本质所在。"诚"这一概念的内涵，就是天人的合一。"诚者天之道"，乃统就人、物而言。自然物本就是"诚"，所谓"诚者物之终始，不诚无物"就指出了这一点。人之"诚"，唯"圣人"之成就可以当之，"圣人"不思不勉，从容中道，当下即是，亦是"诚"。在"圣"之人格成就

① 参见李景林：《义理的体系与信仰的系统——考察儒家宗教性问题的一个必要视点》，载《北京师范大学学报》2016年第3期。

上，人乃能得天道之全体。

"诚"标志着存在之"真"或"真实"。朱子《中庸章句》中说："诚者，真实无妄之谓。"就表明了这一点。但是，这个"真"，并非一般符合论意义上的对象性的真。真的"真实"义，所强调的是"实"，即实有诸己意义上的"真"。王船山对"诚"的诠释，尤其凸显了这一点："诚也者，实也。实有之固有之也，无有弗然，而非他有耀也。若夫水之固润固下，火之固炎固上也，无待然而然……尽其所可致，而莫之能御也。"（《尚书引义·洪范三》）这个"实有""固有"，首先是一种动词态的用法。诚是"真"，但这个"真"，不是认知意义上的"真"，而是"真实"。这个真实，是内在地拥有其"性"或实有其所"是"之义。如水之润、下，火之炎、上。无润、下之性，则水不成其为水，是润、下与水不相分离；无炎、上之性，则火不成其为火，是炎、上与火不相分离。水真实地拥有润、下之性，火真实地拥有炎、上之性。这就是诚的"真实"义。可见，"诚"作为真或真实的涵义，就是事物各在其自己，是其所是，真实地拥有其"性"或其所"是"。按照黑格尔的说法，"真"的涵义，即事物"是它们所应是的那样"[①]。"诚"这个概念，意谓事物的真实同时即是其应当。在这个意义上，自然物亦有其"应当"，有其自身的"价值"。

自然物的存在本即实在与应当的合一。我们之所以会忽视自然物这个"应当"层面的规定，乃是因为自然物本就是它自己，它的"应当"与其所"是"本来一体而不可分。动物的活动有很强的规则性，我们之所以不把这种服从规则的活动看作

---

① 参见［德］黑格尔：《小逻辑》，贺麟译，商务印书馆，1980，第399页。

"道德"的行为，乃是因为这种行为完全出于其自然的本能而非出于有意的选择。动物乃在其本能的活动中肯定和成就着其自身的存在。在中国哲学的思想视域中，这种"天道"自然义的"是"与"应当"的一体性，恰恰正是包括人在内的一切价值的先在根据。真实与应当的本原一体，即儒家哲学所理解的"价值"。

"诚者，天之道也"乃统人、物而为言。就人、物各在其自己的角度说，人与万物，皆是一个"诚"，在这里，真实与应当本为一体。自然物天然地在其自己，是其所是，正因为如此，它也固着于其所是而不能自由地离开。在"天之道"的意义上，人亦本然在其自己，拥有其所是。不过，人之"诚"或其所"是"，却有一个特点："诚之者，人之道也"。"诚之"是说人之"诚"，须有一个实现的过程而非现成地具有。"诚之者，人之道也"，《孟子·尽心下》作"思诚者，人之道也"。按孟子的说法，人实现其"诚"的途径，是要由"思"而达"诚"。这个由"思"而达"诚"的途径，表现了人与一般存在者不同之处：他能够自由地离开自己并复归于自己。

《周易·复卦》说："初九，不远复，无祗悔，元吉。象曰：不远之复，以修身也。"这个"不远之复"，就是一个离开自己并又复归于自己的过程。道家亦有类似的说法。如《老子》二十五章说："大曰逝，逝曰远，远曰反。"十六章说："致虚极，守静笃。万物并作，吾以观复。夫物芸芸，各复归其根。归根曰静，是谓复命，复命曰常，知常曰明。"这个"大、逝、远、反"，由"作"而"复归其根"，与《周易》的"不远而复"义颇相近。不过，儒家更注重在此"远"与"复"之张力关系中的道德践履或修身的意义，《易》云"不远之复，以修身也"，就表明了这一点。人不同于自然物，他有"思"有知，故能将自身对象化，并在此对象化中展开以反观自身，即从其自身存在的整体性中站出而自由地离开。人之所"是"由是而可作为一种共在的形式与个体相分离，常常落在它的实存之外，人因此亦常常会非其所"是"而行。是之为"逝"和"远"。这样，"诚"或人性的实现，就要经历一个"求其放心"和"择善而固执之"，亦即伦理道德教化的过程。

　　应注意的是，这对象化的展开而观，并非现成地给予一个客观的对象。凡对象化展开而观之者，皆已经过人的反思理解而发生了一种创造性的转变。所以，人的"诚之"或"思诚"的历程，便总表现为一种"逝""远"与"复""反"之动态统一的张力关系。人类文明须不断地创造前行，个体亦须经由社会性普遍化的活动而有所成就，故人之"诚"的实现，不能无"逝"与"远"，但此"诚"之所"是"，又在规定着并使这"逝"与"远"保持在自身之所"是"的限度内，故人对自己的自由的离开必又时时伴随着其向自身的复归，此即《周易》所谓的"不远之复"，《老子》所谓的"归根复命"。人在此"逝""远"与"复""反"的张力关系中，会保持一种存在之创造性的澄明，但是人亦常会在此逝远的出离中有所执取、滞留而不知"复""反"，导致其存在的遮蔽而失其所"是"，所以人可以为不善而行其所"非是"。人之出离其所"是"而不知自反，有时会使人走向其存在的负面甚至其反面。动物同类不残，人类的自相杀戮却能达到很残忍的程度。不仅如此，人行其非是，亦将带给吾人生存于其中的这个宇宙以负面甚至反面的价值，而使之失其所"是"。现代以来人类发展所造成的环境生态危机，即是其例。基督教谓人之有"罪"，其道理亦在于此。这是人能够自由离开自己所可能承担的一种代价。因此，人之自由的离开，必有一个内在的限度，人离开与复返自己的张力关系，就在这个限度内展开。比如，一个人要完全违背了做人的尺度，就不能再存在，"死刑"就是为这种人准备的。一个暴君和政权，要完全违背了做君上的尺度，就不能再存在，"革命"就是为这种政权准备的。这种特例的对于其所"是"的强制性"复""反"，表面上是由人来执行，但其实是人在替天行道，恭行"天之罚"。是之谓"道不可离，可离非道也"。

"不远之复，以修身也"，此"逝""远"与"复""反"之动态统一张力关系之保持，即是经由伦理道德教化以实现人的存在之所"是"的过程。人对其所"是"之展开而观，其各种制度文为，名言、思想、理论之创制，皆为经过人的反思理解的创造性的转变，唯此创造性转变之现实，受时、地、方、所之限制，而必有伪蔽之发生。如《荀子·解蔽》云："欲为蔽，恶为蔽，始为蔽，终为蔽，远为蔽，近为蔽，博为蔽，浅为蔽，古为蔽，今为蔽，凡万物异则莫不相为蔽。此心术之公患也。"此种种伪蔽，佛家概括为两端：增益与损减二执。所谓增益、损减，乃相对于存在之真实言。自然物固着于其所"是"而不能离开，对其所"是"无增亦无减。人之制度文为言动行止，不能无偏执，此偏执便于其所"是"有所增、减。这增减，是对生命本真之外在附加。在此意义上，"减"实亦是"增"，如禁欲虽是"减"，其实亦是对人的生命本真之外在的附加。故老子谓"为道日损"，荀子亦言治心之道，要在"解蔽"。因此，《易》言"不远之复"，并非回到一个现成的所"是"，而是要经由"是"之展开之"解蔽"或伦理教化的历程，将那生命存在之真实在文明的层面上实现并显现。

　　此"不远之复",是经由人道以实现天道。思孟儒家论"四行"与"五行"之一体关系,亦说明了这一点。孟子以"仁义礼智"内在于人心或人的情感生活来证成其人性本善之说[①],是以"仁义礼智"乃标志人道之"善"。同时,孟子以"仁义礼智圣"并列,而以"圣"德对应"天道"[②]。出土简帛《五行》篇,把"仁义礼智"称作"四行",而把"仁义礼智圣"称作"五行"。"四行"是"善",这善的内容是"人道";"五行"是"德",这德的内容是"天道"。智者"见而知之",所知者,为人道之"善";圣者"闻而知之",所实现者,为天道之"德"。[③]可以显见,孟子之说与简帛《五行》篇的思想,具有一种一脉相承的内在关联性。这里需要指明的一点是,思孟所谓的"五行",并非在"四行"之外另有内容,仁义礼智"四行"本身就是"五行"的内容,那"圣"德所标志的"天道",恰就是"人道"之"善"的实现。

270

　　孟子以仁义礼智标志"人道"或人性之"善",并指出,这人道或人性之善,是"天之所与我者","非由外铄我也,我固有之也"(《孟子·告子上》)。不过,此人所得自于天之善性,并非现成性的给予,必须经由一番"诚之"或"思诚"的工夫与自

------

　　①《孟子·告子上》据人心本具"四端"之情而结论说:"仁义礼智,非由外铄我也,我固有之也……"

　　②《孟子·尽心下》:"仁之于父子也,义之于君臣也,礼之于宾主也,智之于贤者也,圣人之于天道也,命也。有性焉,君子不谓命也。"庞朴先生据帛书《五行》篇的资料指出,孟子此说即《五行》篇所说的"五行",可证思孟五行说的存在。

　　③ 郭店楚墓竹简《五行》:"德之行五和谓之德,四行和谓之善。善,人道也。德,天道也。"又:"闻而知之,圣也。圣人知天道也。……见而知之,智也。……四行之所和也。"见李零:《郭店楚简校读记》,北京大学出版社,2002,第78、79页。

觉的历程，才能把它实现出来。孟子讲尽心知性以知天，存心养性修身以事天、立命①，《中庸》讲至诚则能尽性成物，以至参赞天地之化育而与天地参②，《易传》讲"穷理尽性以至于命"③，都表现了这一思想理路。闻而知之者圣，圣者知天道。"诚"与"圣"，本为同一层次的概念。"圣"就人格言，"诚"就本体言。经由伦理、教化的途径和道德工夫的历程，这人道之善，乃得到完全的实现和理性的自觉。前引《中庸》诚明互体之说，就表现了这一点。"明"者智慧义。圣知天道之"知"，即此诚明之"明"。它是人的存在实现（"诚之"）历程所本具的一种"明觉"与"澄明"作用，而非对象性的认知。同时，从上述"四行"与"五行"的关系来看，这"圣"的内容，全体就是作为人道之善。由此我们可以说，这人道之善作为伦理和道德，乃是一种在先在和超越于事实与应当之分别的"原始的伦理学"意义上的伦理价值观念，而非西方哲学传统的分科意义上的"狭义的"伦理价值观念。

哲学本质上是一种形上学，它最终的指向，是一个真理的体系。过去，学者多习于据西方哲学将真理与应当分立及由此而来的哲学部门划分的观念，来看待儒家哲学的伦理道德学说。依照这种观念，"真"既被局限于经验知识和逻辑的范围，而为自然领域所领有，同时价值和道德被赋予了一种单纯主观性和相对性的意义。在这种意义上理解儒家哲学伦理价值学说的性质，当然

①《孟子·尽心上》："尽其心者，知其性也。知其性，则知天矣。存其心，养其性，所以事天也。夭寿不贰，修身以俟之，所以立命也。"

②《礼记·中庸》："唯天下至诚，为能尽其性。能尽其性，则能尽人之性。能尽人之性，则能尽物之性。能尽物之性，则可以赞天地之化育。可以赞天地之化育，则可以与天地参矣。"

③《周易·说卦传》："和顺于道德而理于义，穷理尽性以至于命。"

会对儒学作为一种哲学和形上学产生种种疑问。儒家哲学以道德人格和人的存在的实现为进路以建构其思想的系统，而其所言伦理与价值，则是一种真理与应当本原一体，表征人的生命存在之整全性意义上的伦理和价值的观念。明乎此，才能对儒家哲学的形上学的理论特质有真切的了解。

三、旁通而上达的价值系统

《周易·乾卦·文言传》说："六爻发挥，旁通情也。"《论语·宪问》说："下学而上达，知我者其天乎！"合此两说，我们可用"旁通而上达"一语来概括儒学的价值和形上学系统。

牟宗三先生曾提出"纵贯"与"横摄"两个概念，并以之为标准来分判儒、释、道三教之类型，区别宋明儒学之正宗与别派。牟先生以儒家为标准和圆熟形态的"纵贯系统"，此圆熟形态的纵贯系统，以道体之创生性、意志之自律性、主体性之挺立为特征，"横摄系统"则以认知关系和主客对立为特征。在牟先生看来，儒、释、道三教皆具终极的指向，因而三者统可视为一种"纵贯系统"。但道家的道，只是以"无"的境界保证万物自生而非"创生"万物，佛家的法身亦仅以携带万法一起成佛的方式保住万法之存在的必然性，同样非谓创造万法。所以，只有儒家是"纵贯纵讲"，称得上是"纵贯系统"的圆熟形态，佛道两家则只能称作"纵贯横讲"。[①]据此，牟先生在宋明理学内部，亦以伊川、朱子哲学为"横摄系统"，而判其为"别子为宗"即对儒家正宗之"歧出"。[②]

① 参见牟宗三：《中国哲学十九讲》，上海古籍出版社，1997，第105–119页及第309页以下。

② 参见牟宗三：《心体与性体》，上海古籍出版社，1999，第1–52页。

牟先生谓儒家哲学为一"纵贯系统"，并以天道性体之"於穆不已""纯亦不已"的道德创造性、意志之自律性来规定此"纵贯系统"的理论特性，这对于理解儒家教化观念及其形上学系统的思想内涵，具有相当强的理论解释力，可谓只眼独具。不过，牟先生对其所谓的"横摄"一面抱持贬义，其于儒家心性之说，亦略重在以心著性、以一心朗现性体之逆觉体证，而对朱子"心统性情"之性、心、情三分的心性论颇有微词。儒学心性之说，本以性即心而显诸情，由是而有儒家以情应物，成己成物以达人我、物我平等如如实现的心物关系论，由是而有儒家亲亲仁民，兼济天下，范围天地，曲成万物之实践与担当精神。一般的宗教，则多强调个体独自对越上帝神明之信仰义，基督教神学凸显个体与个体相遇的信仰方式，佛教主出世，禅家尤倡立处即真，当下即是而顿悟成佛。道家虽非宗教，然其论道，乃特引独与天地精神往来为高致，其于世事伦常亦颇所轻忽。宋儒判释老为"自私"者以此。所以，遗落"横"的维度而独标"纵贯纵讲"之义，既不易区别儒家与佛、老、耶之思想差异，亦无法全面展显儒学价值和哲学系统的精神特质。

"旁通而上达"，这个"旁通"，虽关涉"横"这一维度，却与所谓"横摄"有不同的意义。"旁通"之义，乃取亲亲仁民，成己成物的存在实现论进路，以达位天地、育万物的合外内之道，其与"横摄"取义于认知和主客对立的路径颇不相同。① 人

①《周易·乾卦·文言传》言："六爻发挥，旁通情也。""旁通情也"，孔颖达《疏》谓即"旁通万物之情也"，是"旁通"义本关涉"横"的维度，本文言"旁通"即取此义。然须强调的是，儒家"旁通"一维，根据前述其心性论论域中的人性论，人乃取以情应物而非以认知的方式来处世，因此其应事接物所要达成的是成己成物之价值实现意义上的"通"，而非认知性抽象普遍性意义上的"同"。

性本自天命而具于人心，发于喜怒哀乐以应物，故其自内及外之"旁通"，本即涵蕴"纵贯""上达"之一几，其上达天德之成就，同时反哺于横向之"旁通"而为之奠基，二者相摄互成，本来一体。"旁通而上达"，这个"而"字，即标明了"旁通"与"上达"两个维度之间这种动态互成的内在统一关系。基于此，儒学乃能自别于佛、老、耶而凸显自身成就人伦而达致超越的价值与形上学特性。请详论之。

孔子毕生求道，以"闻道"为人生之最高目标。形而上者谓之道，故求道必上达于天乃能至。孔子讲"君子上达，小人下达"，自谓"下学而上达，知我者其天乎"，又自称"五十而知天命"，并以是否知天、畏天作为判分君子小人之标准。此上达于天的"闻道"境域，乃表现为一立体纵贯的形态，儒家这一"上达"的维度，可借牟宗三先生的说法，称作以心著性的逆觉体证。

274　　　然儒家所言"心"，非仅一孤悬内在的精神实体，此心必显诸情而涉着人伦物则，而落实于横向不同范围和层级之实践性的展开。孔子以忠恕为行仁之方，曾子谓"夫子之道，忠恕而已"，《礼记·中庸》则称"忠恕违道不远"，是知孔子之"道"，乃以"仁"为其内容。"忠恕"涉及外与内、人与己、物与我的差异与贯通的关系。孔子论忠恕行仁，曰"己所不欲，勿施于人""己欲立而立人，己欲达而达人"，关涉人与己的关系。《大学》言絜矩①，由修身推及家、国、天下伦理系统之建立。思孟言忠恕，曰"老吾老以及人之老，幼吾幼以及人之幼"，"亲亲而仁民，仁民而爱物"；曰"成己"以"成物"，以至于

───────────

① "絜矩"，实即忠恕在为政之道上的表现。

道合外内而时措之宜；曰尽己之性以尽人、物之性，以致参赞天地之化育，拓展及人伦以至内外物我的一体相通。此儒家之道外向开展于人伦物则层面之落实，可谓之"旁通"。

《周易·系辞下》："天下之动，贞夫一者也。"又言："天下何思何虑！天下同归而殊途，一致而百虑。天下何思何虑！"帛书《易传·要》说："能者由一求之……得一而君（群）毕。"《系辞上》亦说："易无思也，无为也，寂然不动，感而遂通天下之故。"《易》言天道，道是"一"，是超越之体，表现为一种上达于天的形上境域。天下品类万殊，其变无穷，治天下须"由一求之"，使同归一致而"贞夫一"。但这个"一"，这个"同归""一致"，并非取消差异的一种同质化状态，恰恰相反，此"一""同归""一致"，必须要在"殊途"与"百虑"的前提下达成。"易无思也，无为也"，与"天下何思何虑"义同。易道无思无为，寂然不动，因任天地、天下万有之差异，曲尽事物之宜而成就之，故与物无不"通"。这个由天下之"殊途""百虑"所达之"同归""一致"，便非一种同质化规约万有的"同"，而是保有万有差异所成就的"通"。

儒家所言道，是超越的"一"，而这个"一"是在差异实现之"通"性上所显现的"一"。这个由"通"而实现和呈显道之"一"的途径，就是我们所说的"旁通而上达"。关于这一点，《中庸》第二十二章、二十五章所论最为集中，现引述如下，以便讨论。《中庸》二十二章：

> 唯天下至诚，为能尽其性。能尽其性，则能尽人之性。能尽人之性，则能尽物之性。能尽物之性，则可以赞天地之化育。可以赞天地之化育，则可以与天地参矣。

275

《中庸》二十五章：

> 诚者自成也，而道自道也。诚者物之终始，不诚无物。是故君子诚之为贵。诚者，非自成己而已也，所以成物也。成己，仁也；成物，知也。性之德也，合外内之道也，故时措之宜也。

《中庸》这两章由"诚"论尽性成物、成己成物，所言即忠恕之道。《孟子·尽心上》以"诚"与"恕"相对而言："万物皆备于我矣，反身而诚，乐莫大焉；强恕而行，求仁莫近焉。"此以"反身而诚"与"强恕而行"相对，讲的就是"忠恕"。[①]由忠恕推扩所达"合外内之道"，即人己、物我、外内之一体相通，是之谓"旁通"。"旁通"是个体存在之横向范围上的"超出"和展开。"己欲立而立人，己欲达而达人""老吾老以及人之老，幼吾幼以及人之幼""亲亲而仁民，仁民而爱物""修身、齐家、治国、平天下"，皆是"旁通"。盖一人、一家、一族群，以至一邦国，皆为一种实存之定在，有其分位之限定性。而实存的这种不同层级的定在性，同时即内蕴了一种超出自身的存在性结构。譬如"亲亲"，乃使人作为个体实存超出自己推扩及于父母、他人之父母、他人、它物。每一自身的"超出"，在实践的意义上，皆有其范限。在这个意义上，"旁通"的境域是横向的，具有平面性和实存的有限性。

忠恕，讲的是存在和价值实现的问题，而非认识认知的问题。"诚"者实有义，即实有其所是之义。思孟以"诚"为中心

---

① 顾炎武《日知录》也说："反身而诚，然后能忠；能忠矣，然后由己推而达之家国天下，其道一也。"见顾炎武：《日知录集释（卷七）》，岳麓书社，1994，第238页。

论忠恕达道之方，更凸显了这一实现论的意义。成己以成物，尽己之性以尽人之性、物之性，皆存在实现之义。存在实现的视域，注重个体存在的差异所实现之"通"性，而非事物在认知意义上的抽象普遍性。儒家的忠恕之道，即是在个体分位"限制性"前提下的一个"沟通性"原则。①人生天地间，皆有个体存在之分位，己与人、己与物之间亦有远近、厚薄、次第等种种差异。"合外内之道""万物皆备于我"，并不是要消除这分位差异。恰恰相反，只有当我们能够"素位而行"，知止其所止，恰当地把握自己的分位限制的时候②，才能于应事接物处，因应他人、它物之性、之时、之宜而随处成就之，由此，方可达成人我、物我之融通。因此，这个"成己以成物"，就是要在肯定事物个体差异的前提下实现物我之"通"性。"万物皆备于我""合外内之道"，其内容就是这样一个"通"性。它既不是我们过去所批评思孟的"以主观吞并客观"，亦不是要把物我、万物抽象、打并成一个无差别的"同"。保持自身的分位限制性而因应事物之理，"时措之宜"，乃能与物无不通。

　　上引《中庸》二十二章言尽己之性以尽人、物之性，由此

———————

　　① 参见李景林：《忠恕之道不可作积极表述论》，载《清华大学学报（哲学社会科学版）》2003年第03期。

　　② 儒家特别强调人在现实伦理关系中处世接物须严守个体"分位"的限制性。如《礼记·大学》："所恶于上，毋以使下；所恶于下，毋以事上；所恶于前，毋以先后；所恶于后，毋以从前；所恶于右，毋以交于左；所恶于左，毋以交于右。此之谓絜矩之道。""子曰：于止，知其所止……为人君，止于仁；为人臣，止于敬；为人子，止于孝；为人父，止于慈；与国人交，止于信。"《论语·宪问》："子曰：不在其位，不谋其政。曾子曰：君子思不出其位。"《礼记·中庸》："君子素其位而行，不愿乎其外"。《周易·艮卦·象传》："象曰：兼山艮，君子以思不出其位。"

达"赞天地之化育"而"与天地参"，此言由"旁通"而臻"上达"之境域。

忠恕之由己推及人、物，作为一种实存有限性的向外展开，可视之为人对自身实存范限上的"超出"，这种超出，表现为人的生存世界在范围上的不断扩大。不过，实质上这"旁通"之每一步的"超出"自身，亦皆内涵并表现出一种当下存有之意义的提升与转变。如"亲亲"之由己"旁通"拓展个体及其与父母、亲人而为一体，而显其为"孝"的伦理意义与价值。此孝德之义，已赋予个体与父母、亲人之有限实存一种普遍性的意义。由此推之，每一当下的具有时空范围限定之"旁通"，都将以一种转变当下实存的作用而升华达一新的层面。此种实存之意义的升华与转变，又可视为一赋予当下有限实存以普遍性意义的"超克"作用。"超克"有超过和胜过义，它内涵一种由实存范围之量的扩展到普遍化之质的转变的意义。由是吾人与人、物乃可获得一种超过相互界限之"通"性。宋儒论格物，谓由今日格一物，明日格一物之工夫历程，而可获某种豁然贯通之效。格物总有范限，吾人不能遍格天下物，却能通过有限之格物，"超克"于人、物之界限而达一种豁然贯通之境域，道理即在于此。此表现为"超克"性之"通"，其反哺于个体存在之效，可以我们常说的"境界"一概念来表出之。而此境界，则具有一种立体性及对个体存在之赋义（揭示并赋予意义）作用。因此，实存上的"旁通"，总内在地具有一种"超越"的意义，这个超越，也就是孔子所说的"上达"。这"上达"的指向，就是"一"或那天道之"诚"。

"旁通而上达"，这个"而"字，标明了"道"必经由个体存有之差异互通的道路和方式而得以实现；此由"旁通而上达"之天道，同时翻转来为个体的存在奠基。"旁通"与"上达"两个维度，虽有分判，却相即互成，共同构成了儒家的价值和形上学系统。这一价值和形上学系统，既凸显了一种即伦常日用而达超越的实践品格，同时体现了一种尽性、成己以成物的价值平等精神。这对于思考和对治当今世界价值的同质化与相对主义并生的吊诡现状①，仍具有重要的理论和实践意义。

---

① 美国学者L.J.宾克莱在价值与事实区分的前提下，把现代表述为一个"相对主义的时代"（参见［美］L.J.宾克莱：《理想的冲突——西方社会中变化着的价值观念》，商务印书馆，1983，第6页）。法国哲学家雅克·德里达则认为，全球化既导致一种价值同质化的状况，同时潜藏着某种差异性的霸权，它使特殊性戴上了普适性的面具（参见［法］雅克·德里达：《全球化、和平与世界政治》，见［德］热罗姆·班德主编《价值的未来》，周云帆译，社会科学文献出版社，2006，第136页）。

孔子"闻道"说新解

孔子把"闻道"视为人生的最高目标,《论语·里仁》篇中"子曰:朝闻道,夕死可矣"一句就表明了这一点。深入探讨《论语》"朝闻道"章的思想义理,对于理解孔子的人格和学说精神,有着重要的意义。

廖名春教授在《〈论语〉'朝闻道,夕死可矣'章新释》[①]一文中,把旧注对此章的解读,概括为"知道"说和"有道"说[②]。认为两者对"朝闻道,夕死可矣"章解读所存在的问题,要在对"闻"字的理解有错误,并据《论语·颜渊》篇"子张问士"章有关"闻达"[③]的讨论,广泛征诸文献,指出"闻"当训

---

① 廖名春:《〈论语〉'朝闻道,夕死可矣'章新释》,载《清华大学学报》2009年第6期。

② 旧注解"闻道",多训"闻"为"知",解"闻道"为"知道"或"悟道",廖文称之为"知道"说。又有以"闻世有道"和"闻道行于世"解"闻道"者,廖文把前者概括称为"有道"说,后者称为"道行"说。为讨论方便,本文沿用廖文的说法。

③《论语·颜渊》谓:"子张问:'士何如斯可谓之达矣?'子曰:'何哉,尔所谓达者?'子张对曰:'在邦必闻,在家必闻。'子曰:'是闻也,非达也。夫达也者,质直而好义,察言而观色,虑以下人。在邦必达,在家必达。夫闻也者,色取仁而行违,居之不疑。在邦必闻,在家必闻。'"

"达"，引申为实现。所谓"闻道"，即"达道，实现道"。"朝闻道，夕死可矣"当译为"早晨实现了我的理想，就是当天晚上死去也心甘"。廖名春教授的解读，也可称作"达道"说。此说凸显了孔子学说行重于知的精神，为切实了解《论语》"朝闻道"章的思想内涵指点出了一个新的方向。

廖名春教授的"达道"说，略重在文字学和训诂学的层面，其对"闻道"的思想内容并未做进一步的说明，而要对"朝闻道"章作出合理的解释，这后一方面的工作，是必不可少的。这便涉及一系列重要的问题：既言"闻道"即"达道"或"实现道"，那么，"道"以什么样的方式实现？孔子所谓"道"究何所指？此"道"既为孔子之道或其"理想"，那它与孔子所崇尚的"先王之道"是什么关系？何谓"知道"？知道与行道的关系如何？等等。对这些思想、理论问题，需做进一步深入的探讨，才能把握孔子"闻道"说的本真内涵。本文拟接着廖文所论，通过从思想义理上对旧注"有道"和"知道"说的进一步分析，以尝试解答这些问题，进而对孔子"闻道"说提出合乎逻辑的理论解释。

一、由"有道""道行"说所引生之思考

兹先讨论"有道"说。

廖文力辨"有道"说之非，指出，旧注"有道"说及与此相关的"道行"说，在训诂学上有增字为训之病。这是正确的。

从思想的层面来看，"有道"说之不可取，要在于它仅从企慕追求世之"有道"这一社会政治现实的效果性角度来理解《论语》"朝闻道"章之思想内涵，此与孔子"学者为己"的精神是不能切合的。我们有必要就此做一番仔细的分疏讨论。

何晏《集解》主"有道"说：

> 言将至死，不闻世之有道。

邢昺《疏》：

> 此章疾世无道也。设若早朝闻世有道，暮夕而死，无可恨矣。言将至死不闻世之有道也。

皇侃《义疏》：

> 叹世无道，故言设使朝闻世有道，则夕死无恨，故云可矣。栾肇曰：道所以济民，圣人存身，为行道也；济民以道，非为济身也。故云诚令道朝闻于世，虽夕死可也。伤道不行，且明己忧世不为身也。

依照皇氏引栾肇语的解释，这"闻世有道"与"闻道行于世"，其实是一回事。清人黄式三《论语后案》亦云：

> 依何解，年已垂暮，道犹不行，心甚不慰，世治而死，乃无憾也。[1]

在黄氏看来，何晏所说的"有道"也就是"道行"。皇侃《义疏》与黄式三《后案》对何晏《集解》的解释，都把"闻世有道"与"闻道行于世"（或"有道"与"道行"）两个说法等同看待。仔细揣摩二者语义，可以见到，"有道"与"道行"二

---

[1] 程树德：《论语集释（卷七）》，程俊英、蒋见元点校，中华书局，1990，第244页。

说，还是有明显差别的。这一点，对我们理解整个"朝闻道"章的思想义理，有着重要的意义。

从语义分析的角度看，一般性地讲世之"有道""无道"，只是对社会政治现实作出一种对象性的价值评价，可不必问及这"道"为谁之道及谁来行此道。何《注》邢《疏》把"闻道"解释为"闻世有道"，就是将《论语》之"朝闻道"章的内涵简单地理解为一种对社会政治现实之"有道"的效果性的企慕和追求。而"道行"说则有所不同。如皇侃《义疏》引栾肇所说："圣人存身，为行道也；济民以道，非为济身也……诚令道朝闻于世，虽夕死可也。伤道不行，且明己忧世不为身也。"这里所说的"道行"，显系由"行道"一语转形而来。言"行道"，则势必要涉及谁来行此道与此道为谁之道的问题。所以，"闻道行于世"的说法，虽然亦是着眼于社会政治现实之效果，但同时会引生出圣人行道及道的实现或"达道"方式的问题。这是理解《论语》之"朝闻道"章所值得深入思考的一个问题。

孔子一生求道不辍，当然希冀"天下有道"或"道行于世"。我们注意到，《论语》有关"有道""道行"的论述，要可分为两类：一是有关"有道""无道"之标准的讨论，二是有关君子面对不同的历史、现实境遇所应持之原则和态度的讨论。除此之外，并未发现有外在、直接性地祈求天下、邦国"有道"和"道行"的说法。这是值得注意和玩味的一个现象。

第一类，见于《论语·季氏》：

孔子曰："天下有道，则礼乐征伐自天子出。天下无道，则礼乐征伐自诸侯出。自诸侯出，盖十世希不失矣。

自大夫出，五世希不失矣。陪臣执国命，三世希不失矣。天下有道，则政不在大夫。天下有道，则庶人不议。"

第二类，又可分为有关"有道"与"道行"的两小类。
（1）有关"有道"的论述，以《论语·泰伯》所论为代表：

> 子曰："笃信好学，守死善道。危邦不入，乱邦不居。天下有道则见，无道则隐。邦有道，贫且贱焉，耻也；邦无道，富且贵焉，耻也。"

（2）有关"道行"的论述，如《论语·宪问》所论：

> 公伯寮愬子路于季孙。子服景伯以告，曰："夫子固有惑志于公伯寮，吾力犹能肆诸市朝。"子曰："道之将行也与，命也；道之将废也与，命也。公伯寮其如命何！"

《论语·微子》云：

> 子路曰："不仕无义。长幼之节，不可废也。君臣之义，如之何其废之？欲洁其身，而乱大伦。君子之仕也，行其义也，道之不行，已知之矣。"

第一类是有关"有道""无道"之标准的讨论。"礼乐征伐自天子出""政不在大夫""庶人不议"，乃以礼乐政治伦理秩序的维护为评判世道的根据。春秋以降，周室衰微，诸侯专征伐，政逮于大夫，甚至陪臣执国命，礼坏乐崩，政治秩序高下陵夷。按照孔子所提出的标准，这样的政治状况，当然只能说是"天下无道"。从价值原则的角度看，评判世之有道、无道的根据，则应是"仁"。《论语·子路》云："子曰：如有王者，必世而后仁。"《孟子·离娄上》引孔子语曰："道二：仁与不仁而已矣。"孔子所谓世之"有道"，也就是能行王者之"道"。"道"，出于"仁"则入于"不仁"。是王道或"天下有道"之内在的原则，就是"仁"。

第二类有关"有道"和"道行"两小类的论述，都涉及伦理学上所谓道德抉择的问题。但是比照前引《论语》"有道"与"道行"的论述可见，二者之间，又有着重要的区别：据前引"（1）"中，天下、邦国之有道、无道，"斯文"（即周文）之是否"在兹"，这是吾人无法选择和必须面对的政治伦理现实。而从上引"（2）"中可知，"道之将行"与"将废"，与君子之道德抉择有密切的关系。因此，"道行"之道，既标明这"道"属于孔子"自己"，而"道之将行"与否，又与孔子自身的价值抉择密切相关。

我们先来看前引第二类中孔子有关天下邦国"有道""无道"说的论述。上引"（1）"《论语·泰伯》篇"笃信好学"章孔子这段话很有代表性。《论语》中与此相关和相似的论述颇多，如《论语·公冶长》："子曰：宁武子邦有道则知，邦无道则愚。其知可及也，其愚不可及也。"《论语·宪问》："宪问耻。子曰：邦有道，谷。邦无道，谷，耻也。"《论语·卫灵公》："子曰：直哉史鱼！邦有道如矢，邦无道如矢。君子哉蘧伯玉！邦有道，则仕；邦无道，则可卷而怀之。"等等。《论语》中凡如此所言天下邦国"有道""无道"者，类指一种既成的社会现实及对此现实之价值评判[①]，并非表示一种期望。就此

---

① 此对现实之"有道""无道"之评判，以文中前引"第一类"《论语·季氏》所论为标准。

而言，把"朝闻道，夕死可矣"解释为"朝闻世有道，则夕死无恨"这样一种期望，显然是不合理的。此所谓天下邦国"有道""无道"，指君子所面临的无法选择的既定历史境遇；上引"（1）"小类的有关论述，则要在指出君子面对不同境遇所应持守之原则，而此持守原则之抉择，则关涉上引"（2）"，即"道行"的问题。

君子所处时势、境遇有不同，故其行事亦要有进退、行止、行藏之异，而这进退、行止、行藏之抉择，对人生而言，则会引生出不同的事功效果，"道之行"与"不行"，即与此相关。这里涉及伦理学上所谓的道德抉择问题。

需要强调的是，孔子所言君子之道德抉择，绝非在不同的原则之间做取舍，而是如何坚守"善道"，以在不同的境遇中恰当地规划和决定自身的行为模式（如进退等）的问题。君子因应现实，其行为有进退、行止之异，而决定此行为进退、行止的原则则是"道""善道"或仁道。君子因应现实境遇对自身行为之进退、隐显、行藏的抉择，所达到的正是对"善道"或仁道的持守与实现。君子之行，因应现实而有行止、进退，这是"变"，而其"守死善道"之原则性则始终"不变"。在道德选择的意义上，孔子强调的是这"变"中的"不变"。《中庸》记孔子答子路"问强"云：

> 君子和而不流，强哉矫！中立而不倚，强哉矫！国有道，不变塞焉，强哉矫！国无道，至死不变，强哉矫！

这里所言"国有道""国无道"，与上引"（1）"所谓天下邦国"有道""无道"同义，乃指君子所面临的客观现实或其历史际遇而言。"国有道""国无道"，对于君子而言，不可选择，君子于此所不变者，唯其所持守的道义原则。孔子对宁武子、蘧伯玉、史鱼等人的称赞，其要亦并不在行为之进退、行止、隐显本身，而在其于此行止、进退之选择中所体现的守死善道的精神。事实上，孔子面对"天下无道"这样一种历史的境遇，其所选择的并非退隐。针对当时隐士之流"滔滔者天下皆是也，而谁以易之"的嘲讽，孔子则答以"鸟兽不可与同群……天下有道，丘不与易也"（《论语·微子》）。孔子与弟子厄于陈蔡，面对"君子有穷"之现实，乃表现出一种吾道至大，"不容然后见君子"（《史记·孔子世家》）的道德自信。知"道之不行"，而犹修道行义不辍，孔子由此而以"知其不可而为之者"见闻于当世。凡此所体现者，恰恰是一种道义担当的精神。

"道之将行也与，命也；道之将废也与，命也。""君子之仕也，行其义也，道之不行，已知之矣。""道之将行"与"将废"，皆属于"命"，但君子对"道""义"之持守，不因这"命"之殊异而发生丝毫的改变。儒家对行义或"行道"与"道行"（即"道行于世"）之关系的讨论，实质上是围绕"义""命"关系来展开的。

孔子强调"知命""知天命"。他自谓"五十而知天命"。《论语·尧曰》说："不知命，无以为君子也。"更把是否"知天命"，看作区分君子和小人的尺度[①]。"天命"是一个总体的概念。后来儒家将天所命于人者称作"性"，是即《中庸》所谓

---

①《论语·季氏》："孔子曰：君子有三畏：畏天命，畏大人，畏圣人之言。小人不知天命而不畏也，狎大人，侮圣人之言。"

"天命之谓性"。在这个意义上，"天命"与"人性"，是从不同角度表述了同一个内容。小程子讲"在天为命，在人为性"，就是这个意思。但在孔子看来，行仁行义，是人唯一可以不凭借外力而能够自我决定，直接可欲可求者。所谓"为仁由己""求仁得仁""欲仁仁至"，都表明了这一点，而人的功利满足与事功成就，则非人力所直接可与可求者，故付之于"命"。从这个角度，孔子又对这个天命于人的整体内容作出了内在的区分。这个区分，对孔子而言，就是"义"与"命"的区别。这是以后孟子所言"性""命"之别的渊源所自①。就"义"与"命"的区分而言，"义"标志着人之所以为人的界限；"命"则即今语所谓运命之义，凡人生之境遇、夭寿祸福、功名利禄及事功成就皆属之。在《论语》中，"天""命""天命"三个概念，可以互换使用②。不过，《论语》单言"命"字，则多指与"义"相对的狭义的"天命"而言。

从这个意义上说，《论语》所言"有道"和"道行"，皆统属于"命"（即与"义"相对之狭义的"天命"），但二者又有区别：天下"有道""无道"，标志君子所面临的不可选择的历史和现实境遇，它是君子价值抉择之现实条件和存在性前提，而道之"行"与"废"，则为君子价值抉择之结果。因此，二者虽

①《孟子·尽心下》："孟子曰：口之于味也，目之于色也，耳之于声也，鼻之于臭也，四肢之于安佚也，性也。有命焉，君子不谓性也。仁之于父子也，义之于君臣也，礼之于宾主也，智之于贤者也，圣人之于天道也，命也。有性焉，君子不谓命也。"孟子此说，即在"天命之谓性"这一总体的概念下，又对之做"性""命"的区分，这一区分实来源于孔子"义""命"之分的思想。

② 孔子既言"不知命，无以为君子"，又把"知天命"看作判分君子与小人的尺度。又如《论语·颜渊》说："死生有命，富贵在天。"可知"命"与"天"亦是能够互换使用的。

皆属于"命"，为人所不能直接可与可求者，但君子之行义、行道，与"道行"（即"道行于世"）之间，却有着一种必然的因果关联性。

这里所谓"必然的因果关联性"，是说"行义"或"行道"的价值抉择，乃是"道行于世"的必要条件或第一要件。孟子概括孔子之行事原则云："孔子进以礼，退以义，得之不得曰'有命'。"（《孟子·万章上》）孔子虽欲得君行道，而终不能见用于世者，实与其守道不辍，不肯放弃原则有关。以孔子之声望与才能，若少降志屈节，得一卿相之位，而成就一番治安济民之事功，当易如反掌。其所以为孔子所不取者，乃因孔子所行之"道"，是王道而非霸道。王道与霸道，虽在惠民济众的事功效果上具有某种相似性和相关性，但在价值意义上有霄壤之别。孔子亟称管仲相桓公，霸诸侯，匡扶天下，利泽百姓，维系华夏文化之功业[1]，而在价值层面上，却深恶管仲之奢靡僭越，严斥其"器小"与"不知礼"[2]，其道理正在于此。前引孔子有云："如有王者，必世而后仁。""道二：仁与不仁而已矣。"《孟子·公孙丑上》载："以力假仁者霸……以德行仁者王。"可见，王道与霸道之分野，要在于人君所持守之价值原则之区别。在儒家看来，"道行于世"，固当涵括靖安治平、博施济众之事功，然

289

---

①《论语·宪问》："子路曰：'桓公杀公子纠，召忽死之，管仲不死。'曰：'未仁乎？'子曰：'桓公九合诸侯，不以兵车，管仲之力也。如其仁，如其仁。'""子贡曰：'管仲非仁者与？桓公杀公子纠，不能死，又相之。'子曰：'管仲相桓公，霸诸侯，一匡天下，民到于今受其赐。微管仲，吾其被发左衽矣。岂若匹夫匹妇之为谅也，自经于沟渎而莫之知也？'"

②《论语·八佾》："子曰：'管仲之器小哉！'或曰：'管仲俭乎？'曰：'管氏有三归，官事不摄，焉得俭？''然则管仲知礼乎？'曰：'邦君树塞门，管氏亦树塞门。邦君为两君之好，有反坫，管氏亦有反坫。管氏而知礼，孰不知礼？'"

单纯的治安博济，实不足以当"道行"之名。君子能否成就此治安博济之功业，一方面与其所面临的历史境遇和现实条件有关①，更根本的是，君子"行义""行道"的价值抉择，是构成此功业以"王道"或"道行"价值的赋义本原或意义基础。从"义""命"关系的角度看，"命"本有正面与负面的价值，孟子称之为"正命"与"非正命"②；由此"正命"，人的天命之性，乃能获得其总体的实现，而"正命"之价值，乃由人选择并躬行义、道所确立，孟子谓之"立命"。从这个意义上说，孔子行道和道之实现的根本方式，乃表现为一种"义"和"命"的统一。

从上述分析，可以得出以下几点初步的结论：第一，孔子所言"天下有道""无道"，乃标示人所面临的历史与现实境遇，非吾人所能选择，属于"命"的范围。把"朝闻道"解释为对"世之有道"的一种期望，是不合理的。第二，与"有道"相关的"道行"，亦属于"命"，非人直接外在可欲可求者，亦非可据以解"闻道"之义。第三，"道行"与"有道"所不同者，在于"道行"问题表现了孔子对道的实现亦即"达道"之方式的理解。而孔子行义、行道之抉择，则为"道行于世"之第一要件或意义基础。是以《论语》言道，唯重在君子之行义、行道，而未见有外在求"道行"之语者。

可见，对《论语》"朝闻道"章之"有道""道行"的解释，不仅在训诂上站不住脚，在义理上更有悖于孔子的学说精神。需

---

① 如《孟子·公孙丑上》所说："以文王之德，百年而后崩，犹未洽于天下；武王、周公继之，然后大行。"按照《孟子》下文的解释，文王之道行于天下之所以如此之难，乃当时的"势""时"使然。孟子所谓的"势""时"，即指君子"行道"所面临的现实境遇。

②《孟子·尽心上》："尽其道而死者，正命也；桎梏死者，非正命也。"

要指出的是，"道行"的讨论关乎"道"的实现或"达道"的方式问题，而"道行"的前提，乃是君子行义、行道之价值抉择。朱子曾有一个有代表性的说法，认为《论语》"朝闻道"章"大率是为未闻道者设"，刘宝楠《论语正义》则强调，孔子"闻道为己闻道"。刘说可从，朱子的说法则是有问题的。不过，孔子之"闻道"，不仅"为己闻道"，其所要达或实现的"道"，决为属于孔子自己的"道"。那么，这个属于孔子自己的"道"究何所指？这一问题，与"知道"说有密切的关系。

二、"知道"的两种方式

下面我们来讨论"知道"说。

对于《论语》"朝闻道"章之训解，旧注"有道"及与之相关的"道行"说不可取，但"知道"说不可轻弃。

廖名春先生强调，旧注多将"闻道"解释为"知道"，这与孔子"重德""重行"甚于求"知"的思想性格相矛盾。说孔子重德、重行是很正确的。在概念的使用上，知与行是相对的两个概念，但就其本真的意义而言，儒家则强调知与行的交涵互体，不可或分，真知，必包含行在其中。如《礼记·中庸》记孔子语云："好学近乎知，力行近乎仁，知耻近乎勇。"《论语·雍也》云："哀公问：'弟子孰为好学？'孔子对曰：'有颜回者好学。不迁怒，不贰过，不幸短命死矣！今也则亡，未闻好学者也。'"在诸弟子中，孔子独称颜回"好学"，而颜回好学之内容，则要在"不迁怒，不贰过"一类人格的教养方面。可见，孔子所谓学、知，实以德性的修养和践行为其本质的内涵。由是，仁智合一，诚明互体，乃构成了儒家理想人格的基本内容。《礼记·中庸》云："自诚明，谓之性；自明诚，谓之教，诚则明矣，明则诚矣。"《孟子·公孙丑上》云:"仁且智,夫子既圣矣。"《荀子·解蔽》云:"孔子仁智且不蔽。""诚"即人性的实现,"明"即智慧的拥有。诚与明、仁与智,实一体之两面,不可或分。此所言"明"或"智",是在存在之实有诸己,或人性实现中的心明其义,而非单纯的认知。孟子所谓仁义礼智"四德",乃统括于"仁","智"并非一个独立的原则。在先秦儒家中,荀子最重知或"智",然其论"心",乃言"心者,形之君也,而神明之主也";论"治心之道",则云"仁者之思也恭,圣人之思也乐";论"知道",则曰"知道:察,知道;行,体道者也"(《荀子·解蔽》)。是言心为形神、知行合一之主体,而"知道",亦必包括自觉与对道的身体力行两个方面,故"体道"乃"知道"之一必然的内在环节。强调"知"乃包含着"行",这是先秦儒学一脉相承的。从这个意义上说,旧注以"知道"解"朝闻道"章,并不必然与孔子的思想性格相矛盾。

292 　其实,先秦儒所言"知道",有"闻而知之"和"见而知之"的区别。孔子追求"闻道",当与此相关。《孟子·尽心下》说:

> 孟子曰:由尧舜至于汤,五百有余岁;若禹、皋陶,则见而知之;若汤,则闻而知之。由汤至于文王,五百有余岁,若伊尹、莱朱,则见而知之;若文王,则闻而知之。由文王至于孔子,五百有余岁,若太公望、散宜生,则见而知之;若孔子,则闻而知之。由孔子而来至于今,百有余岁,去圣人之世若此其未远也,近圣人之居若此其甚也,然而无有乎尔,则亦无有乎尔。

孟子此说，后儒目之为圣道之传承系统。按照孟子的说法，在这个"道"的传承过程中，存在着两类"道"的承载者或担当者：尧、舜、汤、文王、孔子为一类，他们是"闻而知之"者；禹、皋陶、伊尹、莱朱、太公望、散宜生为一类，他们是"见而知之"者。这里的"闻而知之""见而知之"之"之"，所指即"道"。孟子此处所举"闻而知之"者，皆儒家所谓的圣人；所举"见而知之"者，基本上属于儒家所说的贤人或智者。这两类人还有一个重要的区别，就是此所列"闻而知之"的圣人，大体上都是一种新时代或文明新局面的开创者，而"见而知之"的贤人或智者，大体上是一种既成事业的继承者。《孟子·梁惠王下》云："君子创业垂统，为可继也。"依此，可以说前者的作用要在于"创业"，而后者的作用则在于"垂统"。孟子这一段话，既点出了"闻而知之"和"见而知之"这两种"知道"的方式，亦指出了二者的区别性。

293

孟子有关"闻而知之"和"见而知之"两种"知道"方式的区别的说法，并非偶然。出土简帛《五行》篇明确提出"闻而知之者圣""见而知之者智"的命题，并对此有相当系统的论述。简帛《五行》篇为子思学派文献，孟子此说，实渊源有自，为孔门相传旧义。思孟一系所传这一圣道传承思想，对于理解孔子的"闻道"说，有十分重要的意义。不仅如此，道家文献《文子》亦载有与《五行》篇同样的说法。《文子·道德》载："文子问圣、智。老子曰：闻而知之，圣也；见而知之，智也……圣人知天道吉凶，故知祸福所生；智者先见成形，故知祸福之门。"表明儒道两家都认可有"闻而知之"与

"见而知之"两种知道的方式。

郭店楚简《五行》篇说：

> 见而知之，智也。闻而知之，圣也。明明，智也。
> 赫赫，圣也。"明明在下，赫赫在上"，此之谓也。闻君
> 子道，聪也。闻而知之，圣也。圣人知天道也。[①]

马王堆汉墓帛书《五行》篇所说与此略同，兹不具引。《五行》明确指出"闻而知之"者为圣人，"见而知之"者为智者。孟子之说，可与《五行》篇的说法相参。《五行》篇又指出，圣人所"闻而知之"者，乃是"天道"，这一点，应特别予以注意。

在《五行》篇中，圣与智是相对的两个概念。与圣相应的是"德""天道"，与智相应的则是"善""人道"。帛书《五行》篇："德之行，五和谓之德；四行和谓之善。善，人道也；德，天道也。"[②] 又："聪，圣之始也；明，智之始也……圣始天，智始人。"[③] 马王堆汉墓帛书《老子》甲本卷后第四种佚书《德圣》篇："知人道曰智，知天道曰圣。"[④] 智与圣两个德目，相应于"善"与"德"两个层级的境界或世界。仁义礼智"四行"之

---

① 释文见李零：《郭店楚简校读记》，北京大学出版社，2002，第79页。

② 国家文物局古文献研究室编《马王堆汉墓帛书（壹）》，文物出版社，1980，第17页。"德之行，五和谓之德"，《马王堆汉墓帛书（壹）》断为"德之行五，和谓之德"，但下文"四行和谓之善"乃与"五和谓之德"（"五和"即"五行和"）相对而言。同时，帛书《五行》下文又说："好德者之闻君子，道而以夫五也为一也，故能乐，乐也者和。和者，德也。"（同上书，第24页）可知这"和"所指即"五行和"，"五行和"乃可"谓之德"。

③ 同上书，第20页。

④ 同上书，第39页。

和所给出的，是一个人伦的系统或"人道"之"善"，仁义礼智"四行"作为一个整体，其人格的特质可以用"智"来标示。孟子用仁义礼智"四德"来表征人性和人伦之"善"，与《五行》篇的说法是一致的。仁义礼智圣"五行"之和所给出的，则是一个天人合一的超越境界，故说"五和谓之德""德，天道也"，其人格的特质，可以用"圣"来标示。《中庸》、孟子都以圣能知天道，与《五行》篇的说法也是一致的。

这里值得注意的是，"五行"或"天道"的系统并非在"四行"或"人道"之外另有内容。郭店楚简《五行》篇也说："金声而玉振之，有德者也。金声，善也；玉音，圣也。善，人道也；德，天〔道也〕。唯有德者，然后能金声而玉振之。不聪不明，不圣不智，不智不仁，不仁不安，不安不乐，不乐无德。"①金声玉振，为乐之始与成。帛书《五行》篇《说》的部分，用"金声而玉振之"来譬喻和解释君子之德的完成②，孟子更以"金声而玉振之"来譬喻孔子为圣人之集大成者："孔子之谓集大成。集大成者，金声而玉振之也。金声也者，始条理也。玉振之也者，终条理也。始条理者，智之事也；终条理者，圣之事也。"（《孟子·万章下》）可见，圣德既是智的完成，而圣德之上达天道，亦标志着人道之价值的实现。这表明，"圣"和"天道"并不外乎"智"和"人道"，前者既以后者为内容，又赋予后者以形上超越性的意义。

295

---

① 释文见李零《郭店楚简校读记》，北京大学出版社，2002，第79页。李零在"不聪不明"下补有【不明不圣】四字，不妥，今不从。

② 帛书《五行》说："'君子集大成'。成也者，犹造之也，犹具之也。大成也者，金声玉振之也。"庞朴：《竹帛〈五行〉篇校注》，载《庞朴文集（第二卷）》，山东大学出版社，2005，第144页。

　　从文字学上说，"圣"与"听"本为一字之分化。儒家论圣德，亦特别凸显了其对听觉意识的重视。圣者"闻而知之"，与聪或听觉相关；智者"见而知之"，则与明或视觉相关。帛书《五行》篇："聪也者，圣之臧（藏）于耳者也；明也者，知之臧（藏）于目者也。聪，圣之始也；明，智之始也。"①就强调了"圣"与"耳"或听觉，"智"与"目"或视觉的关联性。但是我们要注意，这里所谓的耳目聪明，其所指向的对象是"道"，其目标是"知道"，而非一般所说的"见闻之知"。一般所谓见闻之知，乃滞于有形。"形而上者谓之道"，故"知道"，则须超越形器而后得之。古人认为音律乃本自天地自然之道，故平正中和之乐，可以达到沟通神人、天人之境，儒家亦以"金声玉振"这种音乐的意象来譬喻圣德所达成的天人合一的境界，在知道方式上凸显了听觉意识的先在性。"智"与视觉相关，它依于空间意识，具有一种向外的指向性；因而要"见而知之"，其"知道"的方式，乃依据已知而推出未知，帛书《五行》篇："见而知之，智也。见者，□也。智者，言由所见知所不见也。"就说明了这一点。"圣"的倾听，则依于一种内在的时间意识，其"知道"的方式，表现为一种"至内而不在外"，"舍其体而独其心"②的"独"或独知。不过，由于"圣"内在地包含"智"的规定，此充分内在性的"独"或"独知"，恰恰又表现为一种对于"天道"的完全的敞开性。是以圣的要义在于"通"。《白虎通·圣人》说："圣者通也，道也，声也。道无

---

　　① 释文见庞朴：《竹帛〈五行〉篇校注》，载《庞朴文集（第二卷）》，山东大学出版社，2005，第131页。

　　② 帛书《五行》第227、229行。关于"独"和"慎独"的哲学意义，参见李景林：《帛书〈五行〉慎独说小议》，载《人文杂志》2003年第6期。

所不通，明无所不照。闻声知情，与天地合德，日月合明，四时合序，鬼神合吉凶。"古人常训圣为"通"。古书"圣""声"二字亦互通。圣者闻而知道，这个"闻"，乃是在内在的倾听和独知意义上与"天道"的相通。[1]孟子所说那一类"闻而知之"的文化、文明的开创者，其实都是能够倾听上天的声音，而直接体证天道的圣者。

前引《孟子·尽心下》那段话，主要讲圣道的传承。这个传承，表现为"创业"与"垂统"两种形式之交替。儒家又有"述、作"之说，亦可与此相互参照。《礼记·乐记》：

> 知礼乐之情者，能作；识礼乐之文者，能述。作者之谓圣；述者之谓明。明、圣者，述、作之谓也。

又：

> 乐者，天地之和也；礼者，天地之序也。和，故百物皆化；序，故群物皆别。乐由天作，礼以地制……明于天地，然后能兴礼乐也。
>
> 穷本知变，乐之情也；著诚去伪，礼之经也。

此言"礼乐"，犹今所谓文化、文明。文化、文明乃本原于"天道"或天地自然之真实。《乐记》讲"礼乐"的精神在于"穷本知变"，"著诚去伪"，能够体现"天地之和"与"天地之序"，讲的就是这个道理。因此，文化、文明之因革连续和演

---

① 参见李景林：《听——中国哲学证显本体之方式》，载成中英主编《本体诠释学（第二辑）》，北京大学出版社，2002，第157-166页。此文对儒家"闻而知之者圣也"一命题的哲学意义有详细讨论。

进的历程，亦表现为"道"的一个传承过程。但是，"天道"须经由人的创造或人文的创制，乃能显现为文化和文明。这个人文的创制和文化、文明的存在过程，乃表现为"作"与"述"两个方面的统一。这"作"和"述"，也就是孟子所谓的"创业"与"垂统"。

"知礼乐之情者，能作"，"作者之谓圣"。"情"者真实义。"作"指礼乐的创制。唯"圣者"独与天地精神往来，而能知礼乐之本真，故能创制礼乐，创造文化与文明。所谓"明于天地，然后能兴礼乐"，讲的也是这个意思。"识礼乐之文者，能述"，"述者之谓明"。"文"即礼乐之显诸有形之制度形式、仪节器物者。如《乐记》说："钟、鼓、管、磬、羽、籥、干、戚，乐之器也。屈伸俯仰，缀、兆、舒疾，乐之文也。簠、簋、俎、豆、制度、文章，礼之器也。升降上下，周还、裼袭，礼之文也。"此皆属"礼乐之文"。"述"即因袭与继承。前引简帛《五行》篇说"明明，智也；赫赫，圣也""不聪不明，不圣不智"，可知"明"亦即"智"。智者能了解礼乐之形式仪文，故能继承发扬礼乐之传统。

此"述、作"之义，表现了儒家对文化、文明（即礼乐）之存在方式的理解。"作"谓人文之创制，"述"谓文明之继承。礼乐之初创，乃出于圣人之"作"。由此，人类斯有文化，有文明。文化的存在本是一个生生不息、日新不已的动态过程。儒家以"人文化成"言文化，所重即在于其生生不已的创造性和过程性，但人文之创制，必见诸制度形式仪节器物，是即今所谓"文明"。文明为有形之文化成果，既为有形，必有滞著。故一种制度、一种文明的形式，历久则必趋于僵化，而失去其合理性。前圣之"作"，其制度文为，必本诸"天道"，具有自身存在的合理性和真实性；智者贤人继之以"述"，由是因循传承，而蔚成一种传统。唯人文化成须形诸文明，见诸形器，历久而积弊，因而必俟后圣之"顺天应人"的"革命"①或改革以开创新局，文化文明乃得以生生连续而日新无疆。是以文化、文明的演进，乃有因、有革，有连续、有损益。不仅礼乐制度是这样，思想学术的演进，亦不能外此。

简帛《五行》篇略重在论德性。不过，儒家所言德性之实现，实一合外内之道。故《五行》篇涉及礼乐及其根源的问题，其相关论述，与前引《孟子·尽心下》之圣道传承说的精神，亦是一致的。郭店楚简《五行》说："天施诸其人，天也。其人施诸人，狎也。"②马王堆帛书《五行》篇的解释是："天生诸无〈其〉人，天也。天生诸其人也者，如文王者也。其人它（施）者（诸）人也者，如文王之它（施）者（诸）弘夭、散宜生也。其人它（施）者（诸）人，不得其人不为法。言所它（施）之者，不得如散宜生、弘夭者也，则弗【为法】矣。"③简帛《五行》篇言圣人之闻而知天道，乃多举文王为例以证成其义。此处以"天施诸人"与"人施诸人"对举，亦举文王与其贤臣散宜生等为例以明其义理。此"不得其人不为法"句应特别注意。法者典常、仪则、规范义。"狎"者习义，为后天，"天"与之相对，乃指先天。文王"闻而知之"，无所依傍，其心对越上帝，冥心孤诣，独与天道相通，由是乃能截断众流而独标新统，此

299

---

① 《周易·革卦·象传》："汤武革命，顺乎天而应乎人。"

② 释文参见李零：《郭店楚简校读记》，北京大学出版社，2002，第80页。

③ 国家文物局古文献研究室编《马王堆汉墓帛书（壹）》，文物出版社，1980，第24页。《马王堆汉墓帛书（壹）》之《凡例》中说明："帛书中的异体字、假借字，在释文中随文注明，外加（）标出；帛书中的错字，随文注出正字，用〈〉表示；补文一律以【】标出。"本书后文不另作注。

所谓"天施诸其人",亦是"人施诸人"之"法"所由来。故此"法"既本原于"天",亦可说本原于文王。此"法"亦即前引《乐记》所谓"礼乐之文",是为有形。散宜生、弘夭之属,正所谓"见而知之"的"识礼乐之文者"。这法或礼乐之文,原出于天人合一之无形。因其无形,故须赖散宜生、弘夭一类智者贤人,乃能法垂后世,成就其为一新的传统。此说与孟子的圣道传承说,义理精神一致,可以相互印证。

综上所论,孔门后学流传有一种圣道传承说。孟子所言圣道传承与出土简帛《五行》篇之圣智论有密切的继承关系。"闻而知之者圣""见而知之者智"这一对命题,既指出了文化、文明创制演进过程"作"与"述"这两面之人格担当者,亦揭示了两种相互关联的"知道"方式。"圣始天,智始人""知人道曰智,知天道曰圣",标示了圣、智两种人格的智慧内容及其所达至的精神境界。孟子"五百年必有王者兴"[①]之说,特别强调"闻而知之者"对于圣道传承之贯通天人的原创性作用。"知道"之"闻而知之"和"见而知之"两种方式,已包含了"行道""达道"或道的实现的意义在其中。这些,对于我们理解孔子的"闻道"说,是具有重要意义的。

三、孔子"闻道"说之内涵

先秦儒所理解的圣道传承,表现为"创业"与"垂统"或"作"与"述"两种形式的交替与连续。"闻而知之"的圣者,独与天道相通,是一种文化、文明新统或新局面的开创者,其对圣道传承的作用更具根本性。揆诸《论语》全书可见,孔子"闻

---

①《孟子·公孙丑下》"五百年必有王者兴,其间必有名世者"一语,可以看作是对《孟子·尽心下》末章之圣道传承内容的概括。

道"之志，要在于此。可以说，孔子所终生追求的"闻道"，就是"知道"，但不是"见而知之"意义上的"知"，而是"闻而知之"意义上的"知"，是之谓"闻道"。其所表现的，正是一种自觉承继先王之道，重建并开出华夏文明新统的圣道和文化担当意识。此"朝闻道"之"闻"，应读如字，比训为"达"，实更能体现孔子学说的精神。

孔子"朝闻道，夕死可矣"一语，要在明志。唯此语所言，并未涉"闻道"之具体内容，旧注局限于此章为训，故不免歧解纷纭。要了解孔子"闻道"之志的内容，不能局限于"朝闻道"章本身。《为政》篇有"十五志学"一章，乃孔子对其一生志行之自述，我们可以此为纲维寻绎孔子"闻道"之志的思想内容。《为政》篇云：

> 子曰："吾十有五而志于学，三十而立，四十而不惑，五十而知天命，六十而耳顺，七十而从心所欲不逾矩。"

关于"志于学"，《里仁》篇云："子曰：士志于道。"《子张》篇云："君子学以致其道。"君子为学，乃由学的途径以上达于道。是志于学亦即"志于道"。《季氏》篇亦说："隐居以求其志，行义以达其道。"可知，孔子一生所志在"道"。关于"三十而立"，《季氏》篇载孔子教其子伯鱼云："不学礼，无以立。"《尧曰》篇云："不知礼，无以立。"《泰伯》篇云："子曰：兴于诗，立于礼，成于乐。""礼"所标志者为人道。是知三十而立，即"立于礼"。立于礼，即能挺立人道为其人生之内在的原则。

关于"四十而不惑，五十而知天命"。《子罕》："子曰：知者不惑，仁者不忧，勇者不惧。"孔子言智、仁、勇"三德"，而以"不惑"属诸"智"。《尧曰》："子曰：不知命，无以为君子也。"《季氏》："孔子曰：君子有三畏：畏天命，畏大人，畏圣人之言。小人不知天命而不畏也，狎大人，侮圣人之言。"《礼记·中庸》云："思知人，不可以不知天。"此以"知天命"为判分君子小人之标准。四十不惑、五十知天命，已对人生有相当之自觉，这两句所言，要在人的智慧成就。

"六十而耳顺"，朱子《集注》所释最切："声入心通，无所违逆，知之之至，不思而得也。"此"耳顺"声入心通之义，与前述"闻而知之者圣"一命题的意旨颇相切合。《说文解字》说："圣，通也，从耳。"段注："圣从耳者，谓其'耳顺'。《风俗通》曰：'圣者声也，言闻声知情。'按声圣字古相假借。"[1]段注对"圣"字的语言学解释，亦印证了这一点。"七十而从心所欲不逾矩"，可用《礼记·中庸》"不勉而中，不思而得，从容中道，圣人也"一语作解。"从心所欲不逾矩"为"耳顺"之效，可知"耳顺"之声入心通，闻声知情，其内容亦指向"道"。这两句言达道之境，此实圣者方能达之境界。

要言之，孔子这段自述，可概括为三层内容：首两句言立志学道，次两句言人生之自觉和智慧成就，最后两句言达道之境，总为一志学达道之历程，而证显此"道"者，实不外圣、智二德。

孔子一生，唯以"好学"自许，诸弟子中，孔子亦仅称颜回为"好学"。《论语》全书，亦以学为君子为首章。在孔子看来，

---

[1] ［汉］许慎：《说文解字注》，［清］段玉裁注，上海书店，1992，第592页。

"学"实为君子达道之根本途径。《宪问》篇："子曰：'莫我知也夫！'子贡曰：'何为其莫知子也？'子曰：'不怨天，不尤人，下学而上达，知我者其天乎！'"又云："子曰：君子上达，小人下达。"《论语》一书之精神，一言蔽之，"下学而上达"而已。《为政》篇"十五志学"章孔子所自述一生志行，从十五志学到五十知天命，以至六十耳顺、七十从心所欲不逾矩，实亦一"下学而上达"的历程。

这里应注意的是，孔子"下学而上达"这一命题，乃就"人莫我知"的语境中提出。人莫我知，对于君子圣人而言，其实是一种常态性的境遇，举凡世间智能超群而特立独行者，均难免于人莫我知的孤独之慨。圣人、智者人格智慧超拔乎世俗，其不为人所知，亦属自然。孔子亦不见知见容于世，一生困穷，多历险难。然圣人却有其特异处，其虽云人莫我知，内心却并不抑郁孤独。关于此，孔子亦多有说。《论语》首章："子曰……人不知而不愠，不亦君子乎？"《礼记·中庸》引孔子语："遁世不见知而不悔，唯圣者能之。"《周易·乾卦·文言》："子曰……不易乎世，不成乎名，遁世无闷，不见是而无闷……确乎其不可拔，潜龙也。""人不知不愠""遁世无闷""遁世不见知而不悔"，与人莫我知而无怨尤义同，是圣人君子才能达至的境界。孔子之所由臻此境界者，在于其能下学而上达于天，独与天相知相通。前述思孟一系所言"闻而知之"的圣者之境，与孔子这个人莫我知而独与天通的精神是一脉相承的。孔子有关"知天命""耳顺""从心所欲不逾矩"的自述，亦印证了这一点。

刘宝楠《论语正义》强调，孔子"闻道为己闻道"，而非何晏《集解》所谓"闻世之有道"，同时，刘宝楠认为此"道"即"古先圣王君子之道"。说孔子"闻道为己闻道"而非"闻世之有道", 当然没有问题, 不过其谓孔子所闻道为"古先圣王君子之道", 还需要做进一步的思考和分析。

前文有关"有道""道行"的讨论已指出, 孔子立志行道, 乃以君子守死善道之抉择为道行于世的第一要件, 而天下"有道""无道", 则为此一抉择所面临之现实境遇。值得注意的是, 这种价值抉择实包含着一种深刻的理论吊诡性。一般而言, 天下之"有道""无道", 统可看作君子价值抉择之一种现实条件和存在性前提。不过究实言之, 在"天下有道"的境遇中, 君子本不必改弦更张, 圣王制度成法, 因而循之可也。孔子所谓"天下有道, 丘不与易也", 就表现了这一点。是以一时代文化之传承, 会有皋陶、伊尹、莱朱、太公望、散宜生、弘夭一类智者贤人, 以担当"垂统"或"述"者之使命。反之, "天下无道"的现实境遇, 恰恰构成君子可彰明自身道德意义之价值抉择, 并起而开创文明新局之唯一的机缘与存在性的前提。孔子"君子固穷""不容然后见君子""岁寒然后知松柏之后彫"一类说法, 正凸显了君子价值抉择这一吊诡性的特征。春秋王室衰微, 诸侯力政, 周文疲敝, 礼坏乐崩。由是道术为天下裂, 官师治教分途, 王官一统之学, 始散在列国, 降于民间, 由是有士阶层之兴起, 自由思想、人文理性自觉之发轫。当此之时, 孔子兴于洙泗, 立志行义, 求道不辍, 下学上达, 优入圣域, 独知契会于天道。是前述"王者兴"的文明新局、新统开创之存在性前提, 与夫"天施诸其人"的"创业"或"作"者之主体条件, 乃俱臻完备。

同时, 孔子之守死善道, 并不取道家和当时一班隐者之流之退隐的人生态度, 其志道行义, 乃落实于对尧舜三代文明之承接与担当。孔子"祖述尧舜, 宪章文武"(《礼记·中庸》), 而尤以周德为"至德"(《论语·泰伯》),故其志向,亦要在西周礼乐文明之重建。《八佾》篇:"子曰:周监于二代,郁郁乎文哉,吾从周。"《阳货》篇:"子曰……如有用我者,吾其为东周乎。"《子罕》篇:"子畏于匡,曰:文王既没,文不在兹乎?天之将丧斯文也,后死者不得与于斯文也;天之未丧斯文也,匡人其如予何!"都表现了这一点。由此可知,孔子乃以承接和重建周文为天所赋予自己的神圣使命。其以斯文在兹为天命之所系,这既表现了孔子对自身价值抉择与天命之内在统一性的理解,亦表现了他对担当此一文化使命的自觉与自信。

就此承接周文之志而言,刘宝楠说孔子所闻道为"古先圣王君子之道",不可谓无据。不过,由前述儒家的圣道传承说我们知道,先圣制度文为,本自天道,而文明历久积弊,更俟后圣之上达天道以开新统,先王之道乃能由之而赓续发皇。所谓"三王不袭礼,五帝不沿乐",其道理即在于此。以孔子所处之境遇,其对周文的担当,宜其为一番对越天道,"天施诸其人"的再造与重构,而必非现成的接受与因袭。《论语·里仁》:"吾道一以贯之。"《卫灵公》:"予一以贯之。"《史记·孔子世家》:"子曰……吾道不行矣!"《春秋公羊传·哀公十四年》:"西狩获麟。孔子曰:吾道穷矣。"孔子之所行道,乃其与天独在、独知于天的亲证,宜乎孔子称之曰"吾道"。这"道",既属孔子自己,亦为"古先圣王君子之道"。按思孟一系所传圣道传承的话说,孔子对周文之担当,是"作"而非"述",是"创业"而非"垂统"。

孔子曾观礼于杞宋,观书于周室,周游于列国,于三代礼乐之搜求与重建,可谓不遗余力。然古者"非天子不议礼,不制度，不考文"，孔子有德而无位，不可以作礼乐^①。盖君子、大道"不器"^②，孔子所重，亦非在制度仪文，而在礼乐之精神及其"一贯之道"之奠基。故自尧舜至于文王，其道乃表现为一种政治上的创制，孔子之志业，则表现为一种原创性的学统之建构和华夏人文精神方向之开启。其所创作，要在六经作为经典及其义理系统之建构。孔子"论次诗书，修起礼乐"（《史记·儒林列传》），赞《易》，作《春秋》，删定六经以为教典，而教化于民间。其于六经，又特重《易》与《春秋》。《易》初掌于太卜之官，本为卜筮之书。孔子乃作《易大传》，使《周易》成为一著天地阴阳之道的形上学系统。古者诸侯无私史，"《春秋》，天子之事也"（《孟子·滕文公下》）。孔子则据鲁史而作《春秋》，以明是非，辨善恶，正名分，寓价值之普遍理念于史乘。故孔子自谓："后世之士疑丘者，或以《易》乎！"（帛书《易传·要》）"知我者，其惟《春秋》乎！罪我者，其惟《春秋》乎！"《孟子·滕文公下》由此可见孔子对自身事业前无古人而法垂后世之意义之自觉与生命之担当。"《易》以道阴阳，《春秋》以道名分"（《庄子·天下》），二者集中体现了孔子的形上学与价值理念。孔子以此而贯通六艺，构成了作为社会教化基础的经典系统，中国两千多年之教化传统与精神方向，乃肇端于斯。西方学者对此期世界四大文明的思想创造，曾冠以"哲学的突破"或"超越的突破"之品题。这"突破"一语，亦从另一侧面印证了孔子此一思想原创的重大文化与思想价值。

---

①《礼记·中庸》："非天子不议礼，不制度，不考文……虽有其位，苟无其德，不敢作礼乐焉；虽有其德，苟无其位，亦不敢作礼乐焉。"

②《论语·为政》："子曰：君子不器。"《礼记·学记》："大道不器。"

综上所论，从孔子一生志行来看，《论语》"朝闻道"章之内容，当从孔门所传圣道传承之说的角度，以"闻而知之者圣也"一命题来做解释。"闻而知之"的圣者，为"天施诸其人"的文化、文明之新局、新统的原创者，孔子的一生以此为志业，且确然实现了这一人生目标。宋儒有一句话说得很到位："天不生仲尼，万古如长夜。"孔子对于中国文化的贡献，要在一种精神的光照与价值方向的开辟。孔门之圣道传承，百世之民族慧命，悉本原于此。宜乎其视"闻道"更重于生命，而言"朝闻道，夕死可矣"。

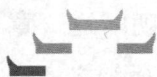

"民可使由之"说所见儒家人道精神

　　《论语·泰伯》篇"民可使由之，不可使知之"章，历来解释纷纭，虽经先儒殚精竭思多方诠解，终难免于"愚民"之讥。20世纪末郭店楚简公布以来，学者以《尊德义》篇及相关材料为据所做研究，终于摘下了加诸"民可使由之"章头上这顶"愚民"的大帽子。郭店楚简《尊德义》篇等相关文献为我们理解孔子"民可使由之，不可使知之"说的思想内涵提供了一个新的认知方向，但由此亦衍生了一些新的问题，需要做进一步的深入探讨。

一、问题之所在

　　《郭店楚墓竹简》出版①后不久，廖名春先生即敏锐地指出，郭店楚简《尊德义》篇"民可使道之，而不可使智之"，即《论语·泰伯》所载"子曰：民可使由之，不可使知之"。而简文"民可道也，而不可强也"，则对"民可使道之，而不可使智之"一命题做了进一步的发挥，表明它的内涵乃"是在重视老

---

　　① 荆门市博物馆编《郭店楚墓竹简》，文物出版社，1998。

百姓人格，强调内因的重要性的前提下来谈教民、导民"，而很难说是"愚民"①。庞朴先生则撰文对此进行专门的讨论，认为《尊德义》"民可使道之，而不可使智之。民可道也，而不可强也"与《成之闻之》"上不以其道，民之从之也难。是以民可敬道也，而不可掩也；可御也，而不可牵也"两段文字所讨论的，正是《论语·泰伯》"民可使由之，不可使知之"的问题，二者可以相互印证，以得其真义。②循此思路，学界对这一问题的研究已取得了可喜的成果。《论语·泰伯》所记孔子"民可使由之，不可使知之"一语，单句独出，缺乏上下文的关联，造成歧义，实为难免。郭店楚简《尊德义》篇及相关文献，为孔子这一命题提供了相应的语义背景③，使之有了确定的内容规定。二者相参，可知孔子"民可使由之，不可使知之"之说，乃在政治上反对对民众的外在强制，并非主张"愚民"。在这一个大方向上，学界大体上已取得了共识。

不过，这里仍然存在一些需要进一步思考的问题。其中一个重要的问题是：既然我们可以认定郭店楚简《尊德义》篇"民可使道之，而不可使智之"即《论语·泰伯》所载"民可使由之，不可使知之"，而"民可道也，而不可强也"就是对"民可使道之，而不可使智之"的解释④，那么，为何"使知之"能够被理解为"强"，或者说对"民"的一种外在的强制呢？探讨这一问

---

① 参见廖名春：《郭店楚简儒家著作考》，载《孔子研究》1998年第3期。

② 参见庞朴：《"使由使知"解》，载《文史知识》1999年第9期。

③ 参见陈来：《郭店楚简儒家记说续探》，载《郭店楚简与儒学研究》，辽宁教育出版社，2000，第79页。

④ 廖名春：《〈论语〉"民可使由之"章的再研究——以郭店楚简〈尊德义〉篇为参照》，见饶宗颐主编《华学》第九、十辑（一），上海古籍出版社，2008，第172页。

题，对于准确理解孔子"民可使由之"说所体现的思想内涵和哲学精神，有着重要的意义。

对此一问题，学者提出了不同的解决办法，但尚未能形成一致的意见。

一些学者从文字释义的角度寻求解决办法。彭忠德先生释"知"为主持、掌管，引申其义为控制、强迫，认为"民可使由之，不可使知之"应理解为"对于民众，应该（用德）引导他们，不应该（用德）强制他们"。①李锐先生训"知"为"主""管"，认为"民可使由之，不可使知之"的涵义应为"民可使导之，不可使管之"，即说对于民众，可以让人引导他们，不能让人管制他们。②廖名春先生则从文字学的角度，指出"知""折"二字本可互用。在"不可使知之"句中，"知"应为"折"字之假借。"折"之义为折服、阻止。这样，孔子"民可使由之，不可使知之"，可以理解为"对于民众，可以让人引导，而不能用暴力去阻止、挫折"。③

另一些学者则从语法的角度提出问题。刘信芳先生认为，郑玄"言王者设教，务使人从之"的注释，提出了一种对"民可使由之"章的语法定位，结合《尊德义》篇的相关论述，可知"民可使由之，不可使知之"有一隐藏的主语——"王"。"民可使由之"的"之"是指代"王"，而不是指代"民"。这样"民可使由之，不可使知之"就可以译为"王可以使民跟从他，不能使民认

---

① 彭忠德：《也说"民可使由之"章》，载《光明日报》2000年5月16日。

② 李锐：《"民可使由之不可使知之"新释》，载《齐鲁学刊》2008年第1期。

③ 廖名春：《〈论语〉"民可使由之"章的再研究——以郭店楚简〈尊德义〉篇为参照》，见饶宗颐主编《华学》第九、十辑（一），上海古籍出版社，2008，第171–175页。

知他"。①吴丕先生则强调，不能简单地把"民可使由之"与"民可道也"，"不可使知之"与"不可强也"的语义相等同，不能直接把"知"与"强""牵"联系起来。认为在"民可使由之"或"民可使道之"这句话中，"使"字很重要，句中有"使"字与无"使"字，意思相差很大，不可混为一谈。主张"民可使道之，而不可使智之"应断句为"民可使，道之；而不可使，智之"。其义应为"老百姓可以使用，就引导他们；不可以使用，就教育他们"。吴丕先生把他的这一理解称作"使民说"。②

在近年相关的一些讨论中，还有一些学者特别强调通过对《尊德义》篇中"民可使道之，而不可使智之。民可道也，而不可强也"上下文的讨论，来复原"民可使由之，不可使知之"或"民可使道之，而不可使智之"这一命题的上下文语境。③这一思考的方向，是很有启发意义的。

以上三个方面的研究路向，实质上包含了我们阅读古代哲学经典所不可缺少的三个层面。读古书要明训诂，这是基础，但是字、词常有很多不同的意义，而它在一段乃至一篇文章中只能有一个确定的涵义。因此，必须把字、词置于一种文法结构和上下文的关联中才能规定其确定的义训。再进一步，我们读古代哲学经典，常有这样一种体会：全篇无一字不识，文法亦无问题，却读不懂。这就涉及义理的问题。训诂、文法和上下文的语义关系及义理的勾连，在中国哲学经典的诠释过程中，常常是互为因缘

311

　　① 参见刘信芳：《"民可使由之"的"之"是指代"民"还是指代"王"》，载《学术界》2010年第8期。

　　② 吴丕：《重申儒家"使民"思想》，载《齐鲁学刊》2001年第4期。

　　③ 参见李锐：《"民可使由之不可使知之"新释》，载《齐鲁学刊》2008年第1期。

的。孤立地从某一层面来求解，都难以得到令人满意的结果。

需要强调的是，在"民可使由之，不可使知之"或"民可使道之，而不可使智之"这两句话中，"使由之"和"使知之"表现了两种相反的为政理念，二者相对而言，儒家肯定前者而否定后者。近年的相关研究，略偏重和纠结于"知"与"强"的对应关系，这在某种程度上模糊和掩盖了解决问题的本质和症结所在。因此，"使知之"何以能够被理解为一种对"民"的外在强制而被儒家所摈斥这一问题，不能脱离对"使由之"这一为政理念内涵的讨论来单独求解。它既涉及文字训诂和文法语义的问题，更涉及思想义理的诠释问题。必须把上述三个方面很好地结合起来，才能对之作出较为合理的解释。

二、回归旧注之"王教"论域

对于"使知之"何以能够被理解为一种对"民"的外在强制，"强"是否直接可以对应"知"这一问题，我们首先应从"民可使由之，不可使知之"一语的句法结构入手进行分析。

从句法结构看，吴丕先生特别强调"使"字在这句话中的重要性，认为不能简单地把"民可使由之"与"民可道也"，"不可使知之"与"不可强也"的语义相等同，不能直接把"知"与"强"联系起来。这个看法，点出了认识"民可使由之，不可使知之"句法结构的一个重要的角度。

从现代汉语的角度来分析，在"民可使由之，不可使知之"或"民可使道之，而不可使智之"这两句话中，说"使"是谓语，"民"是宾语（宾语前置），应该没有问题，但是再进一步分析这两句话的结构，可以看出，"使"字作为谓语动词，它的作用并不是直接落在"民"上。廖名春教授仔细分析郭店楚简

《尊德义》篇"民可使道之，而不可使智之。民可道也，而不可强也"一语，指出"民可道也，而不可强也"两句，是对"民可使道之，而不可使智之"的解释，因而"民可使，道之……"或"民可使，由之……"的断句不能成立①。这是一个很正确的看法。这表明，我们不能把"民可使由之，不可使知之"这两句话简单地归结为"使民"这样一个动宾结构。"民可使由之"句在古汉语中为一典型的兼语句式。具体说来，在这句话中，"民"为兼语，被前置，将其放回原位，其形式为"（　）可使民由之"，"（　）"表示被省略的主语。"使"为使令动词谓语。"民"字在句中的性质为兼语，有着双重的语法功能：它作为名词既充任使令动词"使"的宾语，又充任"由之"这个谓词性词组的主语，而"由之"作为一个动宾短语，则可看作"民"之谓语和宾语（"由"字充任"民"之谓语，"之"字充任宾语）。"不可使知之"句与此同。要言之，"民可使由之，不可使知之"这两句话，乃表现为一个使令动词加兼语、加谓词性词组构成的兼语结构。从《尊德义》全篇来看，它为"民可使由之，不可使知之"这一命题所提供的语义背景，乃要在教化之方的问题，而非如何"使民"的问题。"民可使由之，不可使知之"这两个使令动词后加兼语、加谓词性词组构成的兼语句子所表示的，乃是两种不同的教化方式。

这样看来，在《尊德义》篇"民可使道之，而不可使智之。民可道也，而不可强也"这段话中，后两句是对前两句话作为一个语义整体所体现的两种不同教化方式的解释和评价。

313

---

① 廖名春：《〈论语〉"民可使由之"章的再研究——以郭店楚简〈尊德义〉篇为参照》，见饶宗颐主编《华学》第九、十辑（一），上海古籍出版社，2008，第172页。

考虑到"使"这个动词谓语在前两句中的语法作用，前两句与后两句话在语义上不是一种直接等同的关系，"知"与"强"二字，亦非一种简单对应的关系。在这一点上，吴丕先生的讲法是有道理的，但其"民可使，道之……"的断句和"使民"说是不可取的。

接下来的问题是，"民可使由之，不可使知之"一语中的两个"之"字是指何而言？

刘信芳先生指出，在"民可使由之，不可使知之"这句话中，有一个隐藏的主语，这个主语，是"王"而非"民"。这是一个很正确的看法，它同时提揭出思考这一问题的一个很重要的方向，但是说"民可使由之，不可使知之"的"之"字，所指代的就是"王"这个主语，则需要进一步斟酌。

在近年的相关讨论中，学者多在有意无意间将这个"由之""知之"的"之"字理解为指"民"而言。如上引"民众可以让人引导他们，不能让人管制他们""民众可以让人引导，而不能用暴力去阻止、挫折""老百姓可以使用，就引导他们；不可以使用，就教育他们"诸说，其实都隐含着把这个"之"字理解为"民"的意思。我们要注意的是，以"之"指代"民"，无形中便把对"民可使由之，不可使知之"的讨论局限在统治术的范围之内，这与郭店楚简《尊德义》篇"民可使道之，而不可使智之"所指示的教化之方，是不能切合的。刘信芳先生指出"之"非指代"民"，对于正确理解孔子的"民可使由之，不可使知之"说，是很有意义的。

不过，刘信芳先生主张此"之"乃指代"王"这一"隐藏的主语"，却是有问题的。刘先生的这一判断，系由郑玄"言王者设教，务使人从之"的注释引申而来，但按照郑玄的解释，这个

314

"民可使由之，不可使知之"的"之"字，指的只能是"王教"而不可能是"王"。换言之，在"民可使由之"这句话里，主语是"王"（此点应无问题），而这"王""使民"所"由"者，则是"教"或"王教"。

此"之"字所指代的是"王"还是"教"（即"王教"），虽仅一字之别，然其所关却不在小小。

我们注意到，旧注对于《论语·泰伯》"民可使由之，不可使知之"章的解释虽有歧异，但对此章之主旨要在言王道教化这一点，有着大体一致的看法。如郑注云：

> 由，从也。言王者设教，务使人从之。[1]

皇侃《论语集解义疏》：

> 言为政当以德，民由之而已，不可用刑。

朱子《论语集注》：

> 程子曰：圣人设教，非不欲人家喻而户晓也，然不能使之知，但能使之由之尔。[2]

张栻《癸巳论语解》卷四：

> 此言圣人能使民由是道，而不能使民知之也。凡圣人设教，皆使民之由之也。圣人非不欲民之知之，然知之系乎其人，圣人有不能与。

---

[1] 程树德：《论语集释》，中华书局，1990，第532页。
[2] ［宋］朱熹：《四书章句集注》，中华书局，1983，第105页。

刘宝楠《论语正义》亦说：

> 凌氏鸣喈《论语解义》以此章承上章诗礼乐言，谓
> 诗礼乐可使民由之，不可使知之。其说是也。

可见，旧注乃多从"王教"或"圣人设教"这一角度来理解"民可使由之，不可使知之"之义，而这"王教"或"圣人设教"的内容，也就是诗书礼乐之教，或可统称为"道"。上引张栻和刘宝楠的说法，即表明了这一点。在这个意义上，"民可使由之，不可使知之"的"之"所指代的，就是这个"王教"或圣王之"教"，具体言之，即诗书礼乐之教或礼乐教化，其所体现者，就是"道"。

此点极可注意。盖"王教"或"圣人设教"，其使民所由者，乃是"道"，而非"君""王"或统治者自身。

儒家的郅治理想，是"王道"，或行王道于天下。何谓"王道"？孔子说："如有王者，必世而后仁。"（《论语·子路》）又说："道二：仁与不仁而已矣。"（《孟子·离娄上》）孟子则说得更明确："以力假仁者霸，霸必有大国。以德行仁者王，王不待大。"（《孟子·公孙丑上》）"霸必有大国"，乃因"霸"的本质是靠强力，而奉行仁义只是其手段。"王不待大"，则是因为"王"的内在原则是"以德行仁""以德服人"，或"修文德"以"来远人"，而非靠强力的征诛与统治。可知这个"王道"的核心，即是以仁义或道义为最高的原则，此"王道"之"王"，亦非一般的天子或统治者，而是作为仁德之肉身化表现的理想中的"圣王"。司马迁论孔子作《春秋》之意说："是非二百四十二年之中，以为天下仪表。贬天子，退诸侯，讨大夫，以达王事而

已矣。"又说："夫《春秋》上明三王之道，下辨人事之纪，别嫌疑，明是非，定犹豫，善善恶恶，贤贤贱不肖，存亡国，继绝世，补敝起废，王道之大者也。"（《史记·太史公自序》）"贬天子，退诸侯，讨大夫，以达王事"，乃是以一超越时王的价值原则以评判现实政治。可见，孔子所言"王道"，必是一至善超越性的价值原则。在这个意义上，这个王"道"，亦即是超越天子时王之上的"天道"。儒家屡言王者"乐天""畏天"，其行事与为政，应是"顺天行道"，"顺天为政"[①]，讲的就是这个道理。这样看来，这个王"道"，既规定了"王"之所以为王的根据，亦是对现实中的王或天子的一种形上超越性的制裁力。因此，儒家所言"王教""圣人设教"，已超越一般治术的范畴，而儒家之治道，亦必以此"王道""王教"作为内在的根据。从儒家这一义理精神来看，旧注把孔子"民可使由之，不可使知之"说置于"王教""圣人设教"的视域中来理解，是很准确的。

郭店楚简《尊德义》篇为"民可使由之，不可使知之"说所提供的语义背景，亦可证明这一点。

《尊德义》篇开篇说："尊德义，明乎人伦，可以为君。"这"尊德义""明人伦"是对君之所以为君的一种本质性的要求。这也表明，《尊德义》篇所言治道，并非一种为君主谋意义上的统治术，而是一种超越性的为政原则。《尊德义》篇的主旨，是说为政之道，应以"德义"为最高的原则，而贯彻这一原则，则当

---

① 孟子认为谓仁者"无敌于天下"，而"无敌于天下者，天吏也，然而不王者，未之有也"（《孟子·公孙丑上》），又谓有"天民"承担"以斯道觉斯民"的教化及行道于天下之责。小程子释"天民""天吏"云："顺天行道者，天民也；顺天为政者，天吏也。"（［宋］程颢、程颐：《二程集》，中华书局，1981，第213页。）

以德教、德化为先务。《尊德义》篇说：

> 善者民必富，富未必和，不和不安，不安不乐。善
> 者民必众，众未必治，不治不顺，不顺不平。是以为政
> 者教道之取先。教以礼，则民果以劲。教以乐，则民弗
> 德将争……先之以德，则民进善焉。[1]

又：

> 为古率民向方者，唯德可。德之流，速乎置邮而传
> 命……德者，且莫大乎礼乐焉。治乐和哀，民不可惑也。[2]

此论"政"与"教"的关系，乃言"为政者教道之取先"。
"先之以德，则民进善焉"，表明这个"为政者教道之取先"的
"教"，其内容就是德教。"德者，且莫大乎礼乐焉"，则表明，
这个德教亦即礼乐之教或礼乐教化。

这个"先"，是逻辑上的而非时间上的"先"。它所表示的，
是德教或礼乐教化对于"为政"所具有的根本性或本质性的意
义。为政有多途，法制禁令、刑赏征伐等皆为之具，然此法禁刑
赏等政事举措，皆当以"道"和"德"为其内在的根据和原则。
《尊德义》篇指出，刑赏、爵位、征侵、杀戮等行政措施，虽各
有其作用，然"不由其道，不行"。物皆有其道，为政当以"人
道之取先"。[3]这个"人道"的内容，即是礼乐。《尊德义》篇强
调"为政者教道之取先"，而"教"亦有多术。《尊德义》篇列
举"教以辩说""教以艺""教以技""教以言""教以事""教

---

[1] 刘钊：《郭店楚简校释》，福建人民出版社，2005，第124页。
[2] 李零：《郭店楚简校读记》，北京大学出版社，2002，第139-140页。
[3] 参见李零：《郭店楚简校读记》，北京大学出版社，2002，第139页。

以权谋"诸项，认为其皆有所蔽，不能教人以善。而唯有礼乐之教，乃能使人进德向善。所以说"德者，且莫大乎礼乐焉"，"先之以德，则民进善焉"。以道、德、礼乐之教为根本，使儒家的为政与霸道以下的为政有本质的区别。《尊德义》篇"民可使道之，而不可使智之"一语所论，正是德教和礼乐教化的问题，而非单纯的统治之术的问题。

从《尊德义》篇所提供的语义背景来看，这个"民可使由之"之"之"，既非"民"，亦非"王"，而只能是"王教"礼乐或"道"。此道、礼乐，是统治者和天下百姓所应遵循的最高原则，而王与民当共由之。《孟子·滕文公下》载"居天下之广居，立天下之正位，行天下之大道，得志与民由之，不得志独行其道"之说，对于理解这一点而言，庶乎近之。

综上所述，在近年的相关研究中，学者着力于借助出土文献为孔子"民可使由之，不可使知之"说辩诬，值得称道，但学者乃多从统治术的角度来讨论这个问题，反不如旧注"王教"和"圣人设教"的论域更接近问题的本真。这"王道"和圣人之"教"为王和民所共由的观念，提出的是一种郅治的教化理念和普遍性原则，而非一种君如何"使民"服从自己的统治之术。同时，基于上述对"使由之""使知之"语法结构的分析可知，简单地对"知"做表面的字义解释以求与"强"字相曲通，在文法和义理上未免牵强，其偏于治术的研究倾向，亦不可取。[①]因此，超越文字训解及与之相关的治术视角，回到传统"王教"

---

① "民可使由之，不可使知之"句与"民可道也，而不可强也"句，二者语法结构不同，故其意义亦不能等同。释"知"为"主持""掌管""管"等义以使之相应于"强"字的解释路径，既忽视了"使知之"这个句式中"使"的语法意义，亦把"之"这个代词由圣王之"教"或礼乐之"道"改换成了"民"，这是讲不通的。

和"圣人设教"这个思想的识度，才有可能厘清孔子"民可使由之"说之本真的义理精神。

三、以"人道"为最高原则的为政理念

从上述句法和语义背景的讨论我们知道，使民"由之"和使民"知之"，所表现的是两种不同的为政原则和教化理念，儒家肯定前者而否定后者。吾人知其所以肯定前者，则其何以否定后者乃不待辩而明矣。

在"王教"或"王道"德治这一论域中，孔子的"民可使由之"说凸显的乃是一种以"道"或"人道"为最高原则的为政理念。

《论语·泰伯》"民可使由之"，郭店楚简《尊德义》篇作"民可使道之"，此处所透露的信息，极可注意。

从文字学的角度讲，"由"与"道"二字，字义相通。道，《说文》："道，所行道也，从辵从首。一达谓之道。"段注："毛《传》每云：'行，道也。'道者人所行，故亦谓之行。道之引申为道理，亦为引道。"[1]由，《说文·系部》："繇，随从也，从系𦥯声。由或繇字。"段注："辵部曰：'从，随行也。''随，从也。'繇与随、从三篆为转注。从系者，谓引之而往也。《尔雅·释故》曰：'繇，道也。'《诗》《书》'繇'作'猷'，假借字。《小雅》：'匪大犹是经。'《大雅》：'远犹辰告。'《传》皆曰：'犹，道也。'《书·大诰》：'猷尔多邦。'猷亦道也。道路及导引古同作道，皆随从之义也。"[2]是"由"可训"道"，

320

———————

①［汉］许慎：《说文解字注》，［清］段玉裁注，上海书店，1992，第75页。

②同上书，第643页。

随从、引导义。"道"亦有随从、随行、引导、行、道路、道理诸义，其间又有意义上的关联性。"民可使由之"与"民可使道之"，意义是相通的。

从上下文的关系来看，这个"民可使由之"或"民可使道之"的"由"或"道"，当训为"从"或"随从""随行"。近年学者多主张训"由""道"为"导"或"引导"，是因为未考虑到"使"这个动词的意义，又将"使由之""使道之"的"之"理解为指代"民"所致。从前述对"民可使由之"这句话所做句法结构定位来看，训"由"或"道"作"导"或"引导"显然是不妥的。①不过，《尊德义》篇中"民可道也"一句，作为对"民可使道之"的引申评述，与后者句法结构不同，这个"道"字却必须解释为"导"或"引导"，才能讲得通。

"民可使由之"，郭店楚简《尊德义》篇以"由"作"道"，既可能是孔子弟子后学引述孔子之语为文②，亦可能是所传闻异辞的结果。不过，从郭店楚简《尊德义》篇整体的思想脉络来看，这个"道"字的使用使其在思想义理上显得更为精审周密。从文字学而言，"引道而行"为"道"之本义，而具有方向性的道路、道理、原则、本体等义，则是其引申义③，但在《尊德

---

① 如前所述，在"民可使由之"或"民可使道之"这个句式中，"使"是动词谓语，"民"是前置宾语，"由之"或"道之"是宾语补足语。在这个宾语补足语中，"之"指代"王教"或"道"，而非"民"。以"从"释"由"或"道"，其所起的则是一种动名词的作用，而非作为整个句子的谓词，其与"之"这个代词亦是相称的。把"由"或"道"释作"引导"，则其作用为整句的动词谓语，这既使"使"这个谓词失去其语法位置，亦与"之"所指代的"王教"或"道"不能相称，故不可取。

② 李锐：《"民可使由之不可使知之"新释》，载《齐鲁学刊》2008年第1期。

③ 参见刘翔：《中国传统价值观诠释学》，生活·读书·新知上海三联书店，1996，第243页以下。

义》篇"民可使道之"说所表出的为政之道中，二者的关系却正好倒转过来——"道"之引导、随从诸义则是建立在"道"作为本体和形上理念的基础上的。

《尊德义》篇对此有很精当的论述：

> 教非改道也，教之也。学非改伦也，学己也。禹以人道治其民，桀以人道乱其民。桀不易禹民而后乱之，汤不易桀民而后治之。圣人之治民，民之道也。禹之行水，水之道也。造父之御马，马之道也。后稷之艺地，地之道也。莫不有道焉，人道为近。是以君子，人道之取先。[①]

如前所述，《尊德义》"民可使道之"之说，讲的是德教的问题，而此处所言"道"，正是这德教之本体论和形上学的根据。儒家提出"民可使由之"或"民可使道之"的教化理念，而反对"使"民"知之"的行政方式，其根据悉在于此。

宇宙万有皆有其自身的"道"。水有水之道，马有马之道，地有地之道。禹之行水，须因任水之道；造父御马，须因任马之道；后稷艺地，须因任地之道，乃能有其成功。同样，人亦有人之道，圣人因乎"人道"，故能使天下大治。是"道"对于包括人在内的宇宙万有，具有先在性和本原性的意义。因此，人之接物行事，必循"道"而行，这是一个普遍性的原则。

据先在本原性的"道"以言为政当循人道而行，在儒家是一个一贯的思想。《礼记·中庸》引孔子语云："子曰：道不远人。人之为道而远人，不可以为道……故君子以人治人。"朱子注云：

---

① 李零：《郭店楚简校读记》，北京大学出版社，2002，第139页。

"以人治人，则所以为人之道，各在当人之身，初无彼此之别。故君子之治人也，即以其人之道，还治其人之身。"这个"以人治人"或以"人之道"还治"人之身"的为政原则，其根据即"道不远人"。人先天客观地具有其自身的"道"，故循人道以治人，亦必然成为君子为政之最高的原则。"以其人之道，还治其人之身"，朱子注所下这一"还"字，用得特别贴切传神，它指示出，圣人君子之治，其实质就是把人（民）所固有的道"还"给人自己，而初无任何"外铄"的成分[①]。《尊德义》篇所谓"教非改道也，教之也。学非改伦也，学己也"，讲的正是这样一个道理。

郭店楚简《成之闻之》篇亦特别强调了这一点：

> 上不以其道，民之从之也难。是以民可敬导也，而不可掩也；可御也，而不可牵也。[②]

庞朴先生已在《"使由使知"解》一文中指出，《成之闻之》篇此语，与《尊德义》篇"民可使道之，而不可使智之。民可道也，而不可强也"讲的是同一个问题。[③]不过我们要注意的是，《成之闻之》篇此语更明确地点出了君子引导"民"从"道"之根据所在。在这里，"上不以其道"的"道"，是名词，指为人所先天固有的"人道"；"民可敬道（导）也"的"道"，是动词，为引导义。二者具有一种内在的意义关联性。在这里，

---

① 《孟子·告子上》："仁义礼智，非由外铄我也，我固有之也，弗思耳矣。"孟子乃从人性善的角度，言仁义礼智诸道德原则乃人所先天固有，而非由外而内的灌输。

② 李零：《郭店楚简校读记》，北京大学出版社，2002，第121页。

③ 参见庞朴：《"使由使知"解》，载《文史知识》1999年第9期。

引导之而使民从"道"之义，乃以人（民）本具其自身之"道"的本体义为根据。

民"可道""可御"而"不可掩""不可牵"。"掩"有掩袭捕捉义，"牵"有牵逼强使就范义，与《尊德义》篇"不可强"的"强"字义同。是知"民可敬道（导）也，而不可掩也；可御也，而不可牵也"，亦即《尊德义》篇所说"民可道也，而不可强也"，都是对"民可使道之，而不可使智之"这两种为政或教化方式的解释性评价，而"上不以其道，民之从之也难"句，则揭示了"民可使道之"这一为政和教化方式的本体论和形上学的根据：人君须据民（人）自身所先天本有之道而引导之使从王教。非此以往，皆是对人（民）的外在附加。非人之所本有而"外铄"之，谓之"强"，不亦可乎！

郭店楚简《尊德义》篇及相关文献有关"民可使道之"的论述，恰当地通过"道"的本体义与随从、引导诸义间的内在意义关联性，揭示了儒家德教原则的形上学根据。

324

四、德教与政令

为政须把人所先天固有之道"还"给人自己，这既是对君之所以为"君"的正名和本质性的要求，亦是儒家政治哲学的最高原则和理念。这一原则和理念，要求儒家为政之方式和途径，必须是"使由之"或"使道之"，而不能是"使知之"。请进一步申论之。

我们注意到，前引郭店楚简《成之闻之》篇"上不以其道，民之从之也难"一段有关为政方式的讨论，是针对德教与政令刑法的关系问题而发的。为了讨论的方便，我们把《成之闻之》篇的相关论述抄录于下：

君子之于教也，其导民也不浸，则其淳也弗深矣。是故亡乎其身而存乎辞，虽厚其命，民弗从之矣。是故威服刑罚之屡行也，由上之弗身也。昔者君子有言曰：战与刑，人君之坠德也。……农夫务食，不强耕，粮弗足矣。士成言不行，名弗得矣。是故君子之求诸己也深。不求诸其本而攻诸其末，弗得矣。是故君子之于言也，非从末流之贵，穷源反本者之贵。苟不从其由，不反其本，虽强之弗入矣。上不以其道，民之从之也难。是以民可敬导也，而不可掩也；可御也，而不可牵也。[①]

从这段论述可以看到，"民可使道之，而不可使智之"说所关涉和针对的问题，就是德教与刑法政令的关系问题。

这里从"本末"的关系入手来讨论为政之道的问题。凡事皆有其"本"或根由。农夫务食，以勉力耕作为本；士成就其为"士"，以力行其言为本；君子为政，则以德教为本。此言本末，指德教与刑法政令的关系，即德教为刑法政令之本。在这里，刑法政令又可以分为两个层次：政令与刑法。"亡乎其身而存乎辞，虽厚其命，民弗从之矣。是故威服刑罚之屡行也，由上之弗身也。""辞""命"，是人君所发政令或教令。人君为政，如仅限于宣教布令，而不能"身服善以先之"，民众便不会服从，势将继之以"威服刑罚"来强制实行。故"战与刑"的频发，正是人君失却"德"这个根本的结果。

在儒家的政治哲学系统中，德教与刑法政令是相对的两个方

325

① 释文参见李零：《郭店楚简校读记》，北京大学出版社，2002，第121页。

面。《论语·为政》曰："道之以政，齐之以刑，民免而无耻；道之以德，齐之以礼，有耻且格。"《大戴礼记·礼察》曰："故世主欲民之善同，而所以使民之善者异。或导之以德教，或驱之以法令。导之以德教者，德教行而民康乐；驱之以法令者，法令极而民哀戚。"《孟子·尽心上》曰："仁言不如仁声之入人深也，善政不如善教之得民也。善政民畏之，善教民爱之。善政得民财，善教得民心。"赵岐注："仁言，政教法度之言也；仁声，乐声雅颂也。"孔子以政刑与德礼相对举，孟子以"仁言"与"仁声"、"善政"与"善教"相对举，《大戴礼记·礼察》以"法令"与"德教"相对举，其义略同。相对而言，德礼、仁声、善教、德教，其所重在德性的教化及其成就；政刑、仁言、善教、法令则重在以强力推行刑法政令。

不过，儒家并非一般性地排拒刑法政令，《成之闻之》篇以本末论德教与政令刑法的关系，而这个"本末"非现成摆在那里的一种静态的关系。"本"即德教，这一点没有问题，而"末"非直接指政令和教令而言。为政必须行其政令和教令。人君为政所奉行之"道"或原则，将赋予其政令以不同（正或负）的意义和价值。对儒家来说，政令、教令必须本乎"人道"和人性。《尊德义》篇谓刑赏征伐等行政措施各有效用，然"不由其道，不行"，因而强调"为政者教道之取先"[1]"先之以德，则民进善焉"。这个"先"，亦即《成之闻之》篇所说的"本"，是言德教对于行政法令具有先在性和本质性的意义。脱离此德"本"的政令，只是无根的说教，必不能为民所信从，是之谓"末"。《礼记·中庸》言："诗云：相在尔室，尚不愧于屋漏。故君子

[1] 参见刘钊：《郭店楚简校释》，福建人民出版社，2005，第124页。

不动而敬，不言而信。诗曰：奏假无言，时靡有争。是故君子不赏而民劝，不怒而民威于鈇钺。诗曰：不显惟德，百辟其刑之，是故君子笃恭而天下平。诗云：予怀明德，不大声以色。子曰：声色之于以化民，末也。诗曰：德輶如毛，毛犹有伦，上天之载，无声无臭。至矣。"此言为政之道，正可与《成之闻之》篇的"本末"说相参证。人君为政，必以"德教"为首出的原则，其教令、政令乃能获得自身作为"王教"的价值，自然为民众所信从，由是刑赏不用而教化大行，而能收"笃恭而天下平"之效。"声色之于以化民，末也"，乃相对于"予怀明德，不大声以色"而言。缺失"德"本而求诸"声色"之"末"，其政令必不能有王道教化之效。

政令之不行，则继之以"威服刑罚"甚至战争与杀戮。由此，丧失其"德"本的教令、政令，必会流为一种对"民"的外在的强制。上引《大戴礼记·礼察》把"驱之以法令"与"导之以德教"表述为两种"使民之善"的方式，亦表现了这一思想。"驱"无疑就是《尊德义》篇和《成之闻之》篇所说的"强"。"苟不从其由，不反其本，虽强之弗入矣。上不以其道，民之从之也难。是以民可敬导也，而不可掩也；可御也，而不可牵也。"很显然，这里所说的"强""掩""牵"，指的就是这个失其德"本"的政令之"末"。不由乎其德本，而只是对民众发号施令，则"虽强之弗入矣"。失去"人道"和德性根据的政令，虽强聒之不已以使民知之，然"民弗从之"必矣！此应即儒家强调民"不可使知之"的道理所在。

五、道德主体之双向互成

儒家的最高为政原则是"以人治人"或"以其人之道，还治其人之身",此以人先天具有自身的"道"为其形上学的根据。《尊德义》篇讲"民可使道之""民可道也",为孔子"民可使由之"说提供了语义的背景。它通过"道"的本体义与随从、引导诸义间的内在意义关联性,揭示了其德教原则的形上学根据。

"道"的随从和引导义,是建立在其作为理念、本体的意义基础之上的。"民可使由之","由"和"自"可以互训[①]。古语"自由"连言,其义为"由乎自己"。从前引《成之闻之》篇"苟不从其由,不反其本,虽强之弗入"的说法可见,"由"亦有本根义。《孟子·离娄下》:"舜明于庶物,察于人伦,由仁义行,非行仁义也。"舜之"由"仁义行,亦即孔子所谓"从心所欲不逾矩",乃是仁义由内心著见于外,表现为一种自觉而又自由的"德之行"[②]。不能"居仁由义"者,孟子谓之"自暴自弃",其理由正在于仁义乃人性所本有。两者相互印证,可知"使由之"或"使道之"这种为政、教化的方式,其精神本质就是要把"民"先天所本有的"道"在民自身中实现出来,而这个民自身之道或价值实现的途径,则是"德教"。

"民可使由之"或"民可使道之"何以要表现为一种"德教"的形式,这一点还需要再做一些讨论。

我们来看《成之闻之》篇的说法:

> 闻之曰:古之用民者,求之于己为恒。行不信则

---

① 如《诗经·大雅·文王有声》:"自西自东,自南自北,无思不服。"郑玄笺:"自,由也。"《大戴礼记·曾子事父母》:"曾子曰:夫礼大之由也,不与小之自也。"

② 简帛《五行》篇有"形于内谓之德之行,不形于内谓之行"之说,"形于内"的"德之行",即由内形著于情感生活而自然发之于行为,因而具有自身肯定性的道德价值。

命不从，信不著则言不乐。民不从上之命，不信其言，而能念德者，未之有也。故君子之莅民也，身服善以先之，敬慎以守之，其所在者入矣，民孰弗从？形于中，发于色，其诚也固矣，民孰弗信？是以上之恒务，在信于众。《詔命》[1]曰：'允师济德'【何】？此言也，言信于众之可以济德也。[2]

"君子之莅民也，身服善以先之，敬慎以守之，其所在者入矣，民孰弗从"，乃相对于"苟不从其由，不反其本，虽强之弗入"而言，二者从正反两面阐述了同一个道理。后者批评的是使民"知之"的施政方式，这种施政方式的特征是"强"，此点已如上述。相应地，前者肯定的则是使民"道之"或"由之"的为政方式，这种为政方式的特征是"道"（导）。

这段引文论为政之道，以取信于民为人君为政之要务，进而乃从因果两端将此"信于众"的为政要务归结为一种道德的抉择与成就。人君反求诸己，"身服善以先之，敬慎以守之"，其教令乃能为民所信从，这是从因位上讲；"信于众之可以济德"则是从果位上讲。我们要注意的是，这里所谓的"济德"或成德，应包括君德与民德之成就两个方面的内容。引文中的"念德"，"念"简文原作"悥"，刘钊教授《郭店楚简校释》读为"含"，释"含德"作"怀藏道德"[3]。在这里，"含德"或"怀藏道德"的主辞是"民"。这个释读是有根据的。儒家讲"爱人"，非苟且

---

① 参见李零：《郭店楚简校读记》，北京大学出版社，2002，第127页（补注十一）。

② 释文参见李零：《郭店楚简校读记》，北京大学出版社，2002，第122页。

③ 刘钊：《郭店楚简校释》，福建人民出版社，2005，第144页。

之爱，其本质乃是"爱人以德"①，重在人的德性成就和超越性价值的实现。这一点亦表现在其为政之道上。孔子论人君为政临民曰："道之以政，齐之以刑，民免而无耻；道之以德，齐之以礼，有耻且格。"（《论语·为政》）曰："听讼吾犹人也，必也使无讼乎！"（《论语·颜渊》）乃言为政之本，要在民众内在道德意识的唤醒与德性的养成。《大学》总论儒家为政之纲领与途径，言明德亲民以止于至善、格致诚正修齐治平，最后亦归结于"自天子以至于庶人，壹是皆以修身为本"。是《成之闻之》篇为政使民"含德"或"怀藏道德"之说，其所来有自，并非一个偶然的说法。显然，此"信于众之可以济德"之效，亦当包括民之"含德"的意义在内。

前引《尊德义》篇"教非改道"一段话说："莫不有道焉，人道为近。是以君子，人道之取先。"指出物皆有自身的"道"，人之应事接物，必须循"道"而行，同时突出了"人道"及人君为政循"道"之方的特殊性。"禹之行水""造父之御马""后稷之艺地"，其循道之主体在禹、造父和后稷一方，这主体是单面、单向的。而"人道"，则须经由圣王设教的方式来实现。《尊德义》篇特别强调"为政者教道之取先""教非改道也，教之也。学非改伦也，学己也"。有"教"必有"学"。在现实的教化过程中，教与学可以相对地分开，但究竟言之，二者皆本之于"道"而由乎自己，其根据在内而不在外。《孟子·滕文公上》："圣人有忧之，使契为司徒，教以人伦：父子有亲，君臣有义，夫妇有别，长幼有序，朋友有信。放勋曰：劳之，来之，匡之，直之，辅之，翼之，使自得之，又从而振德之。圣人之忧民如此。"朱子

①《礼记·檀弓上》："君子之爱人也以德，细人之爱人也以姑息。"

《孟子集注》解"自得之"为"使自得其性"，是对的。圣人忧民设教，其目的乃在使其"自得"于道而成其性。在儒家的为政理念中，"教"与"学"两方面，皆须成就其自身为循道和实现道之主体，这主体是双面、双向的。

人自得于道者谓之"德"。前引《尊德义》篇有云："为古率民向方者，唯德可。德之流，速乎置邮而传命……德者，且莫大乎礼乐焉。治乐和哀，民不可惑也。"这一段话，指出了"道"与德教的关系。《礼记·乐记》："君子反情以和其志，广乐以成其教，乐行而民乡方，可以观德矣。"郑注："方，犹道也。"是"率民向方"，即率民向"道"。如前所述，"民可使由之""民可使道之"的"之"，所指代者即"道"。为人君者使民所从者，非统治者自己，而是"道"或"王教"。这个"率民向方"，与"民可使由之""民可使道之"之义是完全一致的，而这里讲"率民向方者，唯德可"则明确指出，从根本究竟而言，可使民向道、从道者，唯有"德"这一条途径。"德"的意义，在行道内得于心、自得于己而成其性。"道"必由乎"自得"而非出于"外铄"，"教"与"学"，君与民，二者皆成就其为循"道"之主体。由此臻于其极，则其君可成就其为王者之君，其民可成就其为"王者之民"（《孟子·尽心上》）。王者之君与王者之民，是成就"王道""王教"之一体互成的两个方面。

"率民向方"，是言与民共由乎道。《孟子·滕文公下》"行天下之大道，得志与民由之，不得志独行其道"，对此义讲得尤其明白。"率"有"身先"义。儒家不仅要求人君要"与民由之"，而且要求其必须率先行之。人君率先行道，落实于德教，乃表现为一种以身体道，身先服善，诚中形外的教化方式。《成之闻之》篇所谓"故君子之莅民也，身服善以先之，敬慎以守之……形于中，发于色，其诚也固矣……言信于众之可以济德也"，讲的就是这个意思。"形于中"，可参照简帛《五行》所说仁义礼智圣"五行""形于内谓之德之行"之义来理解。"形于中，发于色"，即《大学》"诚于中，形于外"之义。对这个诚中形外的教化方式，儒家论述颇夥。如《礼记·中庸》："……诚则形，形则著，著则明，明则动，动则变，变则化。唯天下至诚为能化。"《荀子·不苟》："善之为道者，不诚则不独，不独则不形。不形则虽作于心，见于色，出于言，民犹若未从也，虽从必疑……夫诚者，君子之所守也，而政事之本也，唯所居以其类至。操之则得之，舍之则失之。操而得之则轻，轻则独行，独行而不舍，则济矣。"前引《中庸》末章言"声色"为"末"一段话，亦讲到这一点，都可与《成之闻之》篇的说法相参酌。

在这个"诚中形外"的观念中，为政与成德乃一体不可分的两个方面。诚、独、形、著、明、动、变、化，即是一个成德与政事合一并功的历程。诚则独，是深造于道，实有诸己的"自得"，亦是一种无所依傍的"独"得。独则形以下，讲的则是君子道德人格之表显于外的教化之效。荀子所谓不独、不形"虽作于心，见于色，出于言，民犹若未从也，虽从必疑"，与《尊德义》篇"亡乎其身而存乎其辞，虽厚其命，民弗从之矣"意思相同，所指正是前述儒家所摒弃的以"声色"化民之"末"。此独则形的"形"，乃是"道"之实有诸己并转化人之实存的当身显现，故能超越"声色"形表，不言而信，无声无臭，如春风之化雨，润物无声，具有直接感通人心，德风德草，化民于无迹之效。是之谓"信于众之可以济德"。信于众而行其教令，为其政事之效，"济德"则是其道德与价值之内涵，二者本为一体。由此"德"的奠基，这教令之行乃能获得其"王教"（或"王道"）的意义，反之，则必流为声色之"末"。失其德本的政令必继之以刑罚甚至战争的外在强制。而儒家诚中形外的教化之道，则以"济德"为根本义。其率民向方行道，落实于人君身先服善，以身体道，德风德草的教化方式，乃使一般教化所挟带的声色规范性消弭于无形，而真正凸显其所本有的"自得"义。"唯所居以其类至"，是君子之"济德"必以民众之"含德"为其自身的内容。由此，人君之率民向方从道，其在"教"与"学"两面，皆表现为一种本诸自己的价值实现，而非由乎他力。

要注意的是，如前所述，儒家所反对的"使知之"，指的是一种人主以强力实行其政令的施政方式。此"知"读"如"，但并非"理解"意义上的知。《尊德义》篇论德教之效谓"德者，且莫大乎礼乐焉。治乐和哀，民不可惑也"。相反，"不形则虽作于心，见于色，出于言，民犹若未从也，虽从必疑"（前引荀子语）。郭店楚简《尊德义》篇反复强调，民之事上，"不从其所命，而从其所行"，"亡乎其身而存乎其辞，虽厚其命，民弗从之"[1]。民众理解并服从的是君所能身体力行的教令。如其行反其所令，民心必生疑惑而不从，由是必有"威服刑罚之屡行"。儒家所反对"使知之"者，正在于它是一种愚民的暴政。"治乐和哀"，指礼乐教化或德教而言，其实质是要求人君以身体道，"身服善以先之"，则民必"不惑"而"所在者入矣"，由是而"可以济德也"。何来"愚民"之说？是不能"以意逆志"，望文生义而已。

333

---

① 从这个意义上讲，庞朴先生以"身教"与"言教"来界定"使由"与"使之"的涵义是很正确的。参见庞朴：《"使由使知"解》，载《文史知识》1999年第9期。

总之，孔子的"民可使由之，不可使知之"说，绝非一种单纯为人君谋的统治之术。它作为一种为政和教化的方式，乃以"道"或"人道"为其形上的根据，主张德教而拒斥仅以声色之末治民的愚民暴政。其将人先天固有之道"还"给人自身，导民由乎自己以实现其自身价值的政治理念，体现了一种高远的政治理想和切实的人道精神。这也正是儒家民本思想的本质所在。

启蒙思想与文化重建[①]

对于西方的启蒙运动和启蒙思想，我们一般较多地关注它批判宗教神学和反对封建专制的一面。其实，它还有另一面，即其与自身传统之间所具有的一种批判重建意义上的连续性。就中国当代社会与文化的现实而言，这后一个层面，更应当引起我们的重视。

恩斯特·卡西勒在评价启蒙哲学与自身传统的关系时指出：

> 启蒙哲学认为其任务不在于破坏，而在于重建。启蒙哲学发动的最勇敢的革命，其目的也仅仅在于"复其全部旧观"……以恢复理性与人性昔日的权利罢了。从历史上看，启蒙哲学的这种双重倾向表现在：尽管它一方面和近古和现存的秩序作斗争，但另一方面它又不断地回到古代思潮和问题上去。[②]

十七、十八世纪的启蒙思想家相信理智的进步，崇尚理性

---

① 本文原载《学海》2010年第5期。

② ［德］E·卡西勒：《启蒙哲学》，顾伟铭等译，山东人民出版社，1996，第227页。

的力量和权威，力图通过对现存秩序的批判来恢复传统的理性精神。理性与信仰的关系问题，始终是西方启蒙思想的一个主题。康德论启蒙运动，即把其所谓"人类摆脱他们加之于其自身的不成熟状态"，有勇气公开地运用理性的重点，放在宗教事务上。[①]启蒙哲学对宗教的批判，亦主要针对教会，其主旨乃在于通过对宗教的改造以确立新的信仰形式，而非抛弃宗教和信仰。这种批判，也推动了宗教自身的反思和改造，使之逐渐与政治的运作过程相分离，转变为与人的内在精神生活相关的事务，重新找到自己在社会生活中的合理定位。在西方，基督教作为体制化的宗教，在教义、思想、价值系统及组织体制方面本有自身独立的体系。近代以来，经过文艺复兴、宗教改革、启蒙运动，理性和信仰各安其位，政教逐渐分离，宗教回归社会，并保有教会的系统作为自身运行的体制保障，在社会和个体精神生活中继续发挥其超越性价值基础和教化本原的作用。高扬理性、人权、自由、感性的价值与宗教、信仰方式的现代转化，批判、改革、革命与传统的连续和重建并行不悖，构成了卡西勒所谓的启蒙运动的"双重倾向"。

在这一方面，中国近现代的启蒙思想与西方存在很大的不同。在中国传统社会，信仰和价值的系统与社会政治及其意识形态密切相联，浑然一体，并未构成其自身独立的体系。承担中国传统社会价值核心和教化本原的儒学，亦并非体制化的宗教，很大程度上乃以传统的政治制度作为其在现实中的载体。中国近现代尤其是"五四"以来的启蒙思潮，其基本的思想和观念，乃自

① 参见［德］康德：《答复这个问题："什么是启蒙运动？"》，载《历史理性批判文集》，何兆武译，商务印书馆，1990，第29页。

西方引入，非由传统自身的创造；同时，中国传统价值和信仰体系的上述特点，亦易使启蒙思想家对旧制度及其意识形态的批判，变成对整个传统价值和信仰系统的摒弃，而未能使之经由形态的转换获得现代意义的重建。由此，反传统和文化的激进主义遂成为中国现代文化意识的主潮。现代中国学者讨论文化问题，常有意无意间将"中西"的文化差异理解为"古今"的差异。从常理讲，这一表述并不合适，因为中西历史文化理应各有自己的"古"和"今"，但吊诡的是，它又是对当代中国文化现状的一种大体真实的描述。由于近百年来中国占主流地位的激进主义文化思潮对历史的割断，我们确实没能真正建立起中国文化的现代形态。中国近现代以来的启蒙思潮，并非一种单一的思想运动，它与社会形态的转型、政治的变革、民族的存亡、西方文化的冲击等问题交织在一起，具有复杂的社会、政治和文化背景。20世纪末，学界曾就启蒙与救亡的话题进行过热烈讨论，即显示了这一问题的复杂性。有学者强调，由于各种因素的制约，启蒙的价值在当代中国并没有能够得到真正的实现。这当然是一个具有相当合理性的判断。不过，从长时段的角度看，立足于历史连续性的文化主体性重建，应是中国当代社会能够真正实现启蒙价值的一个基础性的层面。

启蒙的精神和目标是什么？康德曾对启蒙运动下过一个经典的定义。他在《答复这个问题："什么是启蒙运动？"》一文中说：

> 启蒙运动就是人类脱离自己所加之于自己的不成熟状态。不成熟状态就是不经别人的引导，就对运用自己的理智无能为力……要有勇气运用你自己的理智！这就

是启蒙运动的口号。

又强调：

> 启蒙运动除了自由而外并不需要任何别的东西……
> 那就是在一切事情上都有公开运用自己理性的自由。[①]

康德的启蒙定义有个体与社会两个方面的针对性：一是强调个体要勇于对事情作出不依赖于他者的独立的理性判断，二是指出，社会要能够保障个体拥有自己在一切事情上公开运用理性的自由。要言之，启蒙的精神和目标，就是要使人能够运用自己的理性对事情作出独立的判断。这就需要养成和挺立起个体独立的人格，这一点与人的内在价值和信念基础的建立有密切的关系。

西方启蒙思想包含着批判与重建的"双重倾向"或维度，中国现代的启蒙思潮缺乏后一重维度，由此所引发的文化激进主义思潮，对当代中国文化的原创性和社会价值系统的建构，应当说都有相当程度的负面影响。"革命"是人类社会存在和发展过程中的一种非常态，并带有相当的破坏性，故其作用的时间长度、范围广度及层次深度理应受到必要的限制。但在现代中国，革命却在相当长的时期被常态化，不仅成为一种真理和价值判定的标准，同时往往轶出政治的范围，渗入社会生活、思想学术和文化领域。五四时期的先进思想家提出"打倒孔家店""把线装书扔进茅厕"的口号，在之后很长的历史时段内，"破字当头，立在其中""与传统观念实行彻底决裂""灵魂深处爆发革命"一

338

[①]［德］康德：《答复这个问题："什么是启蒙运动？"》，载《历史理性批判文集》，何兆武译，商务印书馆，1990，第22、24页。

类政治性口号，亦被广泛运用到社会生活和思想、学术文化领域。长期、广泛和深度的革命，使中国历史文化传统的连续性遭到了严重破坏。毫无疑问，中国启蒙时期的一批先进思想家和学者，其在人格的独立性，学术、理论、思想和文化的原创性上，都堪称楷模。不过应当看到，其独立的人格、坚韧的意志品质和思想学术及文化上的原创力，既得益于对西方新思想的吸纳，更本原于中国传统经典的奠基与文化的教养。社会、文化价值系统的建立，不是仅写在纸面上的东西，它既要通过每一时代学术、理论上的创造以保持其"文脉"的存续，又要落实于社会生活和个体生命的存在以保持其"血脉"的生生不息。当代中国文化传统在这"文脉"和"血脉"两个方面，都有相当程度的断裂，由此造成的社会价值基础和教养传统的缺失，带来了民族思想文化原创力的严重不足，个体人格的独立性与理性的判断力亦由之而下降。这使中国当代社会重陷于一种新的"不成熟"或蒙昧的状态。"文革"长达十年，其间的指鹿为马，是非混淆，正是人们人格独立性和理性判断力下降的一个极端化的例子。这一结果，适与启蒙运动寻求独立自由和理性精神的初衷相悖谬。

中国当代学术文化所面临的一个重要问题，就是思想的生产与传统学术生命的两歧，由此带来思想学术与社会生活的两歧。一方面，思想理论界流行的各种理论学说，多属从外面直接"拿来"，而未能上接民族文化之慧命；另一方面，传统的思想学术文化则仅被理解为"过去"时态意义上的知识、资料甚至古董，不能参与当代社会思想文化创造的过程。这样，作为历史知识形态的传统学术研究，已失去其切合、因应社会生活的作用和能力，而在历史传统中"无根"如浮萍的各种理论和思想，当然亦不能具有切合世道人心的社会教化作用。一方面是思想理论在历史文化和现实生活中的"无根",另一方面是社会生活在精神和价值上的"失据",这两个层面的现实,构成了中国当代社会价值系统和教养本原的一种失位状态。

改革开放三十余年来,社会生活逐渐摆脱政治意识形态一统的状况,获得了一定的独立空间。随着中国经济社会的快速发展和国力的增强,中华民族的文化自信心得到提高,民众的民族历史文化认同意识亦开始觉醒,间断了半个多世纪之久的民间儒学和传统学术再度兴起。民间学术的特点,表现为自由的讲学、自由的价值选择,与人的个体精神生活和教养密切相关。这表明,中国传统文化的"血脉"虽有断裂却并未断绝。我们当前的传统思想学术研究,应有一个重心和方式的转变,即从知识性的研究转向面对经典,继承传统,因任现实的思想性创造,并逐渐使之构成当代中国思想文化建构活动的原创性动力源泉。把"文脉"的创造与"血脉"的文化生命教养和连续绾合为一体,才能重建起中国当代文化的价值系统和教养的本原。一个有教养的民族,其国民才能真正"摆脱他们加之于其自身的不成熟状态",具有独立的人格与无所依傍的良知(中国文化所理解的理性)判断力。孟夫子云:"原泉混混,不舍昼夜,盈科而后进,放乎四海:有本者如是。"这应是启蒙价值能够在现代中国得到彻底实现的真正基础。

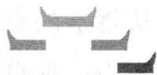

家与哲学

——中国哲学"家"的意象及其形上学意义

一

有关中国哲学的"家"或"家哲学"的讨论，是近年学界的一个热点。这些讨论，往往着重于对具体的家族、家庭这种代际传承意义的思考，略偏于具象化。[①]也有的学者从本体性存在的角度讨论"家"的意义[②]。这样来理解"家"或所谓的"家哲学"，就难免受到"根源于中国文化传统的家哲学是否具有普遍性"之类的质疑。

中国哲学重视"家"和"亲亲"之情，可以看作是一种基于"家"的哲学，但并非仅仅是一种关于"家"的"家哲学"。

---

① 例如，张祥龙先生曾批评海德格尔的家哲学"只是诗意栖居的家园，其中没有真正的家人及其伦理"。见张祥龙：《"家"的歧异——海德格尔"家"哲理的阐发和评析》，载《同济大学学报（社会科学版）》2016年第1期。

② 有学者认为，"家"是一种本体化的存在，在现代社会中我们应该重新确立"个体"与"亲亲"的"双重视野"与"双重本体"。参见孙向晨：《论家：个体与亲亲》，华东师范大学出版社，2019，序言。

从哲学的意义上来说，人的"乡愁"或"归家"的焦虑，乃表现为一种自我认同的生命情态，其作为一种普遍性的生存论结构，并不限于中国哲学。在这里，"家"不仅是一种实存，更是一种存在的意象和精神性的象征。中国哲学所给出的"家"的意象，对于理解人的自我认同及其生存的处境，理解人与自然的本质性关系，具有形上学的普遍意义，同时，也具有重要的现实意义。

从某种意义上说，哲学表现为一种"回家"的冲动、回家的尝试或对回家道路的探寻，而这"回家"的历程，乃在于建立一个属于自己的"家"。

"家"是人由之"离开"并要"回"去的地方。这个"离开"，当然首先是从人的出生之地离开。人把出生的地方看作"家"，是因为人有能力"离开"他那出生之地。自然物天然"是其所是"，亦固着于其所"是"，而无能离开。动物由雌雄媾会而生，长则与"父母"觌面而不相识，不能离开其出生之处而成为独立的个体，故只有雌雄阴阳，而没有"父母"，只有"种群"，而不能有"家"。人能"离开"其出生之地而成为独立的自我，故亦恒视此出生之处为"家"。人的能够"离开"，赋予了自己所从出的地方以"家"的意义，就像儿子的产生，才使父亲成为父亲一样。从这个意义说，"家"不仅是人所从出之处，也是人自己的创作。

"家"是人之所从出之处，因此也规定了人之所是。孩童天生就有一个家，由是而有所凭依，有所安顿。天地自然，是人类之所从出之处；家族、父母，是作为个体的人之所从出之处。礼家言"礼有三本"，就说到这个意思："天地者，生之本也；先祖者，类之本也；君师者，治之本也。"（《大戴礼记·礼三本》）

人类的生命源自天地，自然可以说就是人类的"家"。个体的生命，源自父母先祖，家庭、家族就是作为个体的人的"家"。

人在自然中，犹之乎婴儿在襁褓中。其在"家"中，与家融而为一，而不觉此家之存在，亦不觉此家对于吾人之意义。对于人而言，"家"并非某种现成的存在。人需要从既有的"家"走出来，以建立自己的"家"。人之作为人，须经历一个"离家出走"、想家并重建这"家"的过程。婴儿的成长，对于人类之存在有一种象征性的意义。婴儿之长大成人，就是一个渐次离家，并逐步建立属于其自己的"家"的历程。同样，人作为一个"类"的存在，也必然要经历一个走出自然、人文化成的过程。"君师者，治之本也"，就讲到了这一面。

二

婴儿在襁褓中，人在自然中，即人在其自身中，表现为一种自身的同一性。这个自身的同一，不能理解为一种自身的等同。借用黑格尔的说法，人的存在的自身同一性，包含着自身内在的区别性，所以，又可以称作是一种自身的统一性。[①]所谓自身统一，就是一种包含着自身区别的自身同一性。

此自身同一之包含自身区别，源于人的"知""思"。《中庸》讲："诚者，天之道也；诚之者，人之道也。诚者，不勉而中，不思而得，从容中道，圣人也；诚之者，择善而固执之者也。"又："自诚明，谓之性；自明诚，谓之教。诚则明矣，明则诚矣。"《孟子》则说："诚者，天之道也；思诚者，人之道也。"

343

---

① 参见［德］黑格尔：《精神现象学（上卷）》，贺麟、王玖兴译，上海人民出版社，2013，第137页。

人与万物同出于天或天道，而人的特点是有知、能思。故人须以"诚之"或"思诚"的"人之道"的方式，以保持和实现其自身作为"天之道"中的存在。

知、思，作为人心的自觉作用，能够将自身推出去展开而观之。"择善而固执之"，即"思诚"或"诚之"。"择善"是理性的选择，"固执"是修为的工夫，其中，就包含了知、思的自觉作用。这个知、思的作用，使得"人之道"能够从个体的存在分离出来，构成一种普遍性的人类共在形式，人类的伦理生活乃由此而产生。知、思既使人走出"家"的浑然一体，成为一种个体性的实存，亦赋予了人一种普遍伦理性的存在方式。同时，人成为独立的个体，意识到其作为个体"自我"的存在，意识到自身的"有限性"，亦由其对吾人不得不死之威胁的体味而生出一种存在性的焦虑①。人对无限、永恒的向往及其终极关怀、形上超越的追求，亦由此而生。

344

三

人对其"家"的出离，对于人之成就为人而言，是一种必然，同时，这种出离，并非与家的"一刀两断"。人与"家"的本原一体性，亦在规定和制约着这离家的游子。游子羁旅异乡，总会膺怀乡愁，免不了有"想家"和"回家"的冲动。在文化的意义上，这想家、要回家的乡愁，乃至故园难归的渴求焦虑，表现为一种自我认同的生命情态。

认同，首先是一种普遍化的活动。吾人要了解自己姓甚名

---

① 参见［美］保罗·蒂利希：《存在的勇气》，成穷、王作虹译，贵州人民出版社，1998，第35-36页。

谁，所自来处。吾人之父母、家族、籍贯、民族、国家、类性，以及天、帝、天道的信仰依皈，表现为一系列不同层级的普遍化和共在性境域。不过，这普遍性和共在性，并非某种抽象的共同性或同质性。一种抽象的共同性或同质性，与"家"没有任何的关系。"家"的原初意象，表现为人的自身同一或一种生命的绝对连续。老庄以"复归于婴儿""复归于朴""复归于自然"为人的存在之本真，孟子亦以"不失赤子之心者"喻况"大人"之人格特质。婴儿、赤子、淳朴、自然，标识着人的存在之生命整体和连续性的本真状态。当然，婴儿要长大成人，"复归于自然"，亦非实质性地"回到"自然的状态，而是要把这种生命的整体性与生生连续性，保持在现实的文明形式中，并予以敞开和实现。

人的这个自然生命的整全性，可以从个体与人类文明存在两个方面来看，因此，认同，亦可以从个体的自我认同和文化的认同两个方面来理解。老子讲"复归于自然"，又讲"复归于婴儿"，"婴儿"就是人作为个体的自然状态。

《老子》二十五章说："有物混成，先天地生。寂兮寥兮，独立而不改，周行而不殆，可以为天下母。吾不知其名，字之曰道，强为之名曰大。大曰逝，逝曰远，远曰反。故道大，天大，地大，王亦大。域中有四大，而王居其一焉。人法地，地法天，天法道，道法自然。"域中四大，人居其一。从人之法地、法天、法道、法自然的序列可知，老子这里所谓"大、逝、远、反"，乃克就人或人道而言。此说正与《中庸》《孟子》"诚者，天之道也""诚之""思诚者，人之道也"的观念为同一思理。

《老子》三十二章亦说："道常无名，朴虽小，天下莫能臣也。侯王若能守之，万物将自宾。天地相合，以降甘露，民莫

之令而自均。始制有名。名亦既有，夫亦将知止。知止可以不
殆。"道性自然，浑然全体，绳绳而不可名。人有知有欲，故能
观妙观徼，因形制名，人之制度文为，伦理生活，嗣是以兴。这
个"始制有名"，相当于儒家所谓"礼始于脱"①的文明状态。
此"始制有名"或"礼始于脱"的文明初创，乃因乎天地自然
之条理分际，在文明的初始形式中保有着人类自然生命的整全
性。"无名"与"有名"，于此实同出异名，相蕴未离，可以视
为是一个"自然与文明的交汇点"，而由这个"自然与文明的交
汇点"的理性反思所构成的文明系统，便是今人所谓的"轴心
文明"，它构成了各系文明不断回归以获取其原创性动力的一个
"生命的原点"②。

　　我们曾说，人的生命源自天地，"自然"可谓人类的"家"。
但是，人不能实质性地"回到"自然，所谓回归自然，就是要回
归那个基于"文明与自然交汇点"之反思而形成的"生命的原
点"。作为人类之"家"的"自然"，由是应被规定为那个即有名
所见之"无名"所构成的精神的世界。

　　名言使人从自身走出，具有一种朝着他者敞开的普遍化指
向；同时，那"始制有名"的人文化成作用，亦使人所从出的自
然，在其源头处就被差异化了。人类的"家"，就是这样一个奠
基于实存差异化并向着他者敞开的生命栖息地。

四

　　人类始制有名，创制人文，原于知、思而见诸名言。因此

---

　　①《大戴礼记·礼三本》："凡礼，始于脱，成于文，终于隆。"
　　② 参见李景林：《奠基于文化生命原点的再出发》，载《中国社会科学报》
2022年1月11日。

海德格尔可以说：语言是存在之家[①]。说语言是存在的家，与前文所谓天地自然是人的"家"，并不矛盾。天道自然，乃即"有名"而显诸"无名"的一个存在整体。自然由乎名言，而敞开为一个共在的世界。自然以实存言，名言以智照言，自然与名言缘生互成，而为一生命的整体，斯为吾人所可依归的"家"。

不过，知思名言一端，作为人之自身理解并由之而将自己展开而观的方式，却具有一种脱离其根据而远行的趋向与动力。老子所谓"大曰逝，逝曰远"（"逝"者，行也），讲的就是这个意思。盖名者所以辨物，殊方异类，厚薄远近，尊卑上下，由是以分。知、思的创造，本原于个体心与物冥的自得，而落实为种种现成性的知识系统与抽象同质性的生存样式，因而造成人的生存整体性的裂解与个体心灵丰富性和原创性的遮蔽。同时，人作为一种整体性的存在，其知思名言之分析简别，必原始性地与情志或价值性的分别共生共俱。是以人于其知思名言之区分处，必伴之以价值的分别。于是，人各自师其心，自贵相贱，自是相非，作好作恶，而远离其道与存在的根据，种种人伪遮蔽，亦由此而生。遮蔽，表现为种种情态性的偏执。佛家讲增益、损减二执，而从儒、道的角度看，增益、损减皆是对人的本真自然生命的外在附加，由此言之，损减之执，亦是一种增益。增益、损减的偏执，遮蔽人心之明觉，远离存在之本真。故道常无名而见诸名言，既是一种敞开，亦是一种遮蔽。

知、思敞开为名言的人文创制，使人成为一种文明的存在。文明作为一种理性的前行运动，必伴之以无明的遮蔽而使人偏离其存在之本真。是以人类存在的实现，亦必在其前行的运动

347

[①] 参见［德］海德格尔：《路标》，孙周兴译，商务印书馆，2011，第366页。

中，本然地涵具一种回归自身本原的向度。因而，人类灵魂的深处，乃本原性底萦绕着一种挥之不去的"乡愁"。老子讲"大、逝、远、反""复归于婴儿""复归于自然"，儒家亦有"不远之复""反本复古"之说，甚至《圣经》的《福音书》里也有类似的说法："你们若不回转，变成小孩的样式，断不得进天国。"都表现了人类所本有的这一普遍性精神向度。

五

"名亦既有，夫亦将知止。""名"是人文的创制，"制名"始于自然的分际。人文之初创，本原于自然而未尝稍离。自然为人文创制之所据，亦规定了人文之合理性的界限。"知止"，就是要把文明保持在它自身的限度内。道家主张"复归于自然"，意在于斯。①

在人文与自然的关系上，儒家则主张"复古"，这与道家所强调的"复归于自然"相通而略异。孔子自称"好古敏以求之者"，曰："述而不作，信而好古，窃比于我老彭。"（《论语·述而》）孔子的"好古""复古"，肯定并包含了道家的自然原则。而这"好古""复古"的内容，则是强调一种"文""质"的连续与统一。《史记·孔子世家》记孔子论三代礼文云："孔子……观殷夏所损益，曰：后虽百世可知也，以一文一质，周监二代，郁郁乎文哉，吾从周。""质"即自然，"文"即礼文或文明。儒家又常从"报本反始"（《礼记·郊特牲》）、"反古复始"（《礼记·祭义》）、"反本修古"（《礼记·礼器》）、"情文俱尽"（《大戴礼记·礼三本》）的角度论

348

---

① 参见李景林：《"知止"三义与文化认同》，《吉林大学社会科学学报》2007年第1期。

礼，认为礼的本质内涵，乃在于质文、情文的内在生命连续。儒家所谓"复古""反古复始"，就是要通过文质的连续，将人的自然生命的整全性，内在地贯通保持于文明的前行运动中。儒家在文明反思上的"反本复古"说，显然比道家的"复归自然"说更为切合实际。

初生婴儿"不记事儿"，因为他尚未能"有名"，即学会使用"名"或概念。纯粹的"无名"，尚未进入人类文明历史的门槛。因此，人无法直接重回"自然"或婴儿的状态。"始制有名"使人类跨入文明历史之门，处在一个"文明与自然的交汇点"上。而经由对此人类初始文明之理性自觉或"哲学突破"所形成的原始经典（如六经等），乃常以圣言启示或箴言的诗性方式，升华并保有人类精神生命的原初一体性。那表现为各系文明原始经典与"圣言"启示的理性自觉与精神指引，则使其所拥有的"自然"，在其根源处已然被差异化，塑型为各自独有的自然禀性，而构成不同文明之存在性的基础。

由此言之，人类存在所拥有的"自然"，并非某种作为抽象质料的一般性的自然。一般性的自然，是动物的世界，而非人类的家园。儒家"反本复古"的文明观念，更凸显了"自然"作为人类存在之"生命的原点"的差异性内涵。前引《大戴礼记》"礼有三本"之说，表现了一种"敬天法祖"的观念，而此"敬天法祖"，更准确地说，实则是由"法祖"而"敬天"。《礼记·郊特牲》："万物本乎天，人本乎祖，此所以配上帝也。郊之祭也，大报本反始也。"礼文之"反本复始""报本反始"，达成终极关怀和超越之实证的意义，乃通过亲亲、法祖而敬天这种由近及远推扩的普遍化方式来实现。在这里，人走出自身的普遍化历程与内在不同层级的差异化奠基两端互成，乃使"自然"在其保持于文明中的文质连续性的意义上，获得了吾人之"家"的意象。这"家"中各自发生着的独特的故事，展开着的不同的历史，亦使人的传统回归，感染了一种游子"回家"再聆謦欬、忘足忘要的亲切和安适感。这种意义上的"回家"，也就是今人所谓的"文化认同"。

可以看到，中国哲学反本复古的文明诠释原则及其文化意识，既与西方当代流行的"轴心时代"的文明起源说相暗合，又包含着更为深细丰富的先见之明。

六

想家、要回家的乡愁，表现着一种自我认同的渴望与焦虑。认同，一方面表现为"我"走出自身的一个普遍化历程，使个体成为一种具有本质的存在；另一方面，它又是一个向内不同层次的差异化过程，个体亦由此而获得实存性的奠基。这向外普遍化的一端，就是"天"或"天道"；其向内差异化的一端，则是"我"的当身实存。中国哲学对实存性的"家"的倚重，就出于对人的自我认同这种两端互成的理解。

《孟子·离娄上》曰："天下之本在国，国之本在家，家之本在身。"此与《礼记·大学》把"明明德于天下"溯至"治国""齐家""修身"的思路是一致的。甚至道家亦声称，吾人须通过"修之于身""修之于家""修之于乡""修之于国""修之于天下"的等差序列，来达成人的"德"性的实现，由之而了知"天下之然"（《老子》五十四章）。从这种等差性的展开序列来了解人之所是，人的普遍化便不是一种抽象概念性的认知，而是一种情态实存性的敞开和实现。这普遍化的历程，总有"我"当身在场，在其中实现并认出自己，而非一种将"我"消解和迷失其中的同质化、平均化状态。

"身"作为向内差异化的一端，当然与今人所谓的"身体性"相关，但其本质，要在标识出一个整全性存在的"我"，而非局限于今人所谓的"身体性"。《孟子·告子上》讲"人之于身也，兼所爱"，而又即此"身"区分"大体""小体"，以"先立乎其大者"以主乎一身，来表征大人君子之人格成就，讲的就是这个道理。以"身"或"我"的实存为内在性一端，其向外的普遍化乃落实于"爱"的情态性展开。

人皆自爱或"爱其身"，而这反身性的自爱（"爱其身"），当下就具有一种超越自身及于他者的普遍性内容。《大戴礼记·曾子本孝》曰："险涂隘巷不求先焉，以爱其身，以不敢忘其亲也。"朱子亦说："若能知爱其身，必知所以爱其父母。"都指出了这一点。人身原出于父母，"子生三年，然后免于父母之怀"，此超越自身而及于他者的指向，当然首先表现为植根于"家"的亲亲之情。因此，中国哲学乃以亲亲之情为人之自然天性。《孝经·圣治章》讲"父子之道，天性也"，就凸显了这一点。老子也说："绝仁弃义，民复孝慈。"（《老子》十九章）道家虽对仁、义、礼等规范原则之背离自然的伪蔽性抱持较高的警惕，却仍把"孝慈"看作出于自然的本真情态。在这一点上，道家与儒家是相通的。

由是，实存性的"家"及其"亲亲"的本真情态表现，就构成了吾人之"身"与超越性的"天""天道"间相通互成之中介或桥梁。孔子有"孝子成身"之说。《礼记·哀公问》记孔子语曰："古之为政，爱人为大。不能爱人，不能有其身。不能有其身，不能安土。不能安土，不能乐天。不能乐天，不能成其身。"又记孔子答鲁哀公问"何谓成身"云："仁人不过乎物，孝子不过乎物。是故仁人之事亲也如事天，事天如事亲，是故孝子成身。"亲亲之情，本为人的天性。孝子之"成身"，即是通过亲亲之爱作为其自爱与爱人、爱物的普遍之爱的自身中介，以达天人合一的方式来实现的。

当然，这个自身中介，乃表现为一种等差性的动态展开，而非一种现成两端的外在拼合。这种等差性动态展开的存在或自我认同实现的方式，出自孔子的忠恕之道。忠恕，既是一个由己及人，成己、成人、成物以达人己、物我一体相通的方法原则，又表现为一种个体实存内在转化的工夫历程。在前述"家""亲亲"对于个体之根源性的意义上，"亲亲""敬长"之情，又被表述为忠恕推扩之始。"老吾老以及人之老，幼吾幼以及人之幼"（《孟子·梁惠王上》），"亲亲而仁民，仁民而爱物"（《孟子·尽心上》），"立爱自亲始""立敬自长始"（《礼记·祭义》）等，都是对此观念的一种经典性表述。人的自爱与爱人、爱物之间，包含着自然的等差性。"家""亲亲"的中介性作用，既保有差异实存的本真性，又本具人之自爱向他者敞开的原初的超越性意义。因此，人由身及亲，由亲及人，由人及物的推扩，既是一种普遍化的过程，又作为一种情态实践性的展开，而实现为一种差异互通的存在境域。

七

人因知思名言而能离开自己，又因此常背离其所"是"。老子所谓"逝曰远，远曰反"，就是针对此而言的。现实中存在两种极端对反的人生态度，都可看作是这种离其本根太"远"的表现。一种可以称作"物质主义"。物质主义执着于差异实存的私己性一端而无视超越性的意义，其对声色犬马感性对象的执着追逐，常陷自己于一种恶的无限和生命的"无常"。另一种可以称作"出世主义"。出世主义以世间为污秽沉浊，以实存为虚幻无常，要在污浊无常的现世之外，去寻求真常，因而须要隐遁，须要"出家"。人若"远"而不知"反"，亦将失去自己的"家"。

在工具理性占主导地位的现代社会，作为私己性的个体实存与抽象公度性的规则分处两极。个体通常仅在有用性的契约的意义上，对普遍性的规则作出一种有所保留的"同意"，而缺乏自身真理性和价值性的认同与归属。个体与规则，漠不相关，规则徒有普遍性的外表，其中却无"自我"的影子。但个体终究不能离开普遍性的规定和归属认同而独自存在，于是个体常会"逃避自由"[①]，或汩没于大众现成性的人云亦云，或栖身于伪装成各种超越性理念的偶像崇拜之狂潮，而失却自我决断的独立性。现代价值相对主义观念的流行，引生了人的存在的虚无化和精神生命上的"无家可归"。抽象差异实存的私己性与平均同质化的普遍性，皆不具存在的真实性意义。

儒家循法祖而敬天的途径，以达超越性的天道。其注重"家"及其"亲亲"的情态实存，并非仅将人的存在置于"家"和"亲亲"的狭隘领域，而是通过"家"的意象和"亲亲"的情态性拓展，赋予人的存在以一种"差异互通"的精神。"亲亲而仁民，仁民而爱物""亲亲仁也，敬长义也，无他，达之天下也。"（《孟子·尽心上》）"亲亲"之情，可以"达之天下"，及于"仁民爱物"，具有自身超越和普遍化的指向，经由"亲

---

① 参见［美］埃里希·弗洛姆：《逃避自由》，刘林海译，上海译文出版社，2015。

亲"的切身性情态中介了的不同层级的普遍性，亦表现为一种以差异实现为前提的"通"性，而非某种抽象的同质性。同时，个体要经由此道作为"通"性的内在奠基，才能达到自我的认同，实现其转世而不为世转的人格独立性和精神的自由。

中国传统言师生关系，讲究"师徒如父子"，师称"师父"而生称"弟子"。其在社会伦理方面，又有"君父子民""父母官"之说，君、上视民，曰"如保赤子"，臣、下于君，曰"以孝事君"。张载《西铭》"乾父坤母""民胞物与"的伦理和宇宙论体系，更是对此"家"的意象之典型的表达。从实存性的"家"到万物一体的宇宙论系统，经过了一个普遍化的过程。这普遍化及其超越，并非理智之简别综合的产物，而是基于情态性内在转化的感应与感通。孔子作《易大传》，多即"感通"以言"道"："易无思也，无为也，寂然不动，感而遂通天下之故。"《易·系辞传上》曰："咸，感也。柔上而刚下，二气感应以相与……天地感而万物化生，圣人感人心而天下和平。""山上有泽，咸。君子以虚受人。"感通、感应、感受，是在情态上说，而非一种认知的进路。感受，乃即"身"（即前文所谓"我"的当身实存）而言。感应，则即物、我之关系而言。此"身"之情态表现，不免有偏滞，需要一种解蔽对治的工夫。"虚"，即是对私意偏执的消解。"虚"则能无思无为，随时当理而与物无不"通"。同时，此"身"亦总能以情态实存的方式亲临在场，虽"离"而未"远"，即此"感而遂通"的普遍化境域实现并认出自己，获得自我认同的超越性基础。

八

老子讲"大、逝、远、反"，儒家亦讲"不远之复"。《周易·复卦》载："初九，不远复，无祗悔，元吉。象曰：不远之复，以修身也。""逝""远"是离开，"复""反"是回归。道家的"复反"，是要"归根复命"，凸显了一种回归"自然"的意向。儒家的"复反"，则是要"复性""求放心"，复归人的性命之正，更强调德性人格的完成。所谓"不远之复，以修身也"，就表现了这一点。在离开中回归自己，是人的存在实现的必然方式。离开中不断寻求归途，这离开与回归，"逝远"与"复反"，常处在一种存在性的张力关系中。

中国哲学又特别重视"知止"。道家的"知止"，乃相对于"制名"即人文的创制而言；儒家的"知止"，则相对于人文"日新"的前行而言。"知止"并非否定文明，亦非止步不前，而是要在进与止之间，保持一种张力和平衡，把文明保持在其自身的根据和限度内。这样，"远曰反""不远复"，又可以通过"进""止"的张力和平衡来理解。人处身于文明中。文明是一种前行的运动，表现为一种创造、突破、分解、分化的力量。"反"与"止"，则表现为一种保持、整合、整体化的力量。进止两面，本不相离，二者相互贯通、相互赋义，保持一种平衡性的张力关系，斯为思想文化存在发展之常态。

355

西方哲学倾向于从认知的角度来理解人与周围的关系。但人是一个整体的存在，从本原的意义上说，人的知思，乃根于其情态性实存的一种自觉作用。因此，人把握自身及其周围世界的原初方式，是情态性的；其对自身及其周围世界的觉知，亦表现为以情应物和存在实现而有的一种心明其义的直观，认知并非一种独立的原则。中国哲学即在此种意义上理解人的存在，表现了一种与西方哲学不同的思想进路。《中庸》论"中和"，据喜怒哀乐未发、已发的以情应物方式，裁成辅相天地万物之位育化成，从成己以成物之存在实现的角度理解心物的关系，即经典性地表现了这一点。而人的实存，原生于"家"，其心之所发，最切近者莫过于"亲亲"。中国哲学把"家"和"亲亲"，视为人各"爱其身"与爱人爱物的普遍性实现之中介或桥梁者，正原于此。由此推扩而"达之天下"，至于"仁民爱物"，其不同层级的普遍化，乃成就为以差异为前提的"通"而赋有"家"的意象和意义。文明的发展，亦常能离而不远，在"进""止"或"文""质"之间，保持一种平衡性的张力关系。由此，人的存在和文明的发展，才能获得其本真性的意义与合理性的根据。

中国哲学应被看作是一种基于"家"的哲学，而非一种关于"家"的"家哲学"。其所遵循的情态性存在实现的思想进路，为未来哲学的发展，展示了一个独特的精神方向。

第四章　论方法

西方话语霸权下中国哲学学科合法性之反思①

　　"哲学"一词，译自西方，在中国传统学术分类中，本无哲学一门学问。所以，自20世纪初中国哲学这一学科初创以来②，如何在"哲学"这一概念框架下阐述和诠释中国传统思想学说，就始终存在着一些学者所不得不反复思考的问题。近年来，强调中国传统学术思想的独特性和具体性意义，似乎成为中国哲学研究中一种新的趋势，人们对依据西方历史经验所制订的社会科学原则和学术规范是否具有普适性的意义，亦提出疑问。中国有没有哲学，能否用"哲学史"来真实地描述中国传统的思想，这一问题亦理所当然地受到学者的关注③。这就涉及中国哲学这个学科的合法性，以及我们究竟能够用什么样的学科范式来研究中国传统思想的问题。

　　对这个问题的思考，不始自今日。先来回顾一下现代中国哲

---

　　① 本文原载《学习与探索》2003年第2期。

　　② 1919年，胡适《中国哲学史大纲（上卷）》的出版，可以看作现代意义的中国哲学学科诞生的标志。

　　③ 参见张汝伦：《现代中国哲学的自觉》，载《中国大学学术讲演录》，广西师范大学出版社，2002，第116–132页。

学学科建立以来有关的一些讨论和研究状况，对理解这一问题是有益处的。

第一，关于学科范式问题。

"中国哲学"，是依照西方学术的学科分类而来的一个概念。所以，当人们用"哲学"来描述中国传统思想时，就不得不对西方哲学概念范式与中国传统思想学术的区别及其关系做一番反省。

胡适的《中国哲学史大纲（上卷）》可以说是中国第一部现代意义上的《中国哲学史》，但胡适对用西方哲学概念范式来研究中国传统思想所可能带来的问题，似尚未及反省。冯友兰先生对西方哲学的概念范式与中国传统思想之关系就有比较清楚的自觉。依照西方哲学，冯先生把哲学的内容分为三部分：宇宙论、人生论、知识论。冯先生认为，中国哲学其实重在"内圣外王之道"，重"内圣"，故多讲修养之方，此与西方所谓"哲学"亦不尽同。正因重"内圣"，故知识论不发达；因重在"立德"，不重"立言"，故逻辑学亦不发达；因特别注重人事，宇宙论之研究亦甚简略。可见，在冯先生看来，中国的思想确与西方哲学有不同。冯先生接着提出了一个很值得重视的问题。他说，从前述哲学的内容而言，中国思想学说所研究之对象可与西方哲学约略相当者，即中国传统的"义理之学"。从道理上说，我们本也可以中国的"义理之学"为主体，作一《中国义理之学史》，并从西洋历史上各种学问中，可与中国"义理之学"相当者，作成一《西洋义理之学史》。为什么我们不这样做呢？冯先生说：

359

> 近代学问，起于西洋，科学其尤著者。若指中国或西洋历史上各种学问之某部分：而谓为义理之学，则其在近代学问中之地位，与其与各种近代学问之关系，未

易知也。若指而谓为哲学，则无此困难。此所以近来有
中国哲学史之作，而无西洋义理之学史之作也。[1]

此说表面上似甚轻松、诙谐，其实它说出了一个很严肃且发
人深思的问题：即今人所说的文化、思想、话语霸权的问题。冯
先生这段话就表现了他对这种西方话语霸权的一种无奈。在西方
的话语霸权下，学科的分类，亦必受这种霸权的影响。概念、范
式，并不只是一种形式，它也影响着思想的内容，进一步说，它
亦具有不同程度的"教化"意义。那么，中国传统的思想文化内
容在这种学科范式中还能否得以保存？这是我们目前应注意的一
个重要问题。

第二，有否一种"普遍的哲学"？

张岱年先生1937年写成《中国哲学大纲》[2]，其《序论》对
中国传统学术思想与西方哲学之关系做了一个新的界说。他的
说法，是不承认西方哲学为唯一的范型，而欲寻一"普遍的哲
学"，把中国哲学与西方哲学同看作哲学之一种特殊的形态。张
先生的说法很似我们今天的哲学学科分类："哲学"是一级学科，
中国哲学、西方哲学、马克思主义哲学是二级学科。从这个学科
分类法看，"哲学"在这里实质上只是一个"空类"，而无实质的
内容。

在这之前，金岳霖先生在对冯友兰先生《中国哲学史》所作
的《审查报告二》中，就提出了普遍哲学与特殊形态的哲学之
关系问题。金岳霖先生的说法比较复杂。一方面，他主张有一种
"普遍的哲学"，而这普遍的哲学亦不仅仅是一个不存在的"空

---

① 冯友兰：《中国哲学史》，中华书局，1961，第8页。
② 此书1943年在北平中国大学印成讲义，1958年由商务印书馆出版。

类"，它不仅是"形式的"，而且是"实质的"；另一方面，金先生反对以西方哲学为"普遍哲学"的范型。

就前一方面说，金先生讲，我们现在写"中国哲学史"，不可能写成"中国哲学的史"或"中国国学中之一种特别学问"，而总会要写成"在中国的哲学史"。"在中国的哲学史"，就与"普遍哲学"有关。金先生用物理学来做比喻。比如写英国物理学史，实质上就是要写"在英国的物理学史"，而不是写"英国物理学的史"，因为严格讲来，本来不存在一个"英国物理学"。从这个意义上说，所谓"普遍的哲学"就不能是一个"空类"，从理论上说，应该存在一个具有内容的"普遍哲学"。不过，金先生亦强调了哲学的特殊性："哲学没有进步到物理学的地步，所以这个问题比较复杂。"

就后一方面说，金先生讲："现在的趋势，是把欧洲的哲学问题当作普遍的哲学问题。如果先秦诸子所讨论的问题与欧洲哲学问题一致，那么他们所讨论的问题也是哲学问题。以欧洲的哲学问题为普遍的哲学问题当然有武断的地方，但是这种趋势不容易中止。"可见，金先生反对以西方哲学为普遍哲学的标准范式，但亦表现了一种对西方话语霸权的无奈。

不过，张岱年先生以普遍哲学为一"空类"的理解，实在是表现了一种为中国哲学的特点争得一合法性的意向。其实，"空类"并不"空"，因为当我们说到哲学的时候，亦必在内容、对象、问题、研究范围、研究原则、研究方法上对之有所规定。即表明何种研究，才能称得上是哲学的研究。所以，既承认中国的"义理之学"为"哲学"这一类下之一种，则作为"普遍哲学"的哲学之内容，便必发生新的"充实"。不过，在张岱年先生提出这一点的时候，他似乎尚未注意到这一问题，因为他还是说："凡与西洋哲学有相似点，而可归入此类者，都可叫作哲学。"其所言，还是完全以西方哲学为尺度。这与他那个"空类"的理解是相矛盾的。所以，既承认有一"普遍哲学"，它就不可能仅是一"空类"；既承认中国之义理之学为哲学之一类，这义理之学之内涵便必然对这"普遍哲学"有所充实、有所规定。

第三，诠释原则的一元与多元化。

在世纪转换之际，人们对现代以来中国哲学的研究，有不少的总结。从诠释原则的角度说，我们以为，它经历了一个由诠释原则的多元化到一元化再到多元化转变的过程。

20世纪初至新中国成立前，在西方哲学概念范式的引导下，形成了现代意义的中国哲学学科。这一时期的中国哲学研究有一个重要的特点，就是诠释原则的多元化。比如，冯友兰先生研究中国哲学，其诠释原则是西方的新实在论；胡适的诠释原则是美国的实用主义；其他，亦有用黑格尔、康德、叔本华、尼采哲学思想阐释中国古代思想的。另外，很多学者信仰马克思主义，用马克思主义哲学来研究中国传统思想。

同时，当时的中国哲学研究，有两点值得注意。第一，对诠释原则的选择自由。比如，业师金景芳先生讲，他研究《易经》，先时觉得有很多问题不易解决，他读了列宁的《谈谈辩证法问题》，觉得《周易》中的难题，都可以涣然冰释，因而于1939年写出《易通》一书。故金老的中国思想史研究，所依据的诠释原则，即马克思主义的唯物辩证法。[1]第二，当时的研究者，对中国传统学术、文化，大都十分熟悉，并非为研究才去读书。他们不仅从书本上去了解，而且深受传统思想学术熏染。他

362

---

① 参见金景芳：《金景芳晚年自选集》，吉林大学出版社，2000，第333页。

们中很多人出身于传统的书香门第或仕宦家庭，本继承有家学。冯友兰先生说他小时就读古书，很多书都能背，但是不懂，等到北大哲学门读书，才反过来去理解它们。其实，就连号召年轻人不读线装书的鲁迅，亦是深受"线装书"的熏陶，才有了他那深厚的文化底蕴和创造力。这两个特点，使这一时期成为中国学术具有创造力的时期。自由的选择，有益于切合学者的个性，研究者传统的素养亦是人的创造力的一个内在要素，而研究原则的多样性又可以相互影响以消解极端化的片面性。结合西学与传统学术以构成各种哲学的、思想的体系，成为这一时期中国哲学研究的一个重要特点。如冯友兰先生结合新实在论与程朱理学，建构了新理学的哲学体系；贺麟先生据新黑格尔主义与陆王心学，而有其新心学的创立；熊十力先生吸收西方生命哲学，又结合佛学、儒学，而形成其新唯识论的哲学体系；等等。

从新中国成立后到改革开放前，是中国哲学研究走向阐释原则一元化的时期。在新中国成立前，有一批学者已经开始以马克思主义思想为指导来研究中国传统思想。这大都出于学者自觉的选择，因而，它并非僵化的形式。比如侯外庐、杜国庠、赵纪彬等所合著的《中国思想通史》（新中国成立前出了前三卷），在学术上就很有成绩。新中国成立后，随着马克思主义在意识形态领域指导地位的确立，马克思主义哲学亦逐渐成为中国哲学研究的唯一指导思想。所谓"封建主义""资产阶级唯心主义"思想遭到批判，一些老一辈哲学家亦只能放弃他们已经成型的诠释原则和研究方法，开始学习用马克思主义哲学来解释中国哲学。诠释模式的单一化，造成了诠释原则的僵化和形式化。这种情况到"文化大革命"时期的批林批孔、评法批儒，达到了极端。哲学史是思想的诠释，这种诠释工作必然要有一种先行的思想框架和概念模式，无此，则诠释不能进行。而在阐释原则一元化的状态中，诠释模式成为千人一面的形式化和外在性的东西，导致的结果是，这形式化和外在化的解释框架成为诠释者与历史本文之间的"第三者"，我们把它称作哲学史研究中的"第三者插足"现象。在这里，历史本文不是直接向我们敞开的，诠释框架成为在我们之外而与我们不相关的评价标准，诠释者、诠释框架、诠释对象处于一种互不相关的状态。在这种情况下，诠释框架便成为一种直接面对和进入历史的思想内容及其内在精神生命的屏障。这样，一部活生生的思想的历史蜕变成了一种无法为人的心灵生活所亲切体证的抽象的概念堆积，和一套缺乏思想、文化、精神蕴涵的"死的语言"，人们从中无法领受文化生命的滋养，获得原创性的生命之泉。诠释活动是意义的整体之敞开，"第三者插足"现象则是一种外在性的评价。判定一种思想是唯物、唯心或辩证法、形而上学似乎成为唯一的研究目的。抽象的阶级分析方法，把哲学史抽象化为一种唯物、唯心或辩证法、形而上学的"两军对战史"。

改革开放以来，由于逐渐的开放和新思想的引进，海内外学术交流的增多，中国哲学的研究方式逐渐地向多元化和开放形态转变。多年来僵化的研究模式逐渐被打破，传统哲学和学术文化的研究渐呈多元化的趋势。这多元化，一方面表现在诠释原则的开放性和选择上较大的自由度，另一方面表现在传统思想研究之角度和手段层面的多样化。套用西方概念模式和外在评价的方式虽仍有势力，但多元化的趋向则正可软化和消解其负面性作用，而有助于形成一种良性、灵动、积极和具有活力的学术文化氛围。另外，此种学术文化氛围，逐渐唤起了研究者的民族和文化关怀，近年来，注意传统哲学诠释的思想史、学术史、经学史（经典诠释史）、文化史、社会史背景及其相互间的联系，成为中国哲学史研究的一个新的特点。这使中国哲学史的研究不再局限于概念的抽象领域，而具有了活的精神和文化生命。这一点，颇符合中国古代那种"论世知人"、尚友、心通古圣的精神。上述研究上的多层面的结合和透视，恰是对中国思想本性的复归，有助于中国传统思想精神生命的继承开新，以及中国文化学术精神人文资源的积累。

从上述讨论我们可以看到，20世纪初以来由传统学术思想研究到现代哲学史、思想史研究的学术转型，为中国传统思想的现代化和进一步发展，带来了生机和契机，但也确实给中国传统思想的研究带来了很多的问题。在世纪交替之际，人们反思现代以来中国哲学学科的发展，提出中国哲学学科的合法性问题，这实质上标志着这个学科已渐次走向成熟。对中国哲学这个学科提出疑问，其中的原因比较复杂，但是我想可以把它归结到一点，就是在西方学术的话语霸权下如何重新定位中国传统的学术思想的问题。

接着前人对这个问题的反思成果讲，我们可以对这一问题做以下几个方面的讨论。

第一，哲学概念的吊诡性与中国哲学。

从学科分类的角度说，"哲学"这一概念不是一个"空类"，而有其实在的内容。从这个意义上来讲，可以承认有一"普遍的哲学"存在。但正如金岳霖先生所说，"哲学没有进步到物理学的地步"，物理学可以形成一致的结论和共同的范式，哲学却不同。哲学在其两千多年的发展历程中，迄未形成一个为大家所公认的定义。哲学是什么，可谓一人一义。这么说来，哲学又是最个性化的学问。康德在他的《未来形而上学导论》中，针对哲学提出过这样一个问题："如果它是科学，为什么它不能像科学一样得到普遍、持久的承认？如果它不是科学，为什么它竟能继续不断地以科学自封，并且使人类理智寄以无限希望而始终没有能够得到满足。"[①]寻求像科学那样的普遍性和"普遍的哲学"，而又无法达到普遍的一致性，这是常使哲学家感到困惑的一个问题。

其实，这里存在着一个误区。哲学意义上的"普遍"本与科学不同，或者说，它们不在同一个层次上。哲学的对象非实证意义上的对象。凡科学皆有其具体的对象，它有固定的范围，我们可以退一步，站在它之外以对之作出规定，可以证实之，证伪之，从而得出相同的结论。哲学则不同。哲学是思想之思想，它在思想本身中，故非对象化之思，而乃整体之思。哲学所讲的内容就包含于它的问题自身中，它不能再后退。从这个意义上说，哲学的对象是超验的，是不能用经验加以实证的。对超验的对象不可能达致一致的结论。康德指出，超验的理念只能导致二律背反（在这相反的命题之间，还可能有无数不同的结论），其道理就在于此。所以，哲学必与哲学家的内在精神生活相关联，因而乃是一种个性化的学问。詹姆士说哲学的不同与哲学家的气质不同相关，说的就是这个道理。我们说哲学是个性化的学问，并不是否定它有普遍性的意义。哲学的特征，乃是于其个性化中表现其普遍性的效准。它的普遍性表现是一种在个性实现前提下的沟通性和"可理解性"。故一种哲学，乃从个体化中表出一种普遍性的理念。在个性化的形式中表出其普遍性之理念，这是哲学的

366

---

① ［德］康德：《未来形而上学导论》，商务印书馆，1978，第3—4页。

"普遍性"或"普遍哲学"之存在方式。①

哲学概念的这种吊诡性，使得人们往往用某种特殊的哲学来填充那"普遍哲学"的内容，以此来评判中国的传统思想，"中国无哲学"的结论即由此而来。关于中国有没有哲学，或者说有没有西方意义上的哲学，这一点现在还在讨论。近年来，中国哲学研究中出现了一种新的趋向，就是强调中国哲学思想的民族性和其具体性的意义。葛兆光先生的新著《中国思想史》，就很有代表性。这部书的长篇导论叫作《思想史的写法》，表明了他"重写"思想史的目的。他指出，由于种种原因，中国近代以来，学者借用西方哲学史的现成范式来总结中国的学术历程，成为一种主要的潮流。而他特别怀疑"中国古代的知识和思想是否能够被'哲学史'描述"。②中国本"没有哲学这一名称，意味着中国人也没有恰合哲学这一名称的意义的知识、思想与学术"。他认为，"'思想史'在描述中国历史上的各种学问时更显得从容和适当，因为'思想'这个词语比'哲学'富有包孕性质。"③这一观点，实质上正代表了中国学术研究中近年来消解西方话语霸权的局限，而把握中国思想和学术之"真实"的趋向，是值得重视的。

其实，从上述哲学概念吊诡性的特点来看，要保持中国传统思想之独特性的内涵，并不必然地要排除"哲学"这一概念范式。哲学有其普遍性的内容，同时，这所谓"普遍的哲学"，只能是一种规约性的要求，而不能以某种特殊实质的内容充作它普

367

---

① 参见李景林：《哲学方法的个性化特征及其普遍性意义》，载《教化的哲学——儒家思想的一种新诠释》，黑龙江人民出版社，2006，第1-7页。

② 葛兆光：《中国思想史·导论》，复旦大学出版社，2002，第5页。

③ 同上书，第6页。

遍的标准。历史上曾有不少哲学家意图成为哲学的"终结者"，建构一套系统作为最终哲学真理的尺度。哲学史表明，这种努力是不能成功的。《易·系辞传》有两段很著名的话，一曰"形而上者谓之道，形而下者谓之器"，一曰"天下同归而殊途，一致而百虑"。用这两段话来概括说明哲学概念的吊诡性及其作为"普遍哲学"之规约性的要求，是很合适的。中国传统思想中有其自身的"形而上之道"的系统，而其达于此"形而上之道"的途径有其独特性。从中西思想文化交往的现实来看，这个"形而上之道"，可以且已经成为中西思想理解和沟通的桥梁。从"普遍哲学"的角度说，我们写"中国哲学史"，必要写成金岳霖先生所谓的"在中国的哲学史"；而就哲学总是个性化了的学问，或"天下同归而殊途，一致而百虑"的角度说，这哲学史又必要写成"中国哲学的史"。

第二，话语霸权的不可避免与诠释的双向性。

368

在人的存在方式中，话语霸权实不可避免。我们今天讲中国哲学，就受着西方文化、思想和话语霸权的支配。现在学哲学的人，无不要先受西方哲学的训练；对中国哲学的诠释，亦无不受西方哲学之熏习。甚至像理念、辩证法、形而上学、本质现象、必然现实等词语，在现代中国也已成为一般民众的日常话语。这就像市场的准入。话语亦是一个市场。西方那一套话语系统现在已经构成了一个市场，它有一套标准和游戏规则，不符合它，就不能获得准入的许可。我们必须进入这个话语的市场，才能通过对话与游戏参与它，并改变其标准和游戏的规则。在当前情势下，我们似乎无法摆脱西方话语霸权下所形成的学科研究模式。你把它叫作"哲学史"也好、"思想史"也好，都未跑出这个圈子。中国哲学史学科从其诞生之日起，就面对既要依循西方哲学、学术、概念的模式，又要力图保持中国学术思想的特质这一矛盾。近年来，这一挣脱束缚、破除枷锁的意图更形突出。现在的问题是，在这种西方思想和学术的话语霸权下，我们是否有理由并且是否能够保持住中国传统思想的固有的或传统的精神生命？

其实，中国在思想文化史上也经历过这种情况，这就是大家经常谈起的佛学思想的传入。佛学从东汉传入中土，经历了六朝隋唐五代，可以说对中国的思想文化产生了非常深的影响。很多当时很有文化关怀和道统意识的思想家都主张排佛，也出现过如"二武灭佛"那样的动用国家机器来镇压佛教的极端的事件，而终未能排除它，其原因就在于我们今天所说的佛教的"中国化"。这个中国化，其实是双方都发生了一种转变。历史上的佛学为了适应中国的思想和社会现实，一直都在论证所谓三教（儒、释、道）的一致性，同时在自觉地改变自己，一直到形成中国化的佛教宗派。而佛教对中国思想的影响，不仅在民间，更重要的是对知识界的影响。唐李翱曾感慨当时士人多认为"夫子之徒不足以穷性命之道"（《复性书》），而入于释老之途。宋明诸儒，亦多有泛滥于释老而后返求诸六经的经历。可见，当时佛学在知识阶层、文化思想领域中的广泛影响。但正因为当时诸儒能够以本民族之文化思想为本位来吸收外来文化学术思想之精神，故能够上契孔孟之学，而成就一本体化的普遍心性说[1]，使儒学发展到一个新的高峰。可见，外来思想的引入与传统思想的研究，实是一个双向诠释的过程。现代中国有成就的思想家、哲学家，实亦经历了这一过程，在这种双向互动中所形成的诠释原

369

---

[1] 参见邹化政：《先秦儒家哲学新探》，黑龙江人民出版社，1990，第513–561页。

则和方法，亦被个性化、内在化了。

今日学术的发展与当时的情况颇为相像。当然，今天西方学术思想的影响，其势更为强大。诠释的活动既是思想、学术、文化存在的方式，亦是其不断地继承发展，成为一个活的生命过程的方式。每一代人都在不断地"重写"历史，思想、学术、文化的历史更要不断地"写"下去，"说"下去。这"说"和"写"，就是一个不断的诠释过程。诠释之本身即包含着创造，而创造之结果即新的思想、学术之产生。注重前述诠释过程的双向互动性，乃是中国传统思想、学术之现代化和重建的一条必由之路。这一现象其实正真实地发生在哲学领域中。一些对西方哲学有深入了解的学者常常反过来通过研究中国哲学，来建立自己的哲学学说，如冯友兰、牟宗三、唐君毅、邹化政、叶秀山、王树人、张世英等先生，他们的研究，正在使天人、心性、境界、性命、天道等问题的探讨融为现代哲学的一般内涵。

370

第三，学术之"分"与"通"的关系。

按我的理解，文化是一个活的整体，而学术则是其理性的部分。有理性即有区分。自来学术，有分有合。"分"是说不同学术部门间的区别性，"合"则是说不同的学术部门之间有一内在的"通"性。在这个"通"中，学术乃获得其活的精神生命。从这个角度看中西方学术，可以说，西方学术虽自有其"通"性，但所重在"分"；中国传统学术虽亦有"分"，但注重于"通"。明确这一点，对我们是很重要的。

西方从亚里士多德起，便对学术作出了与现代大致一致的学科分类，各门学科的界限很分明，哲学就与其他学科有明显不同的职能。在哲学学科内部，各个哲学分支，如宇宙论、本体论、知识论，价值论等，也有明确的区分。所以，西方哲学亦在概念的分析、逻辑、系统性上见长。美国当代哲学家理查德·罗蒂用"系统的"或"体系的哲学"来概说西方的主流哲学，是很有道理的。①从这个意义上讲，西方的哲学实代表了一种科学的精神，代表了文化精神中一种文明前行的向度。但是，一种文化精神，还有另一必然的向度：文与质，或文明与自然的整合。在西方，这一向度和作用，主要体现于一种宗教的精神中。由此，西方的哲学又与其文化的精神紧密相关。哲学家的生活背景、宗教关怀，亦渗透于其哲学的精神，见诸其哲学的系统。在这"分"中实有"通"和"合"的精神为其基础。比如，我们读黑格尔的《小逻辑》，便注意到，它的正文是专门的哲学语言，很枯燥，但它的《附释》则真正透显着一种贯通古今的历史精神及上达天德的宗教性智慧，其哲学正是因植根于这种历史、宗教、文化精神中才有其活力的。不过，西方学术的明确划分由来已久，哲学与宗教亦各司其职。这种"通（宗教）"与"分（哲学）"的"分工"，亦体现了西方学术那重在"分"的特点。

371

中国传统学术亦有它的分类，但这些区分都非如西方那种严格意义上的学科、学派分类，不仅各个类分之间互有交叉，更重要的是，它在学术思想上体现了一种"通"的精神。

古人崇尚"通儒"。扬子《法言》讲："通天地人曰儒。"孔子的志业，当然是如他所说："不怨天，不尤人，下学而上达，知我者，其天乎！""下学而上达"，就是通天人。孔子又讲"吾道一以贯之"，一生求道不辍，曰："朝闻道，夕死可矣。"这个求"一贯之道"，通天人，就是思想家、哲学家之事。孔子并不像

---

① 参见［美］理查·罗蒂：《哲学和自然之镜》，生活·读书·新知三联书店，1987，第313-346页。

西方哲学家那样，在哲学的概念系统上下功夫，而是要在人伦日用和现实生活中去体现和体证它。孔子以六艺教人，司马迁说："孔子以诗书礼乐教，弟子盖三千焉，身通六艺者七十有二人。"（《史记·孔子世家》）六艺皆与现实生活，与人伦日用密切相关。孔子之学，又体现了一种很强的历史意识，《史记·太史公自序》记孔子论其作《春秋》之意说："我欲载之空言，不如见之于行事之深切著明者也。"故孔子据鲁史而作《春秋》。历史亦是具体的社会人生之体现。从这里我们可以看出孔子学术的精神，这就是一"通儒"的精神。

这个精神，成为以后中国学术的主流精神。司马迁自述其治史之意，有一句很著名的话："亦欲以究天人之际，通古今之变，成一家之言。"（《史记·报任少卿书》）"究天人之际"是哲学家、思想家之事，"通古今之变"，则是史家之业。强调历史与现实的生命相续，即现实人伦、历史而见真常，这成为中国思想达致超越形上之道的一个根本途径。中国传统思想的发展史实可看作是一个经典的诠释史。在中国古代学术文化的传统中，哲学家、思想家必首为史家，为古代经典的诠释者，其思想的变化发展，实依于各代人诠释角度和所侧重经典的不同。这种注重历史连续性的思想学术发展方式，与西方哲学常常以一种哲学体系否定另一种体系的思想发展模式大异其趣。学通古今体现了一种历史的意识，而学究天人则表现了一种人文的精神。孔子"下学而上达"，其超越之道自然是不离人伦日用。宋儒以心性义理之学著称，然观其学问规模，亦不出孔子"下学而上达"之精神。这个即人伦、历史而见真常的"通儒"精神，使中国传统学术文化不易发展出西方那种形态的哲学与宗教。它的"义理之学"，既是一哲理的系统，又兼具社会价值基础和"教化"

的功能。理查德·罗蒂把它称作"教化的哲学"，似乎是很合适的。在这种哲学思想的形态中，它的"分"与"通"，乃一体之两面，不能抽离出像西方那种宗教性的形态以专司整合或"通"的职能。

现代以来的中国哲学史研究，对于中西哲学思想的这一区别似乎注意不够，这会产生相当严重的后果。在中国这个缺乏宗教精神的文化系统中，当我们依照现代学术规范，以"哲学"的范式来把握中国传统思想时，很容易造成这"哲学"之"通"的精神之缺位，从而导致中国哲学研究脱离其文化精神之体的"游谈无根"状态。哲学思想作为一定文化之理性反思的一极，皆有其"通"性作为基础；当然，此"通"性之表现方式可以各有不同。由于对这一区别性的忽略，在我们引入西方"哲学"来研究中国传统思想时，便极易拔离它固有的文化生命的"通"性之根，且不能于中国文化传统之生命中将其植活。这便使哲学观念脱离其文化精神生命的土壤而被语词化、形式化，使其处于一种"无家可归"的境地。[①]再用这种概念模式套用中国传统思想，则势必造成我所谓的"意义的流失""观念的固结"和"精神神韵的枯竭"[②]，使之无哲理、思想可言。

西方学术所重在"分"，但正因如此，西方的哲学家，很注重哲学的文化生命之"通"性对哲学的奠基作用。海德格尔对这个问题的看法便很有启发意义。海德格尔是一位对现代技术世界给西方社会带来的思想和文化危机有深切理解的思想家，他曾借

373

---

① 参见李景林：《重建哲学与生活的联系》，载《教化的哲学——儒家思想的一种新诠释》，黑龙江人民出版社，第472-482页。

② 参见李景林：《理解与探究》，载《教化的哲学——儒家思想的一种新诠释》，黑龙江人民出版社，第87-107页。

鉴如中国老子、庄子的思想，并猜想解决技术世界所导致的危机之思想有可能"将在俄国和中国醒来"。但是，在他看来，从根本上讲，产生于西方的危机最终只能靠归本于西方的精神传统才能得到解决："这个转变不能通过接受禅宗佛教或其他东方世界观来发生。思想的转变需要求助于欧洲传统及其革新。思想只有通过具有同一渊源和使命的思想来改变。"所以他得出结论说："只还有一个上帝能够救渡我们。"①海德格尔所论，就强调了文化生命之"通"性对于哲学精神之奠基的重要意义。雅斯贝尔斯讲文明起源，提出"轴心时代"这一观念。轴心时代的现象引起我们注意的，是它对以后各系文化发展的定型化或确定文化发展之精神方向的作用。它之所以能够起到定型化和规定文化发展精神方向的作用，就在于它对原始文化因素的"理性化"规定。理性化是文化创造和发展的必要条件。而理性化本身，又伴随着一种对自然的疏离，这表现为不同程度的形式化、分析、分离、片面化和筛选作用（筛选就有遗漏和遮蔽）等。任何一种思想的创造或文化的创造，都是整体存有生命的一种片面化的凸显，它的极端化，乃表现为原创性的枯竭和流弊的发生。不过，"轴心期"文明虽然是一种理性化、一种"突破"，但它与自然的原初整体性密切相连，因而并未割裂那生命存在的整体性意义。所以，从历史上看，回归轴心期，乃成为不同历史时期文化思想学术发展原创性的生命源泉。"轴心期"不仅是存在于过去的古董，它的精神就像一个熔炉，不断地回炉和冶炼，正可消解文化思想发展所带来的僵化、形式化之弊，从而获得其发展和创造的生命力量。

___

① 参见《明镜》记者与海德格尔的谈话：《"只还有一个上帝能够救渡我们"》，载《海德格尔选集（下）》，生活·读书·新知三联书店，1996，第1289-1320页。

西方哲学家，像尼采、胡塞尔、海德格尔等，都主张回到古希腊和欧洲传统去寻求解决人的存在和文化危机的方法。强调向"轴心时代"回归，实质上就是要唤回那文化生命的"通"性本原。当然，在西方，这前行和回归的运动亦是分化为二的。

由此看来，任何文化系统，其学术皆有分有合。这合或"通性"乃是"分"得以具有其生命意义之内在的基础。中国的学术有它的理性的内涵，所以亦有"分"，但其特征在于"合""通"。中国的思想有其对"形而上之道"的探索，有形上的关怀，但中国学术的"通"的精神，体现在这"形而上之道"的系统中，乃是一个即历史、人伦日用而显的形态。这个"通儒"精神，正体现着中国传统哲学思想的个性特征。

在当今这个经济全球化的时代，哲学思想亦在趋于融合，在形成着"普遍的哲学"。但是，哲学概念的吊诡性表明，这"普遍哲学"的成就，必遵循"天下同归而殊途，一致而百虑"的途径。近年来，关于中国哲学学科之合法性的质疑与反思，徘徊于哲学的这种普遍性与个性化要求的张力关系之间，更多的是对中国传统思想研究的一种民族性或个性化的呼唤。这不仅体现着一种时代的潮流，亦标明了中国的哲学研究在走向成熟。当然，在现代各种学科分工、知识量及信息量无数倍增加的状况下，传统型的"通儒"不易再生。但我们从事中国哲学研究，一方面要注意借鉴传统学术研究那种注重"通"的方法，注意中国传统哲学思想与学术史、经学史、社会史等学科的内在关联性，注意多学科之间的相互渗透，而加以融贯；另一方面，要注意不只把学术研究停滞于知识、器物的一极，而体认传统人文整体的教养，并以多元化之诠释原则的互补来消解诠释原则的外在性之弊，中国哲学的研究就会逐步地走向个性化，实现中西哲学思想诠释的双向互动，从而对那全球化过程中正在形成的"普遍哲学"有所贡献。最近，中国哲学史界有一个新的研究热点，就是对中国哲学的诠释学的研究。研究中国的诠释学，一方面要面向经典，同时要回归到中国固有的、以经典诠释来构成学术和思想发展的学术传统。另一方面，无论是从中国哲学研究者所提出的"中国诠释学"，还是西方的诠释学哲学本身来看，都表现了一种中西思想融合的趋势。西方的诠释学哲学从历史性的角度理解人的存在，这是对西方哲学知性传统的一种改变，与中国传统思想的路向颇相切合。这是中国哲学研究中"诠释学热"的原因之一。这个"诠释学热"，可以说是当今世界思想融合与个性化回归潮流的一种典型表现。

文艺界有一句老生常谈的话："越是中国的，就越是世界的"。中国哲学的幽灵，徘徊于"无家可归"的境地已经太久，那民族性和个性化的呼唤，将使之复归于其精神的家园，这也正是我们所能为世界"普遍哲学"有所贡献的方式。

中国哲学的研究方式应有所改变

冯友兰先生讲中西文化，曾用"古今"来表述"中西"，把中西的文化差异理解为古今的差异。从常理而言，这一表述似乎并不合适，因为中西思想、文化理应各有自己的"古"和"今"。但吊诡的是，它是对当代中国思想、文化现状的一种大体真实的描述，因为我们确实未能真正建立起中国思想和文化的现代形态。反思中国近百年尤其是20世纪50年代以来的中国哲学研究，我们觉得，现代中国哲学研究所存在的一个主要问题，就是哲学思想的生产与学术研究的两歧。目前中国哲学研究方式的调适，亦当由对这一问题的解决入手。

一、哲学与哲学史

"哲学"一词，译自西方。在中国传统的思想学术系统中，本无一种被称作哲学的学术部门。20世纪初以来，中国传统学术文化的研究，经历了一个现代转型的过程。这个现代转型，简单说来，就是按照西方的学科模式对中国传统的思想学术进行分科化的研究，重新进行学术分类。现代中国大学和科研院所的人文社会科学研究，基本上就是按照这一模式来规划的。我们现在所谓"中国哲学"，就是在这样的学科分类过程中形成的一个学科。

这一现代转型很重要，它是中国学术的研究能够参与当代国际学术对话的一个前提（当然，这只是一个前提，如能真正参与对话，需要中国学术自身具有主体性），但它也带来了严重的问题，那就是未能建构起中国学术的现代形态，因而导致它自身学术"自性"和主体性的严重缺失。这在"哲学"方面表现尤其严重。中国古来讲内圣外王之学，"内圣"，即所谓"心性义理之学"或形而上学（取《易·系辞上》"形而上者谓之道"之义）这一面，是这一学术文化系统的形上学和价值的基础。这一方面，在当代中国的学术系统中，属于"中国哲学"的研究范围，所以尤应引起我们的重视。

近年来，一些学者对于用"哲学"这一思想学术范式研究中国传统思想学术的有效性，颇有质疑。管见以为，两千余年的哲学史表明，哲学总是以不同层级的具体个性形态存在，它并不实质性地与中国传统的义理之学或形上学系统相排斥，而学术和学科规范的转变亦非一朝一夕之事。因此，当前之要务，在于如何在取自于西方的"哲学"这一概念框架下，凸显中国传统思想学术的个性特质和固有的精神，建构起中国哲学的当代形态，从而使之能够有效地参与当今中国社会和世界思想学术的创造进程。这亦是我们能够推动学术和学科规范之转变的唯一有效途径。

按照黑格尔的说法，"哲学…是被把握在思想中的它的时代"①。换言之，每一个时代，都应有属于该时代的哲学思想。哲学史乃是由这种每一时代思想的创造所构筑的历史。同时，从哲学史来看，每一时代的哲学又总是不断回归于经典和历史的源

①［德］黑格尔：《法哲学原理》，范扬、张企泰译，商务印书馆，1961，《序言》第12页。

头以寻求哲学当代性重建的原创性本原。如怀特海所说，一部西方哲学史不过是对柏拉图的注脚。中国哲学更是如此。就其表现形式而言，整个中国思想和哲学发展的历史可以说就是一部经典的诠释史。由此看来，哲学既有其时代性，又有其历史的连续性。与此相应，哲学的研究亦应包括理论的研究与哲学史或学术的研究两个方面。

　　哲学史既是每一时代思想创造所构成的历史，则哲学的理论创造与哲学的历史就有着密不可分的关系。冯友兰先生曾在1937年作《论民族哲学》一文来讨论哲学的民族差异问题。认为哲学之所以有民族的分别，乃是因为"哲学总是接着哲学史讲底"，而且必须是"接着某民族的哲学史讲底"。[1]从这个意义上讲，哲学应对和解决时代问题的创造活动便与哲学史有着密不可分的关联性。按照冯友兰先生的说法，哲学的创造活动是一种"接着讲"的活动，哲学史的研究，则是一种"照着讲"的活动。"接着讲"和"照着讲"，是一个形象的说法。实质上，哲学史的"照着讲"，并非原封不动的资料汇编式的讲法。冯先生在《三松堂自序》中《明志》一章阐述他"旧邦新命"的职志，认为哲学是一个有生命的"活的东西"，每一个重要的历史时代都要有"新的包括自然、社会、个人生活各方面的广泛哲学体系"的创造。这个哲学体系的内容乃是"历史的产物"，有着历史的必然性，并需要长期的孕育才能完成。因此，哲学史的"照着讲"，不是把哲学史当作一种死的东西来研究，它既非陈列资料，亦非对博物馆陈列品的解说。冯先生自谓其哲学的系统，是为中国现代新哲学的创造做贡献，而其哲学史的工作，则是为中国哲学的发展和新的中国哲学系统提供养料或营养品。这种"新旧"的统

379

---

　　[1] 参见冯友兰：《三松堂学术文集》，北京大学出版社，1984，第429–439页。

一和连续，乃能使"旧"的具有生命力，同时使"新"的具有自己的民族特色。①冯友兰先生具有中国现代哲学家与哲学史家的双重身份，他的有关讨论，对于我们理解哲学与哲学史的关系，有重要的启示意义。

哲学作为"活的东西"，乃表现为一生生连续的活的生命整体。这个"活"，应包含两个方面的意义。一是就哲学的理论创造而言，它必表现为一种植根历史传统的长期孕育的过程。冯友兰所谓"一个民族的新民族哲学，是从他的旧民族哲学'生'出来底"②，而现代中国新的"广泛哲学体系"必须要能够自己从传统"吸取营养"，经由几代人的努力才能完成③，讲的就是这个意思。二是就哲学史的研究而言，哲学史不应是古代哲学资料的汇编，而应是经由新的诠释原则的奠基和整合形成的新系统。这样，它才能真正为新的哲学系统提供生命的"营养"。正是在这个意义上，黑格尔主张"哲学史本身就应当是哲学的"，"哲学史的研究就是哲学本身的研究"④。这样的哲学史，亦非在陈列古董或罗列存在于过去的历史知识。哲学史研究的对象，"不是已死去的、埋藏在地下的、腐朽了的事物的知识。哲学史所研究的是不老的、现在活生生的东西"⑤。这两个方面的统一，构成了一个时代的哲学思想存在的基本方式。它表明，哲学的思想生

---

① 参见冯友兰：《三松堂自序》，载《三松堂全集（第一卷）》，河南人民出版社，2001，第310–314页。

② 冯友兰：《三松堂学术文集》，北京大学出版社，1984，第439页。

③ 冯友兰：《三松堂自序》，载《三松堂全集（第一卷）》，河南人民出版社，2001，第310–314页。

④［德］黑格尔：《哲学史讲演录（第一卷）》，商务印书馆，1981，第13、34页。

⑤［德］黑格尔：《哲学史讲演录（第一卷）》，商务印书馆，1981，第42–43页。

产或创造与哲学的历史发生犹一体之两面，不可分割。用冯友兰先生的术语说，一个时代的哲学，应当包括"接着讲"与"照着讲"两个方面的统一。我们讲"中国哲学"，亦应如此。

二、思想生产与学术研究

从这个角度来看，现代中国哲学研究存在的一个主要问题，就是哲学思想的生产与学术研究的两歧。

民国初年的"整理国故运动"，对推动中国传统学术的现代转型和分科化的研究，起到了积极的推动作用。其基本精神，就是把中国固有的学问或者"国故"，当作一种客观的资料，而以西方科学的模式和方法，对之加以分类的整理和研究，由此形成新的科学和学科系统。[①]它代表了现代以来中国传统思想学术研究的一种基本的路径。

不过，在这一学术转型的初期，中国思想学术的研究并未完全失其个性或自性。就中国哲学的研究而论，一方面，当时学者自身多具有深厚的传统学养和人格教养；另一方面，他们虽深受西方哲学的影响，但对诠释原则具有选择的自由。因此，这一时期的中国哲学研究，在思想和学术上并未失去其思想的原创力与其作为中国学术之个性。结合西方哲学与中国传统思想学术以构成自己独立的哲学系统，成为当时学者的一种自觉意识，而这一时期，也成为中国传统思想学术向现代中国哲学形态转化过程中

---

① 参见曹聚仁：《国故学之意义与价值》，载许啸天编《国故学讨论集（上）》，上海书店，1991影印本。许啸天亦在《国故学讨论集》的《国故学讨论集新序》中强调，中国所谓"国故"，本无系统，无理知的方法，不能成立"一种有系统的学问"，颇以之为耻；主张用西方科学的方法，整理出政治学、社会学、文学、哲学以及工农、数理、格物等科学的系统。这确实表现了当时学者一种普遍的思路和情绪。

一个最具原创力的阶段。梁漱溟的文化哲学、熊十力的新唯识论、冯友兰的新理学等，都是对中西哲学思想有所取资，而以中国思想为根底所建立的独立的哲学系统。当时的很多中国哲学学者，既是哲学史家，又是哲学家。如冯友兰先生，既著有《中国哲学史》，又构建了《贞元六书》的哲学体系；张岱年先生既有《中国哲学史大纲》一类哲学史论著，亦有其《天人五论》①的哲学系统。他们是用自己的哲学来观察中国哲学的历史，对之作出自己的诠释和建构，而非依傍于某种外在的理论。这一时代对中国哲学的研究，"史"贯通着"哲学"和"思想"，而史的研究，也往往以创建自己独立的哲学体系为其最终的归宿。

20世纪50年代以后，上述以西方学科模式和科学方法整理"国故"的路径继续大行其道，同时，意识形态逐渐代替思想的创造占据了一元化的话语主导地位。这使得传统学术研究完全脱离社会生活，局限于学院的狭小领域，同时，学院学术中的历史传统，亦更进一步蜕化为单纯"过去"时态意义上的知识、资料甚至古董，完全失去了它作为思想创造本原的文化生命意义。1952年全国院系调整，全国的哲学系集中调整到北京大学。当时的北大哲学系分四个专业组：逻辑学教研组、马列主义课程教学辅导组、中国哲学史料研究组、西方哲学编译组。在全国大学唯一的哲学系里面，中国哲学的一流学者们所能做的工作，就是辅导、编译和整理史料（这当然是一个极端化时代的一个极端化的例子）。②在这种情势下，哲学的研究完全脱离了思想和理论的

① 即张岱年20世纪40年代所著《哲学思维论》《知实论》《事理论》《品德论》《天人简论》。

② 参见张岱年：《张岱年全集（第八卷）》，河北人民出版社，1996，第541–542页。

生产与创造，成为一种单纯的史料整理和历史知识的传授工作。哲学的思想生产仅为少数人物所领有，老一辈哲学家或被迫进行"思想改造"，或只能放弃原有的哲学思考，而专做"哲学史"的研究或具有唯一性的哲学"原理"的辅导工作。老一代哲学家为此而扼腕，经历了长期的思想挣扎①，之后的研究者则基本上放弃了哲学上的思考和创造。基于中国传统思想学术的当代中国哲学的思想创造和重建活动由此而终止，"中国哲学史"成为"中国哲学"的代名词。

从哲学思想的生产与哲学的历史或哲学的"接着讲"与"照着讲"的统一本性来讲，我们所谓"中国哲学"，实应包括中国整个哲学界的思想学术活动及其思想成果，而不应仅仅在目前哲学学科划分中二级学科（即"中国哲学史"）的意义上来理解"中国哲学"这一概念。

当前，中国哲学界的状况较之三十多年前有了很大的改观，学者在思想和学术研究两方面拥有了较大的自由空间，但是学科分工过细，学科间森严壁垒的状况尚未得到根本的改观。中国哲学界目前的学术结构，是长期以来形成的"中西马"三驾马车的格局。"中西马"三方面的关系，也是近年来中国哲学界关注的一个重要问题。就这三个方面的功能而论，"马"仍然充当着思

---

① 张岱年先生曾回忆说，他40年代受冯友兰、熊十力、金岳霖创立体系的影响，写出《哲学思维论》《知实论》《事理论》《品德论》等论稿，提出自己初步的哲学系统，"惜乎50年代以后，专门从事中国哲学史的教学工作，后来又遭值困厄，对哲学理论问题存而不论了"（张岱年：《张岱年全集》，河北人民出版社，1996，《自序》第3~4页）。他在《我与中国20世纪》一文中亦说："在1957年至1979年的二十多年中，我完全放弃了对于哲学理论问题的思考，正在精力比较旺盛的时间，却完全钻入故纸堆中，枉费了光阴，这是深感痛惜的。"这对老一辈哲学家而言，是很有代表性的。

想生产的角色，"中"和"西"所充当的仍然只是"史"的角色。"史"只是知识，不是思想，不是思想的产生者和发源地。这一点，在"中"这一方面，表现得尤其严重。

当然，我们不是说"马"不应是思想的生产者，问题是，"马"不应是脱离开"史"的单纯的"原理"。哲学不存在一般性的原理。一方面，只有经由不同层级的充分的个性化，哲学才真正具有可以相互通达的可理解性；另一方面，各种具体形态的哲学系统，亦只有充分地向他者敞开以达成自身的普遍化，才能获得其作为哲学的本真意义。哲学的普遍性，实一建基于差异互通的"通性"或可理解性。只有真正建基于自身历史传统的哲学，才能具有文化生命的个性，因而具有这样的通性和可理解性。黑格尔"哲学史是哲学的"这一判断，亦应蕴含着它的反命题——哲学就是哲学史。冯友兰先生的"接着讲"与"照着讲"统一、"旧邦新命"（"阐旧邦以辅新命"）的中国哲学观，亦体现了这一精神。黑格尔的哲学著作《精神现象学》《逻辑学》，都内在地充盈着西方宗教、哲学和历史的精神。胡塞尔的现象学之所以在西方当代思想和诸文化领域能够产生巨大的影响，具有强大的思想解释力量，亦是由于它针对西方思想实证主义的倾向，表现出一种复兴希腊理性精神，重建科学、哲学之生活世界意义基础的努力。哲学作为在其思想中所把握的时代，同时表现着它与自身历史的内在连续性和密切的关联性。哲学与自身历史的这种密切的关系，是其他任何一个学科都不能比拟的。而哲学一旦走向一元化、形式化的"原理"，也就表明了它与哲学的历史传统及世道人心的脱离，宣示了它在思想创造进程和人的精神生活领域中的退场。

就"哲学史是哲学的"这一方面而言，"西"的状况比较好。西方哲学本身所具有的理论和逻辑特性，亦使学者较能关注哲学理论问题的讨论和哲学的思考。此外，我们经常看到研究西方哲学的学者，常常且尤其是会在晚年回到中国哲学领域，对其作出很有哲学意义的诠释。

比起三十年前仅把中国哲学理解为"史料"和解说两军对战之工具的状况，中国哲学的研究已经有了长足的进步。学者对中国哲学史的诠释原则有了较大的自由选择空间，可以把自身的学术志趣融入学术研究中，这使之逐渐有可能秉承传统"为己之学"的宗旨，说自己的话，走自己的路，学术的研究因而获得了更充分的自由度和真实性。但是，当前中国哲学的研究方式，仍然没有摆脱仅仅把中国哲学看作单纯的"史"的窠臼。借用冯友兰先生的用语，中国哲学（狭义的、二级学科意义上的）的研究仍完全处于一种只有"照着讲"而没有"接着讲"的状态。缺失了"接着讲"这一面，"照着讲"便同时失去了源出于其自身的内在性的诠释原则，"思想"仍然只能完全由外边外在地引入。

这样一来，一方面，思想理论界流行的各种理论学说，多属从外面直接"拿来"，而未能上接民族文化之慧命；另一方面，传统的思想学术文化则仅被理解为"过去"时态意义上的知识、资料甚至古董，不能参与当代社会思想文化创造的过程。此即我们所说的"哲学思想的生产与学术研究的两歧"。由此产生了这样一个学术悖论："中国哲学界"里无"中国哲学"，或者说存在着一个"无中国哲学"的"中国哲学界"。中国当代思想与文化的建设缺乏内在的原创力，收效亦甚微，这是一个重要的原因。

三、中国传统思想学术的立言方式

针对上述问题，我们以为，中国哲学的研究方式需要有所改变，这就是要打破哲学与哲学史的抽象对峙，以构建中国哲学的当代理论形态。

中国传统思想学术深具历史意识，诠释经典为中国哲学家"立言"或表达其思想的基本方式。中国哲学思想的历史，可以说就是一部经典诠释史。这恰恰表明，中国哲学的思想与其历史具有密不可分的内在关联性。这种关联的特点表现为：不同时代的学术，乃恒据新的思想以重建经典的意义系统，而非以经典为单纯的历史知识。

先秦哲学的兴起，适当西方学者所谓的轴心期或哲学突破的时代。这个时代，经典系统与哲学思想的形成相为表里，成为同一过程的两个方面。孔子自称"述而不作，信而好古"（《论语·述而》）。按朱子的解释，"述"谓"传旧"，"作"即"创始"。孔子非无所创作，实寓"述"以为"作"。这"述""作"之义，乃与六经经典系统的建构相关。西周官师一体，学在官府①，经籍典章既掌于官司典守，礼、乐、射、御、书、数"六艺"亦被用以教养贵胄国子②。但在当时，作为社会教化基础的经典系统尚未形成。春秋王室衰微，诸侯力政，礼坏乐崩，道术为天下裂。于是孔子起而担当斯文，损益三代，"论次诗书，修起礼乐"（《史记·儒林列传》），赞《易》，作《春秋》，删定六经，并以之为教典，开私学无类之教，始教化于民间。孔子于六经，特重《易》与《春秋》。孔子弟子三千，能于《诗》《书》《礼》《乐》之外，兼通《易》与《春秋》者，数

---

① 章学诚《校雠通义·原道》载："圣人为之立官分守，而文字亦从而纪焉。有官斯有法，故法具于官；有法斯有书，故官守其书；有书斯有学，故师传其学；有学斯有业，故弟子习其业；官守学业皆出于一。"

②《周礼·保氏》："养国子以道，乃教之六艺：一曰五礼，二曰六乐，三曰五射，四曰五驭，五曰六书，六曰九数。"

仅七十。帛书《易传·要》载："后世之士疑丘者，或以《易》乎！"《孟子·滕文公下》载："孔子曰：知我者，其惟《春秋》乎！罪我者，其惟《春秋》乎！"足见孔子哲思理念与文化生命之所托，要在《易》与《春秋》。三代之《易》，曰《连山》《归藏》《周易》，本为卜筮之书。孔子晚而喜《易》，著《易大传》，观天之神道以设教，归筮数之途于德义[1]，始转变《周易》为一著天地、阴阳之道的形上哲学系统。春秋诸侯各有国史，史称"百国《春秋》"。孔子据鲁史而作《春秋》，所重在"义"。[2]这个"义"，具体说来，就是司马迁所说"是非二百四十二年之中，以为天下仪表"，"别嫌疑，明是非，定犹豫，善善恶恶，贤贤贱不肖"（《史记·太史公自序》），集中体现了孔子的价值观念。要言之，"《易》以道阴阳"，"本隐之以显"，表现了孔子"性与天道"的形上学；"《春秋》以道名分"，"推见而至隐"，表现了孔子的价值理念。[3]统合二者，孔子的哲学系统，可见其大概。孔子据此而贯通六艺，乃开创了中国文化以六经为中心，作为社会教化基础的经典系统。孔子以"德、义"为本重建传统，寓"作"于"述"，其超越性的文化价值理念由是而表见于经典的系统，获得了关涉现实和当下生命存在的

387

---

① 帛书《易传·要》："《易》，我后其祝卜矣，我观其德义耳也。幽赞而达乎数，明数而达乎德，又仁□者而义行之耳。赞而不达乎数，则其为之巫；数而不达乎德，则其为之史。史巫之筮，乡之而未也，好之而非也。后世之士疑丘者，或以易乎？吾求其德而已，吾与史巫同涂而殊归者也。"可知孔子《易传》，要在阐发《易》之"德义"内涵。

② 《孟子·离娄下》："王者之迹熄而《诗》亡，《诗》亡然后《春秋》作。晋之《乘》、楚之《梼杌》、鲁之《春秋》，一也。其事则齐桓、晋文，其文则史。孔子曰：其义则丘窃取之矣。"

③ 《庄子·天下》："《易》以道阴阳，《春秋》以道名分。"《史记·司马相如列传》："太史公曰：《春秋》推见至隐；《易》本隐之以显。"

意义。"孔子成《春秋》而乱臣贼子惧"（《孟子·滕文公下》），就表现了这一点。

故历来言儒学，必及六经。先秦诸子蜂起，孔子六艺之学，实居其主流。《庄子·天下篇》论古之"道术"在当时学术中的表现，认为百家之学仅得道术之一曲，无以体现古来道术之精神全貌，"内圣外王之道"之整全性由是隐而不明。《庄子·天下篇》所列百家诸子之学，儒家不在其中，而以邹鲁之士、搢绅先生的六经之学作为古来道术之整全表现，以与百家之学相对举。①《汉书·艺文志》言孔子《论语》不在诸子，与《孝经》②同列于六艺。其综论诸子，以为诸子之学，起于王道既微，诸侯力政，虽各引一端，以取合诸侯，其实皆出于六艺之学，为"六经之支与流裔"，强调须通过"修六艺之术而观此九家之言"，即从六经的整体精神来理解诸子之学，乃能把握其根本③。《天下篇》与《艺文志》之说，并非虚言。周代包括德行、道艺、仪容诸方面的教育内容，皆托于职官，存诸经籍，诸子所承接传统及其教育，亦大体不能外此。故战国诸子之文，源出六艺之教（参见《文史通义·诗教上》）；儒家六经传记，亦"往往取诸子以为

388

---

① 《庄子·天下》："其明而在数度者，旧法、世传之史尚多有之；其在于《诗》《书》《礼》《乐》者，邹鲁之士、搢绅先生多能明之。《诗》以道志，《书》以道事，《礼》以道行，《乐》以道和，《易》以道阴阳，《春秋》以道名分。其数散于天下而设于中国者，百家之学时或称而道之。""其明而在""其在于""其数散于"的"其"字，指古之道术而言。

② 《汉书·艺文志》以《孝经》为"孔子为曾子陈孝道"之书。

③ 《汉书·艺文志》综论诸子之学说："诸子十家，其可观者九家而已。皆起于王道既微，诸侯力政，时君世主，好恶殊方。是以九家之术，蜂出并作，各引一端，崇其所善，以此驰说，取合诸侯……《易》曰：天下同归而殊途，一致而百虑。今异家者，各推所长，穷知究虑，以明其指，虽有蔽短，合其要归，亦六经之支与流裔。使其人遭明王圣主，得其所折中，皆股肱之才已……若能修六艺之术，而观此九家之言，舍短取长，则可以通万方之略矣。"

书"①。孔子以"德义"为本，建立以六经为内容的经典系统，其意义即在于据哲学和理性的自觉以重建传统，并为中国文明发展确立新的精神方向。孔子所开创的儒家思想，成为中国思想学术之主流。其依止于经典重建的"述""作"之义②，亦成为中国哲学思想建构的基本方式。

孔子"述""作"之义及其所开启的经典诠释传统，其要在于经典之意义系统的重建。在中国哲学思想史上，不同时代思想的差异，主要表现在两个方面：一是所重经典之不同，一是诠释原则之转变。此二者又相为表里，密切相关。而每一时代学术的重心，在于其面对经典，重构传统，因任现实的思想性创造。这种思想的创造，亦必"深切著明"于具体的史事，而非取徒托"空言"的方式来实现。《史记·孔子世家》记孔子论其作《春秋》之意说："我欲载之空言，不如见之于行事之深切著明者也。"西方哲学主要以理论和逻辑建构的方式来表出其思想的系统，用孔子的话说，所采取的是一种"载之空言"的方式。中国哲学与此不同，其思想的创造和表述，所采取的是一种道事、经史一体的方式。王阳明答徐爱问《春秋》与五经的关系云："以事言谓之史，以道言谓之经。事即道，道即事，《春秋》亦经，五经亦史。"（《传习录上》）阳明所论道与事、经与史的关系，很恰切地表现了这一点。这种方式，更凸显了思想的历史连续与当代性创造之间的内在一体性。

中国学术有所谓汉宋之争。然汉儒经学要不在章句训诂，宋

---

① 参见蒙文通：《经学抉原·传记第三》，载《经史抉原》，巴蜀书社，1995，第64–65页。

② 参见李景林：《教化的哲学——儒家思想的一种新诠释》，黑龙江人民出版社，2006，第342–351页。

明道学亦非仅仅是空谈心性义理。

汉代"大一统"，高帝布衣天子，将相亦多起于平民，其在思想上所面临的首要问题，就是政治上的一统和政治合法性的问题。汉代的政治和历史哲学，主要围绕这一中心问题展开。董仲舒通五经，尤为《春秋》公羊学大家。其以《公羊春秋》为诠释文本，结合《易传》《月令》《吕氏春秋》的宇宙论学说，引入阴阳五行、天人感应等观念，建立起一个形上学和宇宙论的体系，为当时政治的合法性和伦理社会价值体系的重建，奠定一超越性的基础。董仲舒所建立的宇宙论和"天的哲学系统"，为儒家思想确立了一个新的发展方向，铸就了汉代思想的特性[①]。汉儒崇奉六经，以孔子为素王，称其为汉制法。汉儒阐发经义，提出诸如征诛、禅让、革命、改制、质文、三统、三正、更化等一套政治和历史哲学理论，其着眼点显然并非把经典视为对象性的历史知识，而是重在揭示大义微言，重构经典的意义系统，以应对和解决时代所面临的重大理论和社会问题。

宋明儒学以"心性义理之学"名，其为学宗旨，要在应对释老对儒家传统价值理念的冲击，以接续儒学固有的人文传统，重建其圣学教化和外王事业之形上学的基础。宋明诸大儒多有泛滥于释老而后反求诸六经之经历，虽于释老心性之说有所取资，但并非空说心性或"载之空言"逻辑推论式地建构理论。汉唐儒学略偏重于社会政治层面，社会生活之修心养生的精神皈依一面乃渐次为佛家，道教所操持。宋明儒学思想和经典诠释原则的转换，表现为由汉唐儒学之社会政治关怀转向以性命之道和个体心性修养为中心，以建立其心性本体化的形上学系统；与

① 参见徐复观：《两汉思想史》第二卷，华东师范大学出版社，2001，第182-183页。

此相应，其所重经典，则由汉唐儒家之重五经转向以四书为中心而辅以五经的经典系统。以上两个方面的统一，表现了宋儒学说的精神。朱子和吕祖谦所撰《近思录》为理学入门书，其纲目次第，表现为一个"内圣外王"的结构，与《大学》格致诚正，修齐治平的学说规模相一致，由此可以看出宋人对思想学术之本质的理解。①在经典方面，朱子谓读经要循序渐进，应先四书后六经；四书次序，则宜先《大学》，次《论语》《孟子》，最后《中庸》。《大学》三纲八目，概括了儒家由心性内圣工夫外显于治平外王事业的一个总的纲领，故程朱以《大学》为圣学入德之门。《论语》《孟子》应机接物，因时因事而发微言，循此以进，可以收具体而微，融贯会通之效。《中庸》一书，荟萃儒家天人性命学说之精要，循《大学》《论语》《孟子》，而后会其极于《中庸》，便可建立大本大经。由此进于经史，乃能知其大义，而不致泥于文字训诂。故宋明儒所发心性义理之精微，绝非空言推论的产物。其所讨论问题，大率亦皆出自经典。诠

释原则和思想重心的转变引发与之相应的经典系统重构，经典的讲论和诠释则使太极、理气、理欲、性命、心性、性情、性气、格致、本体工夫等观念凸显出来，构成一新的话题系统和理论视域。在这种思想与经典之缘生互动的动态机制中，经典乃在不同时代获得其意义重构，参与思想的创造进程，成为思想生产的源头活水和生命源泉。

————————

①《近思录》十四卷，其纲目为："（一）道体；（二）为学大要；（三）格物穷理；（四）存养；（五）改过迁善，克己复礼；（六）齐家之道；（七）出处、进退、辞受之义；（八）治国、平天下之道；（九）制度；（十）君子处事之方；（十一）教学之道；（十二）改过及人心疵病；（十三）异端之学；（十四）圣贤气象。"（见［宋］黎靖德编《朱子语类》，王星贤点校，中华书局，1986，第2629页。）

综上可见，在中国哲学思想史上，思想的创造与经史的研究并非分为两撅。经由经典及其意义的重建以实现思想的转变，成为中国哲学思想生产的基本方式。思想家在有关经史的传习讲论中关注现实人生，构成当下的思想世界；经史的研究亦在这种不断当下化了的思想视域中，参与着思想的生产。经典和哲学史的"知识"，由之转为"现在活生生"的智慧，而非"对于已死去的、埋藏在地下的、腐朽了的事物的知识"。接续这种思想生产与思想史学术研究之相互共生的"立言"方式，对纠正当前哲学理论与哲学史抽象对峙的状况，有着重要的现实意义。

四、构建"属于自己"的当代中国哲学理论形态

中国需要属于自己的当代思想和哲学理论。这里所谓"属于自己"，当有二义。一是"属于"哲学家或中国哲学学者"自己"，一是"属于"中国学术和文化"自己"，两者实一体两面，本不可分。孔子既主"学者为己"，又自称"述而不作，信而好古"；孟子既倡学贵"深造自得"，又特强调"论世知人""尚友"古圣，都表现了在为学上两者统一的精神。黄宗羲著两《学案》，其《明儒学案·序》与《发凡》对中国思想学术这一为学精神的讨论，颇具代表性。黄宗羲以"殊途百虑之学""一本而万殊"概括为学之道。认为理非"悬空于天地万物之间"。学问思想，不出一途，"学术之不同，正以见道体之无尽"。"学问之道，以各人自用得著者为真……学者于其不同处，正宜著眼理会，所谓一本而万殊也。"为学必"穷此心之万殊"而成一家之言，形成自己独特的思想"宗旨"和思想系统，才能证显那个"理一"和同归一致之"道体"；反之，学无

宗旨，便只能是"倚门傍户，依样葫芦"，实无学术可言。濂、洛、关、闽、陆、王，殊途百虑，悉"竭其心之万殊者，而后成家"[①]，其学问"宗旨"，各各有别。经典及其意义系统既据此得以重建，文化生命根源性的获得，亦使其共通的理论视域及思想世界得以构成。在中国哲学思想史上，"天下同归而殊途，一致而百虑"既被视为"道"的实现方式，亦被理解为思想学术之生产和存在方式。宋儒提出"理一分殊"的观念，其义与此相通。不过宋明儒学的着重点，更强调由"分殊"上来证显"理一"。黄宗羲所谓一本万殊、殊途百虑之学，正凸显了这一精神。

在中国当代哲学的研究中，上述经典诠释传统发生了断裂。时下中国学界其实并不缺少各种各样的哲学理论，而真正缺乏的是根源于中国自身历史传统并由之而观照现实社会人生所成的"属于自己"的哲学理论。长期以来，中国学界占主导地位的哲学理论，基本上从外面现成"拿来"，就中国学术和文化而言，它不属于我们"自己"。这一理论，又表现为一种一元性而未能真正差异化的解释原则，它成为横亘于中国哲学研究者与其研究对象间的一个第三者或外在的评判标准，亦不属于中国哲学学者"自己"。缺乏这种不同层级个性化而"属于自己"的理论原则，则所谓中国哲学思想史的学术研究，只能蜕化为某种资料性的整理工作，成为属于过去时的不相干的历史知识。如前所述，哲学是一种有生命的"活的东西"。一方面，生产性或创造性是哲学作为思想的一种本性。它一则表现为一种其自身思想建构及不断生成的内在动力，作为思想的原则，又对文化学术诸领

393

① 黄宗羲：《明儒学案·自序》，见沈善波主编《黄宗羲全集（第七册）》，浙江古籍出版社，1992，第4页。

域产生某种辐射作用，表现出一种巨大的理论透视和解释力。而只有"属于自己"或植根于自身历史传统慧命的哲学理论，才能内在地具有这种思想的创造性和生产性。另一方面，哲学史是思想的历史，它只能向思想者敞开其自身。显然，一个缺乏自身独立思想，只能把其思想传统当作过去时之知识的时代，它的哲学史的知识，亦失去了它作为思想的真实性，成为虚假的、坏的"知识"。比如，当哲学史的研究仅仅是在寻求孔子是否唯物论或辩证法，是否是哪个阶级的代言者的时候，这样的哲学史知识，当然无助于真实的思想创造。可见，就哲学史的研究而言，那"属于自己"的哲学理论建构，亦为每一个时代所必须。

　　"属于自己"的哲学理论的建构，内在地包含着一个从学者个体至整个文化传统之不同层级的差异化序列，哲学学者经由"竭其心之万殊"，深造自得而构成属于自己的学术"宗旨"，则是这一差异化程序之必然的出发点。在20世纪前半叶中国哲学学科建立的初期阶段，学者所拥有的深厚传统学养和人格教养、理论原则多元化的选择空间，使其能够形成自己独立的学术宗旨。因此，当时作为哲学理论创造的"接着讲"与作为哲学史学术研究的"照着讲"虽已有学科的分工，却未产生分裂。之后政治意识形态渗入学术研究领域，一元化的"原理"和解释原则由之形成，学者因此完全失去了其建立自身独特学术"宗旨"的可能性，在理论、思想、精神、生命及人格教养诸层面上与自身的思想文化传统渐行渐远，这便从源头上阻断了上述理论建构的差异化序列。近年来，中国传统哲学的研究，在诠释原则的选择上已呈现出一种多元化的趋势，但现成"拿来"西方概念模式作为解释工具以"整理国故"的研究方式尚无根本性的改观。外来思

394

想的刺激对于一个时代诠释原则的转变，起着重要的作用，在我们这个全球化的时代，这一点尤其重要。哲学的概念非抽象的、可以现成搬来搬去的形式，它具有自身的内容，因而必关联于个体、族群、文化等差异化序列乃能真实地展现一种共通性的思想和精神世界。正如食物须经肠胃消化方能营卫身体一样，哲学的理论亦须经由特定历史文化"肠胃"的消化，才能获得活的文化生命意义和精神教养的作用。在这一点上，宋明儒对佛教哲学批判性的吸纳，已为我们提供了一种思想实验的范本。

以学者个体自身"学术宗旨"的差异多元性构成出发点，接续中国传统重建经典及其意义系统的思想生产和"立言"方式，使经典和哲学思想史的学术研究真正参与当下思想创造的进程，在此基础上真实展开与其他文明传统的思想对话，那"属于自己"的当代中国的哲学系统和思想世界才能逐步得以形成。

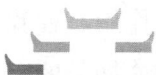

将方法收归内容

——中国哲学研究方法之反思

一、哲学的方法与内容

哲学的方法依存于哲学的内容，其方法与内容是统一的。黑格尔论哲学的方法，就特别突出了这一点。黑格尔在《小逻辑》的《导言》中说，"别的科学……可以假定在认识的开端和进程里有一种现成的认识方法"①，但哲学的方法必须是内在于其思想内容的方法。黑格尔特别嘲笑康德的批判哲学：要"认识于人们进行认识之前，其可笑无异于某学究的聪明办法，在没有学会游泳以前，切勿冒险下水"，而哲学"要想执行考察认识的工作，却只有在认识的活动过程中才可进行"。②在《小逻辑》的《第一版序言》中，黑格尔宣称其哲学的方法为"唯一的真正的与内容相一致的方法"③。在他看来，哲学的方法乃是哲学内容

①［德］黑格尔：《小逻辑》，贺麟译，商务印书馆，1980，第37页。黑格尔把哲学也称作"科学"，这里所谓"别的科学"，乃指哲学以外的其他一般科学而言。

②同上书，第50页。

③同上书，第1页。

展开和显现其自身的方式、次第、程序和历程，并非某种独立于这内容之外的、可供重复性操作的现成的工具和技术。哲学的方法内在于特定的哲学系统，与哲学的内容是密不可分的。当然，我们可以对方法做单独的处理和专题化的研究，这有助于我们的方法论自觉，但方法必须回归于内容，才能真正表现和实现它本有的意义。我们过去常常脱离哲学的本体和内容抽象地讲辩证法，致使辩证法堕落成一种"公说""婆说"的"变戏法"，这也从反面印证了这一点。

与宗教、艺术一类密切关联于人的生命存在的文化样式一样，哲学乃表现为一种个性化的学问①。庄子称知"道"为"见独"，王阳明谓"良知即是独知"，都很好地提揭了哲学或形上思考这种个性化的特质。哲学有两千多年的历史，却未能提出一种为所有哲学家所共许的哲学定义。世界上并不存在一种作为哲学范本或"原理"的哲学系统。哲学作为一种对人的存在及周围世界的形上思考，总是以某种不同层级的个性化方式出场，吾人对哲学的学习和讨论，也总是要通过个体与个体相遇的方式才能获得对它的切实领悟。哲学具有一种与生俱来的内在的吊诡性，即它追求普遍性和形上之道，但要在自身充分个性化的方式中呈显其普遍性的理念。一般科学的方法，可具有某种"现成"性与普遍可重复的实操性，而哲学的方法必须依止于其独有的内容乃能实现自身本有的意义，道理即在于此。

从这个角度来看，现代中国哲学研究所面临的一个重要问题，就是它的方法与内容的分离。与之相应，解决这一问题的途径，亦在于将这方法收归于其自身的内容。

———————

① 参见李景林：《教化的哲学——儒家思想的一种新诠释》，黑龙江人民出版社，2006，第1–5页。

二、中国哲学方法与内容的疏离

中国古代的学术分类，有汉人的六分①、六朝的七分②及《隋书·经籍志》的经、史、子、集四部分类等。这些分类，既是图书的分类，也是学术的分类。这与西方的学术分类有明显的不同。西方现代的学术分类，可以追溯到古希腊，我们从亚里士多德的学说体系中可以清楚地看到这种学术分类的端倪。它是一种学科性的划分，其旨趣在于知识系统的建立和拓展。中国古代的学术分类，无论是汉人的六分、六朝的七分、《隋书·经籍志》的四部分类，还是清人所谓义理、考据、辞章之学的区分等，都非学科性的划分，其间所体现的，要在一种"通"的精神。马一浮先生《复性书院讲录》论"判教与分科之别"说"中土之学"有"判教"而无"分科"，"分科者，一器一官之事，故为局；判教则知本之事，故为通。如今人言科学自哲学分离而独立，比哲学于祧庙之主，此谓有类而无统。中土之学不如是，以统类是一也"。③乃以尚"通"为中国学术之特质。钱穆先生亦以"通人通儒之学"概括中国传统学术的精神④，并分析这通人通儒之学的精神内涵说："中国传统，重视其人所为之学，而更重视为此学之人……以人为学之中心，而不以学为人之中心。故中国学术乃亦尚通不尚专。既贵其学之能专，尤更贵其人之能通。故学问所

---

① 汉班固《汉书·艺文志》据刘歆《七略》分经籍为六艺、诸子、诗赋、兵书、术数、方技六类。

② 南朝齐王俭《七志》分经籍为经典、诸子、文翰、军书、阴阳、术艺、图谱七类。南朝梁阮孝绪《七录》分经籍为经典、纪传、子兵、文集、技术、佛、道七类。

③ 马一浮：《马一浮集（第一册）》，浙江古籍出版社、浙江教育出版社，1996，第155页。

④ 钱穆：《现代中国学术论衡》，北京三联书店，2001，第1页。

尚，在能完成人人之德性，而不尚为学术分门类，使人人获有其部分之智识。"①西方学术，尤其是近代以来的学术，强调事实与价值、真理与信仰的区别，故其学术趣归于知识系统的建构，由此而成就一种知识性的分科之学。各学科和知识系统之间有明确的界限，而其整合贯通和人格德性成就的一面，乃归诸宗教而别成一独立的系统。中国传统学术并非无知识的向度，特其所重，乃将其知与学，建基于人之德性成就，故其学术不局限于一种知识的形态，而成就一种"通人通儒之学"。中国文化的超越性价值奠基于此学术的系统，而非另立为一宗教的体系，其原因亦在于此。

从20世纪初叶开始，中国传统思想和学术的研究，经历了一个现代转型的过程。现代以来，西方文化和学术处于话语霸权的强势地位，因此，纳入西方学术的分科模式和概念框架，便成了中国传统思想学术现代转型的一个必经之路。民国初年的"整理国故运动"，主张用西方现代的学科模式和学术规范对中国传统学术进行分类研究，以形成现代意义的学科体系。"中国哲学"，即在此学术转型过程中所形成的一个学科。这一研究方法，实代表了中国当代学术研究的一种一般倾向。

这一转型，对于中国当代学术体系的建立无疑具有重要的意义，但也产生了很大的问题。我们要注意的是，这一转型所运用的方法，非由中国学术体系自身中转出，而基本上是一种从外部现成的"拿来"。当时学者多以传统学术仅具"原料"或历史资料的性质，本无科学的方法、系统和学术可言，需要运用西方现代的科学方法和学科模式来对之进行分类整理，来构成诸如哲

① 钱穆：《中国学术通义》，台湾学生书局，1975，《序》第4页。

学、教育学、人生哲学、政治学、文学、经济学、史学、自然科学一类具有现代意义的知识系统。①由此形成的中国哲学学科，当然亦不能自外于此一学术转型的路径。

"哲学"一词，源自西方。在中国传统的学术分类中，本无一门被称为"哲学"的学问。我们可以把胡适《中国哲学大纲（上卷）》（1919年）和冯友兰《中国哲学史》（上册1930年、下册1933年）的出版看作现代意义的中国哲学学科诞生的标志。胡适的《中国哲学史大纲》，开辟了用西方哲学框架和方法分析、梳理、解释古代文献、典籍以建构现代中国哲学系统的研究路径。由于其西方化的解释痕迹甚为明显，当时就有学者批评胡著《中国哲学史大纲》表现了"多数美国人的成见"，甚至使人"觉得那本书的作者是一个研究中国思想的美国人"。②冯友兰先生在《中国哲学史》的《绪论》中，更明确地规定了中国哲学的研究方法和学术框架："今欲讲中国哲学史，其主要工作之一，即就中国历史上各种学问中，将其可以西洋所谓哲学名之者，选出而叙述之。"③而依照西方哲学的框架，中国哲学的内容，亦须由宇宙论或形上学（包括本体论与宇宙论）、人生论或价值论（包括心理学与伦理学等）、知识论或方法论（包括知识论与论理学）几部分来构成。④依照西方哲学的概念框架来重新规划中国传统思想学术，以形成一种哲学的观念系统，构成了现代中国哲学基本的研究方法。

---

① 参见李景林：《重建中国学术的通行基础》，载《天津社会科学》2010年第2期。

② 金岳霖：《审查报告二》，载冯友兰《中国哲学史（下）》，中华书局，1984，第606-611页。

③ 冯友兰：《中国哲学史（上）》，中华书局，1984，第1页。

④ 同上书，第2-4页。

当然，这种研究方法，对于中国传统学术的现代转型与现代学科体系的建立都起到了积极的推动作用。同时，这一时期的学者，自身多具备深厚的传统文化教养和学养，故其虽受西方哲学研究方法的影响，却具有一种较强的文化主体意识，能够取资中西学术，形成自身独特的哲学理论，据此阐发中国古代的哲学精神。因此，当时很多中国哲学的研究者，乃兼具哲学家与哲学史家的双重身份，他们用属于自己的哲学理论来诠释中国自身思想的历史，哲学方法的外在性问题尚未成为一个突出的问题。然而，凡事"其作始也简，其将毕也必巨"（《庄子·人间世》）。如理学之流于僵化支离，心学之流于空疏蹈虚，任何一种学术倾向所导致之片面化，都会在其发展过程中出现类似之流弊。20世纪中叶以来，随着中国哲学解释原则的由多元归于一元，学者在个人学养和教养方面与自身文化传统的渐行渐远，上述研究路径的流弊亦逐渐凸显。

概要言之，上述研究方法的主要问题，就在于它与内容的分离和相互外在。这种方法，是从西方哲学，从外面直接"拿来"的，而非来源于中国传统思想学术的内容本身。中国思想学术本有它内在"通"性的奠基，表现为一个生命的整体。哲学的方法作为其内容展开自身的形式，亦规定了这一内容的精神特质。当我们依照西方哲学的部门划分和范畴框架，把诸如《周易》《礼记》《论语》《孟子》《老子》《庄子》等古代典籍的资料分门别类，抽绎其命题、概念，将其系属于形上学、宇宙论、价值论、人生论、知识论等相应的哲学部门和类别，而对它做新的体系建构时，它的内容便被抽象成某种碎片化了的客观材料或历史资料，而丧失其生命整体性的意义，由此所构成的哲学的系统，亦逐渐缺失了其作为"中国"思想学术的自身的精神特质。譬诸今

401

所谓西方的"汉学"。西方"汉学"以西方人的观念模式来研究中国的学问，它的知识内容是"中国"的，但其学术精神和性质却是西方的。这种研究进路，首先是把中国传统的思想学术当作一个客体。当然，西方的"汉学"有它的主体，但它的主体是西方的。而中国现代的哲学，其主体性并未真正被建立起来，这哲学的方法既由外拿来，而其内容被当作一种客观的历史资料，由此所建构起来的现代中国"哲学"，便只能成为一种过去时形态的历史知识而非活在当下的思想，既失其学术性格或主体性的意义，亦无由切合并引领当下的社会生活。近百年来中国的哲学和文化之建设缺乏原创性因而收效甚微，其原因要在于此。

三、中国传统思想学术的立言方式

一种学术，当其流弊发展流延至它的临界点，常会产生某种复归其历史源头以寻回自身原创性的冲动。改革开放尤其是21世纪初以来，中国哲学界的方法论意识逐渐苏醒。近年所出现的有关中国哲学合法性问题的讨论，国学热、儒学热及其相关论争，以及学者关于经学对中国哲学研究基础性地位的强调，都表现了这一点，标识了一种当代中国哲学研究的方法回归其自身内容的趋向。了解中国传统思想学术的立言方式及研究方法，对理解这一点有重要的意义。

中国思想学术有一个源远流长的诠释传统，每代的儒者并不像西方哲学家那样着力于推翻一个体系以建立一个新的体系，而是通过经典及其意义系统的重建，以面对时代的问题，因应当下的生活，由此形成具有当代意义的思想论域和义理系统。其立言方式，乃表现为一种"述而不作"、不立之立之特点。此"不作""不立"，其诠释的原则，乃由经典与传统本身转出而非由外至，故能使古代经典及其文化精神保有自身生命的整体性和连续性，生生日新，切中当下生活，成为每一时代引领社会精神生活的一种活的思想和文化传统。

此一传统为孔子所开创。孔子谓"士志于道"，又自称"朝闻道，夕死可矣"，乃以求道为其职志。"形而上者谓之道"，然孔子"述而不作，信而好古"，其形上学的思想，乃寄寓于经典系统的建构，而非据一种形上学的体系以立言。孔子的"述而不作"，实绍述六经的系统以为"作"。西周学在官府，经籍掌于官司，并以六艺教国子贵胄。春秋王室衰微，礼坏乐崩，孔子始删定六经以教化于民间。要注意的是，孔子所定六经，并非一套一般的教本，而是一具有内在生命整体性的经典系统。孔子"论次诗书，修起礼乐"（《史记·儒林列传》），其于《诗》《书》《礼》《乐》所做的工作，是编辑整理和搜集删修。六经之中，孔子最重《易》与《春秋》。其于《易》，有《十翼》之作，又据鲁史而作《春秋》。但这《十翼》《春秋》之所谓"作"，亦非如西方哲学那样的抽象逻辑建构，准确地说，孔子于《易》所做的工作，叫作"赞"，于《春秋》所做的工作，叫作"修"。《易》本掌于春官太卜，为一卜筮之书，孔子好易，所重在其"德义"内涵[①]，为之作《传》，乃转变其为一"明于天之道，而察于民之故"的形上学系统，以寄托其"性与天道"的义理精神。春秋各有国史，《春秋》本为鲁史。史有事、有文、有义，孔子所重在其"义"[②]，因之而成《春秋》，寓褒贬，别善恶，

403

———————

① 帛书《易传·要》："《易》，我后其祝卜矣！我观其德义耳也。……吾与史巫同涂而殊归者也。"

②《孟子·离娄下》："晋之《乘》、楚之《梼杌》、鲁之《春秋》，一也。其事则齐桓、晋文，其文则史。孔子曰：其义则丘窃取之矣。"

正名分，以寄托其伦理、价值和政治的理念。[①]孔子乃以此贯通六艺，创成以六经为中心的经典系统，其形上学思想和教化的理念，遂寓诸其中。

古来学术，区分为经学与子学，言儒家必及于六经。其实，诸子与六经亦密切相关。周世贵胄国子德行道艺诸方面之教育，乃存诸职官与经籍，此诸子教养与学养之所本。《庄子·天下》从学术渊源的角度论诸子百家，以百家诸子皆得"道术"之一曲而成其"方术"，而古来作为"内圣外王"一体之"道术"，乃明诸邹鲁之士、搢绅先生所熟习之六经。《汉书·艺文志》列孔子《论语》《孝经》于六艺，而以诸子为"六经之支与流裔"。皆表现了这一点。章学诚谓战国之文、诸子之书"其源皆出于六艺"（《文史通义·诗教上》），洵有所本。嗣后历代思想的建构，大体包括两个方面，即经典系统与义理系统的建构。各代思想的不同，亦源于两个方面，一是所依据经典各有所重，一是诠释的原则乃因时代所面临的问题而存在差异。这两个方面，犹一体之两面，是互证互成的。如汉代由贵族政府转变为平民政府（钱穆先生语），面临政治合法性这一重大时代课题，故其于政治乃强调"一统"，于经典特重五经，于理论则以天人之际为进路，由此转出一种基于天人感应的宇宙观念的政治和历史哲学。魏晋承汉世经学虚妄繁琐之弊，又历经丧乱，纲常毁废，名教发生危机，是以名教与自然的关系凸显为时代一大问题，故其于经典乃推重《易》《论》《老》《庄》，于方法则循言意之辨的致

---

①《史记·太史公自序》："周道衰废，孔子……是非二百四十二年之中，以为天下仪表。贬天子，退诸侯，讨大夫……夫《春秋》，上明三王之道，下辨人事之纪，别嫌疑，明是非，定犹豫，善善恶恶，贤贤贱不肖……王道之大者也。"

思理路，由此展开了一套兼综儒道而统合有无、一多、本末、内外为一体的玄学系统。宋儒面对释老对儒家价值理念的冲击，旨在承续儒家道统，重建圣学教化之心性与形上学基础。故其于经典，乃由汉唐五经转向以四书为重心而辅以五经的经典系统；其思想论域，则由政治和历史转向心性与教育；其于方法，乃由统合《易》《庸》的心性本体化思想进路①，呈现出一种以太极、理气、理欲、性命、心性、格致等观念为内容的"心性义理之学"。此经典系统与义理系统两方面的建构，实相为表里，不可或分，就其经典系统言可谓之为经学，就义理方面言可谓之为哲学（如玄学、理学等）。

由此可以说，孔子所创据经典及其义理之建构以立言的方式，开辟了中国传统学术之思想创造的一个根本途径。

中国传统思想学术史的研究②，亦体现了上述研究方法的"通"性的精神。如《庄子·天下篇》以"道术"到"方术"的转变论百家之学的产生，谓古之道术本为一个整体或大全："圣有所生，王有所成，皆原于一。"而这个"一"，就是一个"内圣外王之道"，即人格成就与现实人伦生活之完满统一的一个整全性。嗣后道术"为天下裂"，而有"方术"即百家之学的产生。但在这个分化了的"方术"中，仍然包含着那个"道术"之全体，故说"其数散于天下，而设于中国者，百家之学，时或

---

① 参见李景林：《教化的哲学——儒家思想的一种新诠释》，黑龙江人民出版社，2006，第412–426页。

② 这里所谓中国传统思想学术史研究，指古代以中国传统思想和学术为对象的一类研究论著，如《庄子·天下》《荀子·非十二子》，正史中的《艺文志》《经籍志》《儒林传》《道学传》，及《伊洛渊源录》《名臣言行录》《明儒学案》《宋元学案》等。此种研究如现代中国哲学史著作一样，都以中国传统思想学术为研究对象，故对我们的研究有直接的启示意义。

称而道之"。其言各家，亦皆说"古之道术有在于是者"，某某
"闻其风而说之"。即言百家之说，虽已流为"方术"，但仍在
其有所限定的范限之内保有那个道术的整体和大全。此义在《汉
书·艺文志》中得到了更为清晰明确的表述。《汉书·艺文志》
以"天下同归而殊途，一致而百虑"综论诸家学术。谓诸家之
说，推其所本，皆"六经之支与流裔"，故须"修六艺之术而观
此九家之言"，要其本原，从六经之整体精神来理解和把握诸家
之学的根本意义。基于中国思想学术之统一的道术或经典传统的
根源性意识，强调学术的"通"性精神，这是中国传统思想学术
史研究的一个重要特点。

与此相应，中国传统思想学术研究在论述方式上，亦重在通
论各家思想学术的精神，而非做抽象的概念分析和知识系统的建
构。黄宗羲所创"学案"这一思想学术史形式较集中地体现了这
一点。"学案体的学术史是一种以人物为纲、因人立传、言行并
载又重在记言的学术史形式。"[1]它按每一学派立一学案，注重
学术的师承渊源。有序录或总序以概述学派宗旨及其义理精神，
勾勒学术源流；有传记以记述传主行谊、学术思想、学术传授与
著述；有传主著述选辑以供读者对传主思想学术做具体而微的切
实了解。此点最值得当代中国哲学的研究和撰述者取资借镜。此
外，注重学术思想的经世精神和人格教化意义，亦是中国传统思
想学术史研究的一个重要特点。

今欲救现代中国哲学研究方法与内容疏离之弊，重振中国
传统思想学术为一当代性的活的思想和文化精神，借资先儒先哲
"不作""不立"之诠释传统及其研究方法，乃一种可能之途径。

---

① 卢钟锋：《中国传统学术史》，河南人民出版社，1998，第13页。

四、中国哲学方法向内容的回归

21世纪初有关中国哲学合法性问题的讨论，其实质是对近百年来依照西方哲学重构中国传统思想这种研究模式的反思。有学者主张要"汉话汉说"而不要"汉话胡说"。近年来，亦颇有学者强调经学在中国思想学术研究中的主体地位，而对用哲学的研究方式做中国传统思想学术研究提出疑问。其实，作为一种对人和周围世界做形上思考的学问，哲学或形上学在中国思想学术中具有自身悠久的传统。问题的关键，不在能否把中国传统思想学术做哲学的研究，而在于通过"将方法收归内容"的方式，找到真正属于中国哲学自身的研究方法。我们主张"将方法收归内容"，既不是说要实质性地回到传统经典和思想学术的内容，亦不是说在传统思想学术中有一个现成的研究方法可资现成地"拿来"取用，而是强调，现代中国哲学的研究方法须于中国思想学术传统中整体性和创造性地转出。经学所关注的，正是经典自身的这种生命整体性。从这个意义上说，经学与哲学的研究方法对于现代中国哲学的研究而言，不仅不相矛盾，而且具有相得益彰的作用。

实质上，每一时代的思想学术，立言之途径与方法，皆有取于经典及其精神传统，而将其凸显为一种经典系统重构的新的诠释原则。以宋明儒学为例，宋儒心性本体化的方法理路，即表现为一种本于经典之创造性的转出，其心性之说，虽与佛学之刺激不无关系，然究其本原，却为儒家经典所本有。心性、性情、性与天道、天地之心诸观念，皆本存诸儒学元典。不过，在先秦时期，一方面，心性问题尚未凸显为先秦儒家思想的主题；另一方面，先秦儒家所言心性与天道，尚属于两个系统。就经典文本而言，《易》关涉"天道"的系统，《中庸》《孟子》则重在"心性"，宋明儒家所做的工作，乃将此两者统合为一体，而构成一新的诠释原则。在经典上，宋儒以四书为中心重构经典的系统，其在诸元典中尤重《中庸》《孟子》与《易传》，而此经典系统的转变，则与其思想视域的转变相为表里。汉唐儒家重五经，于学统上以周孔并称，以孔子上承周公，其关注点在政治与历史。宋儒在经典上由五经转向以四书为中心的经典系统，于学统则以孔子下开思孟，故以孔孟并称，这恰与其关注心性与个体人格之养成的思想视域相关。宋儒对经典系统的重构，在诠释方法和原则上的表现，我把它概括叫作"心性观念的本体化"。心学一系讲"心即理"，理学一系讲"性即理"，二者言心性又多以"心体""性体"称之，并常通过"天地之心"的观念来凸显道体的创生性意义，都表现了这一点。康德论人的想象力，有"再生的想象力"与"生产的想象力"之区分。上述诠释原则和方法从元典中的转出，正包含了这"再生性"与"生产性"两面的统一。心性的观念之取诸经典，可谓"再生性"的承续；联结统合心性与天道而为一新的致思取径和诠释原则，则可谓"生产性"的创造。这"再生性"，乃表现其经典的根源性与连续性；这"生产性"，则表现它的思想的创造性。由此整体转出而形成之诠释方法和原则，内在于其自身的内容；它对新的义理系统构成之作用，乃表现为一种生命整体性的统合而非外在碎片性的拼合，故能成就其本原于传统的文化主体性和精神特质。

哲学的方法既是一种创造性的转出而非现成性的取用，那么，我们所谓的"将方法收归内容"，须经过一个长期的、学界共同努力的过程才能实现，而"哲学"对于中国传统思想学术的"舶来"性，将会增加这一实现过程的艰巨性。不过，哲学作为一门学科的限定性，也赋予了我们思考此一问题以某种有迹可循的边界性。

哲学作为一种形上的思考，其目标在于求"道"（或曰真理）。在求"道"这一边界性中，我们可以从存在实现论的角度来理解中国哲学的方法论原则。西方哲学讲思维和存在的关系，采取的是一种认知、认识的路径，中国哲学则以人的生命实现为达道之进路。儒家讲"学以至圣人之道"，谓学有所止，而止诸成圣，以成己以成物、尽人之性以尽物之性的途径实现合外内、通物我的达道之境。其对道的自觉，亦须经修身成德，变化气质，由工夫而证得本体。道家则以成就"真人"为目标，讲"有真人而后有真知"，循致虚守静、知恬交养、虚室生白的途径以实现对道的自觉。佛家乃以解脱成佛为旨归，讲究止观双修，定慧一体，而由定发慧以证悟真如实相。中国哲学乃以人的存在与人格成就为前提以理解人的智慧，人对道的把握，亦被理解为存在实现前提下实有诸己的心明其意或自觉作用，而非一种对象性的认知。用这个存在实现论的观念来透视中国哲学的各种哲学问题及其各个部门，其便会在整体上呈现与西方哲学的本质差异和自身独特的精神特质。或谓中国哲学讲究直觉的方法，或谓中国哲学重体验或体知，也有学者强调中国哲学方法的工夫论特点。这些，其实都可以从存在实现论这一诠释路径得到合理的理解。近三十年来，我特别提出"教化的哲学"这一概念以诠解儒家哲学的特色，其根据亦在于此。

"将方法收归内容"，可视为建立真正属于中国文化自己的当代中国哲学之一可能的途径。

正负方法与人生境界

——冯友兰哲学方法论引发之思考

　　冯友兰是中国当代最具方法论自觉的哲学家之一。他不仅著有《新知言》一书专门论述形上学的方法，相关的讨论，在他的论著中也随处可见。这一形上学的方法，亦具体地贯彻和体现在其有关中国哲学的史、论著述中。《新知言》第一章指出："一门学问的性质，与它的方法，有密切底关系。我们……从讲形上学的方法，说明形上学的性质。"[1]哲学无独立的方法。一种真正的哲学方法，必是内在于其哲学的内容和体系的。冯友兰认为，未来的世界哲学应表现为理性主义与神秘主义的统一；与此相应，哲学的方法亦应是正的方法与负的方法的结合。冯友兰早年特别强调形上学的概念命题之不关涉内容的形式性意义，由此，这"形式的"形上学概念系统如何能够融摄那不可思议言说的神秘内容，作为逻辑分析的正的方法与神秘主义的负的方法如何能够融通，便成为其所必须面对和解决的一个理论难题。冯友兰晚年提出"具体共相"的观念，强调哲学概念与直觉、精神境界的内

---

　　① 冯友兰：《新知言》，见《贞元六书（下）》，华东师范大学出版社，1996，第869页。

在统一性，把形上学的概念理解为一种具有自身特殊内容的、意义揭示的思想创造活动，由此反思其早年所建立的"新理学"的形上学系统，并对哲学概念的性质及其表述方式，做了深刻的阐述。哲学的性质与方法的这种内在一致性，使冯友兰的哲学方法论反思，具有超出其自身的普遍的哲学意义。因此，切实地检讨和同情地理解冯友兰的哲学方法，对于把握其哲学的精神，乃至揭示哲学之为哲学的本质，都是具有重要意义的。

一、正负方法：性质及其相互关系

在冯友兰看来，"形上学是哲学中最重要底部分"，《新理学》是"最哲学底哲学"，具有"最哲学底形上学"。因而，冯友兰所谓哲学的方法，也就是形上学的方法或其"新理学"的方法。[①]这一哲学或形上学的方法，简单地说，就是冯友兰所谓正的方法和负的方法的相辅相成，统合为一。冯友兰对正的方法和负的方法有明确的界定和说明：

> 真正形上学的方法有两种：一种是正底方法；一种是负底方法。正底方法是以逻辑分析法讲形上学。负底方法是讲形上学不能讲。讲形上学不能讲，亦是一种讲形上学的方法……讲形上学不能讲，即对于形上学的对象，有所表显。既有所表显，即是讲形上学。此种讲形上学的方法，可以说是"烘云托月"的方法。[②]

---

① 参见冯友兰：《新知言》，见《贞元六书（下）》，华东师范大学出版社，1996，第863—864页。

② 冯友兰：《新知言》，见《贞元六书（下）》，华东师范大学出版社，1996，第869页。

冯友兰所谓正的方法，也就是逻辑分析的方法。他特别强调这种逻辑分析方法与科学方法的区别，指出，形上学的逻辑分析方法，是"对经验作逻辑底释义"。这个"逻辑底"意思，就是"形式底"而不涉及"内容底"，这是形上学与科学方法的根本区别之处。①所谓形上学的负的方法，就是说形上学不可说，或用佛家的术语，可以称作是一种"遮诠"的方法。冯友兰又说："负的方法在实质上是神秘主义的方法。"②在《论新理学在哲学中底地位及其方法》一文中，冯友兰又称其所谓正的方法为"形式主义底方法"，负的方法为"直觉主义底方法"③。"神秘主义""直觉主义"，可以看作冯友兰对负的方法义涵的一种揭示。

冯友兰哲学自始至终都特别注重逻辑分析的方法，早期尤其如此。冯友兰在《中国哲学史》的《绪论》中专辟一节讨论"哲学方法"，其言曰："近人有谓研究哲学所用之方法，与研究科学所用之方法不同。科学的方法是逻辑的，理智的；哲学之方法，是直觉的，反理智的。其实凡所谓直觉，顿悟，神秘经验等，虽有甚高的价值，但不必以之混入哲学方法之内。无论科学、哲学，皆系写出或说出之道理，皆必以严刻的理智态度表出之。……故谓以直觉为方法，吾人可得到一种神秘的经验（此经验果与'实在'符合否是另一问题）则可，谓以直觉为方法，吾人可得到一种哲学则不可。……各种学说之目的，皆不在叙述经

① 参见冯友兰：《新知言》，见《贞元六书（下）》，华东师范大学出版社，1996，第870页。

② 冯友兰：《中国哲学简史》，北京大学出版社，1985，第394页。

③ 参见冯友兰：《论新理学在哲学中底地位及其方法》，载《三松堂学术文集》，北京大学出版社，1984年，第512页。此文原载于1943年《哲学评论》第8卷第1—2期。《新原道》《新知言》即由此文扩充修正而成。

验，而在成立道理，故其方法，必为逻辑的、科学的。"①显然，这里尚未对哲学方法与科学方法作出明确的区分，但强调哲学应以逻辑分析为方法，而不关涉经验的内容，在这一点上，冯友兰是前后一贯的。在《中国哲学史新编》第七册中，冯友兰仍强调："新的现代化的中国哲学，只能是用近代逻辑学的成就，分析中国传统哲学中的概念，使那些似乎是含糊不清的概念明确起来，这就是'接着讲'与'照着讲'的区别。""接着讲"，是冯友兰对自己作为哲学家的哲学理论创造，及其对当代中国所需要的新哲学建构之贡献的一种概括。冯友兰在其所作《九十四岁自寿联》中，更以"阐旧邦以辅新命"一语，来自述他这一"接着讲"的哲学创造的志业。②"接着讲""阐旧邦以辅新命"，既强调了中国哲学当代重建之历史连续性的一面，又特别凸显了这一重建之创造性的意义，而其接续传统慧命以创造新时代哲学的工作，则始终以逻辑分析为其一贯的方法。

冯友兰著《新理学》，所用方法基本上就是逻辑分析亦即其所谓的正的方法，但其中已涉及负的方法的问题。其在《新理学》的《绪论》中说："哲学乃自纯思之观点，对于经验作理智底分析、总括及解释，而又以名言说出之者。哲学有靠人之思与辩。"③即言《新理学》乃以逻辑分析为其主要的方法。但冯友兰又特别强调，哲学之思乃全体之思。思必有其对象，既言全体，则不容被作为对象而思之。故哲学之思，必思及不可思议者。既承认哲学最终要达到整体和全体之思，又承认此整体和全体不可思议、不可言说，则必由此而引出其所谓的负的方法。

---

① 冯友兰:《中国哲学史（上）》，中华书局，1961年，第4–5页。

② 参见冯友兰:《三松堂全集（第14卷）》，河南人民出版社，2001年，第567页。

③ 冯友兰:《贞元六书（上）》，华东师范大学出版社，1996，第7页。

在《中国哲学简史》的最后一章，冯友兰对这一点做了清晰的说明。由此，亦可引生出颇多值得深思的问题。其言曰：

> 我在《新理学》中用的方法完全是分析的方法。可是写了这部书以后，我开始认识到负的方法也重要……现在，如果有人要我下哲学的定义，我会用悖论的方式回答：哲学，特别是形上学，是一门这样的知识，在其发展中，最终成为"不知之知"。如果的确如此，就非用负的方法不可。哲学，特别是形上学，它的用处不是增加实际的知识，而是提高精神的境界。①

又说：

> 正的方法与负的方法并不是矛盾的，倒是相辅相成的。一个完全的形上学系统，应当始于正的方法，而终于负的方法。如果它不终于负的方法，它就不能达到哲学的最后顶点。但是如果它不始于正的方法，它就缺少作为哲学的实质的清晰思想。神秘主义不是清晰思想的对立面，更不在清晰思想之下。无宁说它在清晰思想之外。它不是反对理性的；它是超越理性的。②

> 在中国哲学中，正的方法从未得到充分发展……另一方面，在西方哲学史中从未见到充分发展的负的方法。只有两者相结合才能产生未来的哲学。

① 冯友兰：《中国哲学简史》，北京大学出版社，1985，第387页。
② 同上书，第394页。

414

……在使用负的方法之前，哲学家或学哲学的学生
必须通过正的方法；在达到哲学的单纯性之前，他必须
通过哲学的复杂性。

　　人必须先说很多话然后保持静默。①

　　金岳霖先生曾经拿冯友兰与自己做比较，说他自己善于"把
很简单的事情说得很复杂"，而冯友兰则善于"把很复杂的事情
说得很简单"。②正的方法与负的方法、直觉与逻辑、神秘主义与
理性主义的关系，不仅在冯友兰的哲学系统中是一个很复杂的问
题，在整个哲学史上也是一个极为复杂和困难的问题。冯友兰于
此娓娓道来，举重若轻，对其哲学的方法，给出了精要的理论概
括，对正负方法的关系，亦做了相当清晰的说明。但是，其对正
的方法与负的方法、理性主义与神秘主义之间关系的理论复杂性
及其所包含的理论困难，却未做深入的反思和理论的探讨。

　　上述引文特别强调正负方法的相辅相成和相互结合，认为
"只有两者相结合才能产生未来的哲学"。这个未来的哲学，
即冯友兰理想中的"世界哲学"，应是理性主义与神秘主义的结
合。从方法的角度来讲，这个结合就表现为正的方法与负的方法
的结合。

　　同时，冯友兰又从"始终""先后"的角度来说明这正负方
法结合的途径和方式。"一个完全的形上学系统，应当始于正
的方法，而终于负的方法"。这个"始终"，表示哲学的性质和
最终目的之所在。具体说来，哲学最终所要达到的，是一种超
越经验的不可感觉、不可思议之境，也就是达到人生的最高境

415

　　① 冯友兰：《中国哲学简史》，北京大学出版社，1985，第394–395页。
　　② 冯友兰：《三松堂全集（第1卷）》，河南人民出版社，2001，第215页。

界——天地境界。要达到这个哲学的"最后顶点",只能诉诸神秘主义。负的方法,就是这样一个神秘主义的方法。"必须先说很多话然后保持静默",这个"先""后",乃是要指出哲学系统建立的入手处,即是要强调分析方法的重要性。人们必须先经由逻辑分析的训练即"哲学的复杂性",然后才能达到"哲学的单纯性"。

问题在于,这正的方法与负的方法是否有相互包含的意义。如前所述,无论从"始终"还是"先后"的角度看,作为逻辑分析的正的方法,都是冯友兰展开其形上学系统的基本方法,而由负的方法所展示的"神秘主义",只构成其哲学的"最后顶点"。如果此所谓负的方法的内容仅限于"讲形上学不能讲",而不能内在地贯通于这逻辑分析的过程,那么,所谓负的方法,其实并没有太多可以展开的内容,它对哲学或形上学的建构,亦不能具有实质性的意义。如果是这样的话,那所谓正负方法的结合,便也只能是一种外在的结合。

冯友兰早期的哲学,为了在哲学与科学之间作出区分,特别强调形上学命题之不涉及内容的形式性意义和哲学概念的"空灵"特性。认为形上学的命题"几乎都是重复叙述命题",它只对事实做"逻辑的"亦即"形式的"释义,[①]或者说,其作用乃是"离开实际而对于真际作形式底肯定"[②]。由此出发,冯友兰亦颇质疑传统哲学中那种内在关系论的观念。宋儒讲人人有一太极,物物有一太极,个体之人和物,皆内在地包含太极之全体。

---

① 冯友兰:《新知言》,见《贞元六书(下)》,华东师范大学出版社,1996,第870-871页。

② 冯友兰:《新理学》,见《贞元六书(上)》,华东师范大学出版社,1996,第23页。

宋儒又讲天与人本为一体，有一种内部的关联。佛教华严宗讲一即一切，一切即一，"一一毛中，皆有无边师子"，亦认为事物间本有内部之关联。冯友兰认为，这种内在关系论的观念，导致其所谓太极、一、天等概念，皆包含实际的内容，对实际有所肯定。[①]而新理学所谓"一"，只是一切之总名，所谓天或大全，亦只是一逻辑或形式的概念，于实际无所肯定。这样的概念，才是真正形上学亦即"最哲学底哲学"的概念。

与此相应，哲学的方法，亦应具有此"形式"的特性。在《论新理学在哲学中底地位及其方法》一文中，冯友兰不仅明确地把正的方法称作"形式主义底方法"，而且对其所谓"直觉主义底方法"亦即负的方法，亦做了形式的解释，特别强调此"直觉主义底方法"与"直觉"内容之区别性："用直觉主义讲底形上学，并不是讲者的直觉。形上学是一种学，学是讲出来底义理，而直觉则不是讲出底义理。用直觉主义讲底形上学，可以说是讲其所不讲。但讲其所不讲亦是讲。此讲是形上学。"[②]此说与其在《中国哲学史》的《绪论》中把"直觉、顿悟、神秘经验"排除于哲学方法之外的思路是一脉相承的，仍突出了其哲学之"形式主义"的特性。

但是，按照冯友兰的理解，哲学是"可以使人得到最高境界底学问"。既然如此，哲学就不能仅仅局限于在"知"的意义上得到几个"形式"的观念，而必同时使人能够对"道体""大全"等观念达到存在实现意义上的拥有。所以，冯友兰在《新理学》的《圣人》一章中特别强调，人不仅要"知天"，而且

417

---

① 冯友兰对佛家哲学内在关系论的批评，参见冯友兰：《新知言》，见《贞元六书（下）》，华东师范大学出版社，1996，第925-926页。

② 冯友兰：《三松堂学术文集》，北京大学出版社，1984，第512页。

要"事天"，不仅要"知大全"，而且要"自托于大全"。《新原人》进一步指出，"天地境界"中的人，不仅"知天"，而且能"事天""乐天"，最终甚至能"同天"，即"自同于大全"。这"事天"或"自托于大全"以至"自同于大全"，其义为实践的工夫以及由此所达到的存在之实现。这样，从理论上说，在"知大全"的形式观念与"自同于大全"的实践性工夫论观念、正的方法与负的方法之间，似乎就存在着一条不易逾越的鸿沟和理论上的断裂带。

同时，把负的方法仅仅规定为"讲形上学不能讲"，其范围亦嫌过狭。《新理学》用逻辑分析或"形式主义的方法"，由四组形式的命题，推论出理、气、道体及大全四个形式的观念，而"道体"与"大全"两个观念，正是冯友兰所谓不可思议、不可言说者。如就形式的理论系统而言，冯友兰所谓哲学的"最后顶点"，实由其正的方法或逻辑分析的方法得出。依照定义，这正的方法的终结处，恰应当是负的方法的开端处。但是，如果负的方法的意义仅仅局限于"讲形上学不能讲"，那么，它实质上尚未"开端"，即已胎死腹中，在"先说很多话"之后，剩下的便只有"静默"。如果是这样的话，其形上学的系统恐怕就很难容有这负的方法的安立之所。

这些理论上的困难，正是我们真正理解冯友兰哲学方法所必须要面对和解决的问题。

二、具体共相：概念、理智与直觉、体悟

冯友兰讲中国哲学，建立自己的哲学系统，有一个贯穿性的线索，这就是共相与殊相的关系问题。冯友兰晚年反思自己的哲学系统，特别强调"具体的共相"或具体概念的意义。从哲学

史来看，一个哲学家前后期的思想往往有所转变，但是这种思想的变化亦往往表现为哲学家固有思想之潜在意义的凸显，借以将原有思想中隐而不彰的题中应有之义显现出来，而非对过去思想的推倒重来。对冯友兰思想的这种变化，即应作如是观。冯友兰晚年所提出的"具体共相"思想，揭示了哲学范畴作为"形式概念"自身的"特殊内容"，明确地将形上学的概念内涵规定为一种思想和意义揭示的活动，从理论上讲，它对其早期所建立的哲学系统，具有一种意义激活的作用。因而，这一"具体共相"的观念，对于我们理解冯友兰正的方法与负的方法、理性主义与神秘主义统一的思想，具有重要的意义。

《三松堂自序》说：

> 《新原人》所讲的"大全"，不是"有"而是"群有"。《新理学》所讲的"理"都是抽象的共相。《新原人》所讲的"大全"是具体的共相，和《新理学》所讲的"理"是不同的。我在当时没有认识到这一点。[1]

419

又说：

> 正的方法是一种"媒介"，有了这种"媒介"，那些不可思议、不可言说的，也就更加显著了。
>
> 禅宗的语录记载一个故事。有一位禅师，有人问他什么是"心"，什么是"道"。他不回答，只竖起一个大拇指。有一个小和尚学他这个办法，有人问话，也竖起一个大拇指。这位禅师看见，把那个小和尚的大拇指砍

---

① 冯友兰：《三松堂全集（第1卷）》，河南人民出版社，2001，第228页。

了。小和尚负痛就跑。这位禅师在后面叫了他一声。小和尚回头一看,那位禅师又竖起一个大拇指。这个小和尚就恍然省悟了。这……说明,同是一种事,经过"媒介"与不经过"媒介",其意义会大不相同。黑格尔说:一个年轻人可以说与老年人相同的话,但老年人说这句话的时候,有他的一生的经验在里面。[①]

在《中国现代哲学史》的第九章,冯友兰指出自己的哲学在共相如何存在的问题上存在矛盾。这个矛盾表现在:既承认金岳霖的理"不存在而有"的观点,又肯定新实在论共相的存在是"潜存"的说法。[②]在《三松堂自序》中,冯友兰则指出,"不存在而有",是把"有"和"存在"分开来说,"其实,'有'就是'存在'。"这个共相的存在方式问题,实质上也就是"真际"与"实际"的关系问题,而"真际"正是"有'天地境界'的人的精神生活的一部分"。[③]从这个意义上说,共相并非抽象的形式观念,它具有自身的内容。冯友兰在《新原人》中指出,人通过觉解所把握到的宇宙人生的意义,构成人的精神境界,而这觉解不仅是一种了解、自觉,亦是一种活动和心灵状态。因此,达到"天地境界"的人,能够知天、事天、乐天,并"自同于大全"。这自同于大全,既是一种神秘的经验,亦是一种由工夫而达致的存在境域,故其对大全不仅能觉悟且能享有之。冯友兰谓《新原人》中所讲的共相是"具体的共相",其意义应在于此,

_____

① 冯友兰:《三松堂全集(第1卷)》,河南人民出版社,2001,第232页。

② 冯友兰:《中国现代哲学史》,生活·读书·新知三联书店,2009,第200页。

③ 参见冯友兰:《三松堂全集(第1卷)》,河南人民出版社,2001,第214、216页。

不过其"在当时没有认识到这一点"罢了。

在上引《三松堂自序》的第一段话中，冯友兰认为《新原人》所讲的"大全"是"具体的共相"，而将《新理学》中的概念仍归结为一种"抽象的共相"。不过，我们应当注意的是，这个具体共相或具体概念的思想，对冯友兰整个哲学体系而言，亦具有一种原初意义之激活和再发现的作用。

上述第二段引文中的禅宗故事，见诸冯友兰的很多论著，是他很喜欢引用的一个故事，但这里的解释与以前颇有不同。在《中国哲学简史》的最后一章，冯友兰引述这一故事以说明正负方法的关系，结论是"先说很多话然后保持静默"。在上述的引文中，冯友兰则引入"媒介"一观念，借黑格尔的话引申出言与不言或正负方法之相互包含的意义。这是很可注意的一种变化。

此处所引黑格尔的话，见于《小逻辑》第三篇《概念论》的"绝对理念"部分。[①]黑格尔用小孩与老人的格言包含不同意义这一事例，要说明的正是概念和理念的"具体性"这一思想。其所谓具体概念或概念的具体性，并非指感性、表象的具体性。黑格尔强调，概念范畴并非可以用来填充现成感性内容的抽象空洞形式，它具有自身的"特殊内容"。范畴的内容非感官可见，不在时空之内。一部真正的作品、一种经验知识的内容，并非感觉

421

---

① 参见［德］黑格尔：《小逻辑》，贺麟译，商务印书馆，1980，第422–423页。黑格尔说："绝对理念是普遍，但普遍并不单纯是与特殊内容相对立的抽象形式，而是绝对的形式，一切的规定和它所设定的全部充实的内容都要回复到这个绝对形式中。在这方面，绝对理念可以比作老人，老人讲的那些宗教真理，虽然小孩子也会讲，可是对于老人来说，这些宗教真理包含着他全部生活的意义。即使这小孩也懂宗教的内容，可是对他来说，在这个宗教真理之外，还存在着全部生活和整个世界。……同样，绝对理念的内容就是我们迄今所有的全部生活经历（decursus vitae）。那最后达到的见解就是：构成理念的内容和意义的，乃是整个展开的过程。"

材料的堆集，其中"多于"感觉材料的内容，就是"思想"。①
概念范畴乃表征着此"思想"创造的活动及其方式，而非单纯空
洞的容器和形式。因此，概念范畴及其逻辑理念（范畴总体），
便应表现为一个自身中介和展开的思想运动，而非一种静态平列
的关系。在这个展开的过程中，一方面，"概念的每一环节本身
即是整个概念"②，另一方面，范畴构成自身展开的活动，就是
各环节展开和扬弃自身为一整体的概念系统。③理念的内容作为
这样一个自身展开的全体和整体，即可把握为一个"直观"的
整体性。④正由于此，黑格尔认为，理性的"思辨真理"与宗
教的"神秘真理""同义"，"一切理性的真理均可以同时成为
神秘的"⑤。理性思辨的真理所揭示的，恰恰就是那宗教的神
秘真理。

　　冯友兰论具体共相，显然受到了黑格尔上述思想的影响。这
不仅使他能够用一种新的眼光来理解《新原人》中的"大全"概
念，而且亦可以这种具体共相的思想延及对一般哲学概念意义的
理解。在前引第二段引文中，冯友兰用"媒介"一语来说明正负
方法、言与不言之间的关系。从上下文义来看，这"媒介"应即
黑格尔所说的"中介"⑥。黑格尔"中介"这一观念，凸显了哲

420

---

　　① 参见［德］黑格尔：《小逻辑》，贺麟译，商务印书馆，1980，第124–
125页。
　　② 同上书，第332页。
　　③［德］黑格尔：《小逻辑》，贺麟译，商务印书馆，1980，第55–56页。
《小逻辑》的《导言》说："真正的自由的思想本身就是具体的，而且就是理
念……真理作为具体的，它必定是在自身中展开其自身，而且必定是联系在一
起和保持在一起的统一体，换言之，真理就是全体。"
　　④ 参见［德］黑格尔：《小逻辑》，贺麟译，商务印书馆，1980，第427页。
　　⑤ 同上书，第184页。
　　⑥ 我曾以这一看法求证于李秋零教授，得到他的认可。谨此致谢！

学概念必经由一系列否定性的规定不断特殊化自身的创造性和具体性意义。就人的存在说，"所谓中介性，是指发展、教育、和教养的过程而言"。①此经由中介性发展了的哲学概念，作为各思维规定（概念范畴）内在关联的整体，其内容即是人的精神活动的展开。上述引文中冯友兰所讲禅宗故事，亦强调逻辑分析活动（正的方法）作为"媒介"实即一种概念自我否定的活动。小和尚的觉悟，既出于概念（"心""道"）的引领，又基于其切肤之痛的身心历程，故特别突出了这一否定活动通过亲历体验和直觉领悟对于形上学概念之"不可思议""不可言说"内涵的意义充盈作用。冯友兰早年的哲学方法论，批评内在关系论的观念，在正的方法与负的方法，以及作为"直觉主义底方法"的负的方法与"直觉"的内容之间划界，以凸显哲学概念分析性、形式性的意义。如果哲学的概念仅仅是形式分析的，它就不能有建构创生的能力，以达到神秘主义的"最后顶点"，当然亦无法实现哲学正负方法的真正结合与统一。正如黑格尔所批评的：用单纯分析的方法"来研究对象就好像剥葱一样，将葱皮一层又一层地剥掉，但原葱已不在了"。②很显然，冯友兰吸收黑格尔具体概念和中介的思想，亦肯定了哲学方法不仅是分析的而且是综合的观念。肯定正的方法是达到不可思议、不可言说之境的"媒介"或中介，这媒介或中介的过程，乃以扬弃了的方式内在地包含在不可思议的"大全"的观念中。这样，冯友兰的哲学方法论，便可容纳形上学概念的综合性意义。由此，概念范畴作为把握实在的方式及其思想运动，可具有自身的内容，理智的概念与直觉的神

423

① 参见［德］黑格尔：《小逻辑》，贺麟译，商务印书馆，1980，第161页。
② 同上书，第413页。

秘之间，亦可相互包含和融通。

在《中国哲学史新编》第五十二章中，冯友兰论程颐《易传序》，认为"体用一源，显微无间"一命题，讲一般与特殊即共相与殊相的关系，体现了程颐理解《周易》及其哲学体系的要点。他指出，人心对宇宙人生之理的把握，要经历一个创造性的展开过程。事物本来是"体用一源，显微无间"的，我们日常生活中的事物，莫不如此，但起初人对此点尚未自觉，这就是"百姓日用而不知"。继而我们用逻辑分析的方法，对"体"与"用"、"微"与"显"作出分别，对它有了进一步的理解。但人的思想不能停留于此，要由这个分别再进一步，把"体用一源，显微无间"这一"天机"加以点明。上述三个阶段，构成一个否定之否定的过程。冯友兰在这里同样引用了黑格尔的话，来解释这一否定之否定过程的思想意义："黑格尔所说小孩子可以同老年人说同样的话，可是老年人说的话有他一生的经验在内。黑格尔《精神现象学》这样的一部大书，所发挥的就是这个道理……老年人说的那一句话是有内容的，小孩子说的那一句话就没有内容了。"[1]黑格尔的话是一个比喻。冯友兰又据程颐（伊川）与弟子谢良佐（上蔡）的一段轶事，来说明这一比喻的意义。谢良佐说："二十年前往见伊川，伊川曰：'近日事如何？'某对曰：'天下何思何虑？'伊川曰：'是则是有此理，贤却发得太早在。'"上蔡用《易·系辞》的话答伊川之问，伊川则认为他这个话说得太早了。《易·系辞》说："天下何思何虑！天下同归而殊途，一致而百虑。"对上述伊川评论上蔡之语的涵义，冯友兰做了如下解释："意思是说，必须经过'殊途'而达到'同归'，经过'百

---

① 冯友兰：《三松堂全集（第10卷）》，河南人民出版社，2001，第115–116页。

虑'而达到'一致'。那样的'同归'和'一致'才有内容,有
意义。如果没有经过'殊途'和'百虑',而只谈'同归'和
'一致',那样的'同归'和'一致'就没有内容和意义了。前
者是认识的进步,有助于精神境界的提高,后者是两句空谈,既
不是认识的提高,也无助于精神境界的提高。"①这里显然已经把
"具体共相"的思想,拓展到了对一般哲学概念和命题的理解。
冯友兰在这里使用否定之否定来表述前述"媒介"的思想。经由
中介性的否定过程,哲学的概念和命题被教养和生活的经历充实
和展开,因而包含有自身具体而丰富的内容。肯定哲学概念自身
展开的创造性及其相互包含,不仅是抽象的形式,且具有综合的
作用,包含自身的思想和逻辑内容,这种对形上学概念的新诠,
使冯友兰通过逻辑分析所建立起来的形上学概念,能够与《新原
人》所揭示的人生境界,实现一种内在的统一。

在这个意义上,理性的"思辨真理"与宗教性的"神秘真
理"正可以互通。冯友兰通过他的具体共相的思想,在这一点上
达到了与黑格尔相同的结论。晚年的冯友兰在理论上不再坚持直
觉主义方法与直觉之间的划分,而是特别凸显理性概念与直觉内
涵的内在统一性。在《中国哲学史新编》第七册最后一章,冯友
兰为该书写了一个《总结》。其中说:

> 金岳霖指出:"哲学是概念的游戏",而没有把这个
> 论断同人类精神境界结合起来,以至于分析概念似乎是
> 一种游戏。如果认识到真正的哲学是理智与直觉的结
> 合,心学与理学的争论亦可以息矣。②

① 冯友兰:《三松堂全集(第10卷)》,河南人民出版社,2001,第116页。
② 冯友兰:《中国现代哲学史》,生活·读书·新知三联书店,2009,第
225页。

　　《总结》凸显理智或概念与直觉的统一，应是前述冯友兰"具体共相"思想的一个必然的结论。

　　这里应当注意的是，冯友兰既肯定金岳霖"哲学是概念的游戏"的论断，又指出，当我们能够把这一论断"同人类精神境界结合起来"的时候，哲学的概念分析工作便不再是或不再仅仅是"一种游戏"。这种结合，从理论体系上说，就是《新理学》的形上学系统与《新原人》的境界论系统乃至《贞元六书》的统一；[①]从思想内容上说，就是理智或概念与直觉的统一。这样，冯友兰既肯定了他在《新理学》中所建立的"新统"即其形上学的系统，又从一个新的思想高度上揭示了这一"新统"本来的题中应有之义。这很好地表现了冯友兰哲学思想前后期的内在连续性。[②]从这个展开的连续性的角度，我们才能较好地理解冯友兰哲学的精神实质。

　　《总结》指出，"哲学是概念的游戏"的提法"说出了哲学的一种真实性质"。金岳霖的《论道》和冯友兰自己的《新理学》都是"把许多概念摆来摆去"。二者的区别在于，金岳霖"没有把这个论断同人类精神境界结合起来，以至于分析概念似乎是一

　　① 冯友兰先生曾说，其《贞元六书》实即一部书的六个章节，"新理学"的体系由这六部书构成，而《新理学》即是第一章《总纲》。《新理学》作为《总纲》，当然可以展开为此"新理学"的体系而与之统一。见冯友兰：《三松堂自序》，载《三松堂全集（第1卷）》，河南人民出版社，2001，第209-210页。
　　② 蒙培元先生曾专门著文讨论冯友兰这篇《总结》（见蒙培元：《知识，还是境界》，载《中国社会科学院研究生院学报》2001年第3期），认为《总结》把境界说由《新理学》体系的一部分变成整个哲学的核心问题，这是冯友兰哲学思想的一个重要发展，可以看作冯友兰的"晚年定论"。这是很有见地的。不过，用"晚年定论"一语来讲《总结》，不免使人产生一种"今是而昨非"的联想。从《总结》看，冯友兰对其早期提出的"新统"，是完全予以肯定的。

种游戏"；《新理学》所言理、气、道体和大全这些概念，看似无用而实有大用，这大用，就是能够提高人的精神境界。这就是《新原人》所揭示的人生或精神境界。而要达到人生的最高境界，必须经由《新理学》那样的形上学概念的认识。[①]因此，从体系上说，哲学的真正性质，表现为《新理学》与《新原人》思想的内在统一性。由此看来，晚年的冯友兰不仅仍然充分肯定他早年所建立的哲学体系，而且在新的理论层面上凸显了这一体系的内在统一性。

这个体系上的统一所表现的思想内容，即概念与直觉的统一。在这一点上，冯友兰贯彻了他的"具体共相"的思想。他指出，一个哲学家对他所建立的哲学概念的了解，不是字面或单纯形式的了解。字面或单纯形式的了解，只是"口耳之学"。哲学家即对哲学概念能够"身体力行"，将其对哲学概念的理解"融合于他的生活"者。换言之，哲学家对哲学概念，不仅有"理智的理解"，而且见诸其"直觉的感受"。孔子就是这样一位在"直觉的感受"上见证"道体"的哲学家。程颢《识仁篇》讲"仁者浑然与物同体"，这是"仁者的直觉"，又讲"识得此理，以诚敬存之"，既以"理"言，则此"浑然与物同体"亦是一形上学概念。换言之，哲学家用哲学的概念，乃是将他的生存的直觉，用概念表出。由此看来，"概念与直觉，不可偏重，也不可偏废"。这样的哲学概念，可以供人"受用"，因而具有提升人的精神境界的大用。[②]由此，我们可以说，哲学概念的内涵，即是直觉和人的精神境界。所以冯友兰在《中国哲学史新编》第七

427

---

① 参见冯友兰：《中国现代哲学史》，生活·读书·新知三联书店，2009，第220页。

② 同上书，第221–229页。

册评述自己的哲学体系说："直觉所得，必须用概念把它固定下来，这是概念在哲学中的作用。""一个人所有的概念就是他的精神境界；一个人所有的概念的高低，就分别出他的精神境界的高低。"①在这里，概念、理智与直觉、体悟，已被理解为经过互为中介（或媒介）和否定性过程的一个整体，不再存在直觉、神秘、体悟与"讲出来的义理"之间的分别。当然，对于达到此种境界的圣哲而言，其直觉的感受与体悟，在他的理性或智慧之光的照耀下，亦转为一澄明之境，而不再是"神秘"的了②。

冯友兰晚年用具体共相的思想，对哲学及其概念的本性，做了深刻的阐述，同时据此对自己的哲学系统，做了圆融的解释。这为我们理解其早年所建构的哲学体系，提供了一个新的视角。冯友兰早年特别强调哲学概念的形式性与非实质性的特性，其实，这正是要说明哲学的概念命题不能给予经验的知识，其功能

① 冯友兰：《中国现代哲学史》，生活·读书·新知三联书店，2009，第199、198页。

② 在中国哲学中，理性与直觉并非如西方哲学那样表现为抽象对立的两个方面。中国哲学固然强调"直觉"，但并非认此直觉为完全不可言说之神秘。儒家尤其如此。《易·系辞上》记孔子论圣人"立象""设卦""系辞"以尽其言意，即表现了这一点。朱子于此所论更为精当："性是太极浑然之体，本不可以名字言，但其中含具万理，而纲理之大者有四，故命之曰仁、义、礼、智……苟但曰浑然全体，则恐其如无星之秤、无寸之尺，终不足以晓天下，于是别而言之，界为四破，而四端之说于是而立。"见［宋］朱熹：《晦庵先生朱文公文集》卷五十八《答陈器之》，见《朱子全书（第二十三册）》，上海古籍出版社，2002，第2778页。朱子谓性、道、太极于其浑然全体中，乃内涵仁义礼智等万理之规定，故可以概念的形式表出之，并经工夫之历程而真实体证和拥有之。西方哲学从理性与非理性分立的立场出发，往往认为人与人之间有不可交通之谜。中国哲学并不注重此类的所谓"神秘"和"直觉"观念，冯友兰晚年所强调的概念与直觉、理智与体悟统一之说，正体现了中国哲学尤其是儒学的这一哲学精神。

在于提高人的精神境界。这是冯友兰坚持始终的一个思想。从形上学的概念为一"逻辑底观念"说，它不包含经验的内容，可以说是"形式的"，但形上学的概念作为具体的共相，具有其自身的内容。这个内容，即标志思想的创造活动及其方式。这活动则必与经验相关，它表现为一赋义和意义揭示的创造活动。可见，所谓哲学概念是"形式的"，与承认哲学概念包含其自身的"特殊内容"，分属两个理论层面，二者不仅不相矛盾，反可相辅相成。冯友兰早年以心的"觉解"揭示人生意义的角度来建立其境界论，其所谓"觉解"，即人心在其明觉的状态中自觉其认知及其情感的活动。冯友兰所理解的"心"，就是一"知觉灵明"之心。①应当注意的是，这里所讲的"知觉灵明"之心，乃是儒家传统心性哲学的概念。此心觉解而有之知识，亦是心灵体证所得，而不能是单纯认知的概念。《新理学》指出，哲学实即一以心观真际的活动："以心静观真际，可使我们对于真际，有一番理智底、同情底了解。对于真际之理智底了解，可以作为讲'人道'之根据。对于真际之同情底了解，可以作为入'圣域'之门路。"②可见，在《新理学》中，哲学观念对"真际的肯定"，乃有其自身特殊的内容。这与传统儒家的思想，是一脉相承的。这样，哲学的概念正可以使道家所说的那种原初的混沌，以理性的规定为中介，并在自觉和澄明的高度上构成自身的内容。③冯友

429

① 冯友兰在《新知言》中讲："有觉解是人的心的特异之处，所以我们专就知觉灵明说心。"见冯友兰：《贞元六书（下）》，华东师范大学出版社，1996，第539页。

② 冯友兰：《新理学·绪论》，见《贞元六书（上）》，华东师范大学出版社，1996，第15页。

③ 冯友兰在《新理学》第十章第五节中，用黑格尔自在（"在自底"）和自为（"为自底"）的观念来说明这一点。参见冯友兰：《贞元六书（上）》，华东师范大学出版社，1996，210–213页。

兰所谓"一个人所有的概念就是他的精神境界",说的就是这个道理。这一点,亦是冯友兰早期哲学所固有的精神,不过,经由冯友兰晚年的反思和总结,这一精神得到了澄明和显豁。当然,冯友兰在当时"没有认识到"这一点,由此造成一些理论上的困扰,亦在所难免。

冯友兰晚年的具体共相思想,为我们理解正负方法的统一性,进而把握冯友兰哲学方法的精神,提供了理论的前提。

三、正负方法:"始终""先后"与"同时""本末"

《新知言》有《论诗》一章,其中区分了"论"和"诗"这两种哲学家"表达意思"的方式:

> 无论用正底方法,或用负底方法,讲形上学,哲学家都可用长篇大论的方式,或用名言隽语的方式以表达其意思。这是两种表达意思的方式。前者可称为散文底方式,后者可称为诗底方式。用散文底方式表达意思,凡所应该说底话,都已说了,读者不能于所说者外另得到什么意思。用诗的方式表达意思,意思不止于其所说者。读者因其暗示,可以得到其所说者以外底意思,其中有些可能是说者所初未料及者。①

用"论"的方式讲形上学,哲学家言尽于斯,读者不能在此言说之外得到更多的"意思"。"诗"类似于哲学之用负的方法的地方,在于其包含作为"暗示"性的言外之意。由此,"进

① 冯友兰:《新知言》,见《贞元六书(下)》,华东师范大学出版社,1996,第962页。

于道底诗亦可以说是用负底方法讲形上学"。冯友兰认为，相对于西方哲学来说，中国古代哲学可以说多是倾向于"用名言隽语"，即"诗"的暗示方式来讲形上学。英国哲学家维特根斯坦的《逻辑哲学论》也是"用名言隽语"或"诗"的方式来表达意思，其说富于暗示，故亦可说是用"负底方法"讲形上学。但是，"诗"与形上学毕竟不同。严格地说，"进于道底诗"虽对形上学的对象有所"暗示"，但并不能将之与形上学等量齐观。所以冯友兰强调："进于道底诗亦可以说是用负底方法讲形上学。我们说'亦可以说是'，因为用负底方法底形上学其是'学'的部分，在于其讲形上学不能讲。诗并不讲形上学不能讲，所以它并没有'学'的成分。它不讲形上学不能讲，而直接以可感觉者，表显不可感觉、只可思议者，以及不可感觉，亦不可思议者。这些都是形上学的对象。"①按照冯友兰的说法，哲学或形上学作为一种"学"，在其言与不言间，存在着一条界限。而在"诗"的表意方式中，上述不可感觉、不可思议之对象，乃可于其所说者之外，通过某种方式得以表显。

进于道的诗，可以一种"暗示"的方式，将形上学不可感觉、不可思议的对象表显出来。在这个表意方式中，正的方法与负的方法是不分"先后"的。不是"先说很多话然后保持静默"，而是即"说话"、即"静默"的，或者说其"说话"与"静默"是同时性的。这也给我们一种"暗示"或启发：在哲学的言说方式中，是否也可以找到类似于"诗"的那种对形上学不可感觉、不可思议对象的"同时性"表达方式？从上述冯友兰据具体

---

① 冯友兰：《新知言》，见《贞元六书（下）》，华东师范大学出版社，1996，第960页。

共相观念对概念、理智与直觉、体悟统一关系的理解来看，答案当然是肯定的。实质上，只有在这种即"说话"、即"静默"的同时性方式中，冯友兰所揭橥的负的方法才能真正在形上学的系统中有其合理的位置。

《新知言》对正负方法的界定是："正底方法是以逻辑分析法讲形上学。""负底方法是讲形上学不能讲。"据此，正负方法的关系，当然有"先后"，有"始终"。但是，冯友兰所理解的负的方法，又不仅是在正的方法结束之后才开始的。《新理学》说：

> 有人谓：哲学所讲者中有些是不可思议、不可言说者。此点我们亦承认之。……主有不可思议、不可言说者，对于不可思议者，仍有思议，对于不可言说者，仍有言说。若无思议言说，则虽对于不可思议、不可言说者，有完全底了解，亦无哲学。不可思议、不可言说者，不是哲学，对于不可思议者之思议、对于不可言说者之言说，方是哲学。①

《新原人》亦说：

> 不可思议者，仍须以思议得之；不可了解者，仍须以了解了解之……不可思议底，亦是不可言说底。然欲告人，亦必用言语言说之。不过言说之后，须又说其是不可言说底。有许多哲学底著作，皆是对于不可思议者底思议，对于不可言说者底言说。学者必须经过思议，然后可至不可思议底；经过了解，然后可至不可了

① 冯友兰：《贞元六书（上）》，华东师范大学出版社，1996，第9–10页。

解底。不可思议底，不可了解底，是思议了解的最高得获。哲学的神秘主义是思议了解的最后底成就，不是与思议了解对立底。[①]

我们要注意的是，这里论"思议言说"，实质上是相对于哲学家、哲学著作与"学者"或"学哲学的学生"（前引《中国哲学简史》语）两个不同的主体而言的。此犹《庄子·大宗师》所说的"闻道"者"以圣人之道告圣人之才"。对于哲学家或"闻道者"而言，哲学乃是"对于不可思议者之思议、对于不可言说者之言说"。哲学家或"闻道者"的思议言说，所思议言说的内容，即此不可思议、不可言说者。那不可思议、不可言说者，于哲学家或"闻道者"之思议言说中，得以揭示和表显。在这里，其言说与不言间，实无明确的先后划分。对于"学哲学的学生"或"圣人之才"而言，则必须先经历思议、言说以及"身体力行"的工夫历程，然后才能达到不可言说、不可思议的神秘之境；不经历这一过程，其所得者，只能是"自然境界"，而不能达"天地境界"。当然，哲学家在成为"闻道者"之前，亦须经历此一过程。这个过程，当然亦有"先后"，有"始终"。

分清相对于这两个不同层次"主体"的不同论说，对我们真正理解正负方法之统一性，是很关键的一环。

冯友兰1948年为美国《哲学评论》杂志的《东方哲学讨论》专栏写过一篇文章，题为《中国哲学与未来世界哲学》[②]。该文主要谈两个问题："一点是哲学使用的方法，一点是由哲学达到的

433

---

① 冯友兰：《贞元六书（下）》，华东师范大学出版社，1996，第638页。
② 见冯友兰：《中国哲学与未来世界哲学》，见《三松堂全集（第11卷）》，河南人民出版社，2001，第588页。下文引述此文，不另作注。

理想人生。"它的特点，是通过人生境界论来阐明正负方法的关系问题。把正负方法的关系问题放在人生境界的论域中来理解，这与冯友兰后期以具体共相观念论概念、理智与直觉、体悟相统一的思想，是一致的。

在该文中，冯友兰提出中国的儒家传统和道家传统与西方的柏拉图传统和康德传统做比较，指出："尽管形上学的目的是对经验做理智的分析，可是这些路子全都各自达到'某物'，这'某物'在逻辑上不是理智的对象，因而理智不能对它做分析。"从这个意义上说，这"某物"，是一个"形式的观念"。"形式的"，是说它不是经验的知识，对"实际"无所肯定，但像"大一"或"大全"这样的"形式的"概念或观念，又为人展开了另一番天地，它从理智分析而来，却超越了理智分析，它自身似乎就是标志理智与神秘之间的一个"界限"。哲学的功用，就是"训练人""越过这个界限""成为完人"。"完人的最高成就，是与宇宙合一"，达到自同于大全的天地境界。该文提出的这个"界限"与"越过界限"的观念，对于理解正负方法的关系，非常重要。

就方法而言，"越过界限"必须通过"静默"，即形上学的负的方法来实现。不过，在冯友兰看来，哲学"训练人"以达界限的超越，并不始于"静默"。"'越过界限'的人，化入'混沌之地'。但这个化，必须经过理性而否定理性来实现"，而"理智否定的本身就是理智的活动"。这个理智或理性之自身否定的活动之所以能够实现界限的超越，正在于它是一种意义揭示的活动，而不仅是一种单纯理智分析的活动。在该文中，冯友兰指出：

> 我在《新原人》一书中曾说，人与其它动物的不同，在于人做事时，能理解他在做什么，并能自觉他正

在做它。他在做的事对于他的意义，正是这种理解和自觉给予的。由此给予他各种不同活动的各种不同意义，这些意义的整体，构成我所称的他的生活境界。

……　……

……天地境界必须看成哲学境界，因为若非通过哲学得到对宇宙的某种理解，就不可能达到天地境界。……哲学的任务就是给予他这种理解。

这里讲理解和自觉，就是冯友兰在《新原人》中所讲的"觉解"。如前所述，冯友兰所理解的觉解之心，是一"知觉灵明"之心。故此觉解，不限于理智的分析。要注意的是，在《中国哲学与未来世界哲学》一文中，冯友兰把哲学给予人的这种"觉解"的活动理解为中国哲学"否定理性以'越过界限'的方法"。在中国哲学中，哲学给予人的训练或觉解，是揭示意义以构成人生的境界。这种意义揭示的活动，表现为生活由"无明"至"明"的意义转变，而非对日常生活事务之事实上的改变。通过这种意义转变方式的"越过界限"，实质上是消除界限或宣告界限的不存在。这样，从方法的意义上说，在正的方法与负的方法间，亦不存在实质性的界限。

对"学哲学的学生"来说，正负方法有"先后"可言，他必须先经由逻辑分析方法的训练，才能达到那神秘的"最后顶点"，这就是"必须先说很多话然后保持静默"。但是单纯分析的方法不能"越过界限"，甚至不能设定界限。对于哲学家或"闻道者"而言，真正的哲学活动，必使它的概念和逻辑分析的活动成为一种意义揭示的活动，才能有"越过界限"的功用。不过，这种越过界限，实即是对界限的消除。在这里，正的方法所开始的地方，那不可思议的神秘内容亦同时在敞开它自己。《庄子·则阳》说："言而足，则终日言而尽道；言而不足，则终日言而尽物。"黄庭坚赞苏东坡说："东坡之酒，赤壁之笛，嬉笑怒骂，皆成文章。"①这两句话，对于揭示真正的哲学家和闻道者之言的本质，可谓得其神髓。"闻道者"之所言，乃尽显形上之境；一般人的言说，则多偏执于形下之物。东坡的嬉笑怒骂，敞开为一片艺术美的境界；一般人的嬉笑怒骂，恐怕就只是低级趣味了。所以，对于哲学家或闻道者来说，其言与不言，实不分先后；正负方法，亦同时而有。在这里，"先说很多话然后保持静默"，应为"言而足，则终日言而尽道；言而不足，则终日言而尽物"这一命题所替代，理性与神秘、正的方法与负的方法之间的界限，亦随之而被"越过"和消解。

不仅如此，真正的哲学著作，必是闻道者"以圣人之道告圣人之才"的活动。哲学家"对于不可思议者之思议、对于不可言说者之言说"，亦必是先得到那"不可思议者"和"不可言说者"，方能有此"思议"和"言说"。冯友兰早在《新理学》中就已指出了这一点：

> 哲学底活动，是对于事物之心观……哲学家将心观之所得，以言语说出，以文字写出，使别人亦可知之，其所说所写即是哲学。②

又指出：

> 王阳明在龙场居夷处困，一夕忽悟"致良知"之

---

① ［宋］黄庭坚：《山谷集（卷十四）》，《东坡先生真赞》之一。
② 冯友兰：《贞元六书（上）》，华东师范大学出版社，1996，第168页。

旨，于是豁然贯通。此夕之悟，即是有见于一种本然哲学系统。此夕之悟，即是创作。至其前乎及后乎此在学问方面所用之工夫，则皆是一种预备及修补或证明工夫也。①

哲学家将心观真际之所得，表诸名言和逻辑的系统，方有哲学。此即先"豁然贯通""有见于一种本然哲学系统"，然后乃有对其"不可思议者之思议""不可言说者之言说"。按照《中国哲学史新编》中《总结》的说法，哲学是哲学家先在"直觉的感受"上见证"道体"，其"所有的概念就是他的精神境界"，然后将"直觉所得""用概念固定下来"的结果。借用孟子的话说，在真正的哲学系统中，哲学家的角色必是"先得我心之所同然"者。《新知言》评论柏拉图的辩证法，区分"发现绝对"与"看见绝对"两个阶段。学习者是先通过理性之光"发现绝对"，然后"看见绝对"。但是，我们要强调，若就对话中的苏格拉底而言，他必是先"看见绝对"，其辩证法方能对学习者具有这种"助产术"的功用。在这个意义上，那对于"学哲学的学生"而言的"先后""始终"，正好倒转过来，作为"最后顶点"的"不可思议者""不可言说者"，现在乃作为分析言说的开端出现。正如冯友兰在《新知言》中分析黑格尔哲学时所说的那样："在哲学中，开始底也就是最后底，最后底也就是开始底……逻辑分析的最后所得，又是哲学的开端。"②这样看来，哲学的负的方法必须内在地贯通于逻辑分析而为其"本"，其"思议言说"方能真正成为一种意义揭示的活动，具有提高人的精神境界之功用。

437

---

① 冯友兰：《贞元六书（上）》，华东师范大学出版社，1996，第202页。
② 冯友兰：《贞元六书（下）》，华东师范大学出版社，1996，第908页。

　　当然，如《新原人》所说，哲学家或"闻道者"在其"言说之后，须又说其是不可言说底"。实质上，在一个哲学的系统中，这"讲形上学不能讲"，往往是为避免"学哲学的学生"对哲学的道理有落于言筌的偏执而发，其本身并不能构成哲学方法的一个独立的部分。冯友兰常用道家和佛家的遮诠说法来解说形上学的负的方法。其实，老子是既肯定"制有名"的人文创制，又强调"名亦既有，夫亦将知止，知止可以不殆"（《老子》三十二章）。《庄子·齐物论》既详论"齐物"之理，而后又讲"知止其所不知至矣"。佛家亦以缘起论成立其性空说，①为避免"理障"而复谓"第一义不可说"。西方哲学亦有这样的情况。黑格尔的《逻辑学》，展开理念为一逻辑的系统，但特别强调其概念系统的诸规定，皆是不断消逝着的环节，因而不能偏执。②维特根斯坦《逻辑哲学论》以命题分析的方式表述其思想，其在书末则强调，要理解该书的思想并能够正确地看世界，必须要像上墙后撤去梯子那样，通过、根据该书诸命题，并忘掉它们。③可见，"静默"并非哲学系统之一独立的部分，毋宁说，它作为消解偏执或概念范畴之形式化趋向的方法，是内在于哲学的整个逻辑和言说系统之中并为之奠基的。由此，负的方法与正的方法的关系，实可理解为一本末的关系。只有这样，哲学的负的方法才能在哲学中站稳脚跟，也只有在这个意义上，冯友兰所期待的

---

　　① 佛家的缘起论亦有业感缘起、阿赖耶缘起、真如缘起、法界缘起等不同的说法。

　　② 黑格尔说："理念这样显现的每一规定，同时是理念显现的一个过渡的或流逝着的环节。"见［德］黑格尔：《小逻辑》，贺麟译，商务印书馆，1980，第60页。

　　③ 参见［奥］维特根斯坦：《逻辑哲学论》，郭英译，商务印书馆，1985，第97页。

理性主义与神秘主义相统一的未来世界哲学，才是可能的。

在发表于1941年的《新理学答问之一》中，冯友兰承认，《新理学》存在着一些表述欠妥的"破绽"："……书中有些破绽。不过这些破绽，是我书的破绽，不是我的系统的破绽。……其中实有些地方，用字欠妥，或解说欠详，以致往往引起读者的误解。……如果系统有破绽，则系统即不成其为系统。"[①]确实，冯友兰早期的一些思想表达，存在欠圆熟之处。比如，他把负的方法界定为"讲形上学不能讲"，而没明确指出形上学系统之言与不言的内在统一性。他早年为区别哲学与科学，特别强调哲学概念的形式性特征，而忽略了对哲学范畴概念之自身"特殊内容"的揭示，等等。不过，只要我们能"以意逆志"而不囿于文辞，对冯友兰哲学思想做同情的了解，就会看到，这些表述上的"破绽"，并非其"系统的破绽"。从冯友兰晚年的理论反思反观其整个哲学系统，可以看出，他的思想是前后一贯的；其据具体共相思想对自己的哲学系统及哲学本性所做新解，亦是其整个哲学体系的题中应有之义。立足于这样的识度，我们才能更好地理解冯友兰的哲学方法及其哲学的真精神，从中获得对中国哲学和文化现代重建的智慧启迪。

439

① 冯友兰：《南渡集》，见《三松堂全集（第5卷）》，河南人民出版社，2001，第289页。

重建中国学术的通性基础^①

20世纪初以来，中国学界出现过两次可以称作是"国学热"的学术思潮：一是民国初年兴起的研究国学和"整理国故运动"，一是近年以来的有关国学的讨论。近年有关"国学"的讨论，是中国学术文化在新的历史条件下的一种自我反思，它标志着中国学术文化在思想和理论层面上的一种自觉，与20世纪初叶的"国学热"意义有所不同。民国初年的国学思潮，其着重点在于回应"西学"的挑战，以达成中国学术的现代转型；21世纪初以来所兴起的"国学热"，其指向乃在于中国学术文化之独特性或主体性的重建。从长时段的角度看，二者虽指向略异，而其本旨却可以互通。把二者结合起来，才能较好地理解国学的意义，并合理地把握其学术的定位。

民国初年的国学研究和"整理国故运动"，提出以"科学的方法整理国故"，体现了当时中国传统学术文化面临现代转型这一必然的趋势。当时学者对所谓"国学""国故学"等概念的笼统和含糊性颇为不满^②，认为中国传统学术文化或"国故"，虽包

---

① 本文原载《天津社会科学》2010年第2期。

② 许啸天在《国故学讨论集》的《序言》中，认为"国学""国故学""六艺之学""经史之学""诸子百家之学"等概念模糊而无系统，表明中国"没有一种有系统的学问"，颇以之为耻。他甚至多处用"大耻辱""羞死了""劣性""滑稽"这样的情绪化字眼来表达这种不满。这确实表现了当时学者某种普遍的情绪。见许啸天编《国故学讨论集·新序》，上海书店，1991影印版，第1—10页。

含科学的"原料"或资料，却缺乏科学的系统与方法，因而主张用西方现代的学术规范和学科模式，对中国传统学术文化进行分类的研究。这一运动，对国学研究的分科化趋势有清醒的认识，对中国传统学术研究的现代转型起到了重要的推动作用。[①]驯至今日，一个以西方学术分类为范式的中国传统学术文化研究的现代转型和学科体系已近乎完成。这一学术转型和新的学科体系的建立，是中国学术文化走向现代、面向世界的一个必经阶段，具有重要的历史意义。它为中国学术文化在现代层面上达成与西方学术文化的交流与沟通，从而参与世界思想学术创造的进程提供了可能性。但是，这一学术转型也给中国传统学术的研究带来了一些亟待解决的问题。

现代以来，西方学术文化处于具有话语霸权的优势地位。现代学者处理中西学术文化的关系，常有意无意间将中西的关系理解为"古今"的关系，因而，倾向于把"国学"仅仅看作用西方现代科学方法对存在于"过去"的客观历史资料的分析和整理的工作。胡适在《〈国学季刊〉发刊宣言》里说："'国学'在我们的心眼里，只是'国故学'的缩写。中国的一切过去的文化历史，都是我们的'国故'；研究这一切过去的历史文化的学问，就是'国故学'，省称为'国学'。"又说："……'国故学'的使命是整理中国一切文化历史。"[②]就概念的外延来说，所谓"国学"，即有关中国固有学术和历史文化的学问，此点应无疑义。但是，"过去的"这种过去时的表述，显然是把国学仅仅理

① 参见卢毅：《"整理国故运动"与国学研究的学科重建》，载《福建论坛（人文社会科学版）》2004年第6期。

② 刘梦溪主编《中国现代学术经典·胡适卷》，河北教育出版社，1996，第703页。

441

解为对客观历史材料的分析或整理，而非基于历史文化连续性的一种重建工作。曹聚仁先生在《国故学之意义与价值》一文中，对"国故"与"国故学"概念作出了界定。谓"国故者，五千年间中华民族之结晶思想也"。"国故学"乃以"国故"为对象。"国故"本无系统，无学术可言，仅可谓学术之资料。"国故学者，以'国故'为研究对象，而以科学方法处理之，使成为一科学也。"而此"国故学"所成就之"科学"，即由科学方法处理"国故"所成之"哲学、教育学、人生哲学、政治学、文学、经济学、史学、自然科学"的系统。①视中国传统学术或"国故"为一种客观的历史资料而对之加以科学的研究，成为当时国学学者一个相当普遍的观念。

学术文化具有客观的普适性②，对它做客观知识性的研究，当然十分必要。在现代化乃至"全球化"的历史境域中，这种客观知识性研究的层面尤其受到中国学界的重视。学者亦常据"学术无国界"一观念质疑"国学"。但是，学术文化的客观普适性意义，并非一种知识层面上的抽象同质性。不同的文化系统，各有其自身的个性和特殊性，亦必有相应的学术为其头脑和灵魂，因而具有自身理性的规定。由此，学术文化的客观性和普适性，应理解为一种差异实现前提下的互通性，或者说，一种学术文化系统的存在，总表现为一个属于自己的特殊实存且亦向它者敞开的境域。绝对自我封闭的学术文化系统不能存在，同样亦不存在一个独立于各种特殊学术文化实存的同质性的学术文化体系。这

① 参见许啸天编《国故学讨论集（上）》，上海书店，1991影印版，第61、64、74页。

② 在我看来，学术文化意义上的客观普遍性，是一种差异成就前提下的互通性，它区别于科学、技术、知识意义上的普遍性。为避免二者在概念上的混淆，本文论"国学"的客观普遍性意义，用"普适性"而不用"普遍性"。

样一个差异互通的"通"性，乃是一种学术文化系统建立其主体性自我认同，并超越性地与其他学术文化系统相融通的赋义基础和原创性的本原。一种学术文化的观念，总是与特殊的历史传统相关联而具有整体性的生命意义。从这个角度来看，学术文化的"通"性基础，乃存在于一个不断返归自身历史传统的当代性重建的过程中，表现为一种历史性与当代性的统一。因此，仅仅把中国传统学术文化理解为过去时态历史资料研究的"国学"，还不能看作真正的、完全意义上的"国学"。

不同学术文化体系皆有其"通"性作为自身原初的赋义基础，但这"通"性的基础有不同的表现形式。钱穆先生对此有很精辟的论述①，其在《现代中国学术论衡》的序中说："文化异，斯学术亦异。中国重和合，西方重分别。民国以来，中国学术界分门别类，务为专家，与中国传统通人通儒之学大相违异。循至返读古籍，格不相入。"②中国学术这个重"通"的特性就表现在："中国传统，重视其人所为之学，而更重视为此学之人。中国传统，每认为学属于人，而非人属于学。故人为学，必能以人为主而学为从。当以人为学之中心，而不以学为人之中心。故中国学术乃亦尚通不尚专。既贵其学之能专，尤更贵其人之能通。故学问所尚，在能完成人人之德性，而不尚为学术分门类，使人

443

---

① 或有学者引钱穆先生早年著作《国学概论》"'国学'之名，前既无承，将来亦恐不立"之语，认为钱先生对国学概念持怀疑态度。其实不然。其《国学概论》此语，只是说"国学"之范围，不易界定。钱穆先生在晚年出版的《中国学术通义》（台湾学生书局，1975，《序》第5页）中明言："本书取名中国学术通义，亦可简称国学通义。乃汇集……来港台近三十年中所为杂文之有关讨论中国传统学术之独特性所在者。"这说明，凸显"国学"或中国传统学术之独特性的意义，乃其一生所关注的问题。

② 钱穆：《现代中国学术论衡》，北京三联书店，2001，《序》第1页。

人获有其部分之智识。"①学术是文化体系之理性的规定，有理性当然有区分。中国学术有其自身的区分性，但其所重乃在于"通"。这个重"通"，表现在对学术内部整体性的重视，但其核心点在于人的德性和存在之完成，故其虽有专门专家之学，而不碍其为"通"。这个"通"的精神，由是而成为内蕴于中国传统学术体系自身中的一种伦理道德精神和教化的理念，而未独立为一宗教的系统。钱穆先生所谓"中国宗教，亦同在此文化大系中，而可不别成为一体"②，讲的就是这个道理。西方学术"重分别"，然其并非无其"通"性的基础。近代以来的西方思想，强调事实与价值、真理与信仰的区分，这一方面使学术趋于知识化和工具化，也促使其宗教的事务与政治、学术分途而构成一独立的系统。由是，宗教的精神乃作为学者个体内在精神生活的事务，而贯注和影响其学术的系统及其创造的活动。故其学术虽"重分别"，然仍内涵一"通"的精神为其内在的基础。这样一来，单取西方"重分别"的学术模式来规划中国学术，必然会对其价值系统和"通"性基础造成巨大的冲击。

在中国历史上，"国学"这种"通人通儒"的精神，使它不局限为一种现代知识形态意义上的"学"，亦经由"礼乐"这种普泛的教化和生活样式而与社会生活密切相关，具有社会教化理念和形上价值基础的作用。现代以来，中国学术层面的现代转型，表现为一个朝向西方学术的分科化、知识化和学院化的转变过程。20世纪20年代，胡适先生曾提出国学研究的三个方向和目标："第一，用历史的眼光扩大国学研究的范围。第二，

① 钱穆：《中国学术通义》，台湾学生书局，1975，《序》第4页。
② 钱穆：《现代中国学术论衡》，北京三联书店，2001，第20页。

用系统的整理来部勒国学研究的资料。第三，用比较的研究来帮助国学的材料的整理与解释。"①经历八十多年的努力，中国传统学术和历史文化研究在这一历史资料挖掘整理、分类研究的知识化方向上取得了巨大的成就。但是，它也带来了一些负面的结果。如果说，这一方向初起的学术，由于学者自身历史传统之深厚学养和文化人格的支撑而不失其作为中国学术之个性的话，那么，一方面，随着学科分化的推进，新的学科体制的初步完成，学者在学养和人格上与自身历史传统的日益疏离，中国传统学术的研究亦渐失其作为中国学术自身的精神本质和文化特性；另一方面，学术研究退居学院化一端，成为"过去时"意义上的历史知识，亦使中国学术逐渐缺失了其应有的思想性和"当代性"的意义，失去了它与社会和民众生活的关联性。在社会生活中，长期以来，反传统和激进主义成为占据主流地位的文化思潮，中国社会生活样式的历史连续性亦发生断裂。政治意识形态作为凝聚社会和教化的主导力量，构成一种中国现代社会长期不间断的"革命"时代特殊的"非典"现象。这诸多方面的因素结合起来，就造成了中国现代社会之"通"性基础和价值系统的失位状况。

与20世纪初的国学思潮不同的是，近年所兴起的"国学热"，并不局限于学院学术的领域，而是表现为一种社会的整体效应。20世纪末以来，中国社会出现了一个值得注意的现象，就是在间断了半个多世纪之后，我国传统的民间学术再度兴起。各种诸如书院、精舍、学会、讲堂、国学网站等民间性的传统学术

① 胡适：《〈国学季刊〉发刊宣言》，载刘梦溪主编《中国现代学术经典·胡适卷》，河北教育出版社，1996，第711页。

组织纷纷恢复或建立；各类诸如读经、讲学、会讲、沙龙等民间性传统学术活动，亦十分活跃。在一些地方，国学作为校本课程已开始进入中小学课堂，对青少年的素质和道德教育起到了良好的作用。一些国学研究学者参与民间讲学，借助大众媒体传播，一时形成了一个为社会民众所广泛认可的学术明星群体。在当前这样一个消费至上、物欲横流的时代，为普罗大众所广泛认可的国学学术明星的出现，正表现了社会民众之民族历史文化认同意识的觉醒。2008年的5·12汶川大地震，举国共赴国难，万众一心的救灾行动，让中国人充分地以自身传统的方式展现了人性的普遍之美与善。2008年8月8日北京奥运会开幕式，以现代尖端的科技手段，从文字、礼乐、艺术、"丝路"等方面，向世界展示了一个大气磅礴、美轮美奂的中国历史文化画卷，其对中国文化历史的理解虽不无瑕疵，但这样的奥运开幕式主题足可表明，一个面向现代世界的中国，已开始拥有了相当的文化自信。这在十年以前的中国，还是一件不可想象的事情。中国社会和民众的文化意识，似乎在一夜之间发生了根本性的转变。它已经开始摆脱近百年来中国社会占主流地位的文化激进主义和虚无主义的羁绊，而在同时生长出一种对自身文化历史认同和精神本质回归的渴求。

在学院学术领域内所发生的国学热，既可视为上述社会整体文化意识转变之一部分，同时，它在理论和学术上所具有的话语权，使得它的学术活动更能凸显这一国学思潮的精神特质。近年来，大学和各社会科学研究机构纷纷成立国学院所（如中国人民大学国学院）、儒学院所（如中国政法大学国际儒学院）及各类有关国学的教学研究机构、学术社团，设立国学的研究课题（如大型儒家经典《儒藏》工程的立项和编纂），编辑出版国学研究著作和刊物，召开各种有关的学术会议，这是近年学院学术内部国学思潮之显性的方面。而其内在的学术指向，则是寻求中国学术文化的个性和主体性重构。近年普遍兴起的民间学术，其自由讲学之风，影响到学院学术，学院学术亦逐渐摆脱单一外在化的僵硬模式，获得一定程度的自由讲学、自由思考的学术精神，学院学术正呈现出一种逐步"民间化"的趋势。随着中国经济崛起，国力渐强，社会整体文化意识的转变，学者亦增强了自身的社会关怀、文化自信和对历史传统的认同意识。强调应根据中国自身的文化传统和历史经验来制订新的社会科学法则，形成中国学术思想自身独特的研究、诠释、表述方式和内在方法，成为此次国学热的一个根本的学术要求和思想理论指向。

在中国历史上，"国学"虽有其"实"，却无其"名"。或有学者据此而质疑国学，认为"国学"作为一种"学"，不能成立。究实言之，历史上无"国学"之名，乃因彼时的"国学"，实为唯一的学术或学术的全体，在"国学"之外，并无其他学术。对彼而有此，对人而有我。缺少这样一个他者，中国学术亦不能成为一个主题化的反思对象。近代以来，对西学而有"中学"或"国学"之名，中国学术文化或"国学"由是而凸显为一主题，成为一个反思的对象。中国传统学术文化成为主题化的反思对象而有"国学"之名，既是一种危机的悬临，亦是它获得某种突破性发展的机缘。

一种学术文化，有其特殊的存在，亦有其普适性的层面。保持在这两极互通的动态张力关系中，并不断扩大其普适性的内涵和范围，它才能具有其现实性的存在和原创性的活力。我们说中国传统学术在历史上是一个没有"他者"的学术的全体，但这不排除在它的内部，各部分之间可以互为"他者"。譬如，儒学发端于洙泗之间，本是一个有自身地域性和学术流派限制的定在，而经孔子及其后学，孟荀诸大儒的教化弘扬，至西汉乃定为一尊，逐渐成为中国学术文化的主导性价值。其后在长期的历史过程中，渐次化及东亚诸国，更成为在国际区域内的一种普适性价值理念。在这个过程中，杨墨之于孟子，法家黄老之于汉儒，释老之于宋明儒，皆作为一种"他者"，构成了儒学自我反思、分化、突破重建并不断达成自身超越和普适化的推动力。

但我们应当看到，在中国历史上，从未有一种具有绝对话语霸权的、作为异质学术文化的"他者"，能够打断"国学"的历史连续性而使之屈尊为自己的一种知识和资料。清末民初的国学研究和"整理国故运动"，是中国学术文化首次面对一个异质性强势文化的冲击，而将"国学"作为整体加以"主题化"的一种反思。在这种情势下，中国传统学术不可能"全身而退"，后退性的自保将导致一种自处于世界学术文化发展进程之外的自我封闭状态。依照西方学术这一外在的模式对"国学"进行重新界定和分类研究，似乎成为中国传统学术文化现代转型、由之而对现代世界敞开自身的一个必然开端。这种分科化是国学作为一个整体的对象性敞开的活动，但是，在停滞于并将这种对象化活动推致极端时，同样会走向它的反面，导致另一种形式的封闭性。当我们把中国思想的研究仅仅局限于讨论孔子是否一个唯心论者或奴隶主阶级的代言者，把中国历史研究的眼光局限于社会形态划分的讨论时，"国学"实质上已在一种更坏的方式中被屏蔽了（这当然只是一种极端的状况）。《易》曰："不远复，无祗悔，元吉。"近年来兴起的国学热，其学术方向乃指向一种学科的整合性和中国学术文化内在精神的回归，正所谓"不远而复"，具有深刻的学术和文化意义。

这样看来，从20世纪初到21世纪初百年间所兴起的两度国学思潮，乃是中国学术文化实现现代转型并获得其新生命的两个必经的阶段。二者的学术指向有异，但各在其对方中有自身的根据，并不互相排斥。

今所说国学的重建或"复兴"，并不是打碎各"学科"的另起炉灶，亦不能理解为要在诸如中国哲学、中国文学、中国史学、中国艺术、中国政治学、中国宗教学等有关学科之外另设一"国学学科"，它所指向的只是一种意义的转变，即在中国学术之"通"性精神重建的基础上，使上述诸学术领域达成一种"国学"之为国学的意义内涵的充盈和精神本质之回复。

目前各大学所建立的国学院所，亦不应被视为各中国学术分科之外的一个新学科。从历史上看，一种学术文化总有一定的体制形态作为其文脉保任存续之所。基督教之宗教社团和教会，佛道之坛场和道场，皆可视为这种文脉存续的体制形式。中国历史上的官私教育机构，尤其民间的书院体制，更以其注重修身成德、人格教化的宗旨，具有这种文脉保任存续之所的作用。在现代分工的条件和学院体制下，一种文脉存续的体制保证更是不可缺少。当然，在中国社会，未来这种体制的形式如何，须有一个形成的过程，不宜妄加推断，但这应是目前大学国学院所和民间书院、讲堂等各种学术机构的一个努力方向。它应该成为一个各学科学者消解学科壁垒，直接面对经典，形成核心话题，凝聚共通视域，尚友往圣先贤，体认传统整体人文教养的一个"虚体"，而不应成为一个专业学科性的"实体"。在这种"虚"与"实"的互动中，那作为各别形态的学科，才能逐渐保有中国学术整体的精神内涵而构成"国学"的一种内在成分。

　　中国传统学术的现代转型，以分科化和知识化始，而必以其原初赋义基础和其"通"性精神的重建终，才能达到它的最终实现和完成。

后 记

　　本书乃应尼山世界儒学中心《尼山文库》出版计划的邀约而作。去年，我曾为《中国哲学年鉴》写过一篇题为《探寻自己的一贯之道》的学术自述，对自己有关儒学的思考和学思的历程，做了一个概要的叙述。我以这篇学术自述代为本书序言，并据以部勒提挈本书内容，约为四论：一曰论教化，二曰论心性，三曰论文化，四曰论方法。从中可以看到我对儒学精神的基本理解。在本书付梓之际，我要对彭彦华教授的盛情邀约，程旺教授为本书文稿编定所付出的辛勤劳动，对山东教育出版社李晓琛编辑给予本书出版的大力支持，表达由衷的谢意！

451

李景林

癸卯孟春谨识于川大花园南园寓所